OLDENBOURG GRUNDRISS DER GESCHICHTE

OLDENBOURG
GRUNDRISS DER
GESCHICHTE

HERAUSGEGEBEN
VON
JOCHEN BLEICKEN
LOTHAR GALL
HERMANN JAKOBS

BAND 32

GROSS-BRITANNIEN 1500–2000

VON

PETER WENDE

R. OLDENBOURG VERLAG
MÜNCHEN 2001

Die Deutsche Bibliothek – CIP-Einheitsaufnahme

Wende, Peter:
Großbritannien 1500–2000 / von Peter Wende. – München :
Oldenbourg, 2001
(Oldenbourg Grundriß der Geschichte ; Bd. 32)
ISBN 3-486-56180-4
ISBN 3-486-56511-7

Rosenheimer Straße 145, D-81671 München
Internet: http://www.oldenbourg-verlag.de

Umschlaggestaltung: Dieter Vollendorf, München
Gedruckt auf säurefreiem, alterungsbeständigem Papier (chlorfrei gebleicht).

Satz: primustype R. Hurler GmbH, Notzingen
Druck und Binden: Oldenbourg Graphische Betriebe Druckerei GmbH, München

ISBN 3-486-56180-4 (brosch.)
ISBN 3-486-56511-7 (geb.)

VORWORT DER HERAUSGEBER

Die Reihe verfolgt mehrere Ziele, unter ihnen auch solche, die von vergleichbaren Unternehmungen in Deutschland bislang nicht angestrebt wurden. Einmal will sie – und dies teilt sie mit anderen Reihen – eine gut lesbare Darstellung des historischen Geschehens liefern, die, von qualifizierten Fachgelehrten geschrieben, gleichzeitig eine Summe des heutigen Forschungsstandes bietet. Die Reihe umfaßt die alte, mittlere und neuere Geschichte und behandelt durchgängig nicht nur die deutsche Geschichte, obwohl sie sinngemäß in manchem Band im Vordergrund steht, schließt vielmehr den europäischen und, in den späteren Bänden, den weltpolitischen Vergleich immer ein. In einer Reihe von Zusatzbänden wird die Geschichte einiger außereuropäischer Länder behandelt. Weitere Zusatzbände erweitern die Geschichte Europas und des Nahen Ostens um Byzanz und die Islamische Welt und die ältere Geschichte, die in der Grundreihe nur die griechisch-römische Zeit umfaßt, um den Alten Orient und die Europäische Bronzezeit. Unsere Reihe hebt sich von andern jedoch vor allem dadurch ab, daß sie in gesonderten Abschnitten, die in der Regel ein Drittel des Gesamtumfangs ausmachen, den Forschungsstand ausführlich bespricht. Die Herausgeber gingen davon aus, daß dem nacharbeitenden Historiker, insbesondere dem Studenten und Lehrer, ein Hilfsmittel fehlt, das ihn unmittelbar an die Forschungsprobleme heranführt. Diesem Mangel kann in einem zusammenfassenden Werk, das sich an einen breiten Leserkreis wendet, weder durch erläuternde Anmerkungen noch durch eine kommentierende Bibliographie abgeholfen werden, sondern nur durch eine Darstellung und Erörterung der Forschungslage. Es versteht sich, daß dabei – schon um der wünschenswerten Vertiefung willen – jeweils nur die wichtigsten Probleme vorgestellt werden können, weniger bedeutsame Fragen hintangestellt werden müssen. Schließlich erschien es den Herausgebern sinnvoll und erforderlich, dem Leser ein nicht zu knapp bemessenes Literaturverzeichnis an die Hand zu geben, durch das er, von dem Forschungsteil geleitet, tiefer in die Materie eindringen kann.

Mit ihrem Ziel, sowohl Wissen zu vermittels als auch zu selbständigen Studien und zu eigenen Arbeiten anzuleiten, wendet sich die Reihe in erster Linie an Studenten und Lehrer der Geschichte. Die Autoren der Bände haben sich darüber hinaus bemüht, ihre Darstellung so zu gestalten, daß auch der Nichtfachmann, etwa der Germanist, Jurist oder Wirtschaftswissenschaftler, sie mit Gewinn benutzen kann.

Die Herausgeber beabsichtigen, die Reihe stets auf dem laufenden Forschungsstand zu halten und so die Brauchbarkeit als Arbeitsinstrument über eine längere Zeit zu sichern. Deshalb sollen die einzelnen Bände von ihrem Autor oder einem anderen Fachgelehrten in gewissen Abständen überarbeitet werden. Der Zeitpunkt der Überarbeitung hängt davon ab, in welchem Ausmaß sich die allgemeine Situation der Forschung gewandelt hat.

Jochen Bleicken Lothar Gall Hermann Jakobs

INHALT

VORWORT

Ein halbes Jahrtausend englischer bzw. britischer Geschichte auf knappstem Raum abzuhandeln, stellte sich in zweifachem Sinne als reizvolle Aufgabe dar. Zum einen lässt sich eine Überblicksdarstellung nicht ohne das Bemühen um die Profilierung von Zusammenhängen und Strukturen konzipieren, d. h. hier bedarf es des Mutes, Vereinfachungen zu wagen und Verbindungen herzustellen, wie sie inzwischen zumindest bei den entschiedenen Vertretern postmoderner Historiographie verpönt sind. Zum andern herrscht auf dem Feld der britischen Geschichte der Neuzeit seit den letzten zwei Jahrzehnten „eine neue Unübersichtlichkeit" [G. Lottes, NPL 37 (1992), 427]. Denn mit dem Verlust der Weltmachtstellung ist der nationale Mythos als der magnetische Pol historischer Ortsbestimmung verloren gegangen. Die sog. *Whig-Historiographie*, welche die britische Geschichte als die fortschreitende Entfaltung individueller Freiheit verstand, gesichert und organisiert durch den Ausbau einer parlamentarischen Demokratie, die nach außen hin schließlich die Position der führenden Weltmacht einnahm, hat seit der Mitte des 20. Jahrhunderts zu wachsender Kritik geführt, die zugleich den Anstoß zu vielfältigen neuen Forschungsansätzen lieferte; mit dem Ergebnis: „British History has been more fundamentally reconstructed in the last fifteen years than at any time in the last hundred and fifty" [J. Clark, HJ 40 (1997), 806].

Der Titel dieses Bandes hätte – politisch und historisch korrekt – ‚England/Großbritannien 1500-2000' lauten müssen. Wenn auf eine derart umständliche Formulierung verzichtet wurde, so heißt das nicht, dass im Folgenden eine komplette Geschichte des britischen Archipels seit dem Ausgang des Mittelalters geliefert wird – gehöre ich doch zu jenen, die nach wie vor in der englischen Geschichte das Movens britischer Entwicklungen erblicken (vgl. hierzu I,4 sowie II,3).

Darüber hinaus habe ich, nicht nur angesichts des weit gespannten Themas, sondern auch auf Grund der komplexen Forschungslage darauf verzichtet, im I. Abschnitt eine komprimierte Geamtdarstellung zu liefern. Stattdessen versuche ich, mit der Hilfe von Längsschnitten Schneisen in einen dichten Wald zu schlagen, den manche, in die Betrachtung und detaillierte Beschreibung einzelner Bäume versunken, gar nicht mehr wahrnehmen. Dennoch hoffe ich, dass sich die Teile schließlich zu einem Ganzen zusammenfügen lassen.

Im Forschungsteil stehen die Ergebnisse jüngerer Arbeiten im Vordergrund und damit die Kontroversen, die im Laufe der beiden letzten Jahrzehnte die historische Wissenschaft über England bzw. Großbritannien vornehmlich beschäftigt haben. Die sog. *klassischen* Debatten der Vergangenheit wie z. B. die *Gentry-* oder die *Standard of Living-Debate* werden gelegentlich angedeutet, lassen sich aber mit Hilfe der angegebenen Literatur ohne weiteres erschließen.

Ähnliches gilt für die Bibliografie, die in erster Linie den Zugang zur neuesten Literatur bietet und zugleich auf Monographien beschränkt ist. Wichtige Aufsätze bzw. Literaturberichte sind lediglich im Forschungsteil angeführt.

Ohne den vielfältigen Rat und die mannigfache Unterstützung der Kolleginnen und Kollegen am Deutschen Historischen Institut London hätte ich diesen Grundriss nicht zusammenstellen können. Für fördernde Kritik und zahlreiche Anregungen danke ich daher Andreas Fahrmeir, Dagmar Freist, Lothar Kettenacker und Regina Pörtner. Mein ganz besonderer Dank gilt Michael Schaich, nicht nur für seine kritische Lektüre des Kapitels über Religion und Kirche, sondern vor allem dafür, dass er die Bibliografie zusammengestellt hat, wobei er auf Vorarbeiten von Stefan Manz und Marcus Tiefel zurückgreifen konnte. Schließlich bin ich Josefine Moorman dafür dankbar, dass sie, mit den Geheimnissen der elektronischen Textverarbeitung bestens vertraut, mit viel Geduld und Geschick mein Manuskript den editorischen Richtlinien des Verlags angepasst hat.

London, im Juni 2000 Peter Wende

I. Darstellung

1. Wirtschaft und Gesellschaft

Bereits zu Beginn der Neuzeit war England eines der reichsten Länder Europas und sollte dies bis ins 20. Jahrhundert hinein bleiben. Hierzu trugen ungemein günstige natürliche Voraussetzungen bei: Ein mildes atlantisches Klima, vorteilhafte Bedingungen für Ackerbau und Viehzucht, reiche und verhältnismäßig leicht zugängliche Bodenschätze, gute natürliche Verkehrsverbindungen durch zahlreiche Flüsse und die Insellage, derzufolge England zu den meisten politischen Turbulenzen auf dem Kontinent Distanz wahren konnte. Und so wiesen bereits während der Frühen Neuzeit reisende europäische Zeitgenossen immer wieder auf den ungewöhnlich hohen Lebensstandard der Inselbewohner hin, von denen sich auch der gemeine Mann selbst unter der Woche ein Fleischgericht leisten konnte.

Günstige natürliche Voraussetzungen

Um 1500 lebten etwas mehr als 2 Millionen Menschen in England und Wales. Nur allmählich begann sich das Land von der demographischen Katastrophe des späten Mittelalters zu erholen, als durch die verheerenden Pestepidemien der zweiten Hälfte des 14. Jahrhunderts nahezu 50% der Bevölkerung hinweggerafft worden waren. Erst zu Beginn des 17. Jahrhunderts (1616) war mit 4,5 Mio. wieder das Niveau des frühen 14. Jahrhunderts erreicht. Zwischen dem Ausbruch des Bürgerkrieges 1642 und 1700 pendelte die Bevölkerungszahl dann um 5 Mio., um anschließend wenn auch nicht stetig, so doch ständig zu steigen: 1750 waren es 5,7 Mio. und 1801, im Jahr der ersten Volkszählung, registrierte man 8 872 970 Einwohner für England und Wales. Dies entspricht wohl einer tatsächlichen Bevölkerung von 9,16 Mio., denn viele, u. a. Seeleute, wurden von dieser Erhebung nicht erfasst. 1831 zählte man dann 14 Millionen, 1881 für das Vereinigte Königreich 34,9 Mio., 1913 45 Mio. und 1995 schließlich 58 Mio. Im europäischen Vergleich erwiesen sich dabei die Zuwachsraten im Bereich der Frühen Neuzeit und des beginnenden 19. Jahrhunderts als besonders spektakulär. Während die Bevölkerung in Frankreich, Spanien, Italien, den Niederlanden und Deutschland zwischen 1550 und 1820 im Durchschnitt um 50–80% zunahm, wuchs die englische um 280%. Dabei war diese Bevölkerungexplosion im 18. Jahrhundert vorwiegend das Resultat zunehmender Geburtsraten als Folge einer Senkung des Heiratsalters angesichts verbesserter materieller Lebensumstände; um die Wende zum 19. Jahrhundert verstärkte

Bevölkerungszahl

dann eine sinkende Mortalitätsrate und damit eine steigende Lebenserwartung, insbesondere in den Großstädten, diesen Trend.

Urbanisierung

Parallel zu der demographischen Entwicklung verlief der Prozess einer zunehmenden und unaufhaltsamen Urbanisierung. Die generell hohe geographische Mobilität der Engländer schlug sich seit dem 16. Jahrhundert vor allem in einer stetigen Wanderbewegung vom Land in die Städte nieder, und das heißt vor allem in die Hauptstadt London. Der Anteil der Bevölkerung in Städten über 10 000 Einwohner stieg von ca. 6% zu Ende des 16. Jahrhunderts über 13% um 1700 und 24% um 1800 auf 44% 1851 und 69% 1901. 1951 schließlich lebten 55% der Engländer in Städten mit einer Einwohnerzahl über 100 000 und 16% in Ortschaften mit 10 000–100 000 Menschen. Dabei fällt auf, dass bereits vor der Industrialisierung eine zunehmende Urbanisierung zu registrieren ist, ein Trend, der noch auffälliger wird, wenn man die kleinen Landstädte mit 2 500–10 000 Einwohnern in die Rechnung mit einbezieht, in denen zwischen 1700 und 1800 5% bis 10% der Bevölkerung lebten. Im internationalen Vergleich wies England damit bereits in der Frühen Neuzeit einen mehr als doppelt so hohen Prozentsatz an städtischer Bevölkerung auf als das übrige Europa (24% zu 9,5%).

London

Spätestens seit dem letztem Viertel des 19. Jahrhunderts lebten somit mehr Engländer in der Stadt als auf dem Lande und bis heute ist dieser Wanderungsprozess nicht abgeschlossen. Dabei spielte von Anbeginn London eine besondere Rolle. Dessen Einwohnerzahl war in der Zeit von 1500 bis 1700 von ca. 70 000 auf 550 000 gestiegen. Um 1750 überholte London mit nunmehr 750 000 Einwohnern Paris als die größte Stadt Europas. Fortan lebten mindestens 10% der Bevölkerung des Landes in dessen Metropole, die z. B. 1891 4,23 Millionen Menschen beherbergte. Das ständige spektakuläre Wachstum der Hauptstadt erfolgte dabei auf Kosten des ländlichen England. Bis ins frühe 19. Jahrhundert war nämlich die Anzahl der Todesfälle innerhalb der Stadt größer als die der Geburten, ablesbar am Zahlenverhältnis von Begräbnissen und Taufen. Somit kann man etwa für das 18. Jahrhundert von einer jährlichen Zuzugsquote von mindestens 8 000 wohl meist jüngeren Männern und Frauen vom Land in die Stadt ausgehen. Die Hauptstadt wirkte somit für lange Zeit als demographisches Korrektiv, London war zugleich Magnet und Moloch. Nicht von ungefähr trug seine lebensbedrohliche Unwirtlichkeit dazu bei, dass dem unaufhaltsamen Urbanisierungsprozess keine entsprechende generelle Ausbildung und Akzeptanz urbaner Lebensformen entsprach. Im Gegenteil, in dem Maße, wie das Leben im städtischen Umfeld zum ökonomisch bedingten sozialen Regelfall wurde, wuchs besonders unter den Angehörigen der besitzenden und gebildeten Mittel- und Oberschicht die Sehnsucht nach der ländlichen Idylle. Dem demographischen Faktum der Landflucht stand lange die Tatsache entgegen, dass die sozialen Führungsschichten die Stadt zwar notgedrungen als Arbeitsplatz, aber selten als Lebensmittelpunkt akzeptierten.

Diese traditionsverhaftete Haltung spiegelt die Tatsache wider, dass bis weit ins 18. Jahrhundert hinein die Gesamtstruktur der englischen Bevölkerung ländlich geprägt war, da die Landwirtschaft die Basis der Ökonomie bildete. Sie ernährte nicht nur die Menschen, sondern lieferte zugleich die wichtigsten Rohstoffe für die gewerbliche Produktion und schuf so die Voraussetzungen wie auch die Grenzen für ökonomisches Wachstum schlechthin. Hier nun ließen sich von alters her zwei große Zonen unterscheiden, die eine vom Südwesten nach Nordosten zu ziehende Linie trennt. Nordwestlich davon erstrecken sich die sog. *Highlands*, eher unwirtliche und nicht leicht zugängliche Hochlandzonen mit kargen Böden, in denen die Weide- und Milchwirtschaft und vielerorts besonders die Schafzucht bereits im Mittelalter den Haupterwerbszweig darstellte. Demgegenüber im Süd- und Nordosten die *Lowlands* mit trockenerem Klima und relativ fruchtbaren Böden, so dass hier neben der Viehzucht vor allem der Ackerbau florierte. Landwirtschaft

In beiden Regionen folgte die Agrarverfassung dem üblichen Muster adliger Grundherrschaft, demzufolge eine kleine Schicht adliger Obereigentümer den größten Teil des landwirtschaftlich genutzten Bodens kontrollierte. Im Unterschied allerdings zu weiten Gebieten besonders im Osten Europas war diese nicht mehr nach dem Prinzip der Fron- und Gutswirtschaft organisiert, in deren Rahmen unfreie Leibeigene die Ländereien des Herrn zwangsweise bewirtschaften. Bereits seit dem 13. Jahrhundert war die alte bäuerliche Unfreiheit in England häufig durch Geldzahlungen abgelöst worden und im Gefolge der Pest im Spätmittelalter nahezu vollends verschwunden. An ihre Stelle waren geldwerte Pachtverhältnisse getreten. In der Regel nutzte der adlige Grundherr, um dessen *Manor House* sich die bäuerlichen Siedlungen gruppierten, bestenfalls nur noch einen Teil seiner Ländereien als Eigenland, das er mit Hilfe von lohnabhängigen Landarbeitern bestellte. Der Rest wurde zu unterschiedlichen Bedingungen als Pachtland ausgegeben. Dessen Pächter, die als die eigentlichen bäuerlichen Produzenten nun das Bewirtschaftungsrisiko trugen, lassen sich in drei große Gruppen einteilen. Am besten gestellt waren die sog. *freeholders*, die dem Grundherrn nur noch nominell zinspflichtig waren und die zu Beginn der Neuzeit de facto über freies Eigentum verfügten und damals ca. ein Fünftel der bäuerlichen Bevölkerung umfassten. Die größte Gruppe bildeten die *copyholders*, die, im Besitz von schriftlichen Pachtverträgen, als Erbpächter praktisch unkündbar waren. Am schlechtesten waren die *leaseholders* mit befristeten Verträgen gestellt, deren Bedingungen von Fall zu Fall neu ausgehandelt werden mussten. Agrarverfassung

Die Tatsache, dass in England schon frühzeitig feudale Abhängigkeitsverhältnisse durch geldwerte Vertragsbindungen abgelöst wurden, muss im Zusammenhang gesehen werden mit der ebenfalls frühzeitigen Ablösung der bloßen Subsistenzökonomie auf der Basis der geschlossenen Hauswirtschaft durch eine für einen ständig expandierenden Markt produzierende Agrarökonomie, wie dies in Europa nur noch in Holland der Fall war. Denn nur so konnten größere städtische Siedlungen wie besonders London adäquat mit

Lebensmitteln versorgt werden. Diese allgemeine Konstellation lieferte die Voraussetzungen und Rahmenbedingungen für eine fortschreitende Modernisierung der Landwirtschaft, die im 18. Jahrhundert in der sog. *agrarischen Revolution* gipfelte. Sie betraf sowohl die allgemeinen Bedingungen als auch dic konkrete Organisation der landwirtschaftlichen Produktion und deren Techniken. Zum einen war diese Entwicklung durch die Umgestaltung der traditionellen Pachtverhältnisse gekennzeichnet, initiiert durch die Grundherren mit dem Ziel der Erhöhung der Pachteinnahmen. Dies geschah vor allem auf Kosten der *copyholders*, deren Verträge in kurzfristige *leaseholds* umgewandelt wurden, damit so die Pachtzinsen den ständig steigenden Preisen angepasst werden konnten. Zugleich ist der Aufstieg von landwirtschaftlichen Großbetrieben unübersehbar die Folge eines langfristigen Wandels im Bereich ländlicher Besitzverhältnisse zu Gunsten des Adels. Während am Ausgang des Mittelalters ca. 45% des englischen Grund und Bodens in Händen des hohen und niederen Adels waren, stieg dieser Anteil bis zum Ende des 19. Jahrhunderts auf 80%. Die zahlreichen opulenten englischen Landsitze sind augenfälliges Zeugnis dieses Trends.

Agrarische Revolution

Mit der Veränderung der Besitzverhältnisse ging eine ebenso langwährende wie weitgehende Umgestaltung der konkreten Produktionsbedingungen durch die sog. *enclosures* einher: Einhegungen, welche bislang durch Streulage gekennzeichneten individuellen Besitz arrondierten und Gemeindeweiden in individuelles Eigentum überführten. Dieser Prozess bedeutete auf der einen Seite das Ende genossenschaftlich organisierter Bewirtschaftungsformen wie z. B. der gemeinsamen Feldbestellung und Ernte, auf der anderen Seite schuf er die Voraussetzungen für individuelles und gelegentlich innovatives Wirtschaften. Nicht von ungefähr ließ sich für dergestalt eingehegtes Land im Vergleich zu Höfen mit offener Feldwirtschaft oft der doppelte Pachtzins erzielen. Obwohl Intensität und Folgen dieses über ca. 200 Jahre sich erstreckenden Prozesses von Region zu Region differierten, fand er doch aufs Ganze gesehen zu Lasten der kleinen Pächter statt, die aus dem landwirtschaftlichen Produktionsprozess entweder herausgedrängt oder zu Landarbeitern degradiert wurden.

enclosures

Parallel zur organisatorischen Neuordnung – z. T. als deren Folge, z. T. unabhängig von ihr – ist eine nachhaltige generelle Produktivitätssteigerung im Bereich dieser dergestalt kommerzialisierten Agrarökonomie unübersehbar. Sie war das Ergebnis einer ausdifferenzierenden Spezialisierung, der Entwicklung und Applikation moderner Anbaumethoden sowie der Expansion des landwirtschaftlich genutzten Areals. Vor allem im Osten des Landes wurde durch Eindeichungen und die Trockenlegung von Mooren neues Weide- und Ackerland gewonnen. Gleichzeitig verpachtete die Krone große Teile ihres mittelenglischen Waldbesitzes, die damit landwirtschaftlich genutzt werden konnten. So hat man bereits im 16. und 17. Jahrhundert die landwirtschaftlich genutzte Fläche um mindestens 20% ausdehnen können. Vor allem aber zeitigten neue Formen der Agrartechnik, wie sie besonders in den Niederlanden entwickelt worden waren,

Produktivitätssteigerung

alsbald einen deutlichen Produktionsanstieg. So ließen veränderte Folgen des Fruchtwechsels eine intensivere Nutzung des Bodens zu, wie z. B. die besonders in Norfolk angewandte Methode, derzufolge zunächst Weizen, dann Rüben, anschließend Gerste und schließlich Klee angebaut wurde, auf dem das Vieh weidete, das nun dem Boden neuen Dünger zuführte. Rübenanbau ermöglichte zudem die Winterfütterung des Viehs und lieferte damit die Voraussetzung für den wohl im europäischen Vergleich entscheidenden Vorteil der englischen Landwirtschaft: Die ungewöhnlich hohe Zahl von Tieren, die hier auf den Hektar bezogen gehalten werden konnten. Der Kreislauf von steigenden Ernteerträgen und wachsenden Viehbeständen, die als Hauptdüngerlieferanten dienten, führte schließlich zu dem Ergebnis, dass auf einem ungewöhnlich hohen Niveau ein Maximum der Produktivität einer auf organischen Methoden und Mitteln basierenden Landwirtschaft erreicht werden konnte. Diese Produktivität stieg zwischen 1600 und 1800 alle 50 Jahre im Durchschnitt um 25%, d. h. in England ernährte ein in der Landwirtschaft Beschäftigter weitaus mehr Personen als etwa in Frankreich. Abgesehen von der Hungersnot in Schottland während der Jahre 1697–99 war es in England seit dem 15. Jahrhundert nicht mehr zu einer nationalen Subsistenzkrise gekommen. Bis hin zum 19. Jahrhundert brauchte England auch in schlechten Erntejahren nicht zusätzlich Getreide zu importieren. Indem die englische Landwirtschaft seit Beginn der Neuzeit in der Lage war, nicht nur eine ständig wachsende Bevölkerung zu ernähren, sondern auch gleichzeitig in zunehmendem Maße Arbeitskräfte für andere Bereiche wie den der gewerblichen Produktion freizusetzen, lieferte sie damit die zentrale Voraussetzung für die Industrialisierung des Landes. Dieser ökonomische Erfolg war allerdings mit sozialen Folgekosten erkauft.

Preisrevolution

Dabei ist an erster Stelle die sog. *Preisrevolution* des 16. und 17. Jahrhunderts, das gesamteuropäische Phänomen einer säkularen Inflation, zu nennen, die gerade auch die englischen Verhältnisse entscheidend beeinflusste. Zwar betrugen die jährlichen durchschnittlichen Preissteigerungsraten 2%, d. h. sie waren niedrig im Vergleich zu heutigen Erfahrungswerten. Für die damalige Zeit handelte es sich dabei jedoch um einen unerhörten Preisauftrieb, der die Lebenshaltungskosten des gemeinen Mannes im Laufe eines Jahrhunderts auf das Fünffache steigen ließ. Hierbei fiel besonders ins Gewicht, dass in erster Linie die Grundnahrungsmittel betroffen waren, ein Indiz dafür, dass in dieser Zeit ein Ungleichgewicht zwischen Bevölkerungswachstum und Produktivität der Agrarwirtschaft bestand. Dieses konnte nur über Preissteigerungen ausgeglichen werden, die zu einer Senkung des Lebensstandards der großen Masse der Bevölkerung führten, deren Reallöhne weit hinter den Preisen zurückblieben.

Soziale Folgen

Darüber hinaus ging aufs Ganze gesehen der Prozess der sog. *agrarischen Revolution* im Wesentlichen zu Lasten der weitgehend selbstständigen kleinen und mittleren Pächter, die der Kapitalisierung und Kommerzialisierung der Landwirtschaft zum Opfer fielen. Sie stellten nun, wenn sie nicht in die Städte abwanderten, die große Masse der besitzlosen Landarbeiter. Ihr standen auf der anderen Seite eine kleine Gruppe meist aristokratischer Grundbesitzer und deren Pächter, die als die eigentlichen Produzenten große Farmen bewirtschafteten, gegenüber.

Von gelegentlichen Krisen wie besonders in den 1820er und 1830er Jahren abgesehen florierte die englische Landwirtschaft bis über die Mitte des 19. Jahrhunderts hinaus. Um 1860, auf dem Höhepunkt ihres „goldenen Zeitalters", erreichte die Zahl der hier Beschäftigten 2 Mio. Das waren 19,4% der arbeitenden Bevölkerung. Doch bald danach begann der Verfall der britischen Agrarökonomie, als die britischen Produzenten mit der Konkurrenz ausländischer Anbieter nicht mehr Schritt halten konnte. Ihr Anteil am Nationalprodukt sank ständig, bis auf 6% um 1910. Zwischen 1873, dem Beginn der „Großen Depression", und 1894 fiel der Getreidepreis um mehr als die Hälfte, die Zahl der Farmer sank um 10%. 1914 waren immerhin noch 10% der männlichen Arbeitskräfte im landwirtschaftlichen Bereich beschäftigt, 1951 war diese Zahl auf 6% gesunken. Doch diese Krise betraf in erster Linie die auf Getreideanbau spezialisierten Betriebe. Andererseits gelang es, durch geschickte Anpassung an veränderte Marktverhältnisse, durch Modernisierung mit Hilfe von Technisierung, mit neuen Entwicklungen Schritt zu halten, so dass die britische Landwirtschaft den Nahrungsmittelbedarf der Bevölkerung zum Ende des 20. Jahrhunderts immer noch zu 50% deckte.

Verfall der Agrarökonomie

Die Leistungsfähigkeit der englischen Landwirtschaft, besonders die in der sog. *agrarischen Revolution* erzielten Produktivitätssteigerungen, lieferten die wohl wichtigsten Voraussetzungen für die frühe und erfolgreiche Industrialisierung des Landes und dessen Aufstieg zur führenden Wirtschaftsnation des 19. Jahrhunderts. Dabei spielte schon lange vor der Industriellen Revolution der gewerbliche Sektor eine bedeutsame Rolle im Gesamtzusammenhang der englischen Ökonomie. Im Vordergrund standen hier die Sparten des klassischen Handwerks, vorwiegend mit der Weiterverarbeitung landwirtschaftlicher Produkte befasst und für einen lokalen oder bestenfalls regionalen Markt produzierend.

Gewerblicher Sektor

Anfänge des Bergbaus

Von überregionaler Bedeutung waren schon frühzeitig die Anfänge des Bergbaus sowie des Metall verarbeitenden Gewerbes. Besonders infolge des zunehmenden Raubbaus am heimischen Wald spielte die Kohle als Brennstoff bald eine herausragende Rolle. Um 1700 belief sich die gesamte Fördermenge auf 2,5–3 Mio. Tonnen, um 1800 betrug sie 15 Mio. t und übertraf damit die gesamte europäische Produktion um das Fünffache. Die wichtigsten Reviere lagen im Nordosten des Landes, von wo die Kohle auf dem Seeweg nach London gelangte.

Textilproduktion

Eine besondere Rolle spielte bereits zu Beginn der Neuzeit die Textilproduktion. Ursprünglich hatte England die hochwertige Wolle seiner zahlreichen Schafe nach Flandern und in den Mittelmeerraum zur Weiterverarbeitung exportiert. Doch schon gegen Ende des Mittelalters ging man dazu über, eine heimische Tuchproduktion aufzubauen und so den einträglichen Übergang vom Rohstofflieferanten zum Fertigproduktexporteur zu vollziehen, indem man zwar nicht mit hochwertigen, doch dafür mit preiswerten Massenprodukten unter geschickter Nutzung der günstigen Rohstoffsituation den europäischen Markt eroberte. Ursprünglich in den Städten angesiedelt, hatte sich diese *Proto-Industrie*, vor allem um strikte Zunftregulierungen zu umgehen, schon bald in ländliche Regionen im Osten und Südwesten des Landes verlagert. Hier konnten sich moderne Produktionsformen entfalten, wobei im Zentrum nicht mehr der für einen begrenzten Markt produzierende Handwerker stand, sondern bereits der *Unternehmer-Kaufmann*, der in großem Maßstab Wolle in Heimarbeit für den europäischen Markt verarbeiten ließ. Dabei konnte er auf die Vielzahl von kleinen Pächtern und Landarbeitern zurückgreifen, die Opfer der Strukturreform im Bereich der Landwirtschaft, die nun für den Verleger als Spinner, Färber oder Weber im Nebenerwerb tätig wurden, während dieser selbst die Rohstoffe lieferte und für den Absatz der fertigen Produkte sorgte.

Bildung regionaler Schwerpunkte

Stärker noch als die Landwirtschaft standen bereits auch die Frühformen der gewerblich-industriellen Produktion im Zeichen einer fortschreitenden, die Produktivität fördernden Spezialisierung, die ihrerseit zur Bildung regionaler Schwerpunkte führte. Bald waren Birmingham und Sheffield die Zentren des Metall verarbeitenden Gewerbes, um Leicester und Nottingham Strumpfwirkereien konzentriert, in Northampton die Schuhfabrikation, im Gebiet um Leeds und Manchester florierte die Textilproduktion, Newcastle upon Tyne bildete den Mittelpunkt des wichtigsten Kohlereviers.

Ausbau eines funktionierenden Marktes

Die unabdingbare Voraussetzung solch regionaler Ausdifferenzierung war der Ausbau eines funktionierenden Marktes, der der jeweiligen Region den Absatz ihrer Waren sowie die Versorgung mit den von ihr benötigten Gütern garantieren konnte. Die politischen Voraussetzungen hierfür waren gegeben, denn im Gegensatz zu den meisten europäischen Staaten existierten im England der Frühen Neuzeit keine internen Zollgrenzen. Darüber hinaus fand im 18. Jh. so etwas wie eine Verkehrsrevolution statt. Aufbauend auf den natürlichen Gegebenheiten wurde der Verkehr zu Wasser als die kostengünstigste Form des Transports entscheidend gefördert – durch Flussregulierungen wie auch den Ausbau eines ebenso dichten wie weit verzweigten Kanalnetzes. Ergänzt wurde dies zu Lande durch die zahlreichen neuen *turnpike roads,* mautpflichtige Straßen, die alsbald das ganze Land überzogen und von denen nicht nur der Personenverkehr der Expresskutschen, sondern auch der Warentransport profitierte. So verfügte England bereits vor dem Siegeszug der Eisenbahn über ein effizientes Verkehrsnetz, das kostengünstigen und raschen Warenaustausch ermöglichte.

Industrielle Revolution

Nur ein funktionierender Markt liefert die Voraussetzungen dafür, dass wachsende Nachfrage effektiv in steigende Produktion umgesetzt werden kann, womit im Wesentlichen die Ausgangssituation für die Industrielle Revolution beschrieben ist. Selbst wenn man nun der jüngeren Forschung folgt und in der

Industriellen Revolution nicht mehr ein auf wenige Jahrzehnte konzentriertes und damit eher punktuelles Ereignis sieht, sondern sie als mehr als 100 Jahre erfassenden, von der Mitte des 18. bis zur Mitte des 19. Jahrhunderts reichenden Prozess versteht, bleibt auch unter dem Blickwinkel der „longue durée“ dessen revolutionäre Qualität unbestritten. Seit der neolithischen Revolution, mit der zwischen 8000 und 6000 v. Chr. der Übergang vom Nomadentum zum sesshaften Ackerbau stattfand, hat kein Moment historischen Wandels die Lebensumstände der Menschen so nachhaltig verändert wie die Industrialisierung. Und selbst wenn technische Innovationen und radikal veränderte Lebensbedingungen zunächst nur bestimmte Sektoren betrafen bzw. Minoritäten erfassten, so gilt es auch die Wahrnehmung der Zeitgenossen zu berücksichtigen, welche tief greifende qualitative Veränderungen konstatierten. Vor allem aber war die Industrielle Revolution eine Revolution, weil hinfort Innovation und Wandel, Expansion und Fortschritt als bestimmende Leitbilder wirtschaftliches Denken und Handeln prägen sollten.

Das augenfällige Exempel für ein neues Zeitalter lieferten, als Ergebnis eines neuen Urbanisierungsschubs, die neuen Industriestädte, wo nun eine rapide wachsende Bevölkerung zumindest ihr Auskommen fand. Dabei kam der Textil-, insbesondere der Baumwollindustrie, eine prägnante Führungsrolle zu. In diesem Bereich hatte wachsende Massennachfrage zu Produktionsengpässen geführt, die nicht allein durch ein von der Landwirtschaft freigesetztes Angebot von zusätzlichen Arbeitskräften beseitigt werden konnten. Damit war der Anreiz für jene bahnbrechenden Erfindungen geliefert, an deren Ende die mit Wasser- oder dann auch Dampfkraft betriebene Spinnmaschine stand. Als dann 1785 Edmund Cartwright sich den maschinellen Webstuhl patentieren ließ, waren die technischen Voraussetzungen für die neuen Baumwollmühlen geschaffen, deren zahlreiche Schlote schon bald das Bild der neuen Industrieregion um Manchester prägen sollten. Nach der Jahrhundertwende existierten bereits zahlreiche Betriebe mit mehr als 1 000 Arbeitern. Insgesamt wuchs die Zahl der Fabriken von 15–20 im Jahre 1780 auf 1932 im Jahr 1850, wobei in 86% von ihnen Dampfmaschinen für die notwendige Energie sorgten und nurmehr 14% wie zuvor üblich mit Wasserkraft arbeiteten. Hier ging der moderne Lohnarbeiter, dem Takt der Maschine folgend, einer neuen Form von Arbeit nach, getrennt vom häuslichen Herd, neben dem noch der Heimarbeiter samt seiner Familie seine Tätigkeit ausgeübt hatte. Kein anderer Gewerbezweig expandierte bereits gegen Ende des 18. Jahrhunderts derart vehement wie die Baumwollproduktion, zumal diese auch besonders von einer wachsenden überseeischen Nachfrage profitierte, die dazu führte, dass die Baumwollexporte in fünfzig Jahren eine siebzigfache Steigerung erfuhren, so dass ihr Wert 1810 mehr als 15 Millionen Pfund betrug.

Baumwollindustrie

Dergleichen spektakuläre Zuwachsraten waren jedoch auf wenige Sektoren begrenzt; auf die gesamte gewerbliche Produktion bezogen blieb das Wachstum eher bescheiden und überschritt erst nach 1800 die 3%-Marke. Auch wenn die

Baumwollindustrie als *Leitsektor* markante Signale für den Anbruch einer neuen Ära setzte, so fand doch erst in einer zweiten Phase im Bereich von Kohle und Stahl um die Jahrhundertmitte der entscheidende Durchbruch zur allgemeinen Industrialisierung statt. So stieg die jährlich Kohleproduktion von 18 Mio. Tonnen in den Jahren 1820–24 über 68 Mio. t für 1855–59 auf 159 Mio. t in den Jahren 1880–84, desgleichen wuchs die Eisenproduktion im selben Zeitraum von 0,4 Mio. t jährlich auf 7,9 Mio. Auf der Basis des Verbunds von Kohle und Stahl bildeten sich zunächst in Südwales und den Midlands, später auch im Nordosten die Zentren einer modernen Schwerindustrie, und der allgemeine Siegeszug der Eisenbahn verlieh dieser neuen Entwicklung sinnfälligen Ausdruck. Dies tat in noch stärkerem Maße schließlich die große Weltausstellung des Jahres 1851, auf der das Viktorianische England als das *workshop der Welt* seine technologische Überlegenheit in nahezu allen Branchen gewerblicher bzw. industrieller Produktion augenfällig dokumentierte.

Kohle und Stahl

Ähnlich wie die Modernisierung der Landwirtschaft wirkte sich allerdings in noch stärkerem Maße die Industrielle Revolution auf die Lebensumstände weiter Kreise der englischen Bevölkerung aus, d. h. vor allem die Unterschichten, die am stärksten von den veränderten neuen Produktionsbedingungen betroffen waren und deren soziale Kosten zu tragen hatten. Das galt zunächst für diejenigen Männer, vor allem aber auch Frauen und Kinder, die in den neuen Fabriken und Städten unter zumeist gesundheitsschädigenden Bedingungen leben und arbeiten mussten, aber auch für jene, die wie z. B. die Handweber der überlegenen Konkurrenz moderner mechanisierter Formen der Produktion zum Opfer fielen. Dennoch blieben handfeste soziale Proteste, wie z. B. die Maschinenstürmerei der sog. *Ludditen* 1811–1813 in den östlichen Midlands und in Yorkshire, die Ausnahme. Andererseit muss festgehalten werden, dass einer rapide wachsenden Bevölkerung durch die Industrialisierung zumindest weitgehend das Existenzminimum gesichert war. Und obwohl zunächst in erster Linie nur eine kleine Minderheit von dem beachtlichen gesamtwirtschaftlichen Wachstum profitierte, lässt sich mit einiger Sicherheit konstatieren, dass der Lebensstandard der arbeitenden Klassen sich immerhin seit dem zweiten Viertel des 19. Jahrhunderts zu heben begann.

Soziale Kosten

Großbritannien konnte seine Position als die führende ökonomische Weltmacht bis ins letzte Viertel des 19. Jahrhunderts behaupten. 1880 betrug der britische Anteil am Welthandel mit Fertigprodukten 41%, 1913 waren es noch 29,9%. In den Jahren nach 1873 war mit der sog. *Großen Depression* eine Wende eingetreten. Von nun an sanken, parallel zu einem allgemeinen Preisverfall, die Profite. Die ehemaligen Leitsektoren der Industrialisierung, Baumwolle und Bergbau, begannen unter Absatzschwierigkeiten zu leiden. Auf dem freien Weltmarkt wuchs die Konkurrenz: Besonders die USA und das Deutsche Reich konnten, z. T. als Ergebnis protektionistischer Handelspolitik, wirtschaftliche Wachstumsraten vorweisen, die diejenigen Großbritanniens übertrafen. Nicht absolut genommen – denn die britische Wirtschaft expandierte weiterhin –, wohl aber im internationalen Vergleich begann der *relative economic decline*, ein Abstieg, der nicht nur den Verlust der Führungsposition bedeutete, sondern langfristig ein kontinuierliches Zurückfallen im internationalen ökonomischen Wettbewerb. Dies betraf besonders die Produktion und den Export von industriellen Fertigwaren. Während die ausländische Konkurrenz auf modernste Verfahren und steigende Effizienz setzte, sank in Großbritannien die Produktivitätsrate industrieller Arbeit. Hier stagnierte nicht nur die Entwicklung in den alten Industrien wie Textil, Eisen und Kohle, sondern als gegen Ende des 19. Jahrhunderts eine neue Phase der Industriellen Revolution mit neuen Schwerpunkten auf den Gebieten der Chemie und der Elektroindustrie einsetzte, versäumte England den Anschluss und blieb hinter den USA und Deutschland zurück. Die englische Industrie mied zudem das Risiko langfristiger Investitionen. Stattdessen versuchte sie, für ihre traditionellen Produkte neue Märkte zu erschließen. Besonders spürbar war der wirtschaftliche Niedergang nach dem Zweiten Weltkrieg und hier besonders zwischen 1960 und 1981, als die jährlichen Wachstumsraten des Nationalprodukts niedriger lagen als die aller Länder der Europäischen Wirtschaftsgemeinschaft. Rascher noch und nachhaltiger als im übrigen Europa ging es vor allem mit der klassischen Schwerindustrie bergab. Im süd-walisischen Glamorgan z. B. sank die Zahl der im Bergbau Beschäftigten zwischen 1947 und 1992 von 52 000 auf 1 000 Bergarbeiter.

relative economic decline

Die Ursachen der britischen Krise sind nicht allein in säkularen politischen Ereignissen wie den beiden Weltkriegen oder den globalen ökonomischen Entwicklungstrends zu suchen. Zum Teil hat hierzu auch der trotz der Industriellen Revolution stets relativ geringe Stellenwert beigetragen, den gewerbliche Produktion und industrielles Unternehmertum im Kontext sozialer Werthierarchien besessen haben. Handel und besonders Geldgeschäfte, beides weltweit betrieben, bildeten vielmehr das Herzstück des sog. *gentlemanly capitalism*, der traditionsgemäß in einer immer noch aristokratisch geprägten Gesellschaft als akzeptabel galt, da er nicht mit ostentativer Arbeit verbunden war. Zugleich konnten hier – vor allem auf der Basis eines weltumspannenden Kolonial- und Weltreiches – Gewinne erzielt werden, welche die Einbußen im Bereich des produzierenden Gewerbes mehr als wettmachten, denn London blieb, bis in die 2. Hälfte des 20. Jahrhunderts hinein, der Mittelpunkt der internationalen Finanzwelt.

gentlemanly capitalism

Handel

Die Erfolgsgeschichte des englischen Handels, der neben Landwirtschaft und Industrie die dritte wichtige Säule der ökonomischen Weltgeltung Großbritanniens bildete, begann, als gegen Ende des Mittelalters die ausländischen Kaufleute, vor allem Italiener und Deutsche, aus England verdrängt wurden. Damit wurde der lukrative Textilexport das Monopol einheimischer Händler, die seit 1497 in der *Fellowship of the Merchant Adventurers of London* organisiert waren. In der Zeit einer allgemeinen wirtschaftlichen Blüte sowie auf Grund der günstigen Verkehrsanbindung Londons an das niederländische Antwerpen, das damals das Zentrum des europäischen Handels bildete, hat sich der englische Textilexport zwischen 1470 und 1550 mehr als verdreifacht. Diese Konstellation veränderte sich nachhaltig, als Antwerpen in Folge des niederländischen Unabhängigkeitskrieges endgültig seine Funktion als Drehscheibe des europäischen Handels verlor. Auf ihrer Suche nach neuen Märkten erschlossen sich die englischen Kaufleute zunächst in der ersten Hälfte des 17. Jahrhunderts den Mittelmeerraum, wobei nun den Textilexporten die Importe mediterraner Produkte (Öl, Wein usw.) gegenüberstanden.

Als besonders zukunftsträchtiges und dynamisches Element sollten sich jedoch die Anfänge des Überseehandels mit Asien und Amerika erweisen. Im Zuge der Erschließung weltumspannender Handelsrouten hatte sich die geographische Randlage der Insel England in eine zentrale Position verwandelt, die sie zu nutzen verstand. 1600 wurde die als Aktiengesellschaft organisierte *East India Company* in London gegründet, ausgestattet mit dem königlichen Privileg für das Monopol des gesamten Asienhandels. Zugleich verlagerte sich das Interesse vom Export heimischer Produkte auf den Import überseeischer Luxuswaren, die z. T. für den Re-Export bestimmt waren. Die sog. *commercial revolution* der zweiten Hälfte des 17. Jahrhunderts bestand darin, dass es England gelang, im System des Warenaustausches zwischen Europa und dem Rest der Welt die einträgliche Funktion des Stapelplatzes zu übernehmen, indem man die Holländer aus dieser Position verdrängte. So wurden im Durchschnitt zwei Drittel der indischen Baumwollimporte sowie der amerikanischen Tabakeinfuhr re-exportiert und bei Zucker aus der Karibik belief sich dieser Wert auf 50%. Daneben übernahmen englische Kaufleute weitgehend das lukrative Geschäft des internationalen Zwischenhandels, meist in der Form des sog. Dreieckshandels, des direkten Transports von Gütern zwischen ihren Bestimmungsländern, ohne erst den Stapelplatz England anzulaufen. So wurden z. B. seit dem Ende des 17. Jahrhunderts englische Fertigwaren nach Westafrika geliefert. Dort lud man dafür Sklaven, transportierte sie in die Karibik, um von dort mit einer Ladung Zucker nach Bristol oder London zurückzukehren. So bildete der Handel den Nerv des ersten englischen Weltreichs im 18. Jahrhundert, denn er ging einher mit dem Aufbau einer starken Kriegsflotte und der Gründung von Kolonien und lieferte die Basis für den herausragenden Reichtum des Landes, den es so effektiv in politische Weltgeltung umzumünzen verstand. Und so lieferte schon vor dem Einsetzen der Industriellen Revolution der Handel die Basis für Englands außerordentlichen Wohlstand und mit gewissem Recht lässt sich heute die Formierung des englischen Finanz- und Handelskapitalismus als die eigentliche Besonderheit der ökonomischen Entwicklung der Insel bezeichnen. Bereits im 18. Jahrhundert versechsfachten sich die Exporte und die britische Handelsflotte wuchs um mehr als das Dreifache. Schließlich war der Aufstieg Englands zur führenden Industriemacht unauflöslich mit seiner Position als führender Han-

commercial revolution

delsnation verknüpft. Innerhalb von 50 Jahren, zwischen 1805 und 1855, verdoppelten sich beispielsweise die Exporte von Baumwolle und Eisenwaren und betrugen dabei jeweils mehr als ein Drittel der gesamten Produktion.

Freihandel

Der einzigartigen ökonomischen Führungsposition Großbritanniens entsprach auch der Mitte des 19. Jahrhunderts vollzogene Übergang zum Freihandel. Hatte bislang der Staat sowohl die heimische Landwirtschaft mit Kornzöllen geschützt als auch durch die *navigation acts* des 17. Jahrhunderts die Monopole von Handel und Schifffahrt tatkräftig gefördert, so fielen nun alle Schranken – vornehmlich, weil man in Übersee zunächst keinen Konkurrenten zu fürchten hatte. Dementsprechend expandierte der Überseehandel nochmals in einem kräftigen Schub zwischen 1859 und 1866. Der Wert der Exporte stieg von 155 Mio. auf 238 Mill Pfund und die Importe von 179 Mio. auf 295 Mio. Dabei darf die negative Handelsbilanz nicht über eine insgesamt positive Zahlungsbilanz hinwegtäuschen, in der die beträchtlichen Gewinne aus überseeischen Investitionen sowie den Dienstleistungen auf dem Sektor Finanzen, Versicherungen und Transport ihren Niederschlag fanden. Vor allem das britische Finanzkapital, das nicht in erster Linie in die eigenen Kolonien, sondern in alle Kontinente floss, war am freien Verkehr auf den internationalen Anleihe- und Geldmärkten interessiert.

Erst als diese *unsichtbaren Einkünfte* aus internationalen finanziellen Transaktionen und Dienstleistungen nach dem Ersten Weltkrieg ihren Stellenwert im Rahmen der britischen Zahlungsbilanz verloren, gab man 1932, auf dem säkularen Tiefpunkt des Welthandels infolge der Weltwirtschaftskrise, das Prinzip des Freihandels zu Gunsten eines Zollsystems auf, das den Mitgliedern des Commonwealth allerdings Präferenzen einräumte. Weiterhin sollte sich damit der Handel als stärkste Stütze der britischen Wirtschaft erweisen, deren allgemeinen Niedergang er allerdings nur verzögern und verschleiern, aber nicht grundlegend aufhalten konnte.

Individualismus

Die Erfolgsgeschichte der englischen Wirtschaft besitzt, wie gezeigt, zahlreiche Voraussetzungen und Ursachen. Mit an erster Stelle sind hier jene zu nennen, die ein ungewöhnlich hohes Maß an Innovationsbereitschaft und Flexibilität der wirtschaftlichen Akteure ermöglichten bzw. förderten. Hierzu zählt vor allem ein selbst im europäischen Vergleich relativ stark ausgeprägter Individualismus, der soziale Organisation und soziales Verhalten prägt. „The majority of ordinary people in England from at least the thirteenth century were rampant individualists, highly mobile both geographically and socially, economically *rational*, market orientated and acquisitive, ego-centred in kinship and social life" [A. Macfarlane, The Origins of English Individualism. The family, property and social transition, Oxford 1978, 163].

Dabei war es die spezifische Form der Familie als der sozialen Basiseinheit, die seit dem Mittelalter die Entwicklung und Entfaltung individueller Talente und individuellen Strebens auf allen sozialen Ebenen ermöglichte. Während gemeinhin im Rahmen vorindustrieller bäuerlicher Gesellschaften die in der Regel drei

Generationen umfassende Groß- oder Stammfamilie die Norm bildete, war in England bereits zu Ausgang des Mittelalters die aus den Eltern und unselbstständigen Kindern bestehende Kernfamilie der am weitesten verbreitete Haushaltstyp. Lokale Zensuslisten bezeugen, dass nur ca. 6% aller Haushalte mehr als zwei Generationen umfassten und nur selten weitere, d.h. nicht zur Kernfamilie des Ernährers gehörige Verwandte einschlossen. Vielmehr lebten im englischen Durchschnittshaushalt 4,5 Personen. Wenn Familien, speziell im Bereich der Oberschicht, in zeitgenössischen Statistiken dennoch bis zu 40 Personen umfassten, dann nur, weil hier das Gesinde als zum Haushalt gehörig mitgezählt wurde. Die geringe zahlenmäßige Größe der Familien beruht zusätzlich noch darauf, dass die Kinder in der Regel schon früh das elterliche Haus verließen, um – in den höheren Schichten – ihre Ausbildung an Schulen und Universitäten bzw. als Lehrlinge zu empfangen, oder – bei der Mehrzahl der Bevölkerung – schon frühzeitig ein eigenes Auskommen im Gesindedienst zu verdienen; bis weit ins 19. Jahrhundert hinein waren dies 60% der 15 bis 24-Jährigen. Solche Verhaltensmuster sorgten im Bereich der Landwirtschaft dafür, dass große Höfe von Fall zu Fall über zusätzliche Arbeitskräfte verfügen konnten, während auf der anderen Seite die Lebenshaltungskosten der Familien der ländlichen Unterschichten reduziert wurden. Zugleich war damit generell eine wichtige Voraussetzung für den Übergang von der Subsistenz- zur Marktökonomie geliefert.

Kernfamilie

Wenn die durch dergleichen Lebensumstände freigesetzte Dynamik in ein erhöhtes Maß von Mobilität umschlug, so handelte es sich hier in erster Linie um geographische und weniger um soziale Mobilität. Denn die Rahmenbedingungen für individuelles Wirtschaften lieferte auch in England eine soziale Gliederung, mit der soziale Ungleichheit in einer hierarchisch gegliederten Gesellschaft fixiert war. Diese entsprach in der Frühen Neuzeit der üblichen Form sozialer Ordnung im vorindustriellen Zeitalter, d.h. einer gesellschaftlichen Pyramide, an deren schmaler Spitze Macht und Reichtum in Händen weniger privilegierter Adliger konzentriert waren, während deren Basis die mehr als 50% der Bevölkerung umfassende Menge der ihre Existenz notdürftig fristenden Eigentumslosen bildete. Im Unterschied zu den sozialen Formationen auf dem Kontinent war die frühneuzeitliche englische Gesellschaft nur in sehr begrenztem Umfang eine ständische Gesellschaft, in der durch Geburt ein für allemal die soziale Position des Einzelnen samt seinen Rechten und Pflichten fixiert ist. Stattdessen lässt sie sich eher als fein ausdifferenzierte Statusgesellschaft definieren, in der die Eigentumsverhältnisse eine wichtige Rolle für die Zuweisung der gesellschaftlichen Position des Einzelnen spielen und daher zumindest ein gewisses Maß auch an sozialer Mobilität gewährleistet ist.

Soziale Gliederung

Die Eigenarten dieser Statusgesellschaft verkörpert augenfällig deren Elite, der englische Adel. Dieser umfasst zum einen die kleine Gruppe des Hochadels im engeren Sinne, die sog. *peerage*, die sich als einzige auf Grund eindeutiger rechtlicher Kriterien genau definieren lässt, und zum andern die des niederen

Adel

Adels, der sog. *gentry*, deren Qualität sich zwar nicht der Beschreibung, wohl aber der exakten Definition entzieht. Beide zusammengenommen bilden die soziale und politische Führungsschicht der Nation, die *gentlemen*. Zwischen ihnen und dem Rest der Bevölkerung verlief die markanteste Trennungslinie in der englischen Gesellschaft.

Peerage Ein Mitglied der *peerage* war als *duke*, *earl*, *marquess*, *viscount* oder *baron* entweder auf Grund der Erbfolge oder durch königliche Ernennung im Besitz eines Adelstitels, der die eigene parlamentarische Vertretung im Oberhaus als herausragendes politisches Privileg beinhaltete. Ansonsten beschränkten sich die verbrieften Vorrechte auf einen besonderen Gerichtsstand sowie das allen adligen Landeigentümern zustehende Jagdrecht. Im Gegensatz etwa zum französischen Adel beinhaltete der Sonderstatus der englischen Aristokratie nicht die Befreiung von der Steuerpflicht, womit ein später in anderen Ländern bedeutsames gesellschaftliches Konfliktpotenzial von vornherein entfiel. Strikte Erbfolgeregularien gewährleisteten Exklusivität und Kontinuität. So sorgte die Einhaltung der Primogenitur dafür, dass der Titel stets nur auf den ältesten Sohn überging, so dass die Zahl der Mitglieder der *peerage* lediglich durch königliche Ernennungen wachsen konnte. Zu Beginn der Neuzeit, nachdem zahlreiche Adelshäuser im Verlauf der Rosenkriege ausgelöscht worden waren, zählte man daher nur 60 weltliche Lords im Oberhaus. Unter den Stuarts, bei denen besonders Jakob I. zahlreiche Erhebungen in den Adelsstand vornahm, wuchs diese Zahl auf 160 und erreichte im frühen 19. Jahrhundert, als die Macht der großen Adelsfamilien im Zenit stand, 358. Gleichzeitig schränkten dem *fideikommis* ähnliche *family settlements* die Verfügungsgewalt des jeweiligen Familienoberhauptes über den Großteil des ererbten Besitzes soweit ein, dass dieser künftigen Generationen weiterhin als unerlässliche materielle Grundlage der herausragenden gesellschaftlichen Position erhalten blieb. Denn der englische Adel definierte sich weniger über seine Abstammung noch, wie besonders in Preußen, über militärische Leistungen, sondern primär über seine Eigentumsrechte an ausgedehntem Grundbesitz. Für Erhebungen in den Peersstand war dementsprechend das Eigentum des Betreffenden unerlässliche Voraussetzung.

Gentry Ähnliches gilt erst recht für den niederen Adel, die sog. *gentry*, die sich jeder juristischen Definition entzieht. Dazu zählte, wer über die nötige Reputation verfügte, um von anderen als *gentleman* angesehen zu werden. Unerlässliche Voraussetzung war, den ungeschriebenen Gesetzen des eines Gentleman würdigen Lebenswandels folgen zu können, d. h. vor allem, nicht von seiner Hände Arbeit leben zu müssen. So zumindest lautet die klassische Definition des Sir Thomas Smith (1513 – 1577):"...who can live idly and without manual labour and will bear the port, charge and countenance of a gentleman, he... shall be taken for a gentleman“ [zit. bei 389: SCHRÖDER, 30]. Nur ein kleiner Teil dieses niederen Adels besaß den Titel *baronet* oder *knight* und lässt sich daher zu bestimmten Zeiten quantitativ erfassen – im Jahre 1688 gab es z. B. 800 Baronets und 600 Ritter. Die größere Zahl der *esquires* und einfachen *gentlemen* lässt sich nur schätzen und entsprechend differieren die Angaben für den Gesamtanteil der adligen Oberschicht an der englischen Bevölkerung im 17. und 18. Jahrhundert zwischen 1,2 und 3%. Dabei kommt es auch darauf an, inwieweit die Mitglieder städtischer Führungsschichten hinzugerechnet werden, die, obwohl sie nicht über größeren Grundbesitz verfügten, sich dennoch einen entsprechenden Lebensstil leisten konnten. Doch schließlich versuchten auch hier viele, ihren Status durch den Erwerb von Land zu bestätigen, denn die eigentumsbezogene Legitimation des englischen Adels blieb über die Epochen hinweg unbestritten.

Herausragende Position des Adels

Umgekehrt war es gerade auch jene starke Fixierung auf das Eigentum, welche zur Kontinuität der herausragenden Position des Adels bis weit hinein ins sog. bürgerliche Zeitalter beitrug. Dadurch sicherte er sich nicht nur die ökonomische Grundlage für seine Existenz. Auch die Art und Weise, wie er sein Eigentum verwaltete und mehrte, verband ihn mit der Welt bürgerlichen Besitzstrebens. Schließlich waren es in erster Linie die adligen Landbesitzer, welche die Kapitalisierung und Kommerzialisierung der Landwirtschaft vorantrieben. Und als Grundbesitzer verstanden sie es auch, von der Industrialisierung und fortschreitenden Urbanisierung zu profitieren, indem sie die Ausbeutung der auf ihrem Land vorhandenen Bodenschätze verpachteten, sich maßgeblich an einträglichen Projekten des Kanal- und Straßenbaus beteiligten oder, wo sich die Gelegenheit bot, ihren Besitz als Bauland für rasch expandierende Städte nutzten, wie dies z. B. die Bedfords und die Herzöge von Westminster in London taten. So rangierte auch noch Mitte des 19. Jahrhunderts der Reichtum des Großgrundbesitzes, dem mehr als 3/4 des Landes gehörten, weit vor dem des modernen Unternehmertums. „An observer entering a room full of Britain's 200 wealthiest men in 1825 might be forgiven for thinking that the Industrial Revolution had not occured" [615: RUBINSTEIN, 61]. Auch war es von entscheidender Bedeutung, dass es dem Adel gelang, vor allem im 18. und 19. Jahrhundert seine soziale und ökonomische Position in politische Macht umzusetzen, war er doch eine politisch aktive *leisure class*, die über das erforderliche Maß an Unabhängigkeit und Abkömmlichkeit verfügte, um unbezahlte politische Ämter im Bereich der lokalen, regionalen und nationalen Politik wahrzunehmen. So stellten Mitglieder der *peers* und der *gentry* in der Zeit zwischen 1830 und 1900 noch insgesamt 71% der Kabinettsmitglieder.

Soziale Mobilität

Schließlich wurde die Position des englischen Adels dadurch gestärkt, dass auch in seinem Bereich ein gewisses Maß von sozialer Mobilität wirksam war und als wichtiger Faktor der Anpassung an veränderte Verhältnisse wirken konnte. Dies war im vielem eine direkte Folge der Bindung von Status an Eigentum. „Wer die Eigentumsvoraussetzungen verlor, fiel – mit Ausnahme der *titled nobility* – ohne weiteres aus dem Adel heraus". Die Folge war: „Es gab in England keine verarmten Adligen..., die den gesamten Adel hätten diskreditieren oder ihn in eine reaktionäre Richtung hätten drängen können" [389: SCHRÖDER, 33]. Dieser Form des sozusagen automatischen sozialen Abstiegs entsprach jedoch keine des selbstverständlichen Aufstiegs, sobald ein bestimmtes Maß von Grundbesitz vorgewiesen werden konnte. Dies galt nicht nur für die *peerage*, sondern auch für jene adlige Oberschicht, die als sog. *county-elite* die Gruppe der agrarischen Magnaten in den einzelnen Grafschaften repräsentierte. Nur etwa 8% der großen Landsitze wechselten hier im Laufe von 350 Jahren zwischen 1540 und 1880 ihren Besitzer, was darauf hinweist, dass neuer Reichtum nicht ständig und unmittelbar absorbiert wurde. Zwar bestanden auf Grund der strengen Primogeniturerbfolge zahlreiche persönliche Verbindungen des Adels zu jenen Berufsgruppen, in denen die jüngeren Söhne ihr Auskommen als Militärs oder Geistliche, als Juristen oder Kaufleute finden mussten, doch dies implizierte keineswegs eine Aufweichung der Statusgrenzen für den potenziellen Aufsteiger. Allerdings existierten solche zwar nicht unübersteigbare, aber doch schwer zu überwindende Barrieren nicht an der Grenzlinie der unteren *gentry*, die letztendlich eine Einfallspforte für den nichtagrarischen Reichtum darstellte. Gerade weil sie nicht über eindeutige oder gar justiziable Definitionskriterien verfügte, wirkte die *gentry* als Pufferzone bzw. als Sicherheitsventil für den Adel gegenüber den sozialen Aufsteigern aus dem Milieu des gehobenen Bürgertums. Tatsächlich erstreckte sich so sozialer Aufstieg, wenn und wo er stattfand, in der Regel über mehrere Generationen.

Bis gegen Ende des 19. Jahrhunderts gelang es dem englischen Adel, seine herausragende Position zu behaupten. Die Wende trat ein, als die britische Landwirtschaft nach 1873 in die Krise geriet. Nahezu gleichzeitig kam es zu einer grundlegenden Neuorientierung der Nobilitierungspolitik; der Anteil der aus Unternehmerkreisen stammenden Peers wuchs von 3,8% auf 23,1%. Schließlich wurde erstmals in der britischen Geschichte eine antiaristokratische Politik durch entsprechende legislatorische Maßnahmen in die Tat umgesetzt: Die dritte Wahlrechtsreform von 1884/85, die den großen Massen der Landarbeiter das Wahlrecht verlieh; die Reform der County Councils, die dem Monopol adliger Selbstverwaltung auf dem Lande ein Ende bereitete; die Einführung von Erbschaftssteuern 1894; die Steuerpolitik des liberalen Finanzministers Lloyd George, dessen *People's Budget* von 1909 ausdrücklich gegen die privilegierte Stellung der Aristokratie gerichtet war; die politische Entmachtung des Oberhauses 1911. So setzte nach dem Ersten Weltkrieg geradezu schlagartig eine Umverteilung der Besitzverhältnisse auf dem Lande ein. Adliger Landbesitz, der über die Jahrhunderte hinweg sorgsam kultiviert und gehütet worden war, stand zum Verkauf. Ca. 25% des englischen Grund und Bodens wechselten innerhalb weniger Jahre den Besitzer.

Machtverfall der Aristokratie

Dabei fand der Machtverfall der englischen Aristokratie parallel zum allgemeinen Verlust der britischen Führungsposition im Kontext von Weltwirtschaft und Weltpolitik statt. Wie dieser jedoch entbehrte auch jener der spektakulären Höhepunkte, erfolgte vielmehr graduierlich, gemildert durch den weitgehenden Erhalt sozialen Prestiges sowie die Tatsache, dass die Wertvorstellungen einer landbesitzenden Elite und die Verhaltensmuster aristokratischer Lebensführung für weite Teile der britischen Gesellschaft auch dann noch verbindlich blieben, als der Adel seine politische und ökonomische Führungsrolle schließlich eingebüßt hatte.

Die bis weit ins 19. Jahrhundert hineinreichende ökonomische, soziale und politische Vorrangstellung verdankte der englische Adel nicht nur seiner Anpassungsfähigkeit an veränderte wirtschaftliche Verhältnisse und einem gewissen Maß sozialer Offenheit, sondern gleichzeitig dem Umstand, dass zunächst kein kräftiger, homogener dritter Stand, der gegebenenfalls eigene Ansprüche auf politische oder gesellschaftliche Mitsprache hätte stellen können, existierte. Zwar hatten auf dem Lande zu Beginn der Neuzeit noch die sog. *yeomen* eine gewisse Rolle gespielt, die als erfolgreich wirtschaftende Großbauern hinter den *gentlemen* den zweiten Rang einnahmen und sich lediglich durch die Form der Lebensführung von den Mitgliedern der niederen *gentry* unterschieden. Da auch sie für den Markt zu wirtschaften verstanden und in der vordersten Front der Modernisierung landwirtschaftlicher Techniken zu finden waren, profitierten sie entsprechend von der günstigen Agrarkonjunktur des ausgehenden 17. Jahrhunderts, vergrößerten und arrondierten zum Teil ihre Höfe, und manche überflügelten an Besitz ihre adligen Nachbarn. Dennoch kam es auf lange Sicht weder zu einer allgemeinen *Gentryfizierung* der *yeomen* noch zur Konsolidierung einer Schicht selbstständiger Großbauern. Stattdessen war ihr Anteil an der Gesamtmasse des Grundbesitzes von über 30% im späten 17. Jahrhundert auf 15% im Jahre 1790 geschrumpft und sollte im späten 19. Jahrhundert nur noch 10% betragen. Sie waren damit schließlich dem Expansionsdrang der adligen Großgrundbesitzer zum Opfer gefallen, die es besonders im 18. Jahrhundert verstanden, moderne Formen der Finanzierung wie z. B. die Ausbildung des Hypothekenwesens dafür zu nutzen, um Ländereien der *yeomen-farmer* aufzukaufen.

yeomen

Wenn die Position des englischen Adels über lange Zeit hin weitgehend unangefochten blieb, so auch deswegen, weil es dem Bürgertum einerseits an Homogenität mangelte und es andererseits nicht in der Lage war, genuine Alternativen zu dem adligen Konzept des *gentleman* zu entwickeln. Dies verdeutlicht bereits der Blick auf die städtischen Oberschichten der Frühen Neuzeit. Diese setzten sich zusammen aus den Vertretern der Handel treibenden Kaufmannschaft sowie der sog. *professions*, d. h. Ärzten, Geistlichen und Juristen. Vor allem die im Außenhandel aktiven Großkaufleute sowie jene, die als Verleger in den Frühformen der Textilindustrie engagiert waren, profitierten vom Aufschwung der frühkapitalistischen Wirtschaftskonjunktur, so dass ihr Reichtum oft den der landsässigen *gentry* übertraf. Ähnliches gilt für die Rechtsanwälte, deren Dienstleistungen in einer expandierenden Eigentums- und Wettbewerbsgesellschaft immer häufiger in Anspruch genommen wurden. Mit wachsendem Wohlstand wuchs nun das Bestreben der Vertreter dieser städtischen

Städtische Oberschichten

Oberschichten, vom Adel als gleichberechtigt anerkannt zu werden, zumal man schon frühzeitig Wert darauf gelegt hatte, dem Kreise der *gentlemen* zugerechnet zu werden. Und obwohl noch zum Ende des 17. Jahrhundert das von dem zeitgenössischen Publizisten Edward Chamberlayne formulierte Diktum galt: „Kaufleute sind zu allen Zeiten und von allen Nationen für nicht adlig gehalten worden" [zit. bei 185: Haan, 30], existierten doch zwischen jenen städtischen Oberschichten und der *gentry* zahlreiche und vielfältige Verbindungen. So wurden z. B. die jüngeren Söhne des Adels, sofern sie nicht Geistliche oder Militärs wurden, bei Kaufleuten in die Lehre gegeben oder sie unterzogen sich als künftige Rechtsanwälte (*barristers*) einer langen und kostspieligen Ausbildung. Umgekehrt suchten die Vertreter jenes städtischen Großbürgertums nicht selten, ihren Status durch den Erwerb von Landbesitz zu heben, und tatsächlich gelang auch manchem der Eintritt in den Kreis der *gentry.* Vor allem aber akzeptierte und kopierte man die Formen adliger Lebensführung, wofür die Voraussetzungen in der Gruppe der Finanziers und Großkaufleute, der sog. *gentlemanly capitalists*, am günstigsten waren. Hier bildeten sich wichtige Verbindungen aus, die dem Adel die materiellen Voraussetzungen für die Wahrung seiner gesellschaftlichen Position sicherten, auch in einer Zeit, in der der Wert ländlicher Besitzungen verfiel. 1896 hatten z. B. 167 Aristokraten, d. h. mehr als ein Viertel der gesamten *peerage*, Direktorenposten in der Londoner City inne.

Bürgertum

Diese Allianz von Finanz- und Handelskapital auf der einen Seite und dem Adel auf der anderen erklärt Spaltung und damit Schwäche des klassischen Bürgertums, das im Wesentlichen auf das Industriebürgertum beschränkt blieb und das stets eine gewisse gesellschaftliche Sonderstellung einnahm. Dies war z. T. darin begründet, dass es eher Außenseiter als Repräsentanten der sozialen Elite waren, welche die Industrielle Revolution vorantrieben, indem sie als Unternehmer technische Innovation in profitable Produktion umsetzten. Nur wenige entstammten dem Kreis der Großgrundbesitzer oder dem Zirkel der gehobenen Berufsgruppen. Aber auch nur wenige, nämlich ca. 7%, kamen aus Familien der lohnabhängigen Arbeiterklasse. Zumeist waren es Angehörige der gewerbetreibenden Mittelschicht, kleine Unternehmer oder Ladenbesitzer, die als Industrielle Karriere machen sollten. Zudem waren es oft Vertreter der religiösen nonkonformistischen Minoritäten, die als politisch entrechtete und gesellschaftlich isolierte Minderheit nach Kompensation im Erwerbsleben strebten. Gespeist aus der Lehre des orthodoxen Calvinismus entwickelte sich hier stolzer und unabhängiger Bürgersinn, der in bewusster Distanz zur arbeitsfernen Welt der *gentlemen* seine eigenen Wertmaßstäbe einer nüchternen, sich auf Initiative, Fleiß und Verantwortung gründenden Moral entwickelte. Auf Grund dieser Sonderstellung und weil hier, im Vergleich zum Finanz- und Handelskapital sowie zum Großgrundbesitz, die großen Vermögen nicht akkumuliert wurden, blieb diese Gruppe in Bezug auf ihr gesellschaftliches Gewicht und ihren politischen Einfluss die weitaus schwächste. Auch dies erklärt, warum der wirtschaftliche Niedergang Großbritanniens im 20. Jahrhundert zuerst und vor allem den produzierenden Sektor betraf.

Unterhalb dieser in sich durchaus differenzierten Mittelschicht erstreckt sich als Basis der sozialen Hierarchie die große Masse der Bevölkerung, welche sich wiederum in verschiedene Gruppen gliedern lässt. In der Frühen Neuzeit waren dies ca. 95% aller Engländer, die zudem vorwiegend auf dem Lande als Kleinbauern, Häusler und Landarbeiter ihr größtenteils kümmerliches Dasein fristeten. Hier war die Entwicklung im 16. und 17. Jahrhundert vor allem durch den Niedergang der selbstständigen Kleinbauern gekennzeichnet, die mit der fortschreitenden Kommerzialisierung einer für den Markt produzierenden Landwirtschaft nicht Schritt halten konnten. Vergeblich versuchten diese kleinen Produzenten sich zusätzliche Erwerbsquellen zu erschließen bzw. Konsumverzicht zu leisten, um den steigenden Pachtzinsen zu begegnen. In der Regel sahen sie sich gezwungen, ihre überschuldeten Höfe aufzugeben. Hinzu kam die unter dem bäuerlichen Kleinbesitz weitverbreite Gewohnheit, auch jüngere Söhne mit Land auszustatten, was schließlich zu einer unwirtschaftlichen Parzellierung des kleinbäuerlichen Grundbesitzes führte. Besonders beschleunigt wurde diese Entwicklung noch durch die *enclosures*, da es gerade die ärmeren Dorfbewohner waren, die ihren Lebensunterhalt nicht zuletzt auch durch die Nutzung ihrer Rechte am Gemeindeland bestritten hatten. Sie waren die zahlreichen Opfer der schon beschriebenen Kapitalisierung der Landwirtschaft mit dem Trend zum möglichst rentabel produzierenden Großbetrieb. Das Ergebnis fand in der Rechnung des zeitgenössischen Statistikers Gregory King seinen Niederschlag, der um 1680 1,275 Mio. Tagelöhner und Dienstboten sowie 1,3 Mio. Häusler zählte, die sich nicht in der Lage sahen, durchweg ihren Lebensunterhalt selbst zu bestreiten. D.h. nahezu 50% der englischen Bevölkerung lebten in der Frühen Neuzeit in jenem Staat, dessen Bevölkerung ausländische Zeitgenossen ungewöhnlichen Wohlstand bescheinigten, am Rande des Existenzminimums. Dem allgemeinen Verhältnis von Stadt und Land entsprechend wohnten sie vorwiegend auf dem Lande. Auch als mit zunehmender Urbanisierung und Industrialisierung die ländliche Unterschicht ausdünnte, zog dies, abgesehen von kurzen Zeitspannen wie während der napoleonischen Kriege oder auf dem Höhepunkt des viktorianischen Konjunkturzyklus, keine spektakuläre Verbesserung des allgemeinen Lebensstandards nach sich.

Kleinbauern, Häusler und Landarbeiter

Der nachhaltigste soziale Wandel der letzten zweihundert Jahre fand im Bereich der städtischen Mittel- und Unterschichten durch die Ausbildung der Arbeiterklasse statt. In der Frühen Neuzeit verlief in der städtischen Gesellschaft die Haupttrennungslinie zwischen den sog. *freemen*, die als wirtschaftlich Selbstständige über gewisse politische Rechte verfügten, und der großen Masse der Lohnabhängigen. Erstere, die sog. *middling sort of people*, d. h. kleine Ladenbesitzer und Handwerker, umfassten ca. ein Drittel der städtischen Bevölkerung. Ihnen gegenüber standen die zahlreichen Gesellen und ungelernten

Städtische Mittel- und Unterschichten

Gelegenheitsarbeiter, deren Zahl im 16. und 17. Jahrhundert im Verhältnis zum allgemeinen Bevölkerungswachstum überdurchschnittlich zunahm. Hierzu trug nicht nur der Verfall des traditionellen Zunftsystems bei, der den sozialen Status der Gesellen minderte, sondern auch der bereits im 17. Jahrhundert einsetzende Zuzug derjenigen, die im Umfeld der Landwirtschaft ihre Existenzgrundlage verloren hatten. Da die Städte dieser ständig wachsenden Zahl von Zuwanderern keine ausreichenden Arbeitsmöglichkeiten bieten konnten, wuchs entsprechend die Zahl der Bettler, Gelegenheitsdiebe und Prostituierten, und eine neue Form struktureller Armut kennzeichnete die soziale Situation in den Städten.

Arbeiterklasse

Im 18. und 19. Jahrhundert setzte nun in diesem Umfeld mit der Ausbildung der Arbeiterklasse und den daraus resultierenden Reaktionen des kleinbürgerlichen Milieus der einschneidende Wandel ein. 1807 lebten bereits knapp 30% aller englischen Familien von der Arbeit in Fabriken und Bergwerken. Allerdings darf aus diesem Tatbestand nicht auf die frühzeitige Ausbildung einer homogenen Arbeiterklasse geschlossen werden. Zu prominent waren die Statusdifferenzen innerhalb der Unterschicht; etwa zwischen qualifizierten Facharbeitern auf der einen und ungelernten Hilfsarbeitern auf der anderen Seite. Es bedurfte langer und mühevoller Arbeit seitens der Gewerkschaften wie auch später der *Labour Party,* um zumindest in Ansätzen ein gemeinsames Klassenbewusstsein der lohnabhängigen Arbeiter zu schaffen. Stattdessen drängten die qualifizierten Facharbeiter der höheren Lohngruppen, die sog. *Arbeiteraristokratie*, nicht zuletzt durch ostentative viktorianisch-respektable Lebensführung auf Gleichstellung mit dem Kleinbürgertum.

Mittlere und kleine Angestellte

Dagegen bestand vor allem die ebenfalls neue, urbane Schicht der mittleren und kleinen Angestellten als sog. *white collar workers* gegenüber den von ihrer Hände Arbeit lebenden *blue collar workers* auf der Einhaltung deutlicher sozialer Distanz. Gerade weil hier kaum finanzielle Unterschiede etwa Facharbeiter von den Repräsentanten der unteren Mittelklasse trennten, versuchten diese durch ihren Lebenstil soziale Differenz zu markieren. Man lebte in besonderen Wohnvierteln und bemühte sich unter größten finanziellen Opfern bürgerlich-wohlanständige Lebensführung zu demonstrieren: durch Spitzengardinen vor den Fenstern, regelmäßigen Kirchgang, Mitwirkung an der kommunalen Selbstverwaltung sowie die entsprechende Schulbildung für die Kinder.

Englische Klassengesellschaft

Dergleichen Details verweisen auf die besondere Struktur der englischen Klassengesellschaft. Bis hinein in die Gegenwart wurde und wird in England bzw. Großbritannien soziale Ungleichheit registriert und weitgehend akzeptiert als die Ausdifferenzierung der Gesellschaft in Klassen. Dabei ist der Klassenbegriff nicht der marxistischen Definition folgend auf die Position der jeweiligen gesellschaftlichen Gruppe im Produktionsprozess eingeengt, sondern älter und zugleich dementsprechend flexibler und findet in durchaus unterschiedlichen Zusammenhängen seine Anwendung. Wie D. Cannadine [838] kürzlich nachgewiesen hat, sind es im Wesentlichen drei Modelle, die, teilweise parallel, teilweise kontrastierend eingesetzt, zur jeweils zeitgenössischen Analyse der gesellschaftlichen Verhältnisse Anwendung fanden. Dabei wurde, schon bevor Marx das Gegenüber von Kapital und Arbeit betonte, der Gegensatz zwischen Oben und Unten, Reich und Arm, Herrschern und Beherrschten, Ausgebeuteten und Ausbeutern beschworen, wie er modellhaft in der Dichotomie von *gentlemen* und dem Rest der Bevölkerung bereits in der Frühen Neuzeit seinen Ausdruck fand. Daneben wird immer wieder auf eine Dreiteilung der Gesellschaft in Ober-, Mittel- und Unterschicht verwiesen (*upper-*, *middle-*, *lower class*), wie sie besonders durch die Repräsentanten und Anwälte des Bürgertums proklamiert wurde, die so auf die zentrale Positionierung ihrer Klasse verweisen wollten. Schließlich aber hat vom Mittelalter bis in das 20. Jahrhundert hinein jene hierarchisch bestimmte Sicht ihre Gültigkeit bewahrt, welche, ausgerichtet an einem konservativen Sozialmodell, die Gesellschaft als vielfach gestufte Ordnung wahrnimmt und dadurch immer wieder die realen krassen sozialen Unterschiede verschleiert.

Einkommensdifferenzen

Diese kamen besonderes in den beträchtlichen Einkommensdifferenzen zwischen einer kleinen Elite und der großen Masse der Bevölkerung zum Ausdruck. In der Frühen Neuzeit betrugen z.B die jährlichen Einkünfte einer adligen Familie etwa das Dreißigfache derjenigen eines einfachen Arbeiters. Im 19. Jahrhundert öffnete sich dann die Schere, die Relation von *reich* und *arm* entsprach nun dem Zahlenverhältnis von 100 zu 1, wobei ca. 1% der Bevölkerung über 30% des Nationaleinkommens verfügte, während 75% sich mit zwei Fünfteln aller Ressourcen begnügen mussten. Auch wenn hier im Laufe des 20. Jahrhunderts eine gewisse Umverteilung von oben nach unten stattfand, nicht zuletzt durch den starken Anstieg der Mittelklasse im Bereich des tertiären Sektors, und 1970 z. B. 2% der Briten jetzt 10% der Einkünfte bezogen wohingegen der großen Masse von 90% immerhin 76% blieben, so hat sich dieser Trend seit den 80er Jahren unter dem Eindruck einer Rückkehr zu einer liberalen Wettbewerbsgesellschaft wieder deutlich umgekehrt.

2. Verfassung und Machtstrukturen

a) Monarchie und Aristokratie

Monarchie gottgewollte Staatsform

Das frühneuzeitliche England war Monarchie; d. h. seine Verfassung entsprach den Prinzipien der nach Vorstellung der Zeitgenossen besten, da natürlichen und das hieß zugleich gottgewollten Staatsform. Im göttlichen Auftrag herrschte der König über seine Untertanen, um deren Wohl zu wahren und zu mehren. In seinem Krönungseid gelobte er, den Frieden des Reiches zu schützen, die Gesetze aufrechtzuerhalten und unparteiisch Recht zu sprechen sowie die Kirche gegen den Unglauben zu verteidigen. Nur ein Monarch – so die herrschende

Lehre – konnte die Einheit des politischen Willens verkörpern, welche ihrerseits die unabdingbare Voraussetzung für die Erhaltung politischer Stabilität war.

Königliche Rechte

Der Größe dieser Aufgabe entsprach der Umfang der Machtfülle des Herrschers, wie sie in den zahlreichen königlichen Rechten ihren Ausdruck fand. Der Monarch besaß die alleinige Entscheidung über Krieg und Frieden und befehligte zu diesem Zweck sämtliche Truppen zu Lande und zu Wasser. Er allein besaß das Recht, Münzen zu prägen, und verfügte über den Staatsschatz. Die Diener des Staates, seien sie Richter, sonstige Beamte oder seit der Reformation auch Bischöfe, wurden von ihm ernannt. Ebenfalls seit der Reformation war der Herrscher zugleich das Haupt der anglikanischen Staatskirche. Er allein konnte Untertanen in den Adelsstand erheben. Dieser Machtfülle entsprach die Position des Monarchen in der politischen Rhetorik der Zeit. Nach den Wirren der Thronstreitigkeiten in der vorangegangenen Ära der Rosenkriege legten die Tudors größten Wert darauf, die Erhabenheit und Unverletzlichkeit des königlichen Amtes zu betonen. „The prince is the life, the head and the authority of all things that be done in the realm of England", betonte Sir Thomas Smith 1583 in seiner *De Republica Anglorum*, und auf Geheiß der Krone wurde in der 2. Hälfte des 16. Jahrhunderts immer wieder verkündet, dass jede Auflehnung gegen den Herrscher als den Garanten gottgewollter Ordnung Auflehnung gegen den allmächtigen Gott selbst sei.

Trotz solcher Rhetorik, trotz solcher ausgedehnter Kompetenzen und Privilegien der Krone und trotz der Tatsache, dass gelegentlich von einem *Tudor-Despotism* die Rede ist, entsprach die verfassungsmäßige Position der englischen Könige des 16. Jahrhunderts nicht der eines absoluten Herrschers, waren ihrer Gewalt sowohl theoretische als auch praktische Grenzen gezogen. Zwar hatte Heinrich VIII. erklärt, er sei nur Gott gegenüber verantwortlich, nicht aber dem Gesetz, „because the King makes the law" [238: Guy, 84], doch die Formel des großen Juristen Bracton aus dem 13. Jahrhundert: „debet rex esse sub lege", derzufolge die Ausübung königlicher Gewalt an ein ewiges, überstaatliches Recht gebunden sei, fand auch zuzeiten der Tudors noch weit verbreitete Anerkennung. Desgleichen jene Lehre, welche, Thomas von Aquin folgend, die Machtfülle des Herrschers in den Dienst der *salus populi* stellt.

Konsens der politischen Nation

In der Praxis fanden solche Auffassungen ihre Entsprechung in der Tatsache, dass der Monarch in seiner Amtsausübung in vielfältiger Weise an die Mitwirkung bzw. zumindest an den Konsens der politischen Nation gebunden war, d. h. an jene, deren herausgehobene gesellschaftliche Position mit entsprechendem politischen Einfluss verbunden war: Die Vertreter der Aristokratie und der gehobenen *gentry*. Insgesamt waren es ungefähr 2 000 Familien, die nicht nur das politische Leben in den Grafschaften und Städten weitgehend kontrollierten, sondern auch durch ihre Vertretung im Parlament oder ihre Präsenz am Hofe die Geschicke des Landes mitbestimmten. Hierbei sind selbstverständlich wiederum gewisse Rangabstufungen zu berücksichtigen, denn eine wohl im Jahre

1598 erstellt Liste der „principal gentlemen of value and service" zählt, ohne die Grenzregionen zu berücksichtigen, insgesamt 359 Namen auf. Ähnlich aufschlussreich ist das sog. *Bond of Association* aus dem Jahre 1584, mit dem sich auf riesigen Pergamenten nicht nur die Mitglieder des königlichen Rates und der Versammlung des hohen Klerus, sondern zudem zahlreiche angesehene Untertanen der einzelnen Grafschaften mit ihrer Unterschrift verpflichteten, der Königin gegen alle drohenden Verschwörungen beizustehen bzw. diese gegebenenfalls zu rächen und für eine geordnete Nachfolge zu sorgen. Cornwall war hier z. B. mit 115 Namen vertreten, die Stadt Cardigan durch mehr als 200 ihrer Einwohner, die Londoner Rechtsschule des Lincoln's Inn mit 60 Unterschriften.

Ein Blick auf die Praxis der Staatsverwaltung verdeutlicht am ehesten sowohl die Notwendigkeit als auch die Intensität der Kooperation von Krone und sozialer Elite. Der Apparat der königlichen Verwaltung für die Ländereien des Monarchen sowie im Bereich der staatlichen Zentrale war gegen Ende der Regierungszeit Elisabeths I. auf ca. 1 200 Ämter beschränkt, eine bemerkenswert geringe Zahl angesichts der ca. 40 000 Beamten in Frankreich zu Beginn des 17. Jahrhunderts. Dies bedeutete, dass die regionale und lokale Verwaltung nicht in Händen einer königlichen Bürokratie lag. Stattdessen fand hier von alters her Selbstverwaltung statt, die zwar unter der Aufsicht der Krone stand, de facto jedoch vom eingesessenen Adel wahrgenommen wurde. Das zentrale Organ war hier das Amt des Friedensrichters, der nicht nur die niedere Gerichtsbarkeit verkörperte, sondern auch für die Umsetzung von mehr als 300 Gesetzen und königlichen Verordnungen zuständig war, d. h. auch die Überwachung des Armenwesens, der Lehrlingsausbildung und des Straßen- und Brückenbaus fielen in seine Kompetenz. Diese Richter wurden zwar von der Krone ernannt und unterstanden der Rechtsaufsicht der königlichen Zentrale, aber auf Grund bestehender Rechtsvorschriften mussten die Amtsinhaber Mitglieder der landsässigen *gentry* sein. Wie hier also die Krone auf die Kooperation der Elite angewiesen war, sah diese wiederum in der Wahrnehmung dieses Amtes eine Stärkung ihres sozialen Status und bemühte sich entsprechend, dieses im Sinne der Vorgaben der Zentralgewalt auszufüllen.

Amt des Friedensrichters

Auf einer höheren Ebene bestand diese Kooperation in der Pflicht der Großen des Reiches dem König mit ihrem Rat zur Seite zu stehen wie umgekehrt in der Pflicht auch des Königs, diesen Rat zu suchen; „to govern with the better advice, and consequently with a more perfect governance", wie Sir Thomas Eliot in seinem *The Book named the Governor* formuliert [zit. bei 238: Guy, 80]. Zentrales Organ dieser Kooperation war von alters her der Große Rat des Königs (*King's Council*), der unter Heinrich VIII. ein neues Profil annahm, als aus diesem amorphen, vielköpfigen Kollegium ein engerer Rat herausgelöst wurde, der *Privy Council*. Er umfasste ca. 20 Mitglieder und damit waren die Anfänge für die Bildung einer zentralen Regierungsbehörde geschaffen, die als Koordinationsinstanz fungieren konnte und als Keimzelle einer selbstständigen Büro-

Privy Council

kratie den Weg zur Ausformung moderner Staatlichkeit wies. Neben den eigentlichen Verwaltungsaufgaben nahm dieser Rat als so genannte Sternkammer (*Star Chamber*) auch Aufgaben aus dem Bereich der staatlichen Rechtsprechung wahr und bildete auf Grund seiner vielfältigen Kompetenzen ein zwar nicht von der Person des Herrschers unabhängiges, aber doch die Krone stützendes zweites politisches Machtzentrum im Staat. Zugleich waren hier die hohen Staatsämter keineswegs eine dem Adel vorbehaltene Domäne, sondern es gelangten unter Heinrich VIII. auch soziale Aufsteiger wie der spätere Kardinal Thomas Wolsey und dessen Nachfolger und Initiator weit reichender Reformen, Thomas Cromwell, in entscheidende Schlüsselstellungen.

Hof der Tudors

Unabhängig von den Ergebnissen einer beginnenden staatlichen Modernisierung blieb selbstverständlich der Hof der Tudors das zentrale Organ für die Vermittlung adliger Interessen und monarchischer Politik. Hier war die Börse der Karrieren, hier wurden Staatsämter, Ehren und Pfründen verteilt, hier konnte man unmittelbaren Zugang zum Herrscher gewinnen. In dem Maße, wie es Heinrich VII. und Heinrich VIII. gelungen war, den durch die Rosenkriege ohnehin dezimierten Adel zu domestizieren, rückte der Hof in den Mittelpunkt adliger Interessen. Und so konnten auf die Politik der Krone nicht nur die Inhaber hoher Staatsämter wie Wolsey, Cromwell oder die Cecils, sondern gleichermaßen Höflinge wie Sir Walter Raleigh, die Grafen Leicester und Essex als Günstlinge der Krone entscheidenden Einfluss nehmen. Zugleich verdeutlichen die zumeist konkurrierenden Personen und Interessengruppen bei Hofe bzw. in der Regierung die zentrale Position des Monarchen. Die politische Klugheit gebot ihm zwar, den Adel an den Hof zu ziehen, um ihn dort kontrollieren zu können, und er war desgleichen auf Rat und Kooperation bei den Regierungsgeschäften angewiesen. Von der Ausnahme des minderjährigen Eduard VI. (1547–1553) abgesehen, blieb er aber stets in der Wahl seiner Diener ebenso frei wie darin, wem er seine besondere Gunst zuteil werden ließ. Nicht zuletzt zeugt die Zahl derer, die wie Thomas Cromwell oder Essex auf dem Schafott endeten, davon, in welchem Maße der Wille des Herrschers über den Aufstieg und Fall der Großen des Reiches entschied.

Parlament

Während im Bereich der königlichen Exekutive die Kooperation mit der politischen Nation einerseits essenziell, andererseits aber nicht reguliert war, so war auf dem Gebiet der Legislativen dieses Zusammenwirken als Bestandteil der überlieferten Verfassungswirklichkeit institutionalisiert. Bei der Gesetzgebung war der König auf die Zustimmung des Parlaments angewiesen. Darüber hinaus konnten, der bis zur Magna Charta zurückreichenden Verfassungspraxis entsprechend, Steuern nur mit Genehmigung des Parlaments bzw. später der im Unterhaus versammelten Abgeordneten erhoben werden, da diese die Finanzkraft der Nation repräsentierten. Ursprünglich waren beides – Gesetzgebung und Steuererhebung – die Ausnahme. Die Setzung neuen Rechts widersprach der überlieferten Grundüberzeugung von der vorstaatlichen Natur des *Common*

Law und es dauerte seine Zeit, bis die Gerichtshöfe von König und Parlament verabschiedete Statuten als Entscheidungsnorm anerkannten. Desgleichen galt für die Staatsfinanzen die Richtschnur, dass der König von den Erträgen seines Hausgutes sowie den Einnahmen aus Zöllen und feudalen Kronrechten nicht nur seinen Unterhalt, sondern auch die Kosten der Staatsverwaltung zu bestreiten habe und Steuern als außerordentliche Umlagen nur in Ausnahmefällen wie z. B. Krieg erhoben werden könnten. Mit Beginn der Neuzeit trat hier ein entscheidender Wandel ein. Die Reformation, d. h. die Trennung von Rom und die Begründung einer englischen Staatskirche mit dem König als alleinigem Oberhaupt, bedurfte der rechtlichen Basis neuer Staatsgrundgesetze, die nur mit Zustimmung des Parlaments verabschiedet werden konnten. Und zugleich war mit ständig steigenden Kriegskosten eine effiziente Außenpolitik nur möglich, wenn das militärische Potenzial des Staates durch außerordentliche Einnahmen finanziell abgesichert werden konnte.

King in Parliament

In dem Maße, wie in dem politischen Mitwirkungsrecht des Parlaments die den Staat tragende Kooperation von Monarch und politischer Nation zum Ausdruck kam, wurde *King in Parliament* als Ort der Souveränität definiert. „We at no time stand so highly in our estate royal as in time of Parliament", verkündete Heinrich VIII. in einer Rede 1543. Denn die soziale Elite des Landes war durch diese Körperschaft adäquat repräsentiert: Zum einen dadurch, dass die Großen des Reiches, die Aristokratie sowie die Bischöfe unmittelbar als Mitglieder des House of Lords am politischen Entscheidungsprozess mitwirkten, zum andern dadurch, dass die Grafschaften und Städte jeweils durch zwei Abgeordnete im Unterhaus vertreten waren. Diese gingen zwar aus Wahlen hervor, doch die Limitierung des Wahlrechts auf Grundbesitz in den ländlichen und sozialen Status in den städtischen Wahlkreisen lieferte de facto die Voraussetzung dafür, dass im Unterhaus im Wesentlichen die Repräsentanten der *gentry* versammelt waren. So befanden sich 240 Landedelleute unter den 460 Unterhausabgeordneten des Jahres 1584, von denen 50% ein Amt im Bereich der Lokalverwaltung bekleideten, 75 Diener der Krone sowie 53 Juristen. Ein weiteres Indiz für weitgehende soziale Homogenität lieferte der Umstand, dass zwischen Ober- und Unterhaus keine soziale Scheidelinie in dem Maße verlief, wie *gentry* und Aristokratie letztlich mehr verband als trennte. De facto waren viele adlige Familien zugleich im Oberhaus durch das Familienoberhaupt und im Unterhaus durch jüngere Brüder oder Söhne vertreten, d. h., das englische Parlament ließ sich nicht nach Ständen auseinander differenzieren – zumal die Geistlichkeit in der sog. *Convocation* ihre eigene Vertretung besaß –, sondern es verkörperte tatsächlich die politische Nation des ganzen Landes.

Zunehmende Bedeutung des Parlaments

Mit der nun im 16. Jahrhundert deutlich zunehmenden Bedeutung des Parlaments sah sich die Krone veranlasst, durch die Gewährung des Rechtes auf parlamentarische Vertretung an immer mehr Gemeinden die Zahl der Unterhaussitze von knapp 300 zu Beginn der Neuzeit auf 507 im Jahre 1640 zu erhöhen. In zunehmendem Maße wurde ein Sitz im Unterhaus nicht mehr als lästige Pflicht betrachtet, sondern als Mittel, den sozialen Status zu heben und politischen Einfluss zu mehren. Denn im Parlament wurden nicht nur Fragen der königlichen Gesetzgebung und Besteuerung verhandelt, sondern im Rahmen der sog. privaten Gesetzgebung (*private legislation*) regionale oder auch nur individuelle Angelegenheiten vom Kirchenbau einer Gemeinde bis hin zur Schlichtung von Erbstreitigkeiten geregelt. Schließlich erlangte das Parlament auf dem Wege über sein angestammtes Privileg, Missstände durch Petitionen anzuprangern, auch das Recht auf eigene Gesetzesinitiativen. Mit wachsendem Selbstbewusstsein der Institution suchte man das Recht der Abgeordneten auf Redefreiheit und Immunität durch entsprechende Privilegien zu sichern. Die Ausbildung einer in vielem noch heute praktizierten Geschäftsordnung trug dem wachsenden Aufgabenbereich Rechnung: Das Verfahren der Verabschiedung von Gesetzen durch drei Lesungen bürgerte sich ein, ebenso wie die Abstimmung durch Hammelsprung und die Beratung in parlamentarischen Kommissionen. Allerdings stieg das Parlament damit nicht zum Rivalen der Krone auf, sondern blieb deren Instrument für die Vermittlung von königlicher Politik und Interessen der Nation und war dementsprechend in seiner Existenz abhängig vom Monarchen, der es nach seinem Belieben einberufen und auflösen konnte; so traten z. B. während der fünfundvierzigjährigen Regierungszeit Elisabeths I. insgesamt lediglich dreizehn Parlamente zusammen.

Kooperation von Krone und Nation

Die enge und über weite Strecken hinaus kontinuierliche Kooperation von Krone und Nation, wie sie in Parlament, Hof und Administration praktiziert wurde, war zugleich Stärke und Schwäche der Tudor-Monarchie. Diese war zwar, da der König nicht über ein stehendes Heer und eine ausgedehnte Zentralverwaltung verfügte, auf die Mitwirkung der Führungsschichten angewiesen, doch dies erlaubte ihr zugleich, die Staatskosten und damit die Steuerlast niedrig zu halten und so ein wesentliches Konfliktpotenzial des frühneuzeitlichen Staates zu minimieren. Andererseits erkannte vor allem der niedere Adel, da er über keinerlei nennenswerte eigene territoriale Machtpositionen im Lande verfügte und von jeher auf die monarchische Zentrale hin orientiert gewesen war, die Vorzüge eines Recht und Ordnung sichernden starken Königtums, wie es immer wieder durch die zeitgenössische Rhetorik beschworen wurde. Auf den niederen Adel konnten sich vor allem die beiden ersten Tudors stützen, wenn sie gezielt gegen jene Aristokraten vorgingen, deren Herkunft und Anhang sie zu potenziellen Rivalen des Herrschers werden ließen. Viele endeten auf dem Schaffot; desgleichen jene, die wie Thomas Morus gegen die Politik des Königs opponierten. Wenn die Zahl der von der Krone angestrengten Hochverratsprozesse im Laufe der Zeit kontinuierlich abnahm, so dass zwischen 1605 und 1641 kein einziges Todesurteil mehr gegen einen Aristokraten ausgesprochen wurde, so ist auch dies Indiz für den Erfolg dieser Politik.

So erklärt die Allianz mit der politischen Nation zumindest zum Teil die in vieler Hinsicht erstaunliche politische Stabilität der Tudor-Epoche. Dabei waren die Voraussetzungen hierfür extrem ungünstig, denn seit Heinrich VIII. war die Thronfolge durch einen erwachsenen männlichen Erben nicht mehr gegeben. Trotz sechs Ehen hinterließ er bei seinem Tode 1547 nur einen unmündigen, kränkelnden Sohn, der bereits 6 Jahre später als Fünfzehnjähriger starb. Ihm folgte die ältere Schwester Maria, die mit einem ausländischen katholischen Herrscher, Philipp II. von Spanien, die Ehe schloss, aber ebenfalls ohne Nachkommen 1558 starb. Ihre Schwester Elisabeth, die letzte Herrscherin aus dem Hause Tudor, verzichtete sogar trotz heftigen Drängens der Nation auf eine Eheschließung, so dass nach ihrem Tode 1603 die englische Krone auf ihren Neffen und Sohn der Maria Stuart, Jakob VI. von Schottland, überging. Es waren dies allesamt klassische Krisensituationen in einer Erbmonarchie: Die Herrschaft eines Minderjährigen unter der Regentschaft ehrgeiziger Magnaten, die Verbindung mit einem ausländischen Herrscher, das Regiment einer Frau, das zwar den Erbfolgeregelungen entsprechend durchaus zulässig war, dem man in der Praxis jedoch mit größten Bedenken begegnete, und schließlich der Übergang der Krone auf den Herrscher eines Nachbarstaates. Dennoch gab seit der Thronbesteigung Heinrichs VII. 1485 bis 1685 – und dann unter völlig veränderten Bedingungen – die Nachfolge des Herrschers keinen Anlass mehr zu bürgerkriegsähnlichen Konflikten, ebenso wenig wie die Tatsache, dass innerhalb von 50 Jahren dreimal von Staats wegen ein Religionswechsel angeordnet wurde. Zwar musste die Krone immer wieder Aufstände niederschlagen, die teils durch die Versuche, neue Steuern zu erheben, motiviert waren wie im Jahre 1525 und 1536 oder die religiösen Protest zum Ausdruch brachten wie die sog. *Pilgrimage of Grace* 1536/37 oder die Unruhen des Jahres 1549. Doch diese Rebellionen blieben regional begrenzt und stellten, ebenso wie wiederholte Verschwörungen in der unmittelbaren Umgebung des Hofes, keine ernsthafte Bedrohung der Krone dar. Aufs Ganze gesehen war, gemessen an den Maßstäben der Zeit, d.h. vor dem Hintergrund der turbulenten Epoche der Religionskriege, die englische Monarchie des 16. und frühen 17. Jahrhunderts der stabilste und friedlichste Staat Europas.

Stabilität der Tudor-Epoche

Der diesen Staat tragende Fundamentalkonsens wurde jedoch seit dem Übergang der Krone auf das Haus Stuart brüchig und löste sich mit der offenen Konfrontation von Parlament und Krone im Jahre 1640 vollends auf. Das Ergebnis waren Bürgerkrieg und Revolution. Symptomatisch für diese Entwicklung war die kontinuierlich sich verschärfende Finanzkrise des Staates, die in eine allgemeine Vertrauenskrise und schließlich in einen grundsätzlichen Verfassungskonflikt mündete.

Bürgerkrieg und Revolution

Den Ausgangspunkt bildet der Prozess staatlicher Modernisierung im Zeitalter der Frühen Neuzeit in Europa, der im Wesentlichen identisch war mit dem Ausbau monarchischer Gewalt. Diese stellte sich in erster Linie als militärische Macht dar,

Ausbau monarchischer Gewalt

denn vor allem in außenpolitischen Zusammenhängen, in der Behauptung der Interessen der Nation durch den Herrscher, ließ sich staatliche Identität begründen, und Außenpolitik implizierte die ständige Bereitschaft zum Krieg. Heinrich VIII. hatte diese Form der Politik in seinen kostspieligen Kriegen gegen Frankreich praktiziert, Elisabeths Sieg über die spanische Armada lieferte einen mächtigen Schub zur Festigung eines frühen englischen Nationalgefühls.

Finanznot der Tudors und Stuarts

Von dergleichen außenpolitischen Unternehmungen datierte jedoch z. T. gleichzeitig die chronische Finanznot der Tudors und Stuarts, denn die wachsenden Kosten einer modernen Kriegführung zu Wasser ebenso wie zu Lande ließen sich in einer Epoche allgemeiner Inflation nicht aus den ordentlichen Einnahmen der Krone decken. Diese war vielmehr in zunehmendem Maße auf außerordentliche Einkünfte durch Steuern angewiesen, die der Bewilligung durch das Parlament bedurften. In der Regel verhielt sich das Parlament seiner verfassungsmäßigen Rolle entsprechend kooperativ, doch gleichzeitig reichten die von ihm gewährten Steuern nie aus, die ständig steigenden Ausgaben der Regierung zu decken. Dies gilt besonders für die Ära der frühen Stuarts, die zwar weitgehend auf militärische Abenteuer verzichteten, jedoch die finanzielle Erblast ihrer Vorgänger zu tragen hatten, die Kosten für eine üppige Hofhaltung in die Höhe trieben und zudem, wie Karl I., den Ausbau der Flotte als außenpolitische Notwendigkeit erachteten. Daraus erwachsenden Forderungen begegneten die Parlamente mit ständig steigendem Misstrauen, zumal der politische Horizont der meisten Abgeordneten auf lokale bzw. regionale Interessen begrenzt war. Dieses Misstrauen eskalierte entsprechend, wenn die Krone versuchte, ihre sonstigen Einkünfte zu steigern, sei es durch Rückgriff auf alte Feudalrechte, sei es durch den Versuch, neue Einnahmequellen zu erschließen.

Petition of Right

Solche Verfahren schufen notwendig neuen Konfliktstoff. Das Parlament sah sich hierdurch in seinen Rechten und schließlich in seiner Existenz bedroht und führte immer häufiger politische Grundsatzdebatten. Zugleich wuchs die Neigung, Steuerbewilligung von politischen Konzessionen des Königs abhängig zu machen, wie in den Auseinandersetzungen um die Gewährung der *Petition of Right* des Jahres 1628 deutlich wurde. Zugleich verkörpert der Übergang des Parlaments in eine oppositionelle Position das politische Selbstvertrauen der Abgeordneten. Als Vertreter der *gentry* verkörperten sie den wachsenden Wohlstand und die zunehmende Bildung einer politischen Nation, die mit dem Anspruch auftrat, die legitimen Interessen aller Engländer notfalls auch gegen den Herrscher zu vertreten.

Monarchischer Absolutismus

Auf der anderen Seite konnte eine Rhetorik der Krone, welche die sakrosankte exaltierte Position des Herrschers in demonstrativ-auffälliger Weise betonte, durchaus als Rechtfertigung einer verfassungspolitischen Offensive mit dem Ziel der Einrichtung eines monarchischen Absolutismus kontinentaleuropäischer Provenienz gedeutet werden. Dem entsprach auch der in den ersten Jahren in vielem erfolgreiche Versuch Karls I., nach dem Scheitern des Parlaments von 1629 fortan ohne dessen Mitwirkung sein Land zu regieren. Desgleichen schien seine Religionspolitik den Katholizismus, den offenkundigen Bundesgenossen des Absolutismus, zu begünstigen. Die Weigerung, gegen die katholische Großmacht Spanien militärisch vorzugehen, konnte ebenfalls als Signal einer letztendlich gegen die englische Freiheit und den protestantischen Glauben gerichteten unheilvollen Allianz gewertet werden (vgl. u. S. 72).

Es bedurfte allerdings der Anstöße von außen bzw. der britannischen Dimension des englischen Königreiches, damit sich dieses Konfliktpotenzial in einer offenen Konfrontation entlud. Zunächst zwang 1639 die Rebellion der Schotten gegen die rigide Kirchenpolitik Karls I. diesen, wieder das Parlament einzuberufen. Dieses nutzte die Gelegenheit, zur Absicherung seiner Existenz den Monarchen zu weitgehenden verfassungsrechtlichen Konzessionen zu zwingen. Als sich dann 1641 die Iren in einem blutigen Aufstand gegen die englische Herrschaft erhoben, sah sich das englische Parlament veranlasst, die Rechte der Krone grundsätzlich in Frage zu stellen, indem es die Kontrolle über das nun aufzustellende Heer anstrebte und schließlich in seinen *Nineteen Propositions* vom Juni 1642 den Übergang zu einem parlamentarischen Regierungssystem forderte. Dabei besaß diese politische Offensive des Parlaments ursprünglich defensiven Charakter, war der Befürchtung entsprungen, der König werde jede Gelegenheit nutzen, die ihm anfangs abgerungenen Konzessionen notfalls mit Waffengewalt wieder rückgängig zu machen. Paradoxerweise jedoch stärkte die Opposition durch die Radikalität ihrer Forderungen die Position des Monarchen, denn damit zerfiel die geschlossene Front, der sich Karl I. zunächst gegenübergesehen hatte. Zahlreiche gemäßigte Abgeordnete sahen nun die Verfassung aus dem Gleichgewicht gebracht und damit drohender Anarchie Tür und Tor geöffnet – dies vor allem auch, weil sich auf Seiten des Parlaments die puritanischen Kritiker der überlieferten Kirchenverfassung versammelten. Dem zunächst anhangslosen König war somit eine Partei zugewachsen, mit deren Hilfe er den Kampf um die Wiederherstellung seiner Rechte bzw. den endgültigen Ausbau der Suprematie der Krone wagen konnte.

Politische Offensive des Parlaments

Der friedliche konstitutionelle Widerstand der politischen Nation gegen den Herrscher war damit zum Bürgerkrieg eskaliert, in dem sich nicht nur Krone und Parlament gegenüberstanden, sondern der zugleich diese Nation spaltete. Wohl focht die Mehrzahl der Aristokraten auf Seiten der *Kavaliere* des Königs, während der städtische puritanische Mittelstand das Rückgrat der parlamentarischen *Roundheads* bildete. Doch dieser Bürgerkrieg war kein Klassenkampf, eher der letzte große europäische Religionskrieg, denn die klarste Frontlinie verlief zwischen den Anhängern der anglikanischen Bischofskirche und den Puritanern als Vertretern des presbyterianischen Kirchensystems bzw. freikirchlicher Organisationsformen (vgl. u. S. 72 f.). Allerdings kontrollierte das Parlament von Anfang an den Osten und Süden des Landes sowie die großen Städte ein-

Bürgerkrieg

schließlich der Metropole London und verfügte damit über die entscheidenden ökonomischen Resourcen, die es zugleich effektiv zu nutzen verstand.

Die überlegene Finanzkraft sowie die effiziente Organisation der militärischen Gewalt unter Oliver Cromwell führten schließlich 1645 zur Kapitulation des Königs. Doch der militärische Sieg führte nicht zu einem gesicherten Frieden, sondern in die Revolution. Denn das Kriegsziel der gemäßigten Majorität, die Wiederherstellung der überlieferten Verfassung in der Form einer *monarchia mixta*, ließ sich nicht realisieren, da der König zu keinerlei Konzessionen bereit war. Damit war der Weg frei für eine radikale Minorität, welche nicht nur dem Monarchen, sondern zugleich der Monarchie den Prozess machte. Am 30. Januar 1649 wurde Karl I. als Verräter an seinem Volk öffentlich hingerichtet, das Oberhaus abgeschafft und am 17. März die Republik ausgerufen. Dies war die Revolution: der bewusste Umsturz einer bislang als gottgewollt akzeptierten Ordnung. Gleichfalls revolutionär war der weitgehende Verzicht auf religiöse Konformität. Die Zahl der radikalen Sekten wuchs, die politische Gruppierung der sog. *Levellers* forderte politische Gleichheit, die sog. *Diggers* gar die Aufhebung des Privateigentums an Grund und Boden.

Revolution

Mit der fortschreitenden Radikalisierung verengte sich zugleich die politische Basis der Republik, die zunächst noch besonders im Londoner Handelsbürgertum ihre Stütze besaß, letztendlich jedoch in ihrem Bestand allein durch das Militär garantiert wurde. Dementsprechend wurde 1653 der Staat als Protektorat organisiert, in dem die Entscheidungsgewalt bei dem Lord Protector Oliver Cromwell als oberstem Befehlshaber des seit Jahren stets siegreichen parlamentarischen Heeres lag. In der Einrichtung einer nur notdürftig verschleierten Militärdiktatur war das republikanische Experiment bereits gescheitert. Als man Cromwell 1657 gar die Krone anbot, war, obwohl dieser die Offerte ablehnte, damit der Weg zurück in die Monarchie vorgezeichnet.

Protektorat

Als nach Cromwells Tod 1658 auch das Heer in rivalisierende Fraktionen zerfiel, war die Restauration der Monarchie die notwendige Folge. Sie entsprach dem Willen der politischen Nation, wie er in dem Beschluss des wieder eingesetzten Langen Parlaments der Revolution zum Ausdruck kam, den Sohn des hingerichteten Königs als Karl II. auf den englischen Thron zurückzurufen. Gleichzeitig war damit jedoch die Krone keinesfalls als Siegerin aus dem Verfassungskonflikt hervorgegangen. Zwar wurde sie, wie auch das Oberhaus und die anglikanische Staatskirche, in ihre alten Rechte wieder eingesetzt, aber dies doch von einem Parlament, das auch fortan entschlossen war, seine Position im Rahmen der Verfassung zu wahren. Mit der Rückkehr zum Rechtszustand des Jahres 1641 waren die Anfangserfolge des parlamentarischen Widerstands keineswegs annulliert. Alle Formen der Steuererhebung ohne Zustimmung des Unterhauses blieben demzufolge ungesetzlich ebenso wie die regelmäßige Einberufung des Parlaments rechtlich gesichert war. Darüber hinaus war zwar die Position der Monarchie durch die in der Restauration manifest gewordene allgemeine

Restauration der Monarchie

Grundüberzeugung gestärkt worden, dass zu ihr als Staatsform keine praktikable Alternative existiere. Doch die Revolution des Jahres 1649, als man im Namen der Volkssouveränität die sakrosankte Person des Königs liquidiert hatte, wirkte dennoch als Menetekel im politischen Gedächtnis der Nation.

Als Sieger ließ sich somit allenfalls die im Parlament vertretene Oligarchie der adligen Grundbesitzer bezeichnen, d. h. insbesondere jene, welche im Bürgerkrieg auf Seiten des Königs gestanden hatten und welche fortan wieder weitgehend unbehelligt die politische Kontrolle in den Grafschaften ausübten. Sie verurteilten die radikalen Kräfte der Revolution, d. h. vor allem die außerhalb der Staatskirche stehenden protestantischen Sekten, zur politischen Rechtlosigkeit. Die Restauration von 1660 schloss somit zugleich die Restauration einer Verfassung ein, die auf dem prekären Gleichgewicht der Kooperation von Krone und Führungsschicht beruhte. Das Ergebnis war, dass die alte Krise angesichts des unveränderten Spannungsverhältnisses zwischen dem Souveränitätsanspruch der Krone und dem Anspruch auf politische Mitwirkung seitens einer selbstbewussten Nation unter veränderten Bedingungen weiterschwelte und schließlich abermals zum offenen Konflikt führte. Während das rechtliche Fundament der Restauration noch das Ergebnis einvernehmlicher Kooperation von Parlament und Krone war, begannen sich bereits 1663 erste Differenzen abzuzeichnen. Seit 1674 existierte im Unterhaus eine streckenweise systematisch operierende Opposition und in den Jahren zwischen 1678 und 1681 schien das Land an der Schwelle eines neuen Bürgerkrieges zu stehen.

Im Zentrum der Konflikte stand die Religionspolitik. Hier favorisierte Karl II. Toleranz nicht nur gegenüber den protestantischen Sekten, sondern auch gegenüber dem Katholizismus, während die im Unterhaus vertretene *gentry* das Monopol des Anglikanismus als wesentliches Element englischer politischer Kultur verteidigte. Dabei überschritten in diesem Streit abermals beide Seiten die Grenzen überkommener Verfassungspraxis. Auf der einen Seite nutzte der König sein unbestrittenes Recht, Gesetze zeitweilig außer Kraft zu setzen bzw. von deren Auswirkungen in besonderen Fällen zu dispensieren, dazu, Kernstücke staatlicher Religionsgesetzgebung de facto aufzuheben. Auf der anderen Seite versuchte das Parlament, sein ebenfalls unbestrittenes Steuerbewilligungsrecht an bestimmte konkrete politische Bedingungen zu knüpfen. Seinen Höhepunkt erreichte der Konflikt in der sog. *Exclusion Crisis*, als das Parlament wiederholt versuchte, den katholischen Bruder Karls II. durch ein Gesetz von der Thronfolge auszuschließen und mit dem so erhobenen Anspruch, die monarchische Thronfolge zu regeln, entscheidend in das überlieferte Verfassungsgefüge der Monarchie einzugreifen. *Exclusion Crisis*

Die Restauration des Jahres 1660 markierte damit allenfalls einen kurzen Waffenstillstand im Verlauf der langwierigen Auseinandersetzungen zwischen Parlament und Krone um die Macht im Staate, die das gesamte Jahrhundert bis hin zum Übergang der Krone an das Haus Hannover 1714 als Epoche der

Instabilität kennzeichnen. Auch wenn dabei der erneute bewaffnete Konflikt weitgehend vermieden wurde, so trat an dessen Stelle nun der Streit der Parteien, die Auseinandersetzungen zwischen Whigs und Tories, die sich zwar nicht in direkter Kontinuität zu den Frontstellungen des Bürgerkrieges entwickelten, aber dennoch in ihren Zielsetzungen die Erfahrungen der Revolution reflektierten. Dabei standen die Whigs in der Tradition des parlamentarischen Widerstandes gegen absolutistische Offensiven der Krone. An die Stelle der Monarchie von Gottes Gnaden setzten sie das Prinzip der Volkssouveränität, auf der die Legitimität des Parlaments beruhe. Der Staat war für sie das Produkt eines Vertrages, in dem Rechte und Pflichten des Herrschers fixiert waren und dessen Verletzung den bewaffneten Widerstand legitimierte. In ihrem Eintreten für Toleranz gegenüber den protestantischen Sekten standen sie ebenfalls in der Tradition der Revolution. In der Staatslehre John Lockes fand ihre Politik ihr theoretisches Fundament, in den Gesetzesanträgen für einen Ausschluss Jakobs von der Thronfolge ihren praktischen Ausdruck. Dabei waren die Whigs nicht nur Partei in dem Sinne, dass hier eine parlamentarische Gruppe für gemeinsame politische Zielsetzungen eintrat, sondern auch dadurch, dass in Zusammenhang mit den rasch aufeinander folgenden Wahlen der Jahre 1679–81 die Anhägerschaft im Lande mobilisiert und ansatzweise bereits organisiert wurde. Gleiches gilt für die Tories, welche eine starke Krone als einzige zuverlässige Garantie gegen einen Rückfall in die Anarchie der Revolution erachteten. Von daher verkündeten sie das Gottesgnadentum der erblichen Monarchie, in der das Parlament in seinen Rechten und seiner Existenz vom Willen des Herrschers abhängig war, gegen den auch im Extremfall kein Widerstand erlaubt sei. Dies war zugleich die politische Doktrin der anglikanischen Staatskirche, deren Monopol die Tories ohne Einschränkung garantiert sehen wollten. Wie einst die Kavaliere Karls I. rekrutierten sie sich vornehmlich aus den Reihen der landsässigen *gentry*, während die Whigs ihre Anhängerschaft in erster Linie in den städtischen Führungsschichten besaßen und somit die Interessen der merkantilen Wirtschaft und der Hochfinanz vertraten.

Whigs und Tories

Von dieser Spaltung der politischen Nation in zwei politische Lager profitierte zunächst die Krone, die, im Gegensatz zu 1640, jetzt über einen Anhang verfügte. Auf diesen gestützt, konnte Karl II. erfolgreich die politischen Whig-Majoritäten seiner Parlamente ausmanövrieren und schließlich auf deren Einberufung ganz verzichten. Als 1685 dann der katholische Jakob II. die Thronfolge antrat, waren die oppositionellen Whigs politisch entmachtet, das Parlament stand loyal zu seinem neuen Herrscher, der auf dem besten Wege schien, nun eine englische Variante des monarchischen Absolutismus einzurichten. Wenn dennoch diese Bemühungen bereits 1688 mit der *Glorreichen Revolution* scheiterten, so deswegen, weil Jakob es verstanden hatte, mit seiner engstirnig-doktrinären Politik schließlich auch die Tories zu verprellen und damit die gesamte politische Nation gegen sich zu einigen. In dreifachem Sinne hatte er gegen die politischen Interessen

Glorreiche Revolution

und Grundüberzeugungen der englischen landsässigen *gentry* verstoßen. Mit seiner Toleranzpolitik gegenüber Katholiken und protestantischen *dissenters* suchte er die Monopolstellung der anglikanischen Staatskirche zu untergraben; mit seinen Eingriffen in lokale Machtstrukturen provozierte er den Widerstand der regionalen Eliten und mit seinem Versuch, ein stehendes Heer aufzubauen, verletzte er den seit Cromwells Ende vorherrschenden politischen Glaubenssatz: „No standing armies". Abermals einte so die Furcht vor der allumfassenden monarchisch-katholischen Offensive die politische Nation über alle Parteidifferenzen hinweg. Als nun in einem gemeinsamen Schreiben führende Whigs und Tories Wilhelm von Oranien, den Statthalter der Niederlande, Neffen und Schwiegersohn des Königs einluden, für die überlieferte Verfassung einzutreten, sah sich Jakob II. ebenso isoliert wie Karl I. im Jahre 1640. Als Wilhelm mit einem Söldnerheer in Südengland landete, floh Jakob nach Frankreich, in der vergeblichen Hoffnung, mit ausländischer Hilfe seine Krone wiedererlangen zu können. Am 18. Dezember 1688 hielt der Oranier Einzug in London; am 11. April wurden er und seine Gemahlin als Wilhelm III. und Maria II. zum König und zur Königin Englands gekrönt. Der Erfolg der Glorreichen Revolution beruhte nicht zuletzt darauf, dass dieses Mal ein Thronkandidat vorhanden war und somit der Widerstand gegen den Monarchen nicht wieder die Existenz der Monarchie in Frage stellte. Dennoch wurde nun im Rahmen dieser Monarchie das Verhältnis von Krone und Parlament neu gewichtet, so dass diese nahezu gewaltfreie Revolution zu Recht als Epochenwende der englischen Verfassungsgeschichte gilt.

Der mit der Glorreichen Revolution vollzogene Thronwechsel sowie die Verfassungsgesetze der Jahre 1689, 1694 und 1701, das sog. „Revolution-Settlement", stellten dabei de facto die erfolgreiche Umsetzung der von den Whigs vertretenen Vertragslehre in die politische Realität dar. Als Jakob II. seine Rechte überschritten und seine Pflichten verletzt hatte, war das Volk dem Vertragsbrüchigen gegenüber zum Widerstand berechtigt, setzte ihn ab und ging mit einem neuen Herrscher einen neuen Vertrag ein. Um das diesen Widerstand tragende Bündnis mit den Tories nicht zu gefährden, verschleierte die politische Rhetorik die Radikalität der politischen Praxis. Man suchte zumindest den Schein der Kontinuität im Sinne einer sakrosankten monarchischen Erbfolge aufrechtzuerhalten, indem man die Flucht Jakobs als freiwillige Abdankung interpretierte, wodurch die Einsetzung Wilhelms und Marias „auf dem Thron ihrer Vorfahren" ermöglicht worden sei. Und wenn auch das Angebot der Krone nicht ausdrücklich an Bedingungen geknüpft wurde, so wurde es Wilhelm und Maria doch zusammen mit der *Declaration of Rights* präsentiert, die später als *Bill of Rights* den Rang eines Grundgesetzes der englischen konstitutionellen Monarchie erhielt. In ihr verzichtete der König ausdrücklich auf das von den letzten Stuarts so exzessiv praktizierte Recht, Gesetze zu suspendieren bzw. von ihrer Wirkung zu dispensieren, bestätigte abermals das uneingeschränkte Steuermonopol des Par-

„Revolution-Settlement"

laments und verpflichtete sich, ohne dessen Zustimmung in Friedenszeiten kein Heer im Lande zu unterhalten. Darüber hinaus wurde im *Triennial Act* von 1694 festgelegt, dass alle drei Jahre Parlamentswahlen stattzufinden hätten – nicht nur, um eine erneute parlamentslose Herrschaft auszuschließen, sondern auch, um zu verhindern, dass der König künftig ihm genehme Parlamente über Jahre hinaus nicht auflöste, wie dies Karl II. zu Beginn seiner Regierungszeit praktiziert hatte. Desgleichen garantierte künftig das Meutereigesetz von 1689 die jährliche Einberufung des Parlaments, da Militärkontingente und Militärgerichtsbarkeit jährlich neu zu bewilligen waren. Die *Act of Settlement* des Jahres 1701, die den Übergang der Thronfolge auf das Haus Hannover festschrieb, beinhaltete einen weiteren Eingriff in das Recht der monarchischen Erbfolge, indem sie 57 katholische Thronanwärter ausschloss. Außerdem fixierte dieses Gesetz die Unabhängigkeit der Justiz von der Krone. Schließlich garantierte die Einrichtung einer Zivilliste zwar dem Herrscher bestimmte Einkünfte für seine Haus- und Hofhaltung, versetzte ihn aber gleichzeitig in die Rolle eines besoldeten Staatsdieners. Der große englische Verfassungskonflikt des 17. Jahrhunderts war damit entschieden, das Parlament als Vertretungsorgan der politischen Nation nicht nur in seiner Existenz gesichert, sondern auch als Organ politischer Kontrolle im Rahmen der Monarchie etabliert.

Das Ende des Verfassungskonflikts bewirkte jedoch nicht das Ende der politischen Instabilität, vielmehr trat an die Stelle des Interessenkonfliktes zwischen Krone und Parlament der Streit der Parteien. Dieser gewann gerade durch die politische Aufwertung des Parlaments an Gewicht, da hier die Gegensätze, welche die politische Nation spalteten, ihren Ausdruck fanden, zumindest bis hin zum Regierungsantritt des Hauses Hannover 1714. Sie bestimmten nicht nur die Konstellation im Parlament, sondern wirkten weit hinein in den Bereich der Lokalverwaltung, wo nun selbst die Wahlen der Bürgermeister und Gemeindevertreter unter Parteigesichtspunkten erfolgten. Dabei verstärkten handfeste politische und materielle Interessen die alten ideologischen Differenzen. Die Whigs, die zunächst als entschiedene Anwälte des Thronwechsel die Regierung Wilhelms III. trugen, stützten zugleich dessen Kriegspolitik und gingen damit ein enges Bündnis mit den Geldleuten der City ein, die mit ihren Anleihen diese Kriege finanzierten. Umgekehrt vertraten die Tories die große Masse der kleinen und großen Grundbesitzer, die mit ihrem Steueraufkommen die Zinsen für die Gläubiger des Staates aufzubringen hatten. Häufige Wahlen und eine relativ große Wählerschaft – man schätzt mindestens 330 000 Stimmberechtigte zu Beginn des 18. Jahrhunderts – sorgten dafür, dass solche Gegensätze auf die Kontinuität der jeweiligen Regierungspolitik zumindest mittelbar durchschlugen, wie besonders in der Vorgeschichte des Friedens von Utrecht 1713 deutlich wurde, mit dem die Tories den Krieg der Whigs beendeten.

Streit der Parteien

Wenn dennoch nach 1720 Großbritannien – wie der aus der Union von England mit Schottland 1704 hervorgegangene Staat nun offiziell bezeichnet wurde – nach

Phase politischer Stabilität

den vielfachen Wirren und Spannungen des 17. Jahrhunderts in eine längere Phase solider politischer Stabilität eintrat, so hatte dies vielfältige Gründe. Zunächst einmal verlor der Gegensatz der Parteien an Gewicht und wurde durch eine nahezu vier Jahrzehnte währende unumstrittene Vorherrschaft der Whigs abgelöst. Diese hatten beim Thronwechsel des Jahres 1714 die Gunst der Stunde zu nutzen gewusst, als die Tories über der Frage, wie sie zur protestantischen Erbfolge stehen sollten, tief gespalten waren und die Whigs sich somit dem neuen Herrscher als die staatstragende Regierungspartei anbieten konnten. Desgleichen sollte mit der langen Friedensperiode zwischen 1714 und 1742 der Gegensatz von Friedens- und Kriegspartei entfallen und sinkende Steuersätze den Landadel zunehmend mit der Regierungspolitik versöhnen.

Ausbildung eines parlamentarischen Systems

Stabilität beruhte allerdings nicht nur auf dem Schwinden der Parteigegensätze, sondern zugleich auf der Ausbildung eines parlamentarischen Systems in Verbindung mit der Etablierung des Machtmonopols einer kleinen aristokratischen Oligarchie. Auch nach der Glorreichen Revolution gewährte die Verfassung dem Monarchen weitgehenden politischen Spielraum. So war die Außenpolitik unbestrittene Domäne des Königs, der zudem das Recht besaß, seine Minister nach seinem Gutdünken zu ernennen bzw. zu entlassen. Erst allmählich setzte sich bei den Monarchen, besonders unter Anna und Georg I., die Erfahrung durch, dass sowohl die Zusammensetzung von Regierungen als auch deren Politik nicht auf die Dauer gegen parlamentarische Mehrheiten zu behaupten waren. Da die Parlamente aber selbst in der Zeit ausgeprägter Parteigegensätze nur selten fest gefügte kalkulierbare Fraktionen aufwiesen, stellte sich für die Regierung des Königs jeweils das Problem, wie sich Politik auf fest gefügte Majoritäten gründen ließ. Dennoch gelang es einer Clique adliger Whigs unter der Führung des von 1722 bis 1742 amtierenden Premierministers Walpole, für nahezu ein halbes Jahrhundert ein fast uneingeschränktes Machtmonopol zu etablieren, indem sie mit Erfolg ein fein gesponnenes Netzwerk von persönlichen Abhängigkeiten an die Stelle eines von Parteigegensätzen bestimmten parlamentarischen Systems zu setzen verstanden.

Patronage

Im Zentrum dieses Systems stand das Institut der Patronage, die konsequente systematische politische Nutzung sowohl der ökonomischen Abhängigkeitsverhältnisse besonders im Rahmen der adligen Grundherrschaft als auch der Vergabe von Pfründen und lukrativen Regierungsaufträgen sowie der Besetzung einträglicher Staats- und Hofämter. Dabei wurde erwiesene Gunst mit politischer Gefolgschaft vergolten, mit dem Ergebnis, dass Mitte des 18. Jahrhunderts nahezu 40% aller Unterhausabgeordneten direkt oder über Mittelsmänner in ihrem parlamentarischen Verhalten von der Regierung kontrolliert werden konnten. Die für das Funktionieren eines parlamentarischen Systems essenzielle Verklammerung von Legislative und Exekutive war damit zumindest ansatzweise gewährleistet.

Die wesentliche Scharnierfunktion in diesem System besaß dabei ein Organ, das im kunstvollen Verfassungskonstrukt der gemischten Monarchie gar nicht vorgesehen war: das Kabinett als das Gremium der leitenden Minister, das in gemeinsamer Beratung mit dem König die Richtlinien der Politik bestimmte. Seit 1691/92 wurde dies eine ständige Einrichtung, zunächst vor allem angesichts der Notwendigkeit, Diplomatie und Strategie im Zeichen des Spanischen Erbfolgekrieges zu koordinieren. Im Laufe der Regierungszeit Georgs I. konnte es auch in Abwesenheit des Königs zu förmlichen Sitzungen zusammentreten. Dabei war dieses Gremium in seiner Zusammensetzung nur noch formal von der Entscheidung des Königs abhängig, der vielmehr hierbei die Mehrheitsverhältnisse im Parlament zu berücksichtigen hatte. Dessen Zusammensetzung bestimmten allerdings in zunehmendem Maße jene politischen Magnaten und Manager, die über das nötige Maß von Anhang und Einfluss verfügten. Kabinettskrisen bzw. -umbildungen waren somit auch nicht der Ausdruck eines *Wählerwillens*, sondern lediglich das Ergebnis wechselnder Allianzen im System des politischen Establishments. Dies bezeugt nicht zuletzt der Umstand, dass im 18. Jahrhundert keine Regierung jemals Parlamentswahlen verlor.

Kabinett

Die wichtigsten Voraussetzungen für eine zunehmende Entpolitisierung der Wahlen bildeten dabei die gesetzlichen Grundlagen und die politische Praxis der Parlamentswahlen. Die Zahl der Unterhausabgeordneten war im 18. Jahrhundert auf 558 angestiegen. Die vierzig englischen Grafschaften sowie 203 städtischen Wahlbezirke (*boroughs*) und die beiden Universitäten Oxford und Cambridge waren in der Regel durch zwei Abgeordnete vertreten. Wales entsandte 24, Schottland seit der Union von 1704 45 Abgeordnete ins Unterhaus. Seit 1429 besaß in den englischen Grafschaften, die im Durchschnitt 3000–4000 Wähler aufwiesen, jeder das aktive Wahlrecht, der über freien Grundbesitz mit einem jährlichen Mindestertrag von 40 Shilling verfügte. Demgegenüber existierte für die *boroughs* keine einheitliche Regelung. Meist war das Wahlrecht an bestimmte Privilegien, an Grund- oder Hausbesitz, an gewisse Steuerleistungen oder die Mitgliedschaft in städtischen Gilden oder sonstigen Korporationen geknüpft. Von wenigen Ausnahmen wie etwa dem Londoner Stadtteil Westminster abgesehen belief sich hier die Zahl der Wähler in der Regel auf wenige hundert, in den berüchtigten *rotten boroughs* des Südwestens oft nur auf eine Hand voll. Insgesamt jedoch schätzt man die Zahl der englischen und schottischen Wähler vor 1832, dem Jahr der ersten Parlamentsreform, auf mehr als 400000. Im Gegensatz zu den übrigen europäischen Großmächten war zumindest formal einem beträchtlichen Teil der Bevölkerung das Recht auf politische Partizipation eingeräumt. Die ungleiche Verteilung der Wähler auf die einzelnen Wahlkreise bewirkte allerdings, dass letztendlich ca. 20000 Stimmberechtigte (d.h. ca. 5% der Wähler) über die Besetzung von 50% der Unterhaussitze entschieden.

Parlamentswahlen

Damit waren die Voraussetzungen dafür gegeben, dass bereits durch die Beeinflussung bzw. Kontrolle einer relativ geringen Zahl von Wählern eine weit reichende Steuerung des Wahlausganges erzielt werden konnte, zumal die Stimmenabgaben offen erfolgten, so dass die Magnaten ohne weiteres die Wahlentscheidung ihrer Klientel kontrollieren konnten. Und da die Whig-Oligarchie die meisten kleinen Wahlkreise kontrollierte, konnten die Tories selbst dann nicht einmal ein Viertel der Sitze gewinnen, wenn die Mehrzahl der abgegebenen Stimmen auf sie entfiel, wie dies z. B. 1722 oder noch 1741 der Fall war. Dabei spielten Manipulation und Korruption durchaus eine Rolle, aber entscheidend für die Beeinflussung der Wahlen blieben neben solchen Verpflichtungen, die aus Ämtervergabe und sonstigen Gunstbeweisen flossen, jene Klientelverhältnisse, welche generell die Struktur einer aristokratisch geprägten Statusgesellschaft bestimmten. In jedem Falle jedoch waren Wahlen mit erheblichen Kosten für die Kandidaten bzw. deren Patrone verbunden, so dass die allgemeine Tendenz dahin ging, die Zahl der tatsächlichen Wahlentscheidungen zu reduzieren. So einigten sich die Magnaten eines Wahlkreises z. B. darauf, nicht mehr Kandidaten zu präsentieren, als Sitze zu vergeben waren, damit auf eine direkte Wählerentscheidung verzichtet werden konnte. Im Jahre 1761 kam es lediglich in 53 von insgesamt 300 Wahlkreisen zu echten Wahlen, und in den Grafschaften, die auf Grund ihrer relativ großen Wählerzahl besonders kostspielige Wahlkämpfe erforderten, fanden zwischen 1754 und 1790 lediglich 37 von 240 möglichen Abstimmungen statt. Vor allem aber wurde die Zahl der Wahlen durch die *Septennial Act* des Jahres 1726 spürbar gesenkt, mit der die Legislaturperiode des Parlaments von drei auf sieben Jahre ausgedehnt wurde. Diese Maßnahme trug neben der Spaltung der Tories nicht unerheblich zur politischen Entspannung im Bereich der Öffentlichkeit bei. Schließlich nahm die Zahl der Wähler im Laufe des 18. Jahrhunderts kontinuierlich ab. Dies war z. T. die Folge der allgemeinen sozialen Entwicklung, z. T. die Konsequenz einer bewusst verfolgten Politik. Auf dem Lande ging die Zahl der freien Eigentümer ständig zurück, auf der anderen Seite expandierten neue Städte wie Birmingham oder Leeds, die nicht eigens im Unterhaus vertreten waren. Darüber hinaus erfuhr in Streit- und Zweifelsfällen das Wahlrecht der einzelnen Bezirke in zunehmendem Maße eine restriktive Auslegung durch das Parlament, während die lokalen Eliten in vielen *boroughs* den Zugang für neue Wähler erschwerten.

Beeinflussung der Wahlen

Trotz dergleichen günstiger Voraussetzungen bedurfte dieses System der ständigen politischen Pflege seitens der führenden Whig-Politiker, und dies nicht nur in Zeiten der Wahlen. Stets hatten die leitenden Minister die politischen Vorstellungen sowie die persönlichen Vorlieben und Launen des Monarchen als Faktoren in ihre Rechnung einzubeziehen; eigenständig, d. h. außerhalb des geschlossenen Systems sich entwickelnde politische Kräfte waren in das System einzubinden, wie dies die Karriere des älteren William Pitt demonstrierte. Und wenn auch die große Masse der Bevölkerung ohne unmittelbaren Einfluss auf die politischen Entscheidungsprozesse blieb, so galt es dennoch im Umfeld regionaler und lokaler Verwaltung auf deren Interessen Rücksicht zu nehmen. Denn wie H. Wellenreuther gezeigt hat [350], bestanden die Beziehungen zwischen Grundherren und Pächtern, Patronen und Wählern nicht in einseitigen Abhängigkeitsverhältnissen. Vor allem gegen Ende des Jahrhunderts, in manchen Regionen allerdings auch schon früher, herrschte in manchen Wahlkreisen durchaus reges politisches Leben; hier „the quality of political relationships... was public, participatory, and partisan" [341: O'Gorman, 172].

Grenzen des Machtmonopols

Damit werden Grenzen des Machtmonopols der Whig-Oligarchie deutlich. Auch stellte weitgehende Entscheidungsgewalt im Bereich der großen Politik nicht die faktische Autonomie der Selbstverwaltungsorgane in Stadt und Land in Frage. Hier blieb der Einfluss des jeweils ansässigen Adels in Justiz und Administration ungebrochen, wobei, in Relation zu der wachsenden Bevölkerung, die Zahl der Friedensrichter z. T. mehr als verdoppelt wurde, wie z. B. in der Grafschaft Kent, wo sie von 129 im Jahre 1680 auf 280 im Jahr 1791 anstieg.

Ausbau der staatlichen Zentralverwaltung

Gleichzeitig fand seit dem ausgehenden 17. Jahrhundert ein im Zeichen fortschreitender Bürokratisierung stehender Ausbau der staatlichen Zentralverwaltung statt, besonders im Bereich des Militärs und der Finanzen, so dass J. Brewer das Großbritannien in der Ära des amerikanischen Unabhängigkeitskrieges als „a fiscal-military state" beschreibt [321]. Obwohl nach wie vor das allgemeine politische Glaubensbekenntnis den Satz *No standing armies* enthielt, waren auch in Friedenszeiten 20 000 Soldaten im Lande stationiert. Deren Zahl verdreifachte sich in den so häufigen Zeiten des Krieges, um gegebenenfalls im Lande Ruhe und Ordnung aufrechtzuerhalten. Daneben war die Zahl der Staatsdiener bei der Fiskalbürokratie von 2 524 im Jahre 1690 auf 8 292 im Jahre 1783 gestiegen, wobei nahezu 5 000 im Zolldienst tätig waren. Und auch wenn sich hierunter so manche begehrte Sinekure befand, so stellte im europäischen Vergleich die britische Bürokratie ein hohes Maß an Effizienz unter Beweis. Entsprechend wuchs das Steueraufkommen von ca. 3 Mio. Pfund 1690 auf 11,8 Mio. im Jahre 1780, so dass nun, im Gegensatz zum 17. Jahrhundert, die Engländer pro Kopf im europäischen Vergleich den höchsten Steueranteil zu erbringen hatten.

financial revolution

Dabei dienten diese Gelder weniger der Deckung laufender Kosten als vielmehr der Finanzierung eines Staatskredits von bislang nicht gekannter Höhe. Die öffentlichen Schulden betrugen 1697 14,7 Mio. Pfund, 1714, am Ende des Spanischen Erbfolgekrieges, 54 Mio. und 1784 über 240 Mio. Diese *financial revolution* lieferte die solide Basis für die Erfolge einer kostenintensiven kriegerischen Außenpolitik. Durch die erfolgreiche Vereitelung der Versuche der Stuarts, in England eine absolute Monarchie zu errichten, war dieses England durch die Glorreiche Revolution in einen Staat verwandelt worden, dessen Leistungskraft die der absoluten Monarchien des Kontinents deutlich übertraf. Die politischen Errungenschaften des *Revolution Settlements* hatten die Voraussetzungen dafür geschaffen, den außerordentlichen Wohlstand des Handelsstaates England in den Dienst der Politik zu nehmen. Da nun ein starkes Parlament als Vertretungsorgan der politischen Nation durch die von ihm zu bewilligenden Steuern die Zinsen der Staatsschuld garantierte und zudem die Ausgaben des Staates kontrollierte, war die Zeichnung von Staatsanleihen für den Bürger nicht mehr wie früher oder anderswo mit unkalkulierbaren Risiken verbunden. Die großen Kriege des 18. Jahrhunderts, denen Großbritannien sein Weltreich verdankte, wurden gewonnen, weil die Nation bereit war, in ihren Staat zu investieren. So ergänzten und bedingten sich gegenseitig politische Stabilität und wirtschaftliche Prosperität.

Stabilität ist dabei natürlich ein relativer Begriff, der zunächst auf das Ende bürgerkriegsähnlicher Zustände bzw. erbitterter Parteikämpfe sowie das Fehlen tief greifender sozialer Spannungen verweist. Unbeschadet dessen war das 18. Jahrhundert in England keineswegs frei von öffentlichem Protest und Aufruhr. In London kam es zwischen 1688 und 1780 insgesamt achtmal zu Unruhen erheblichen Ausmaßes, wobei die sechs Tage währenden sog. *Gordon-Riots* des Jahres 1780 die Stadt an den Rand des Chaos brachten, zahlreiche Todesopfer zu beklagen waren und im Anschluss daran 135 Personen angeklagt, 59 zum Tode verurteilt und 26 Urteile vollstreckt wurden. Weitaus zahlreicher noch waren Unruhen in den Städten außerhalb Londons zu verzeichnen, im späten 17. Jahrhundert und zu Beginn des 18. Jahrhunderts wie auch gegen dessen Ende oft politisch motiviert, aber auch als gewaltsame Ausschreitungen gegen religiöse Minoritäten wie Katholiken, Dissenters oder Juden. Häufiger noch waren ökonomische Motive ausschlaggebend, d. h. die Proteste richteten sich gegen zu niedrige Löhne, zu hohe Preise oder gegen die Auswirkungen wirtschaftlicher Modernisierung, seien es Mautstraßen (*turnpike-roads*), sei es die Einführung neuer Maschinen wie z. B. mechanischer Webstühle. An erster Stelle sind dabei Hungerrevolten als massenhafter gewaltsamer Protest gegen unerschwingliche Brot- bzw. Getreidepreise zu nennen. In Jahren schlechter Ernten wie 1750 zählte man z. B. 50 solcher *grain-riots*, 1766 gar 68.

Öffentlicher Protest und Aufruhr

In keinem Falle handelte es sich bei dergleichen gewaltsamen Protesthandlungen um die Vorboten einer Revolution, um die Folgen grundsätzlicher sozialer Spannungen. Dagegen sprechen sowohl die Motive als auch die Trägerschichten und die Formen der praktizierten Gewalt. Ziel war es in der Regel, die überlieferte Ordnung, alten Rechte und Freiheiten, die man durch bestimmte Entwicklungen, wie etwa eine rasch expandierende Marktgesellschaft, gefährdet sah, wieder herzustellen. Dementsprechend waren nicht soziale Randgruppen, sondern Vertreter des angesehenen Kleinbürgertums, Handwerker und Ladenbesitzer in vielen Fällen die maßgebenden Akteure. Den begrenzten Zielen – der Wiederherstellung der alten Ordnung – entsprach der Charakter oft demonstrativer Aktionen, die selten in Mord und Totschlag ausarteten, sich vielmehr als disziplinierte Rituale von Gewalt gegen Dinge präsentierten (Zerstörung von Schlagbäumen, Niederbrennen der Scheunen von Getreidespekulanten usw.). Opfer waren gelegentlich lediglich auf Seiten der Akteure zu beklagen, gegen die die lokalen Ordnungskräfte mit im Laufe des Jahrhunderts

Motive, Trägerschichten und Formen der Gewalt

zunehmender Rigorosität vorgingen, wobei nicht selten sogar das Militär eingesetzt wurde. Die allgemeine politische und soziale Stabilität war durch dergleichen öffentlichen Aufruhr jedenfalls zu keiner Zeit entscheidend in Frage gestellt.

J. Plumb, der die bislang überzeugendste Analyse dieser politischen Stabilität Großbritanniens im 18. Jahrhundert vorgelegt hat, nennt als deren zwei Grundvoraussetzungen „a sense of common identity" im Bereich der politischen und sozialen Führungsschicht sowie „acceptance by society of its political institutions, and of those classes of men... who control them" [343, S. xvi, xviii]. Ersteres war mit dem Abebben der Parteigegensätze gegeben, und desgleichen stand die Verfassung des Revolutions-Settlements über aller Kritik und die Herrschaft der Aristokratie außer Frage. Selbst in der Reduktion auf das Machtmonopol einer Oligarchie an der Spitze des Staates bot sich über lange Zeit als mögliche Alternative nur die Ablösung der einen durch eine andere Clique an. Draußen im Lande blieb trotz aufstrebender bürgerlicher Kräfte der politische Führungsanspruch der *gentlemen* unbestritten. Paradoxerweise verlor gleichzeitig das Oberhaus im Kontext der Verfassung spürbar an politischem Gewicht. Nicht umsonst lehnte Robert Walpole eine Erhebung in den Adelsstand ab und führte seine Regierung als Mitglied des Unterhauses. Dies darf jedoch nicht als Machtverlust des Adels interpretiert werden, der seine Macht nun vielmehr durch das Unterhaus ausübte. Dabei war er zum einen durch zahlreiche Familienmitglieder unmittelbar in der 2. Kammer vertreten: 1715 waren es noch 34, 1747 war diese Zahl auf 78 gestiegen. Zum andern kontrollierte er eben durch seinen Einfluss im selben Jahr 167 Sitze.

Herrschaft der Aristokratie

Die Herrschaft der Machtelite der Whigs hatte zum großen Teil darauf beruht, dass sowohl der König als auch die seit der Revolution präsente und und auch durch den Dualismus der Parteien bestimmte politische Öffentlichkeit als selbstständige politische Faktoren zumindest vorübergehend ausgeschaltet waren. Dies änderte sich nach 1760, als zunächst der neue Herrscher Georg III. daran ging, die nach wie vor dem König zustehenden Rechte wahrzunehmen, um eigene politische Vorstellungen durchzusetzen. Desgleichen fand zunächst vor allem unter dem Eindruck der amerikanischen und dann der Französischen Revolution eine Repolitisierung der britischen Öffentlichkeit statt, die ebenfalls das Ende der politischen Stabilität signalisierte.

Ende der politischen Stabilität

Indiz für die Krise waren häufige Regierungswechsel. Im ersten Jahrzehnt seiner Herrschaft ernannte Georg III. sechsmal einen neuen Premier. Indem er sich nicht bereit fand, ihm nicht genehme Minister zu akzeptieren, obwohl diese das Vertrauen der Mehrheit des Parlaments besaßen, brach er zwar nicht mit der Verfassung, wohl aber mit einer ein halbes Jahrhundert lang geübten Verfassungspraxis. Und wenn er zugleich sein Recht ausübte, die Vergabe der Pfründen und Ämter der Krone selbst zu kontrollieren, entzog er damit der alten Whig-Oligarchie ihre Machtbasis. Erst nach den Wahlen des Jahres 1784, mit denen der

Georg III.

jüngere William Pitt eine solide Mehrheit für seine Regierung im Unterhaus errang, war die Situation erreicht, in der ein Premier sowohl das Vertrauen des Monarchen als auch uneingeschränkten Rückhalt im Parlament besaß. Bis dahin hatte die Krone ein letztes Mal eine zentrale Rolle im politischen Geschehen gespielt.

Neukonstituierung der parlamentarischen Parteien

Im Gefolge der vielfältigen und z.T. erbitterten Auseinandersetzungen dieser Jahre kam es dabei zur Neukonstituierung der parlamentarischen Parteien, wobei zugleich der Begriff der Partei und ihre politische Rolle erstmals theoretisch schlüssig definiert wurden. Dies war die Leistung des politischen Publizisten Edmund Burke, der die Fraktion der sog. *Rockingham-Whigs* im Zusammenhang mit der Rechtfertigung ihrer oppositionellen Zielsetzungen so beschrieb: „a body of men united for promoting by their joint endeavours the national interest, upon some particular principle in which they are all agreed“. Und wenn es auch noch eine Zeit dauern sollte, bis der unabhängige Hinterbänkler im Parlament keine politische Rolle mehr spielte, so war doch gerade zu der Zeit, als der König mit Unterstützung solch unabhängiger Abgeordneter das sich ausformende System des Parlamentarismus in Frage stellte, das Fundament zur Formation eines Parteiensystems gelegt, das sich des Parlaments bemächtigen und somit die Krone endgültig ausschalten sollte.

Whigs

Die Neukonstituierung der Parteien bedeutete zugleich wieder deutliche programmatische Ausrichtungen, die im Zuge des vorangegangenen Wechselspiels von Machtkoterien der Whigs fast vollständig verloren gegangen waren. In der Opposition gegen Georg III. besannen sich die Whigs abermals auf ihre ideologischen Grundlagen aus der Zeit der Glorreichen Revolution. So rechtfertigten sie ihre antimonarchische Position bzw. ihr Eintreten für die überlieferte Verfassung, welche durch die Übergriffe der Krone aus der Balance geraten sei, und zuletzt ihre Bereitschaft, die aufständischen amerikanischen Kolonisten in die Unabhängigkeit zu entlassen. Mit den sog. *ökonomischen Reformen* schafften sie zahlreiche Ämter und Pfründen ab, die bislang als Instrumente der politischen Einflussnahme gedient hatten, und schließlich begannen sie sogar, sich für eine Reform des Parlamentswahlrechts einzusetzen. Mit einer liberalen politischen Ausrichtung, die letztlich auf der naturrechtlich begründeten Vertragslehre beruhte, gerieten sie dann in Zeiten der Französischen Revolution zunehmend in Bedrängnis. Viele, unter ihnen Edmund Burke, wechselten damals ins Lager der sich neu formierenden Tories, aber eine Kerngruppe unter Charles James Fox blieb diesen Prinzipien treu, ließ sich nicht auf unbedingte Gegnerschaft zu den Grundsätzen der Revolution ein und hielt am Prinzip der Reform der englischen Zustände fest. Umgekehrt lieferte gerade diese Gegnerschaft gegen die Französische Revolution die Basis für die Neuformulierung der Ideologie der Tories. Waren sie zuvor leicht dem Verdacht ausgeliefert, als heimliche Anhänger der exilierten Stuarts das eigene englische Herrscherhaus zu verraten, so konnten sie nun als Verteidiger der aristokratisch-monarchischen englischen Tradition

Tories

gegen die revolutionäre Bedrohung von Außen auftreten und ihr konservatives Weltbild als nationale Ideologie präsentieren.

Politische Öffentlichkeit

Neben den Parteien bildete sich seit den 60er Jahren des 18. Jahrhunderts als neuer Machtfaktor im politischen System eine politische Öffentlichkeit aus, von der bis zur Mitte des folgenden Jahrhunderts immer wieder Impulse für Verfassungsreformen ausgingen. Dies war ein Indiz für eine partielle Politisierung der von der politischen Nation ausgeschlossenen Schichten, die sich nun zu Wort meldeten, wie sie es zumindest in London bereits während der Revolutionen des 17. Jahrhunderts wiederholt getan hatten. Diese öffentliche Meinung artikulierte sich nicht nur im Bereich der weitgehend freien Presse, sondern auch bei Parlamentswahlen dort, wo die bislang üblichen Methoden der Steuerung und Beeinflussung zu versagen begannen, wie schließlich in den gelegentlichen Ausbrüchen öffentlichen Aufruhrs, die vor allem in der Hauptstadt mehr und mehr politischen Charakter annahmen.

Außerparlamentarische politische Organisationen

Die in diesem Zusammenhang formulierten Zielsetzungen und initiierten Aktionen waren dabei in zunehmendem Maße das Werk außerparlamentarischer politischer Organisationen, die seit der zweiten Hälfte des 18. Jahrhunderts die entscheidenden Strukturelemente einer neuen „plebejischen Öffentlichkeit" (LOTTES) bildeten. In London waren es zunächst vor allem die *Society for Constitutional Information* sowie die *Society of the Supporters of the Bill of Rights*, in denen nicht nur das geistige Erbe der Glorreichen Revolution gepflegt und verkündet wurde, sondern die zugleich unter dem Eindruck der amerikanischen Revolution standen. Später folgten andere dem Vorbild der Französischen Revolution, wie die von dem Londoner Schuhmacher Thomas Hardy 1792 begründete *London Corresponding Society*, die als politischer Bildungsverein für die arbeitenden Klassen konzipiert war, bereits nach wenigen Monaten über 2 000 Mitglieder zählte und schon bald das Zentrum einer neuen außerparlamentarischen Opposition bildete. Dergleichen Aktivitäten blieben nicht auf London beschränkt, sondern erfassten große Teile des Landes, in erster Linie die größeren Städte in Mittel- und Nordengland sowie Schottland, aber auch ländliche Gebiete wie besonders die Grafschaft Yorkshire. Zweimal, 1780 und 1793, wurde sogar der Versuch unternommen, auf nationalen Kongressen eine gemeinsame politische Strategie zu organisieren.

Außerparlamentarischer Radikalismus

Die Träger der Bewegung waren in erster Linie Repräsentanten des Kleinbürgertums, d. h. Ladenbesitzer und Handwerker, aber auch angelernte Arbeiter. Auf besondere Resonanz stieß die Bewegung in Kreisen der Dissenters, d. h. jener protestantischen Gruppen, die seit der Restauration der Monarchie von politischer Mitwirkung ausgeschlossen und damit als Bürger zweiter Klasse abgestempelt waren. Das Programm dieses außerparlamentarischen Radikalismus war die Reform der Verfassung durch Reform des Parlaments, d. h. des Wahlrechts mit dem Ziel, das politische Monopol der herrschenden Aristokratie zu brechen, indem breiteren Schichten die Teilhabe am politischen System ermöglicht werden sollte. Ausgehend von den evidenten eklatanten Missständen der Verfassungswirklichkeit, die den Anspruch des Parlaments, die Nation zu vertreten, in vielem zur Farce werden ließen, forderte man immer wieder zumindest Korrekturen des bestehenden Systems wie die Abschaffung der *rotten boroughs*, die Einrichtung neuer Wahlkreise in neuen Ballungsgebieten und eine Ausdehnung und Vereinheitlichung des individuellen Wahlrechts. In einem solchen Programm der Parlamentsreform konnten sich durchaus unterschiedliche politische und soziale Zielvorstellungen treffen, da zu Recht das Parlament als das Organ der uneingeschränkten Souveränität begriffen wurde, durch das auch einschneidende Veränderungen des sozialen Gefüges vorgenommen werden konnten. Dementsprechend konzentrierten schließlich auch die *Chartisten* als die Frühform der politischen Arbeiterbewegung in England ihr Programm auf die Einführung des allgemeinen, gleichen und geheimen Wahlrechts. So führte sozialer und politischer Protest nicht in die Gegenwelt revolutionärer Utopien, sondern blieb im Rahmen der bestehenden Ordnung, die lediglich durch die Demokratisierung der politischen Nation verändert werden sollte.

Fall des Abgeordneten John Wilkes

Im Zusammenhang mit dem Fall des Abgeordneten John Wilkes wurde die Parlamentsreform zum ersten Mal zum Gegenstand außerparlamentarischer Proteste. Wilkes war viermal als Abgeordneter für die Grafschaft Middlesex, deren zahlreiche Wählerschaft sich nicht politisch steuern ließ, ins Parlament gewählt worden. Ebenso oft entzog ihm das Unterhaus sein Mandat, weil ihm wegen Majestätsbeleidigung der Prozess gemacht werden sollte. Als Wilkes es verstand, die Öffentlichkeit, der er sich als Verteter englischer Freiheit gegen die Tyrannei des Parlaments präsentierte, für seinen Fall zu engagieren, kam es 1768 in London zu anhaltenden Massendemonstrationen und schweren Unruhen. Als Wilkes dann 1776 schließlich doch ins Unterhaus gewählt wurde, zog er aus diesen Konflikten die Konsequenz, den ersten grundsätzlichen Antrag auf Reform des Wahlrechts zu stellen. Dieser gelangte zwar nicht einmal zur Abstimmung, blieb aber dennoch fortan auf dem Programm der Politik.

Doch der außerparlamentarischen Reformbewegung blieb kein Erfolg beschieden, solange im Parlament eine Mehrheit entschieden jede Veränderung blockierte und entschlossen war, gegen Unruhen gegebenenfalls mit Waffengewalt vorzugehen. Nachdem dieses Parlament in einer fast 200 Jahre dauernden Auseinandersetzung seine Unabhängigkeit gegenüber der Krone erkämpft und behauptet hatte, war es nicht bereit, sich von einer außerparlamentarischen Öffentlichkeit in die Pflicht nehmen zu lassen. Dieser Widerstand wurde dadurch erleichtert, dass sowohl die maßlosen Ausschreitungen der anti-katholischen *Gordon-riots* des Jahres 1780 wie schließlich das Beispiel des jakobinischen Terrors der Französischen Revolution die britische außerparlamentarische Bewegung über Jahre hinaus politisch diskreditierten. Daher eröffnete erst nach dem Ende des Krieges gegen Frankreich der plebejische Radikalismus seine zweite große Offensive, wobei sich nun die wirtschaftliche Situation der Krisenjahre nach dem Ende des Kriegsbooms und deren soziale Folgen verstärkt politisch auszuwirken begannen. Nicht von ungefähr verlagerte sich das Zentrum des politischen Protests von London weg in die neuen Fabrikdistrikte der Midlands. In den Jahren 1817 und 1818 erreichten mehr als 2 200 Petitionen aus mehr als 350 Städten das Parlament und forderten die Demokratisierung der Verfassung auf der Basis der Volkssouveränität. Doch als sich am 16. August 60 000 bis 100 000 Demonstranten auf dem St. Peter Field bei Manchester versammelten, gingen die Behörden mit Waffengewalt gegen diese Kundgebung vor. Es kam zu zahlreichen Verletzten und elf Toten, so dass die oppositionelle Presse ironisch von einem *Peterloo* sprach. Gleichzeitig nahm die Regierung diesen Vorfall zum Anlass, eine Reihe von Zwangsgesetzen zu verabschieden. Sie hatten das Ziel, die politische Öffentlichkeit in ihren Rechten zu beschneiden und verstärkt zu kontrollieren.

Peterloo

Erste Parlamentsreform

Die erste Parlamentsreform konnte daher erst im Zusammenwirken von parlamentarischer Mehrheit und außerparlamentarischer Öffentlichkeit durchgesetzt werden. Voraussetzung war der Übergang der Regierung von den Tories auf die Whigs unter der politischen Führung Lord Greys 1830. Diese nutzten die Gelegenheit, das von ihnen seit 1792 vertretene Reformprogramm am 1. März 1831 als Gesetzesvorlage zu präsentieren. Doch noch war die parlamentarische Basis der Regierung zu schwach, um ausreichende Mehrheiten für die Reform zu garantieren. Daher veranlasste Grey den König, das Parlament aufzulösen, um im Zuge der Neuwahlen der Wählerschaft sein Reformprogramm vorzulegen und damit den Parlamentswahlen den Charakter eines allgemeinen Referendums zu verleihen. Die Wähler sprachen sich nahezu einhellig zu Gunsten der Reform aus, deren Vertreter nun im Unterhaus über eine eindeutige Mehrheit verfügten. Daraufhin konzentrierte sich die Opposition im Oberhaus, denn die Aristokratie war nicht bereit, ihr politisches Monopol kampflos aufzugeben, und auch der König drohte, dem Gesetz seine Zustimmung zu verweigern. Als die Lords das Gesetz blockierten, provozierte dies zahlreiche, z. T. gewalttätige Demonstrationen in mehreren großen Städten. Wirkungsvoller noch als vereinzelter spontaner Aufruhr erwiesen sich die Maßnahmen disziplinierter außerparlamentarischer Organisationen, besonders dort, wo sie die vereinten Interessen von Mittelstand und Arbeiterklasse artikulierten und so den politischen Anspruch der neuen Industriegesellschaft verkörperten. Als dann ein geringfügig modifiziertes Gesetz abermals im Oberhaus scheiterte, schien eine Revolution zu drohen. Erst angesichts des unmittelbar bevorstehenden politischen Chaos gelang es Grey, den widerstrebenden König zu veranlassen, die Zustimmung des Oberhauses durch einen umfangreichen Pairsschub zu erzwingen. Am 7. Juli 1832 wurde die erste Reformbill Gesetz. Die Reform des Parlaments durch das Parlament war z. T. das Ergebnis außerparlamentarischer Pression.

b) Aristokratie und Demokratie

Ergebnisse der ersten Wahlrechtsreform

Die Ergebnisse der ersten Wahlrechtsreform waren keineswegs spektakulär und signalisierten auf den ersten Blick eher Kontinuität als radikalen Wandel. Beseitigt wurden zunächst die besonders augenfälligen Missstände des alten Systems, d. h. vor allem die *rotten boroughs*, im Zuge einer Neuordnung der Wahlkreise, die insgesamt 56 Ortschaften mit einer Bevölkerung von weniger als 2 000 Einwohnern das Recht auf eigene Vertretung im Parlament aberkannte. Dreißig weitere verloren einen ihrer ursprünglich zwei Sitze. Davon profitierten vor allem ländliche Distrikte sowie die Zentren der neuen Industrien und des Handels im Norden und in Mittelengland wie Manchester, Leeds oder Birmingham. Gleichzeitig wurde eine Ausdehnung des Wahlrechts vorgenommen. In den Grafschaften wurde der Kreis der wahlberechtigten *forty-shilling freeholders*, d. h. derjenigen, die aus freiem Grundbesitz jährlich ein Mindesteinkommen von 40 Schillingen zogen, durch die wohlhabenden Pächter erweitert. In den städtischen Wahlbezirken schließlich fand die durchgreifendste Modernisierung statt, indem die Vielfalt überlieferter Wahlrechtsvorschriften abgeschafft und nun ein für sämtliche *boroughs* geltendes einheitliches Wahlrecht für alle Besitzer von Häusern festgesetzt wurde, die steuerlich mit 10 Pfund in Jahr veranschlagt waren und die zugleich die Armensteuer und andere örtliche Abgaben zahlten. Insgesamt gesehen stieg die Zahl der Wähler um knapp 50% auf ca. 700 000, d. h. von nun an besaß ungefähr jeder sechste männliche Erwachsene in England, Schottland und Wales das aktive Wahlrecht.

Folgen der Wahlrechtsreform

Die Folgen der Wahlrechtsreform schlossen gleichermaßen die Konservierung bestehender Machtstrukturen wie die Öffnung für künftige politische Modernisierung ein. Wie die ersten Wahlen unter dem neuen Gesetz zeigten, hatte sich zunächst nicht allzu viel geändert. Weiterhin wurden 50 Sitze von einzelnen Magnaten kontrolliert; der Einfluss der Großgrundbesitzer war durch die Verleihung des Wahlrechts an die von ihnen mit kurzfristigen Verträgen ausgestatteten Pächter sogar noch verstärkt worden, denn der Forderung nach geheimer Stimmabgabe war man nicht nachgekommen. Immer noch repräsentierten 115 Abgeordnete Wahlkreise mit weniger als 500 aktiven Wählern; trotz der Wahlkreiskorrekturen entsandten die im Süden des Landes ansässigen 25% der Bevölkerung noch immer 33% der Parlamentarier; immer noch dominierten die Vertreter adligen Landbesitzes das Unterhaus. Auf der anderen Seite hatten die eigentumslosen Arbeiter, die bislang zumindest in einigen wenigen *boroughs* das Stimmrecht besessen hatten, dieses nun verloren. Allerdings hatten die adligen Whigreformer auch zu keiner Zeit eine Demokratisierung des Wahlrechts selbst als politisches Fernziel ins Auge gefasst. Dem entsprach der Umstand, dass die Abgeordneten weiterhin Wahlkreise mit stark differierender Einwohnerzahl vertraten. Manchester mit 182 000 war ebenso durch zwei Parlamentarier vertreten wie manche *boroughs* mit lediglich 4 000 Einwohnern. Zudem wirkte sich der 10-Pfund-Zensus für Hausbesitzer von Ort zu Ort sehr unterschiedlich aus. Dort, wo die Mieten sehr hoch waren, wie in London, war fast jeder wahlberechtigt; andernorts, in billigen Gegenden wie in Bristol oder Leeds, blieben selbst Ladenbesitzer vom Wahlrecht ausgeschlossen.

Politik der defensiven Modernisierung

Die unmittelbaren Auswirkungen der ersten Wahlrechtsreform lassen diese durchaus als Resultat einer Politik der defensiven Modernisierung erscheinen: Zunächst war das bestehende Herrschaftssystem, die politische Position des Adels, eher gestärkt als geschwächt. Dies war dadurch erreicht worden, dass neuen, ökonomisch und sozial potenten Interessengruppen, dem Industrie- und Handelsbürgertum, der Zugang zur politischen Macht gewährt und damit dessen Allianz mit dem plebejischen Radikalismus verhindert wurde. Denn die neuen Wähler stellten die politischen Privilegien der Aristokratie keineswegs in Frage, buhlten vielmehr um deren Anerkennung. Die pragmatische Flexibilität der traditionellen Elite sowie das Integrationspotenzial des überlieferten politischen Systems waren dadurch unter Beweis gestellt worden, dass das Parlament hinreichend Weitsicht und Entschlusskraft demonstriert hatte, um sich selbst zu reformieren und damit die drohende Revolution im Keim zu ersticken.

Modernisierende Implikationen

Doch letztlich überwogen auf längere Sicht die modernisierenden Implikationen der ersten Wahlrechtsreform. Schließlich hatte sie dadurch, dass eine mehr als dreihundert Jahre gültige Verfassungswirklichkeit verändert worden war, das Tor zu weiteren Reformen aufgestoßen. Trotz der anti-demokratischen Grundtendenz war der Weg zu künftigen Veränderungen vorgezeichnet. Vor allem aber war, nicht zuletzt durch die erbitterten öffentlichen Auseinandersetzungen um die Wahlrechtsreform, eine Politisierung der breiten Öffentlichkeit erfolgt. Dies fand nach 1832 in den Parlamentswahlen allmählich seinen Niederschlag, da diese nun eher von parteipolitisch motivierten Entscheidungen als durch Patronage und sonstige Formen der Einflussnahme in ihrem Ausgang bestimmt wurden. „Reform infused elections with a new sense of principle, and the electorate responded with a new degree of inter-election partisan loyalty, most voters following one party vote with another at successive elections" [566: Phillips, 426]. Insofern markiert die erste Wahlrechtsreform den Wendepunkt zur Entfaltung einer modernen Parteiendemokratie.

Auf der anderen Seite sicherte die 1831/32 praktizierte Allianz von außerparlamentarischer Opposition und parlamentarischer Majorität die fortdauernde Vorrangstellung des Parlaments gegenüber außerparlamentarischen Pressionen für die weitere Zukunft, denn es vertrat forthin den Anspruch, in Krisenzeiten den wahren Volkswillen zu verkörpern. Die reale Basis für diese These lieferte der Umstand, dass mit der Wahlrechtsreform das Bündnis von bürgerlichem Mittelstand und plebejischer Öffentlichkeit hinfällig geworden war. Das Scheitern des

Chartismus

sog. *Chartismus* bestätigte diese These. Die politischen Forderungen der Chartisten fassten die getäuschten Erwartungen des überwiegenden Teils der arbeitenden Klassen bezüglich der Ergebnisse der ersten Wahlrechtsreform zusammen. Man sah sich weiterhin von politischer Mitbestimmung ausgeschlossen und dies angesichts einer eskalierenden sozialen Krise, in der man sich von der entsprechend volksfreundlichen Politik einer reformierten echten Volksvertretung die Lösung aller sozialen Probleme erhoffte. Mit ihrem 6-Punkte-Programm, der *People's Charta* des Mai 1838, forderten die Chartisten die konsequente Demokratisierung der Verfassung durch die Einführung des allgemeinen Männerstimmrechts, des passiven Wahlrechts ohne Eigentumsqualifikationen, jährlicher Parlamente, homogener Wahlkreise, Diäten und der geheimen Stimmabgabe. Von der Kernzelle, der *London Working Men's Association*, dehnte sich die Organisation besonders in den Industriegebieten Englands rasch aus. Dennoch blieb der Bewegung ein greifbarer Erfolg versagt, trotz der eindrucksvollen Massenbasis, die in zahlreichen Versammlungen und imponierenden Demonstrationen ihren Ausdruck fand. Dreimal präsentierten die Chartisten dem Parlament in Massenpetitionen mit 1–3 Millionen Unterschriften ihre Forderungen, doch das Haus lehnte jedes Mal mit überwältigender Mehrheit ab, diese überhaupt zur Kenntnis zu nehmen. Die Konstellation des Jahres 1832, d. h. die Allianz von bürgerlichen und arbeitenden Klassen, wiederholte sich nicht, zumal das demokratische Reformprogramm lediglich in wirtschaftlichen Krisenjahren weit reichende Unterstützung im Volk fand. Außerparlamentarische Bewegungen und Organisationen waren nach 1832 nicht mehr politische Faktoren ersten Ranges. Sie übten keine entscheidenden Pressionen mehr aus, lieferten aber Signale, die vom Parlament entweder aufgenommen wurden oder unberücksichtigt blieben.

Freihandelsbewegung

Diese für das 19. Jahrhundert charakteristische Grundkonstellation galt auch für die in der sog. *Anti-Corn Law League* organisierte Freihandelsbewegung des britischen Wirtschaftsbürgertums. Dieses erblickte in den 1815 zum Schutze der britischen Landwirtschaft erlassenen *Corn Laws*, welche nach dem Ende des Krieges einheimische Produzenten vor dem Preisverfall durch ausländische Konkurrenz schützten, die eigentliche Ursache für die ökonomische Krise und das daraus resultierende Massenelend. Zur Senkung der Lebenshaltungskosten und damit zur Steigerung der Produktivität der Industrie forderte man daher billiges Importgetreide. Ebenfalls seit 1838 aktiv und ebenfalls hervorragend organisiert verfügte diese außerparlamentarische Bewegung über ausreichende finanzielle Mittel, um effektive Propagandaarbeit zu leisten. Wenn dann 1846 tatsächlich sogar eine konservative Regierung unter dem Premierminister Robert Peel gegen den Widerstand der aristokratischen Großgrundbesitzer die Kornzölle aufhob, dann allerdings nicht, weil man außerparlamentarischer Pression nachgab, sondern weil dies angesichts der wirtschaftlichen Gesamtsituation im Allgemeinen und der grassierenden Hungersnot in Irland im Besonderen im Urteil der Mehrheit die angemessene Politik war.

Wenn nach der ersten Parlamentsreform zahlreiche weitere Reformgesetze das Beziehungsgeflecht von Staat und Gesellschaft neu ordneten, so war stets das

Parlament Initiator und Motor dieser Reformpolitik. Dies gilt auch für die weitere Entwicklung des Wahlrechts. Nachdem die Chartisten mit ihren Forderungen nach Demokratisierung 1848 endgültig gescheitert waren, lag die Initiative in dieser Frage künftig eindeutig bei den Parteien im Unterhaus. Dementsprechend war die zweite Wahlrechtsreform des Jahres 1867 das Ergebnis einer langen und trickreichen innerparlamentarischen Auseinandersetzung zwischen den Liberalen und den Konservativen unter der Führung Benjamin Disraelis. Nicht wie zuvor in einer Krisensituation, sondern in einer Zeit wirtschaftlicher Prosperität wurde die Debatte zunächst von den radikalen Liberalen initiiert, mit dem Argument, es sei an der Zeit, weiteren Kreisen von Besitz und Bildung den Zugang zur politischen Nation zu eröffnen. Angesichts innerparteilicher Auseinandersetzungen um Art und Umfang der Reform bei den Liberalen gelang es Disraeli, hier die politische Initiative an sich zu reißen, mit einem weit gehenden Gesetz die Mehrheit des Hauses zu gewinnen und somit seine Partei aus dem politischen Abseits der Reformfeindlichkeit herauszuführen. Mit dieser Reform war insgesamt eine Verdoppelung der Wählerzahl erreicht: Wahlberechtigt waren nun in den *boroughs* sämtliche Armensteuer zahlenden Hausbesitzer sowie Wohnungsinhaber, die eine Jahresmiete von mindestens zehn Pfund zahlten. In den Grafschaften wurde der Zensus für Grundeigentümer und Pächter erheblich gesenkt.

Zweite Wahlrechtsreform

Bereits 17 Jahre später übertrug die von der Regierung Gladstone mit der konservativen Mehrheit des Oberhauses ausgehandelte dritte Wahlrechtsreform 1884 das Borough-Wahlrecht für Haus- und Wohnungsbesitzer nun auch auf die Landarbeiter in den Grafschaften. Ein Jahr später ordnete ein entsprechendes Gesetz die Wahlkreise neu. Die Norm wurde nun, dass, abgesehen von wenigen Großstädten, ein nach dem Mehrheitsprinzip gewählter Abgeordneter einen Wahlkreis vertrat. Zu diesem Zweck mussten die alten Grafschaften in neue Wahlkreise aufgeteilt werden, so dass nun künstliche Gebilde an die Stelle historischer regionaler Strukturen und Traditionen traten. Noch bedeutsamer war das Gesetz über die geheime Stimmabgabe von 1872 sowie die *Corrupt and Illegal Practices Act* des Jahres 1883, welche das Maximum der Wahlkampfkosten für einen Kandidaten rechtlich fixierte. Damit waren endgültig die Voraussetzungen für unzulässige und unverhältnismäßige Beeinflussung der Wahlen durch adlige Magnaten beseitigt worden, so dass in Zukunft nur noch echte politische Wahlen stattfanden. Dennoch war es bis zur Einrichtung einer Demokratie noch ein weiter Weg, zumal das Prinzip der Volkssouveränität und dementsprechend das Recht eines jeden Individuums auf politische Mitbestimmung noch keineswegs als selbstverständliche politische Zielvorgaben akzeptiert waren. Zwar konnten sich nun in England und Wales ca. 66% der männlichen Erwachsenen als wahlberechtigte Bürger registrieren lassen, aber das Stimmrecht wurde weiterhin als politisches Privileg betrachtet. So wie noch weite Kreise der Unterschichten von ihm ausgeschlossen waren, so besaßen andere, die etwa über

Dritte Wahlrechtsreform

Grundeigentum in mehreren ländlichen Wahlkreisen verfügten, ein mehrfaches Stimmrecht. Bei einer Wählerschaft von ca. 8 Mio. waren dies 1914 ca. 500 000 Personen. Noch waren Volk und politische Nation nicht identisch. Erst nachdem während des Ersten Weltkrieges die allgemeine Wehrpflicht eingeführt worden war, wurde dann als notwendige Konsequenz nach Ende des Krieges 1918 das allgemeine Männerwahlrecht eingeführt, ergänzt durch das Stimmrecht für diejenigen Frauen über 30, die selbst bzw. deren Ehemann den für Kommunalwahlen vorgeschriebenen Zensus erbrachten. Die Zahl der Wahlberechtigten stiegt damit auf 13 Mio. Männer und 8,5 Mio. weibliche Wähler. Erst 1928 erhielten dann sämtliche Frauen über 21 das Wahlrecht, erst 1948 wurde das an Besitz und Bildung geknüpfte Mehrstimmenwahlrecht für Geschäftleute und die Inhaber akademischer Grade abgeschafft und schließlich 1969 die Altersgrenze für das aktive Wahlrecht auf 18 Jahre gesenkt.

„Erweiterte Adelsherrschaft“

Vorerst jedoch blieb auch im Zeitalter der großen Wahlrechtsreformen de facto die politische Präponderanz der alten, vornehmlich aristokratischen Elite weiter bestehen, auch wenn sie gelegentlich von plebejischen Radikalen und radikalen Liberalen in Frage gestellt wurde. H. C. Schröder hat daher das 19. Jahrhundert als die Ära einer „erweiterten Adelsherrschaft„bezeichnet [122: 51 ff.], die erst nach der dritten Wahlrechtsreform abzubröckeln begann. Auch nach der zweiten Wahlrechtsreform war die Zahl der in Industrie und Handel beschäftigten Abgeordneten lediglich von 90 (1865) auf 112 (1880) gestiegen, während der Grundbesitz mit über 500 Parlamentariern vertreten war, wobei hier allerdings oft enge Beziehungen zur Welt des Handels und der Finanzen bestanden. Noch bezeichnender war es, dass bei 326 Unterhausabgeordneten verwandschaftliche Beziehungen zu Mitgliedern der Aristokratie bestanden. Erst 1874 wurden die beiden ersten Repräsentanten der Arbeiterklasse, beide Gewerkschafter, ins Unterhaus gewählt. Bewahrt blieb auch die Kontinuität der Herrschaft der *gentlemen* in den Kabinetten, deren Mitglieder bis weit ins 20. Jahrhundert hinein mehrheitlich dem Adel entstammten. Allerdings waren die maßgeblichen politischen Persönlichkeiten der Zeit, die Premiers und Parteiführer Robert Peel, William Gladstone, Benjamin Disraeli, Joseph Chamberlain und David Lloyd George, die zwischen 1832 und 1918 die Politik weitgehend gestalteten, größtenteils Aufsteiger. Zugleich waren sie jedoch, mit der Ausnahme Lloyd Georges, in die Kontinuität des traditionellen politischen Establishments integriert, das sie akzeptierten und verteidigten, und sie verkörperten damit zugleich durch ihre Karrieren die Anpassungsfähigkeit des überlieferten Systems adliger Herrschaft.

Weitere Reformgesetze

Die Maximen *Kontinuität durch Wandel*, *Stabilität durch Reformen* fanden nicht nur im Bereich der Wahlrechtsgesetzgebung ihre Anwendung, sondern kennzeichnen ein weites Feld parlamentarischer Aktivitäten, mit denen politische wie gesellschaftliche Verhältnisse neu geordnet wurden. Weitere Reformgesetze betrafen den Arbeitsschutz in den neuen Fabriken (*Factory Acts* der Jahre 1833, 1842, 1844 und 1847), die Einführung eines neuen Armenrechts 1834 und dessen Administration (1847), die Einrichtung einer Polizeigewalt (1829, 1835, 1839), das Erziehungswesen (1839), das Gesundheitswesen (*Public Health Act* 1848) und das Gefängniswesen (1835) sowie die Neuordnung der Lokalverwaltung im *Municipal Corporations Act* des Jahres 1835, die für diesen Bereich die politischen Konsequenzen aus der ersten Reformbill zog. Auch diese Reformen waren in erster Linie Konzessionen an die Interessen der aufstrebenden bürgerlichen Mittelschicht. Das neue Scheidungsrecht von 1857 bevorzugte eindeutig vermögende Männer; gesundheitspolizeiliche Maßnahmen wurden eher gegen die Cholera ergriffen, von der alle Schichten betroffen waren, als gegen Typhus, die Geißel der Ärmsten.

Neue Sozialpolitik

Die besonders im Armenrecht des Jahres 1834 fixierte neue Sozialpolitik diente ebenfalls in erster Linie den finanziellen Interessen der Mittelklasse statt eine Politik sozialer Fürsorge zu sein. Sie korrigierte dabei das auf elisabethanische Zeit zurückgehende Armenrecht, das für die Bedürftigten, besonders in Zeiten saisonbedingter Arbeitslosigkeit, direkte Unterstützung vorsah, die auf Dauer Arbeitsunfähigen in ein Armenhaus einwies und die Arbeitsscheuen im Arbeitshaus zu Arbeit zwang. Mit der Durchführung der diesbezüglichen Gesetze waren die einzelnen Gemeinden beauftragt. Über mehr als zwei Jahrhunderte hatten diese Anfänge öffentlicher Sozialfürsorge dazu beigetragen, dass die eklatanten gesellschaftlichen Gegensätze auch in Notzeiten nicht zu bedrohlichen sozialen Revolten führten. Dann allerdings hatten das rapide Bevölkerungswachstum, die sozialen Kosten der Frühphase der Industrialisierung sowie die ökonomische Krise nach 1815 dazu geführt, dass innerhalb kurzer Zeit die Summe der Aufwendungen für diese Form der Armenfürsorge von 4,3 Mio. Pfund 1803 auf fast 9 Mio. im Jahr 1819 anstieg. Wachsende öffentliche Kritik an dergestalt wachsenden Sozialleistungen veranlasste die Regierung der liberalen Reform 1834 zur Verabschiedung eines entsprechenden Gesetzes, das, stärker noch als die Statuten aus der Zeit Elisabeths I., Armut und Arbeitslosigkeit nicht als ökonomisches oder gesellschaftliches, sondern im Sinne zeitgenössischer liberaler Ideologie als jeweils individuelles moralisches Problem definierten. „In dem Maße, wie Bedürftigkeit als Folge von Trägheit und Laster interpretiert wurde, konzipierte man konsequenterweise das Armengesetz des Jahres 1834 als Maßnahme zur Erziehung der Ehrlosen“ [124: Wende, 233]. Dementsprechend formulierte man als Leitlinie den Grundsatz der sog. *less eligibility*, demzufolge Armenunterstützung für den Arbeitsfähigen auf keinen Fall attraktiver sein sollte als die härteste Form der Arbeit für den geringsten Lohn. Dabei sollte die strenge Disziplin des Arbeitshauses die Regel und finanzielle Unterstützung von Familien die Ausnahme sein. Tatsächlich erwies sich die Politik der sozialen Stigmatisierung von Armut finanziell als voller Erfolg; die Aufwendungen sanken um nahezu 30%, das namenlose Elend zahlloser *redlicher* Armer war jedoch keinesweg gemildert, sondern lediglich verdrängt. Dennoch markiert das Gesetz des Jahres 1834 im europäischen Vergleich Englands führende

Position im Bereich der Sozialpolitik und zugleich sollten die zur Durchführung des Gesetzes geschaffenen neuen administrativen Strukturen, welche die Gemeinden aus der unmittelbaren Verantwortung entließen und stattdessen 600 neue Distrikte schufen, wichtige Voraussetzungen für den Ausbau des späteren britischen Wohlfahrtsstaates liefern.

Arbeitsschutzgesetzgebung

Unmittelbare soziale Fürsorge war das Ziel der gleichzeitig in Gang gesetzten Arbeitsschutzgesetzgebung für den Bereich der neuen Industrien. Sie lief der herrschenden liberalen Lehre von der uneingeschränkten Selbstbestimmung des Individuums zuwider und war in erster Linie das Werk konservativer Kritiker der neuen industriellen Welt wie Richard Oastler oder des Tory-Aristokraten Shaftesbury sowie einsichtsvoller Industrieller (Robert Peel der Ältere, John Fielden). Ausgangspunkt waren hier die oft menschenunwürdigen Arbeitsbedingungen für Frauen und Kinder in der modernen Baumwollindustrie und in den Bergwerken. Ihren ersten Höhepunkt erreichten diese *Fabrikgesetze* mit der gesetzlichen Einführung des 10-Stunden-Tages für Frauen und Kinder 1847/50. Entscheidend war zudem, dass mit der Einsetzung staatlicher Fabrikinspektoren 1833 nicht nur die Durchführung solcher legislativer Maßnahmen überwacht wurde, sondern gleichzeitig regulierende Eingriffe des Staates in den Bereich der Wirtschaft prinzipiell anerkannt worden waren.

Ausweitung der staatlichen Sphäre

Aufs Ganze gesehen lassen sich die Folgen der zahlreichen großen und kleinen Reformen des 19. Jahrhunderts dahingehend zusammenfassen, dass zum einen durch sie die politische Modernisierung des Staates ohne revolutionären Bruch erfolgen konnte und dass zugleich eine beträchtliche Ausweitung der staatlichen Sphäre stattfand. Im 18. Jahrhundert hatte der Staat seine Aktivitäten auf den Bereich der (oftmals kriegerischen) Außenpolitik, der Aufrechterhaltung von Gesetz und Ordnung, der Regulierung des Handels und der Eintreibung der für all dies erforderlichen Steuergelder beschränkt. Auch im 19. Jahrhundert war dieser Bereich auf das für eine Industriegesellschaft minimal erforderliche Maß beschränkt und zahlreiche Funktionen blieben an die Lokal- und Regionalverwaltung delegiert. Absolut genommen hatte sich jedoch die Summe der staatlichen Tätigkeiten beträchtlich vergrößert, besonders in der Form von Aufsichts- und Kontrollfunktionen. Hierunter fielen nicht nur das Fabrik- Schul-, Gesundheits- und Gefängniswesen, sondern ebenso die neuen Eisenbahnen und die Einrichtung von öffentlichen Bedürfnisanstalten in Southampton 1846. Laufend wurden parlamentarische Komitees und königliche Untersuchungskommissionen eingesetzt, um bestimmte gesellschaftliche Zu- und Missstände zu analysieren sowie entsprechende Gesetzesmaßnahmen vorzuschlagen und vorzubereiten. Insgesamt mehr als 500 solcher Untersuchungen fanden allein zwischen 1800 und 1830 statt. Darüber hinaus stieg zwischen 1780 und 1870 die Zahl der Staatsdiener von ca. 16 000 auf mehr als 54 000. Gleichzeitig ging man daran, die Professionalität und Effizienz der Staatsverwaltung durch die Einführung eines entsprechenden Prüfungs- und Laufbahnsystems zu fördern, um die zunehmend komplexen öffentlichen Aufgaben in einem ständig expandierenden staatlich-gouvernementalen Sektor bewältigen zu können.

Modernisierung der Parteien

Die Verbindung der Interessen einer im Zuge der Wahlrechtsreformen erweiterten politischen Nation mit der Politik eines ebenfalls expandierenden Staates erfolgte über die Modernisierung der Parteien: Im Laufe des 19. Jahrhunderts fand parallel zur fortschreitenden Demokratisierung der Verfassung die Ausbildung des modernen englischen Parteiwesens statt: Aus den Tories entstand die Konservative, aus den Whigs die Liberale Partei und schließlich formierte sich eine neue Arbeiterpartei. In dem Maße, wie durch die Reformen die Mechanismen des alten Patronagesystems beseitigt wurden, sahen sich sowohl Whigs als auch Tories gezwungen, neue Wählerschichten durch neue Formen politischer Einflussnahme für sich zu gewinnen, und veränderten dementsprechend ihr politisches Profil. Aus losen fraktionsähnlichen Verbindungen wurden allmählich Parteien, die auch im außerparlamentarischen Raum organisierten und agitierten und damit den alten, formal unabhängigen Parlamentsabgeordneten immer mehr zur politischen Randfigur werden ließen. Parallel zum ökonomischen und sozialen Wandel des 19. Jahrhunderts suchte man dabei z. T. über programmatische Erklärungen die Verbindung zu bestimmten einflussreichen Interessengruppen herzustellen bzw. zu sichern, bis schließlich nach 1918 mit den Konservativen und Labour zwei Klassenparteien dominierten. Dieser Prozess beinhaltet nicht nur die wechselvolle Geschichte der Auseinandersetzungen zwischen den großen Parteien, sondern auch die innerparteilichen, z. T. zu Spaltungen führenden Spannungen, so dass die britische Parteigeschichte des 19. Jahrhunderts keineswegs als regelmäßiges Wechselspiel von Konservativen und Liberalen dargestellt werden kann.

Die Konservative Partei im 19. Jahrhundert

Dabei stellte sich für die Konservative Partei im 19. Jahrhundert nach der erfolgreichen ersten Wahlrechtsreform zunächst die Aufgabe, den starren Traditionalismus der Tories zu überwinden und sich veränderten sozialen und politischen Verhältnissen anzupassen. Dementsprechend formulierte Sir Robert Peel 1834 im sog. *Tamworth Manifesto* die Bewahrung überlieferter Ordnungsprinzipien in Staat und Gesellschaft durch pragmatische Flexibilität als obersten Leitsatz konservativer Politik. Konkret bedeutete dies, die Partei aus der Sackgasse der Vertretung vorwiegend agrarischer Interessen herauszuführen und für den modernen industriellen Mittelstand zu öffnen, der durch die Wahlrechtsreform in die Sphäre der politischen Nation aufgestiegen war. Den ersten Schritt auf diesem Wege tat Peel, indem er als Premierminister 1846 die Abschaffung der Kornzölle durchsetzte. Die unmittelbare Folge indes war die Spaltung der Partei in eine protektionistische Mehrheit und die Gefolgsleute Peels, die sich später weitgehend der Liberalen Partei anschlossen. Wenn es den Konservativen im Laufe des 19. Jahrhunderts dennoch gelang, die politische Interessenvertretung des besitzenden Bürgertums weitgehend zu monopolisieren, so vor allem dadurch, dass sich die Partei als Garant einer überlieferte

Eigentumsverhältnisse bewahrenden Ordnung zu präsentieren verstand. Als Widerpart von Sozialismus und Radikalismus waren die Konservativen für den Mittelstand politisch attraktiv. Denn wenn die Liberalen sich für weitere politische Reformen einsetzten und zugleich die Interessenvertretung der seit 1884 mit dem Wahlrecht ausgestatteten Arbeiterschaft beanspruchten, trieben sie die wohlhabenden Bürger der neuen Vorstädte in die Arme der Konservativen Partei, die es zudem verstand, sich unter den Parteiführern Disraeli und Salisbury als unerschütterlicher Garant nationaler britischer Interessen darzustellen. Gleichzeitig blieb die Partei, trotz ihrer wachsenden Attraktivität für den bürgerlichen Mittelstand, in ihrer Führung weitgehend aristokratisch dominiert und somit – wie übrigens auch die Liberalen – bis zum Ende des Jahrhunderts ein Hort adliger Suprematie. In den konservativen Kabinetten saßen zwischen 1880 und 1895 neben 30 Bürgerlichen 47 Aristokraten. Erst danach gerieten die Vertreter des Adels in die Minderheit, denn zwischen 1895 und 1905 stellten sie lediglich 17 von insgesamt 38 Regierungsvertretern.

Ausbau der konservativen Parteiorganisation

Die beträchtlichen Wahlerfolge der Konservativen – immerhin regierten zwischen 1867 und 1915 fünf konservative Kabinette das Land für insgesamt 25 Jahre – waren nicht zuletzt auf den Ausbau der konservativen Parteiorganisation zurückzuführen. Im Anschluss an die zweite Wahlrechtsreform gründeten sie 1867 die *National Union of Conservative and Constitutional Associations* mit dem Ziel, durch verstärkte Propaganda der Partei neue Wählerschichten aus dem Bereich der unteren Mittelklasse und der Arbeiterschaft zu erschließen. 1870 wurde das *Central Conservative Office* eingerichtet, dem die Aufgabe zufiel, die Parteiarbeit außerhalb des Parlaments zu koordinieren und für die Aufstellung von Kandidatenverzeichnissen zu sorgen. Gleichzeitig organisierte man seine Wähler mit Erfolg auf der Ebene der Geselligkeit, so in den Konservativen Clubs der Arbeitersiedlungen und besonders durch die 1883 von Randolph Churchill gegründete *Primrose League*, in der der konservative Mittelstand seine gesellschaftlichen Aspirationen pflegen konnte. 1891 zählte diese der Partei lose verbundene Organisation über eine Million Mitglieder, die Hälfte davon Frauen. Diese außerparlamentarischen Organisationen waren allerdings ohne wesentlichen Einfluss auf die Gestaltung der Politik der Partei, die weiterhin – durchaus in Einklang mit der historischen Entwicklung der Partei aus dem Parlament heraus – Domäne der Fraktion bzw. des Parteiführers blieb.

Wahlerfolge der Konservativen

Als institutionelle Voraussetzungen für die Wahlerfolge der Konservativen sind vor allem die 1885 vorgenommene Neueinteilung der Wahlkreise zu nennen sowie die Beibehaltung des relativen Mehrheitswahlrechts. Die Einrichtung der neuen, kleineren und sozial homogeneren Einmannwahlkreise erleichterte es der Partei, von ihrer Hinwendung zum bürgerlichen Mittelstand zu profitieren. Von den vor der Reform insgesamt 22 Londoner Parlamentssitzen eroberte die Partei 1880 lediglich acht. Als darauf insgesamt 59 Sitze für die Hauptstadtregion geschaffen wurden, fielen davon bei den Wahlen der Jahre 1895 und 1900 51 an die Konservativen. Gleichzeitig profitierten sie von einem Wahlrecht – relative Mehrheit in Ein-Mann-Wahlkreisen –, das jene Partei begünstigt, die in gewissen Regionen eindeutige Majoritäten für sich mobilisieren kann, wie dies die Konservativen vor allem im bevölkerungsreichen Süden des Landes vermochten. In wohlverstandenem Eigeninteresse verhinderten sie daher die von Lloyd George 1918 im Zusammenhang mit der Wahlrechtsreform geplante Einführung des Verhältniswahlrechts. „The combination of a democratic franchise and an unreformed electoral system... produced a Conservative hegemony in British government that lasted until 1945" [534: J. Belchem, 84].

Die Liberale Partei des 19. Jahrhunderts

Wie die Konservativen aus den Tories hervorgingen, so lässt sich auch die Liberale Partei des 19. Jahrhunderts in ihren parlamentarischen Anfängen bis zu den Whigs des 17. Jahrhunderts zurückverfolgen. In ihrer modernen Gestalt formierte sie sich in den 1850er Jahren als Zusammenschluss der Whigs und der Radikalen der Reformära mit den konservativen Freihändlern. Mehr noch als die Konservativen waren die Liberalen durch ihre heterogene Zusammensetzung geprägt, die auf ihre Anfälligkeit für innere Spannungen und Gegensätze sowie ihre Wandlungsfähigkeit verweist. Wenn sie auch nur einmal, aus Anlass der bevorstehenden Wahlen 1891 im *Newcastle Programme*, in aller Form ihre politischen Grundsätze verkündeten, – dennoch war ihre Politik stärker ideologisch fixiert als die ihrer konservativen Rivalen. So verfolgten sie mit den unterschiedlichen Varianten ihrer Reformpolitik immer wieder die Sicherung und Ausdehnung der politischen und religiösen Freiheit des Individuums, die Abschaffung von Privilegien, wie sie insbesondere an die Formen des traditionellen Grundbesitzes geknüpft waren, weitgehende Selbstverwaltung sowie, besonders gegen Ende des Jahrhunderts und in Abkehr von ihrer ursprünglichen unbedingten *laissez-faire*-Ideologie, soziale Reformen als Basis für ein dauerhaftes Bündnis zwischen Mittelstand und Arbeiterklasse. Es war vor allem die Zugehörigkeit zu nonkonformistischen Religionsgemeinschaften sowie zu bestimmten regionalen Traditionen und nicht so sehr das soziale Profil, welche den liberalen vom konservativen Wähler unterschied. Während die Konservativen auf das Sicherheitsbedürfnis der Bürger zu setzen pflegten, appellierte besonders der liberale Parteiführer William Gladstone in seinen publikumswirksamen Wahlkampagnen, mit denen er als Erster durch Massenkundgebungen die außerparlamentarische Öffentlichkeit zu mobilisieren verstand, an das Gewissen der Wähler. Er zog etwa gegen die vorgeblich unmoralische Außenpolitik der Konservativen zu Felde bzw. setzte sich für *Home Rule*, die politische Selbstbestimmung der Iren, ein. Mit solch einer Prinzipienpolitik, die zugleich die nationalen britischen Interessen in Frage zu stellen schien, verstörte Gladstone nicht nur bürgerliche Wähler, sondern auch Anhänger einer imperialistischen Politik. Diese kündigten ihm unter der Führung Joseph Chamberlains 1886 die politische Gefolgschaft auf und bildeten gemeinsam mit einer Gruppe adliger Whigs, die entweder über Grundbesitz in Irland verfügten oder denen Gladstones Radikalismus ohnehin zu weit ging, die *Liberal Unionist Party*, welche 1912 schließlich mit den Konservativen fusionierte. Mit dem allmählichen Abbröckeln der bürgerlichen Stammwähler, die den Liberalen nach 1832 zu den großen Wahlerfolgen verholfen hatten, verlor die Partei die englischen Kernlande endgültig an die Konservativen und verfügte bald nur noch im Westen und Norden des Vereinigten Königreiches über ein Reservoir an Stammwählern, wo der protestantische Dissens – von jeher das Rückgrat der Partei – besonders stark vertreten war. Die zeitweilig intensiven Bemühungen, nach der dritten Wahlrechtsreform die Stimmen der Arbeiter zu gewinnen, führten dagegen nur zu begrenzten Erfolgen, d. h. lediglich zu einem zeitweiligen Wahlbündnis mit der jungen Labour-Partei. Dort setzte sich doch bald die Überzeugung durch, dass die eigenen Interessen besser allein zu vertreten seien.

Wenn die Liberalen dennoch von 1905 bis 1915 Großbritannien regierten, so verdankten sie ihre Wahlerfolge vor allem den Schwächen der Politik der Konservativen, die sich von Jospeh Chamberlain sogar dazu hatten verleiten lassen, die Einführung von Schutzzöllen als oberstes Wahlziel zu propagieren und damit die britische politische Kerndoktrin des 19. Jahrhunderts in Frage zu stellen. Der Machtverlust der Liberalen war mit diesen Siegen allerdings nur aufgeschoben und schließlich umso eklatanter, als er durch eine erneute Spaltung der Partei gefördert wurde. Sie war die Folge des Umstandes, dass sich die Liberalen 1915 angesichts des Krieges vor die Notwendigkeit gestellt sahen, eine Koalition mit den Konservativen einzugehen. Dieses Bündnis nutzte Lloyd George, um ein Jahr später seinen Parteiführer aus dem Amt als Regierungschef zu drängen und selbst an die Spitze eines neuen nationalen Kriegskabinetts zu treten. Die Folge war die Spaltung der Partei und selbst wenn sich Lloyd George bei den Wahlen des Jahres 1918 als der Mann, der den Krieg gewonnen hatte, präsentieren konnte, so kam dies in erster Linie der von ihm geführten Koalition und damit den Konservativen zugute. In Anwendung des neuen, weitgehend demokratischen Wahlrechts errangen diese 392 Sitze gegenüber 36 der altliberalen Rumpfpartei unter der Führung Asquiths und 127 der sog. *Koalitionsliberalen* unter Lloyd George. Als dieser dann bei seinem Versuch, aus den Anhängern der Koalition eine neue nationale Partei zu formieren, 1922 am Widerstand der konservativen Hinterbänkler scheiterte, war das Schicksal der Partei besiegelt. Im politischen Kräfteparallelogramm des britischen Parlamentarismus trat nach dem Ersten Weltkrieg die Labour Partei an ihre Stelle.

Machtverlust der Liberalen

Gemessen an der frühzeitigen Industrialisierung des Landes kam es erst relativ spät zur Ausbildung einer eigenständigen politischen Arbeiterbewegung. Hingegen hatte der außerparlamentarische Radikalismus bereits frühzeitig die konsequente Einführung der politischen Demokratie gefordert, um die sozialen Probleme zu lösen. Nach dem Scheitern der Chartisten setzte der radikale Flügel der Liberalen Partie diese Tradition fort und als die Zweite Wahlrechtsreform 1867 auch Teilen der Arbeiterschaft das Wahlrecht verlieh, be-

Arbeiterbewegung

gannen die beiden großen Parteien sich hier durchaus mit Erfolg um Stimmen zu bemühen. Dabei gelang es den Liberalen zunächst, große Teile der Arbeiterschaft für ihre Politik zu mobilisieren. Daneben sahen viele Arbeiter ihre sozialen Anliegen durch die zahlreichen Gewerkschaften vertreten, deren Anfänge bis weit ins 18. Jahrhundert zurückreichten und die sich, wenn auch ihre Aktivitäten außerhalb geltenden Rechts erfolgten, seit Beginn des 19. Jahrhunderts immer mehr ausbreiteten. Angesichts einer bei wachsender Streiktätigkeit zunehmend gewerkschaftsfeindlichen Rechtsprechung reagierten 1868 die zahlreichen Einzelgewerkschaften mit der Gründung einer Dachorganisation. Dieser *Trade Union Congress* schuf 1871 ein parlamentarisches Komitee mit dem Ziel, im Sinne der Gewerkschaften auf die künftige Gesetzgebung Einfluss zu nehmen. Schließlich gründete man 1900 gemeinsam mit genossenschaftlichen sowie sozialistischen Organisationen wie der marxistischen *Social Democratic Federation* das *Labour Representation Committee* mit der Aufgabenstellung, eine eigene parlamentarische Vertretung der britischen Arbeiterschaft zu organisieren. Nach anfänglichen Startschwierigkeiten dann doch von den Gewerkschaften massiv unterstützt, errangen bei den Wahlen des Jahres 1906 29 von 50 aufgestellten Kandidaten ein Unterhausmandat und das LRC wurde in *Labour Party* umbenannt. Angesichts der immensen Schwierigkeiten, die sich für jede Parteineugründung durch die Modalitäten des britischen Mehrheitswahlsystems ergeben, war der Aufstieg Labours zur modernen Massenpartei durch drei besondere Umstände begünstigt: Ein anfängliches Wahlbündnis mit den Liberalen während der Anfangsphase, d. h. bei den Wahlen 1906 und 1910; die Spaltung der Liberalen durch Lloyd George; die Einführung des demokratischen Wahlrechts 1918. Bereits 1922 war man mit 30% der Stimmen und 142 Sitzen zweitstärkste Partei hinter den Konservativen.

Organisationsstruktur der Labour Partei

Die Organisationstruktur der Labour Partei entsprach der Art ihrer Gründung als Zusammenschluss bereits bestehender Organisationen. An ihrer Spitze stand ein zwölfköpfiger Ausschuss aus sieben Gewerkschaftern sowie fünf Vertretern der sozialistischen Vereinigungen *(Independent Labour Party, Social Democratic Federation, Fabian Society).* Erst 1918 wurde Labour eine echte Mitgliederpartei, in deren Führungsgremium auch Ortsvereine ihre Vertreter entsenden konnten. Das politische Gewicht lag jedoch eindeutig bei den Gewerkschaften, die im Laufe der Zeit ihre Position im Parteiapperat derart festigten, dass gegen sie keine Entscheidungen von politischer Tragweite mehr getroffen werden konnten. Auch in dem 1922 geschaffenen neuen Spitzengremium der Partei, dem *National Joint Council* (später *National Council of Labour*) saßen sieben Gewerkschafter neben jeweils drei Vertretern der Fraktion und der Parteiorganisation.

Programm der Labour Partei

Das Programm der Labour Partei, erst 1918 verabschiedet und für die Entstehungsgeschichte durchaus von nachgeordneter Bedeutung, war kein auf den Marxismus gegründetes Konzept für eine sozialistische Revolution. Es verkündete als kleinsten gemeinsamen Nenner vage im Abschnitt 4 als oberstes politisches

Ziel: „to secure for the producers by hand or by brain the full fruits of their industry, and the most equitable distribution thereof that may be possible upon the basis of common ownership of the means of production“. Man „bekämpfte die Kapitalisten, aber nicht den Kapitalismus“ [518: NIEDHART, 165]. Von den Kommunisten distanzierte man sich stets mit Entschiedenheit. Angestrebt wurde nicht die Abschaffung des Staates, sondern letztlich, ganz im Sinne der sozialistischen Gruppe der sog. *Fabier*, der Interventions- bzw. Sozialstaat als Agent eines gemäßigten humanen Sozialismus.

Politische Entmachtung des Oberhauses

Die graduelle Demokratisierung des Staates auf dem Wege der Wahlrechtsreformen hatte nicht nur die Modernisierung der Parteien zur Folge, sondern fand zugleich ihren Ausdruck in der weitgehenden politischen Entmachtung des Oberhauses. Denn als sich der Adel durch die radikale Reformpolitik der Liberalen in seinen Interessen als grundbesitzende Elite bedroht sah und die alte Whig-Aristokratie das politische Lager wechselte, wurde das Oberhaus in seiner überwiegenden Mehrheit zu einer Bastion der Konservativen. Sobald sie im Unterhaus in Opposition gerieten, setzten sie es als parteipolitisches Instrument zur Blockade der Regierungsgesetzgebung ein. Der kritische Punkt in dieser Entwicklung war 1909 erreicht, als der liberale Finanzminister einen durchaus auch als politische Provokation konzipierten Haushalt vorlegte, der vorsah, die neue Sozialgesetzgebung durch eine stärkere Besteuerung der Einkünfte aus Grundbesitz zu finanzieren. Obwohl die Bewilligung von Steuern seit dem frühen 15. Jahrhundert eindeutig das ausschließliche Privileg des Unterhauses war, brachten die Lords das Budget, welches im Unterhaus mit 379 gegen 149 Stimmen verabschiedet worden war, ihrerseits mit einer Mehrheit von 350 zu 75 zu Fall. Damit mündete die parteipolitische Auseinandersetzung um die Instrumente und die Reichweite einer Politik der sozialen Reform in den Verfassungskonflikt. In den Wahlkämpfen des Jahres 1910 traten daraufhin die Liberalen mit der Forderung nach einer entsprechenden Verfassungsreform an. Und wie 1832 bedurfte es abermals der Drohung eines massiven Pairsschubs, bis die entsprechende *Parliament Act* 1911 Gesetz werden konnte. Fortan blieb den Lords bei Finanzgesetzen jedwede Mitwirkung untersagt. Ansonsten besaß ihr Veto künftig lediglich aufschiebende Wirkung, indem jedes Gesetz, das das Unterhaus in drei aufeinander folgenden Sitzungsperioden verabschiedete, dann auch ohne Zustimmung des Oberhauses in Kraft treten konnte. Gleichzeitig verkürzte man die Legislaturperiode von sieben auf fünf Jahre und begann, den Unterhausabgeordneten Diäten zu zahlen. Damit war nicht nur der verfassungsrechtlich garantierte Sonderstatus der Aristokratie weitgehend seines politischen Inhalts entleert, sondern zugleich generell erklärt, dass künftig die Politik nicht mehr das Privileg der *gentlemen* sein sollte. Diese Richtung wurde dann 1949 weiter verfolgt, als durch ein Gesetz die aufschiebende Frist des Vetos auf ein Jahr verkürzt wurde und 1958 eine von den Konservativen durchgeführte Reform die Verleihung der nichterblichen Peerswürde (*life peers*) einführte.

Bedeutungsverlust des Parlaments

Die fortschreitende Demokratisierung führte paradoxerweise über den damit verbundenen Aufstieg der Parteien zu einem allmählichen Bedeutungsverlust des Parlaments. Das Zentrum der politischen Macht lag nun bei der jeweils stärksten Partei bzw. deren Führer als Premierminister. Dic durch dic ungeschriebene Verfassung garantierte Souveränität des Parlaments wird de facto von der Regierung bzw. der sie tragenden Partei ausgeübt. Gleichzeitig wird die Funktion des Unterhauses als Organ der politischen Repräsentation dadurch geschwächt, dass man immer häufiger dazu übergeht, politische Grundsatzentscheidungen durch Referenda herbeizuführen. Nachdem ein solches Plebiszit erstmals 1975 unter der Labour-Regierung Harold Wilsons über Englands Verbleib in der Europäischen Gemeinschaft durchgeführt worden war, wird dieses Instrument seit den 1990er Jahren immer häufiger eingesetzt und signalisiert zusammen mit der wachsenden Bedeutung von Meinungsumfragen die Zunahme der Elemente direkter Demokratie im Rahmen der britischen Verfassungswirklichkeit. Sollte sich aus solchen Praktiken eine neue bindende Verfassungskonvention ergeben, so würde endgültig die Volkssouveränität an die Stelle der Parlamentssouveränität treten.

Politische und soziale Stabilität

Im Zeichen der Demokratie stellte sich im „kurzen" 20. Jahrhundert (Hobsbawm) den britischen Regierungen bzw. den sie tragenden großen Parteien die Aufgabe, zwischen politischer Gleichheit und sozialer Ungleichheit zu vermitteln – und zwar in den schwierigen Zeiten der beiden Weltkriege, der Weltwirtschaftskrise, des Verlusts des Empire und des zeitweilig dramatischen wirtschaftlichen Niedergangs. Aufs Ganze gesehen ist es dabei der britischen Politik in hohem Maße gelungen, unter der Wahrung politischer und sozialer Stabilität die politische Nation endgültig zu demokratisieren, in einer Situation, in der weniger als 1% der Bevölkerung über zwei Drittel des Volksvermögens verfügten und in der, trotz eklatanter ökonomischer Missstände und handfester sozialer Proteste, keine Umverteilung wirtschaftlicher oder gesellschaftlicher Macht in größerem Umfang stattfand, geschweige denn eine Revolution. Diese Leistung ist umso höher einzuschätzen, wenn man die turbulenten Entwicklungen während der zwanziger und dreißiger Jahre in Frankreich, Spanien, Italien und vor allem in Deutschland bedenkt. Dabei oszillierte die britische Politik zwischen den Extremen der sozialen Konfrontation und der sozialen Konzessionen, zwischen der unbedingten Aufrechterhaltung einer sich frei entfaltenden Marktgesellschaft und der Einführung des Wohlfahrtsstaates. Beide Wege wurden beschritten, wobei, zumindest anfangs, jede der beiden Alternativen einer der großen Parteien zugeordnet war.

Vorherrschaft der Konservativen Partei

Die britische politische Entwicklung ist im 20. Jahrhundert in vielfacher Hinsicht durch die Vorherrschaft der Konservativen Partei bestimmt worden. In den 75 Jahren zwischen 1922, als erstmals das demokratische Wahlrecht wirksam wurde, und 1997 stellten die Konservativen insgesamt 56 Jahre die Regierung bzw. waren als zumeist maßgebliche Kraft an einer Koalition beteiligt. Nach einigen Startschwierigkeiten zu Beginn des Jahrhunderts konnten sie sich ihren

Wählern somit als die *natürliche Regierungspartei* bzw. als eine Art nationale politische Partei präsentieren. Insgesamt nur viermal gab es eine eindeutige Mehrheit für die Liberalen (1906) bzw. die Labour Partei (1945, 1966, 1997). Obwohl, gemäß der Formel: „Class is the basis of British party politics; all else is embellishment and detail" [821: P. PULZER, 98], die bürgerliche Mittelklasse das konstante Element der konservativen Wählerschaft bildete, hätte sie ihre eindrucksvollen Mehrheiten nie gewinnen können, wenn sie es nicht gleichzeitig verstanden hätte, auch beträchtliche Teile der Arbeiterschaft an sich zu binden, von der etwa 30% über die Jahrzehnte hinweg nicht *klassengerecht* gewählt haben. Vor allem profitierte sie hier von konfessionellen Spannungen innerhalb der Arbeiterklasse wie etwa im Raum Liverpool mit seinen zahlreichen katholischen Einwanderern sowie von dem Umstand, dass die Arbeiter in den modernen Industrien im Süden des Landes in den 1980er Jahren ihre sozialen Ambitionen auch durch ihr Wahlverhalten zu demonstrieren suchten.

Labour Partei im 20. Jahrhundert

Hatten so die Konservativen hinsichtlich ihrer Wählerschaft relativ frühzeitig die Züge einer Volkspartei angenommen, bewahrte die Labour Partei im 20. Jahrhundert weitaus länger den Charakter einer Klassenpartei, nicht zuletzt auf Grund ihrer engen Bindung an die Gewerkschaften. Umso bedeutsamer war es, dass die Partei bereits 1924 die Gelegenheit erhielt, ihre Regierungsfähigkeit unter Beweis zu stellen. Damals sah sich Ramsay Macdonald als Premier eines Minderheitskabinetts allerdings nicht nur dazu gezwungen, auf jegliche programmatische Sozialisierungspolitik zu verzichten, sondern auch gegen streikende Hafenarbeiter Position zu beziehen. Dies mag dazu beigetragen haben, dass Labour bei den Wahlen 1929 erstmals als stärkste Fraktion ins Unterhaus einziehen konnte, um abermals, diesmal im Zeichen der großen Wirtschaftskrise, mit den mächtigen Gewerkschaften in Konflikt zu geraten. Den entscheidenden Durchbruch erzielte die Partei dann 1945 mit ihrem ersten eindeutigen Wahlsieg (393 Sitze bei 48% der Stimmen gegenüber 210 und 40% der Konservativen), in dem auch sie die Grenzen der Klassenpartei sprengte, d. h. nicht nur in den Industriezentren dominierte, sondern erstmals auch in den Wohngebieten der Mittelschicht Stimmengewinne verzeichnen konnte. Dies sollte für die Zukunft umso bedeutsamer werden, als die Partei von dem schwindenden Anteil der Arbeiterklasse an der Gesamtwählerschaft in besonderem Maße betroffen war und die Erfahrung machen musste, dass künftig Wahlen in *Middle-England* entschieden wurden, d. h. im Umfeld des bürgerlichen Mittelstandes. Die Voraussetzung für den zweiten großen Wahlsieg der Labour Partei 1997 waren daher Reformen bzw. programmatische Festlegungen – wie vor allem Streichung des Sozialisierungsgebots (*Clause 4*) –, welche die Partei in den 1990er Jahren unter der Führung Tony Blairs als *New Labour* für diesen Mittelstand attraktiv werden ließen.

Experiment des Wohlfahrtsstaates

Obwohl den größeren Teil der Zeit in Opposition war es die Labour Partei, die um die Jahrhundertmitte mit einer Politik der sozialen und ökonomischen Reform das Experiment des Wohlfahrtsstaates wagte und somit einen entscheidenden Akzent in der inneren Entwicklung Großbritanniens setzte. Sie konnte dabei auf ihre Weise an Reformen anknüpfen, welche die Liberalen bereits zu Beginn des Jahrhunderts auf den Weg gebracht hatten um jedem Bürger ein Minimum an sozialer Sicherheit zu garantieren. Seit 1906 erging in rascher Folge eine Reihe diesbezüglicher Gesetze, durch welche die Haftpflichtversicherung bei Arbeitsunfällen ausgedehnt, im Kohlebergbau der Achtstundentag gesetzlich abgesichert und für Mittellose über siebzig Jahren eine staatliche Altersrente von 5 Schillingen wöchentlich eingeführt wurde. Winston Churchill veranlasste als Handelsminister die Schaffung von Arbeitsämtern und der Finanzminister Lloyd George reiste nach Deutschland, um dort das System der bismarckschen Sozialversicherung zu studieren. An diesem Vorbild orientierte sich die *National Insurance Act* des Jahres 1911, mit der eine allgemeine Krankenversicherungs-Pflicht für alle, die weniger als 160 Pfund im Jahr verdienten und eine zunächst auf bestimmte Produktionszweige begrenzte Arbeitslosenversicherung eingeführt wurden, finanziert in erster Linie durch Zwangsbeiträge der Arbeitgeber und Arbeitnehmer. Mit diesen Gesetzen war eine erste, entscheidende Etappe auf dem Weg in den Wohlfahrtsstaat zurückgelegt. In begrenztem Umfang setzten die Konservativen nach dem Ende des Ersten Weltkrieges die Sozialpolitik Lloyd Georges fort, besonders durch Neville Chamberlain, der als Gesundheits- und später Finanzminister die öffentliche Gesundheitspolitik sowie Arbeitslosen- und Altersversorgung in Zusammenhang mit der Reform der Lokalverwaltung in einem umfassenden System vereinigte. Den vorläufigen Abschluss dieser Entwicklung bildete 1934 die *Unemployment Act*, in der der Staat weitgehend die Verantwortung für sämtliche Formen der Arbeitslosenunterstützung übernahm. Damit war das alte, von lokalen Körperschaften verwaltete Armenrecht von 1834 praktisch außer Kraft gesetzt. Schließlich vollendete die Labour-Regierung unter Attlee die Ausbildung des modernen Wohlfahrtsstaates nach dem Ende des Zweiten Weltkrieges, indem sie ein wesentlich verbessertes, umfassendes staatliches Sozialversicherungssystem durch einen kostenlosen staatlichen Gesundheitsdienst, den *National Health Service*, ergänzte. Maßnahmen im Bereich des staatlichen Wohnungsbaus, des Erziehungswesens sowie das Bekenntnis zum Programm der Vollbeschäftigung, die bereits 1944 ein Regierungsweißbuch zum verbindlichen Ziel erklärt hatte, waren ebenfalls Teil dieser Politik. Das Konzept für eine solch allgemeine staatliche Vor- und Fürsorge war bereits während des Krieges im sog. *Beveridge-Report* entwickelt worden. Seine Realisierung entsprach der öffentlichen Meinung nach 1945, man wertete die Einrichtung des Sozialstaates als die logische Konsequenz der nationalen Solidarität, die während eines Krieges praktiziert wurde, unter dessen Zielen auch *Mehr soziale Gerechtigkeit* proklamiert worden war.

Flankiert wurde die Sozialgesetzgebung der Labour-Regierung durch ein umfassendes Programm der Verstaatlichungen bei gleichzeitiger großzügiger Entschädigung der bisherigen Eigentümer. Auch hier basierte diese Politik angesichts der positiven Erfahrungen, die man während des Krieges mit einer z. T. zentral gesteuerten Wirtschaft gemacht hatte, auf einem Konsens, der über die Parteigrenzen hinwegreichte. 1946 wurden die Bank von England, das Fernmeldewesen sowie die Kohleindustrie in öffentliches Eigentum überführt; es folgten Energieversorgung und öffentliches Verkehrswesen. Dabei war die Politik der Labour-Regierung weniger von dem in ihrem Programm formulierten Grundsatz der Vergesellschaftung der Produktionsmittel geleitet als vielmehr vom Gesichtspunkt der Effizienz. Dem entsprach, dass die verstaatlichten Industrien in der Rechtsform öffentlicher Körperschaften organisiert wurden. Ihre Zentralbehörden blieben autonom und ließen sich – ohne Kontrolle durch staatliche Bürokratie oder durch die Mitbestimmung von Arbeitnehmerseite – von privatunternehmerischen Gesichtspunkten leiten, um so verstärkte Effizienz und erhöhte Produktivität zu gewährleisten. Mit Ausnahme der Verstaatlichung von Eisen und Stahl 1949 (die von den Konservativen 1953 rückgängig gemacht und 1967 von Labour abermals durchgesetzt wurde) führte auch diese Politik nicht zu einem Grundsatzkonflikt zwischen den großen Parteien, sondern wurde, wie auch die Sozialpolitik, zunächst von den Konservativen mitgetragen, zumal keine Versuche zur Umverteilung des Volksvermögens damit einhergingen.

Verstaatlichungen

Wenn sich dennoch in den siebziger Jahren eine tief greifende Krise des sozialdemokratischen Interventionsstaates abzeichnete, so waren dafür in erster Linie ökonomische Faktoren ausschlaggebend. Der allgemeine Konjunkturaufschwung der fünfziger Jahre, der die Einrichtung des Wohlfahrtsstaates so maßgeblich begünstigt hatte, konnte die grundsätzliche Wachstumsschwäche der britischen Wirtschaft nur vorübergehend verdecken. Schon bald wurde im Vergleich mit seinen europäischen Konkurrenten der relative ökonomische Niedergang des Landes deutlich. Eine sich kontinuierlich verschlechternde Zahlungs- und Leistungsbilanz führte zum Verfall des Pfundes. Die Ziele der Wirtschaftspolitik: Vollbeschäftigung, ausgeglichene Zahlungsbilanz und Stabilität der Preise, ließen sich nicht länger gleichermaßen realisieren. Unter dem Eindruck der Krise und in Folge der damit verbundenen neu aufflammenden gesellschaftlichen Verteilungskämpfe zerbrach der übergreifende Konsens, der bis in die 1970er Jahre die Basis der britischen Innenpolitik gebildet hatte.

Krise des sozialdemokratischen Interventionsstaates

Den entscheidenden Wendepunkt markierte hier die konservative Regierung unter Margaret Thatcher. Die von ihr verfolgte Wirtschafts- und Gesellschaftspolitik beinhaltete in ihrer Umsetzung des sog. Thatcherismus eine deutliche Absage an die Werte und Grundlinien der Politik nicht nur der vorangegangenen Labour-Regierungen. Mit ihrem Bekenntnis zu einem im Wettbewerb von Marktbeziehungen sich behauptenden Individualismus wandte sie sich gegen alle Vorstellungen sozialer Solidarität und zog daraus die ent-

Thatcherismus

sprechenden praktischen politischen Konsequenzen. Zur Gesundung der britischen Wirtschaft wurde die konsequente Bekämpfung der Inflation bei gleichzeitiger Beschneidung der öffentlichen Ausgaben zur Senkung des Staatsdefizits zum obersten Ziel der Politik erklärt. Da die Steuern gesenkt wurden, um dadurch Anreize für verstärkte Investitionen zu bieten, nahm man nicht nur Einschnitte in Erziehungswesen, Gesundheitsdienst und anderen Sozialbereichen in Kauf, sondern auch zeitweilig hohe Arbeitslosenzahlen. Gleichzeitig markierte eine Politik der Reprivatisierung den Rückzug des Staates aus Kernsektoren der Ökonomie.

Entmachtung der Gewerkschaften

Bedeutsame Folge der Realisierung der neuen Gesellschaftspolitik war die weitgehende Entmachtung der Gewerkschaften. Diese hatten bis dahin als allgemein anerkannter eigenständiger Machtfaktor die politische Entwicklung der Nachkriegsära in vielen Bereichen nachhaltig mitgestaltet. Allerdings zeitigten die teilweise anarchischen Strukturen des Gewerkschaftssystems im Zusammmenhang mit der sich verschärfenden ökonomischen Krise oftmals verhängnisvolle Konsequenzen für eine zielgerichtete staatliche Wirtschaftspolitik. Dies galt besonders für die Labour Partei, die auf Grund ihrer Entstehung beonders eng mit der Gewerkschaftsbewegung verflochten war. Denn in einem System ohne Tarif- und Arbeitskampfrecht, ohne gesetzlich fixierte Betriebsverfassung, existierte bei gleichzeitig fragmentierter Organisationstruktur der *Trade Unions* (allein 155 waren im Dachverband des TUC zusammengefasst) keinerlei rechtlich bindende Wirkung von Tarifabschlüssen. Schließlich waren auf dem Höhepunkt gewerkschaftlicher Macht 1979 58% der Arbeitnehmer, d. h. 13,5 Mio., gewerkschaftlich organisiert. Als man 1971 2228 und 1972 2497 Streiks zählte, mit 13,5 Mio. bzw. 23,9 Mio. verlorenen Arbeitstagen, als im November 1973 der Streik der Bergarbeiter die konservative Regierung Heath zwang, den Ausnahmezustand auszurufen, stellten sich viele die Frage, wer Großbritannien eigentlich regiere. Auch wenn letztendlich die Aktionen der Gewerkschaften eher die Folge als die Ursache der wirtschaftlichen Misere waren, so lieferten sie doch zugleich reichlich Anlass, den geballten politischen Unwillen einer weiteren Öffentlichkeit auf sie zu lenken. Daher konnte sich die Regierung Thatcher weitgehender Zustimmung sicher sein, als sie ab 1980 daran ging, mit einer ganzen Kette von einschlägigen Gesetzen die Organisationsstrukturen der Gewerkschaften zu verändern, ihre Position im Verhandlungssystem der Arbeitsbeziehungen zu schwächen und so, begünstigt zugleich durch die wachsende Arbeitslosigkeit und einen dramatischen Mitgliederschwund, die wirtschafts- und gesellschaftspolitische Macht der Gewerkschaften zu brechen.

Reform der Labour Partei

Paradoxerweise trugen die Konservativen mit ihrer gewerkschaftsfeindlichen Politik auch zur Reform der Labour Partei bei, die sich seit den 1980er Jahren bemühte, die innerparteilichen Einflussmöglichkeiten der Gewerkschaften zurückzudrängen um sich so gleichzeitig als potenzielle Volkspartei präsentieren zu können. Je schwächer die Gewerkschaften wurden, umso deutlicher stellte die

Partei fest, dass sie nicht zu der Arbeitsgesetzgebung der siebziger Jahre zurückkehren werde. Und als Labour nach dem eindeutigen Wahlsieg des Jahres 1997 die Regierung übernahm, akzeptierte die Partei weitgehend die Arbeits- und Gewerkschaftsgesetze der Konservativen. Damit scheint nach einer Phase der Konfrontation abermals ein neuer gesellschaftspolitischer Grundkonsens zwischen den beiden Parteien zu herrschen. Ähnlich wie 1951 die Konservativen die sozialpolitischen Entscheidungen der Labour Partei akzeptierten, so hat *New Labour* nicht nur die Sozialisierungsklausel aus ihrem Programm gestrichen, sondern die Vorgaben der Konservativen für den Bereich der Wirtschafts- und Sozialpolitik durchaus übernommen.

Verfassungsreform

Eigenständig aktiv ist die Regierung Blair allerdings auf dem Felde der Verfassungsreform. Obwohl sie für den Bereich der Wirtschaftspolitik den Abbau des Interventionsstaates proklamierte und praktizierte, war unter Margaret Thatcher die Macht der Regierungszentrale gegenüber den lokalen Gewalten beträchtlich gesteigert worden. Demgegenüber ist unter Labour die Realisierung des seit langem diskutierten Programms der Devolution eingeleitet worden, des Transfers von Staatsaufgaben unter Einschluss begrenzter Gesetzgebungskompetenzen von der Londoner Zentrale auf territoriale demokratische Vertretungskörperschaften in Schottland, Wales und Nordirland. Inwieweit mit solchen Konzessionen an einen regionalen Nationalismus die administrative und politische Einheit des Vereinigten Königreiches von Großbritannien zur Disposition steht, ist noch offen. Ebenfalls ist noch nicht über die politische Zukunft des Oberhauses entschieden; die Abschaffung der erblichen Peerswürde 1999 war hier der erste Schritt auf dem Wege zu einer grundlegenden Neuorganisation der zweiten Kammer des Parlaments. Damit wurde endgültig das letzte Relikt einer Jahrhunderte währenden Dominanz der englischen Aristokratie beseitigt.

3. Religion und Kirche

Im Mittelalter war das Königreich England Teil des christlichen Abendlandes; seine Kirche war wie die der übrigen christlichen Königreiche Europas auf Rom hin ausgerichtet. Der das Hohe Mittelalter prägende Streit zwischen geistlicher und weltlicher Gewalt war auch in England ausgetragen worden, allerdings auf Grund seiner Lage an der Peripherie Europas weniger heftig als etwa im Deutschen Reich. Das Ergebnis war hier gewesen, dass die Ausbildung der staatlichen Zentralgewalt durch den kirchlichen Universalismus nicht entscheidend in Frage gestellt worden war. Nicht nur gab bei der Einsetzung der Bischöfe und Äbte letztlich das Votum des Königs den Ausschlag, sondern die Krone hatte auch im 14. Jahrhundert gemeinsam mit dem Parlament damit begonnen die päpstlichen Rechte im Land durch legislatorische Maßnahmen einzuschränken. Dennoch

Kirche als Machtfaktor

blieb die Kirche ein Machtfaktor ersten Ranges im bzw. neben dem Staat. Mit Rom als Mittelpunkt sprengte sie die territorialen Grenzen staatlicher Macht und durchdrang zugleich die Gebiete weltlicher Herrschaft in besonders hohem Maße, denn nahezu jede Siedlung besaß ihre Kirche. Diese war dem einzelnen Untertan präsenter als die Macht des Königs, nicht zuletzt durch ihre Gerichtsbarkeit, die sich besonders auf den Bereich des Erb- und Eherechts erstreckte. Darüber hinaus saßen 21 Bischöfe und 29 Äbte im Oberhaus. Schließlich war der Klerus insgesamt gesehen der größte Grundeigentümer, der ein Drittel des kultivierten Landes besaß und über Einnahmen verfügte, welche die der Krone um fast das Dreifache überstiegen. Die Modernisierung des Staates mit dem Ziel der Ausbildung einer nationalen Souveränität schloss daher eine Neuordnung des Verhältnisses zwischen weltlicher und geistlich-kirchlicher Gewalt ein.

Englische Reformation

Obwohl sich somit die englische Reformation im Nachhinein dem Historiker als notwendiger Faktor im Prozess der Formierung des frühneuzeitlichen Staates präsentiert, war sie in ihrem Ursprung ein durchaus kontingentes Ereignis und in ihrem komplexen Verlauf keineswegs das Resultat einer zielgerichteten Politik. Sie zerfällt dabei in zwei Etappen, die zugleich zwei zwar miteinander verbundene, aber durch die Chronologie getrennte historische Vorgänge markieren: die Kirchentrennung von Rom sowie die theologische und schließlich allgemein religiöse Erneuerung im Zeichen des Protestantismus. Dabei stand, im Gegensatz zu Luthers Reformation, am Anfang nicht ein aus Überzeugung und Gewissensnot entspringender Akt des Widerstands gegen Missstände und Praktiken der herrschenden Kirche, sondern das politische Kalkül monarchischer Staatsraison.

Den Ausgangspunkt bildete die spezifische Situation der Dynastie der Tudors unter Heinrich VIII. Dieser hatte kurz nach seiner Thronbesteigung 1509 Katharina von Aragon, die Witwe seines Bruders, geheiratet. Nach 15 Jahren war aus dieser Ehe jedoch lediglich eine Tochter hervorgegangen, d. h. das Hauptziel einer dynastischen Verbindung, die Sicherung der Thronfolge, schien entscheidend in Frage gestellt. Seit 1525 versuchte Heinrich VIII. daher, die Ehe annullieren zu lassen, was nur durch den Papst geschehen konnte. Diesem keineswegs ungewöhnlichen Verlangen standen jedoch außenpolitische Hindernisse entgegen, denn der Papst befand sich in unmittelbarer politischer Abhängigkeit von Kaiser Karl V., gegen den England im System der europäischen Allianzen Position bezogen hatte und der zudem ein Neffe Katharinas war. In dieser Situation verfolgten Heinrich und sein leitender Minister Thomas Cromwell eine Politik der Pressionen gegenüber der Kirche bzw. dem Heiligen Stuhl, die schließlich in der Trennung von Rom und der Einrichtung einer englischen Nationalkirche gipfelte. Zunächst setzte man den englischen Klerus unter Druck, legte ihm wegen Nichtachtung des Primats der weltlichen Gerichtsbarkeit 118 000 Pfund Bußgeld auf und zwang ihn schließlich 1532, alle Ansprüche auf eine eigene legislatorische Kompetenz aufzugeben und den Staat als alleinigen obersten

Trennung von Rom

Gesetzgeber anzuerkennen. Sämtliche Zahlungen an Rom wurden eingestellt. Im Jahr 1533 erging die *Act in Restraint of Appeals*, die das Recht auf Appellation von bischöflichen Gerichten an den päpstlichen Stuhl weitgehend aufhob und damit dem Erzbischof von Canterbury die alleinige Kompetenz zuerkannte, die Ehe des Königs für ungültig zu erklären – was dieser bereits kurz nach seiner Ernennung pflichtgemäß getan hatte. Die umfangreiche Gesetzgebung, mit deren Hilfe die Rechte des Papstes gegenüber der englischen Kirche Stück um Stück beseitigt wurden, gipfelte schließlich 1534 in der Verfügung der *Act of Supremacy*, „...that the king... shall be taken, accepted and reputed the only supreme head in earth of the Church of England, called Anglicana Ecclesia...". In seinem Reich war Heinrich VIII. damit an die Stelle des Papstes getreten, die englische Kirche fortan Nationalkirche im Kompetenzbereich staatlicher Souveränität.

Zusammenwirken mit dem Parlament

In dem Maße, wie erfolgreiche königliche Politik sich stets auf die Kooperation mit der politischen Nation gründete, wurde die Trennung von Rom nicht durch einseitige Verfügungen des Herrschers, sondern im Zusammenwirken mit dem Parlament erzielt. Insgesamt sieben Jahre tagte dieses Parlament, wenn auch mit Unterbrechungen, um ein Gesetzgebungswerk von bisher ungekanntem Ausmaß zu veranschieden, wobei die zahlreichen legislatorischen Akte deutlich machten, dass die Privatangelegenheit des Königs – dessen Ehescheidung – eben auch in erster Linie Anliegen der englischen Nation war. Und in dem Maße, wie bei dieser Politik dem Parlament eine Schlüsselrolle zufiel, konnte es seine Position im Rahmen der ungeschriebenen englischen Verfassung stärken. Wenn dabei die Parlamentarier willig den politischen Vorgaben des Königs und seines Ministers folgten, so nicht nur in traditionsbestimmter Anerkennung der politischen Führungsrolle der Krone, sondern auch weil diese Politik auf vielfältige Resonanz im Bereich der politischen Nation stieß.

Kritik an kirchlichen Missständen

Die Zustimmung zur Kirchentrennung basierte dabei sowohl auf gängigen antirömischen Ressentiments im Allgemeinen als auch auf populärer Kritik an zahlreichen kirchlichen Missständen im Besonderen. Trotz des allgemeinen Reichtums der Kirche waren viele Pfarreien auf dem Lande nur kümmerlich ausgestattet, so dass zahlreiche Gemeinden ohne eigenen Geistlichen blieben. Die Priester waren zudem häufig nur unzureichend ausgebildet. Auf der anderen Seite brachte die ostentative Prunkentfaltung hoher geistlicher Würdenträger die Kirche in Verruf. Die Pracht der Kathedral- und Klosterbauten erzeugte nicht nur Ehrfurcht, sondern auch Begehrlichkeiten. Die umfangreiche geistliche Gerichtsbarkeit wurde als zunehmend lästig empfunden. Ein solcher aus vielfältigen Quellen gespeister Antiklerikalismus bildete zwar nicht die treibende Kraft der antirömischen Politik, aber er hat dieser ebenso wie der englischen Reformation insgesamt sicherlich den Boden bereitet, vor allem bei der sozialen Elite, die im Parlament vertreten war.

Säkularisierung der Klöster

Die seit 1536 betriebene Säkularisierung der Klöster verstärkte die Zustimmung der politischen Nation zu der neuen Kirchenpolitik. Das finanzielle Motiv der

Krone war dabei unübersehbar, zumal eine von Cromwell 1535 eingesetzte Kommission die jährlichen Einkünfte der Klöster mit 136 000 Pfund bezifferte. Die durch gleichzeitig angeordnete Visitationen zu Tage geförderten Missstände klösterlichen Lebens stießen im Parlament auf die gewünschte Resonanz, so dass zunächst 1536 ein Gesetz zur Aufhebung der kleineren Ordenshäuser erging und bereits zwei Jahre später auch die Säkularisation der übrigen verfügt wurde. Bis 1540 waren so die mehr als 800 Klöster aufgelöst und mehr als 9 000 Mönche und Nonnen in die Welt entlassen worden, die meisten von ihnen immerhin mit einer Pension. Die Position der Kirche war damit entscheidend geschwächt, denn sie hatte die Hälfte ihres Besitzes und den größten Teil ihrer Geistlichkeit eingebüßt. Die Krone veräußerte angesichts der katastrophalen Situation der Staatsfinanzen den Großteil der konfiszierten Ländereien zum Marktpreis, wobei in erster Linie der Adel von dieser größten Besitzumverteilung der englischen Geschichte profitierte. Zugleich war diese Elite damit endgültig für die neue Kirchenpolitik gewonnen, und eine Restitution des Kirchengutes war nun so gut wie ausgeschlossen.

Alte Glaubensinhalte unverändert

Die Trennung von Rom und die damit verbundene Säkularisierung hatten zunächst politische und materielle Interessen befriedigt; Reformation im Sinne eines religiösen Wandels stand dabei nicht auf dem Programm. Auch die Einrichtung einer Nationalkirche hatte zunächst die alten Glaubensinhalte und Riten unverändert belassen. Der König, der noch 1521 in einer eigenhändig verfassten Schrift die sieben Sakramente gegen Luther verteidigt hatte und dafür vom Papst mit dem Titel eines *Defender of the Faith* ausgezeichnet worden war, dachte nicht daran, sich zum neuen Glauben zu bekennen. Wenn er Männer wie seinen Kanzler Thomas Morus hinrichten ließ, dann nicht, weil sie der alten katholischen Lehre anhingen, sondern weil sie sich weigerten, den König statt des Papstes als Haupt der Kirche anzuerkennen. Und später, als nach 1539 das Parlament in den so genannten *Sechs Artikeln* noch einmal die überlieferte Doktrin in vollem Umfang bestätigte, wurden Protestanten als Ketzer zum Tode verurteilt.

Öffnung zur neuen protestantischen Lehre

Trotz der orthodoxen religiösen Grundeinstellung des Königs lassen sich gleichzeitig erste Anzeichen für eine Öffnung gegenüber der neuen protestantischen Lehre in England registrieren; die Reformation Heinrichs VIII. blieb nicht auf den Bereich der Politik beschränkt. Luthers Lehre hatte früh bei den gelehrten Humanisten der Universität Cambridge Eingang gefunden. Die ketzerischen Lehren der sog. *Lollarden*, der Anhänger des Theologen John Wyclif, der bereits im späten 14. Jahrhundert vieles von dem verkündet hatte, was der Protestantismus später zur Doktrin erhob, waren auch im 16. Jahrhundert vor allem in Kreisen des städtischen Handwerks noch lebendig und machten diese für den neuen Glauben empfänglich. Dazu wirkten an der Spitze von Staat und Kirche zwei entschiedene Protestanten, die das Vertrauen des Herrschers genossen: Thomas Cromwell als leitender Minister und, seit 1532, Thomas Cranmer als Erzbischof von Canterbury. Sie veranlassten Heinrich, die Bibellektüre durch

Laien zu legalisieren, nachdem William Tyndale bereits 1525 das Neue Testament ins Englische übersetzt und in Deutschland hatte veröffentlichen lassen. Und nachdem 1538 eine entsprechende Verfügung Cromwells ergangen war, lag die von Miles Covendale übersetzte *Great Bible* in jedem Kirchspiel zum Studium durch die Laien aus. Dies war eine Maßnahme von unvorhersehbarer Reichweite, denn damit war plötzlich eine lebhafte, alle Schichten erfassende religiöse Diskussion eröffnet worden und ein erster entscheidender Schritt in Richtung auf das Priestertum aller Gläubigen und damit die Abschaffung des Monopols der Kirche in Glaubensfragen getan. Heinrich VIII. war damit nicht ganz einverstanden: Nach dem Sturz Cromwells versuchte er diese Diskussion auf die oberen Gesellschaftsschichten zu beschränken, indem den Vertretern der niederen Stände die Bibellektüre wieder untersagt wurde.

Reformation: Politische Ergebnisse und religiöse Konsequenzen

Die gegen Ende seiner Regierungszeit deutliche konservative Wende gegen die Anfänge einer protestantischen Reformation ist dabei zugleich Indiz für wachsende Spannungen zwischen den politischen Ergebnissen und den religiösen Konsequenzen der Reformation, die das Verhältnis von Staat und Kirche während der kommenden drei Jahrhunderte prägen sollten. Auf der einen Seite setzte die Umwandlung der Kirche in eine Staatskirche mit dem Herrscher an der Spitze aus politischen Gründen die Einheit des Glaubens um der Einheit des Staates willen voraus; auf der anderen Seite war mit der Freigabe der Diskussion von Glaubensdingen die Voraussetzung für die Formulierung und Etablierung dissentierender Meinungen geschaffen. Religion und Politik waren daher untrennbar miteinander verknüpft und dementsprechend änderte die offizielle Kirchenpolitik nach dem Tode Heinrichs VIII. 1547 dreimal radikal ihren Kurs.

Protestantismus wird Staatsreligion

Da der minderjährige Eduard VI. protestantisch erzogen worden war und seine Vormünder und Regenten, die Herzöge von Somerset und Northumberland, beide entschiedene Anhänger der neuen Lehre waren, wurde nun der Protestantismus zur Staatsreligion erhoben. Die sog. *Sechs Artikel*, in denen das Parlament 1539 noch einmal die Grundpfeiler der katholischen Glaubenslehre bestätigt hatte, wurden 1547 aufgehoben, kurz darauf der Zölibat. Und während ein von Cramner verfasstes *Book of Common Prayer* als Leitlinie der Liturgie 1549 noch den Kompromiss mit der traditionalen Form der Messe gesucht hatte, stand dessen zweite Version ganz im Zeichen des radikalen Protestantismus calvinistischer Prägung, wobei hier Einflüsse wie die des seit 1549 in Cambridge wirkenden Martin Bucer deutlich sind. Die Messe wurde nun durch einen schlichten protestantischen Abendmahlsgottesdienst ersetzt, wobei ein Tisch an die Stelle des Altars trat. 1552 erhob das Parlament dieses neue Gebetbuch in einer *Act of Uniformity* zur verbindlichen Lehre und bestätigte damit abermals seine zentrale Rolle bei der Ausgestaltung der Staatsreligion, die schließlich noch in den *42 Artikeln* des Erzbischof Cramner präzisiert wurde. Die Reformation war somit nicht nur politisches, sondern auch konfessionelles Ereignis.

Gegenreformation

Obwohl die Reformation in England bislang nicht auf nennenswerten Widerstand gestoßen war, erhielt die Gegenreformation ihre Chance mit dem erneuten Thronwechsel des Jahres 1553. Nun gelangte mit Maria, der ältesten Tochter Heinrichs VIII., eine überzeugte Katholikin an die Herrschaft, die nicht nur die dogmatischen und liturgischen Reformen der letzten Jahre annullierte, sondern 1554 auch die antirömischen Gesetze ihres Vaters widerrief. Dies geschah auf dem Wege ordentlicher Gesetzgebung mit Zustimmung des Parlaments, weil zuvor der Papst zugesichert hatte, auf eine Restitution des säkularisierten Kirchengutes zu verzichten. Von nachhaltiger Wirkung war vor allem eine nun einsetzende Ketzerverfolgung, der sich viele durch Flucht ins Exil entzogen, in deren Verlauf aber auch ca. 280 Protestanten als Ketzer verbrannt wurden. Diese Zahl war im Zeitalter religiöser Verfolgungen relativ gering, und als prominente Vertreter des neuen Glaubens endeten lediglich die Bischöfe Thomas Cramner, Nicholas Ridley und Hugh Latimer auf dem Scheiterhaufen, die meisten übrigen Opfer waren Angehörige des einfachen Volkes. Deren Martyrium nahm allerdings schon bald der Geistliche John Foxe zum Anlass, in seinen *Actes and Monuments* die Katholiken als die „persecutors of God's truth" anzuprangern. Da dieses *Book of Martyrs* ungemein populär und im folgenden Jahrhundert in England fast ebenso verbreitet wie die Bibel war, trug es später wesentlich zur Ausbildung des für die englische politische Kultur so essenziellen Antikatholizismus bei, der sich immer wieder auf die kurze Regierungszeit der *Bloody Mary* bezog.

Über die dauerhaften Erfolgschancen der Gegenreformation Marias lässt sich nur spekulieren. Immerhin stieß ihre Nachfolgerin, Elisabeth I., auf nachhaltigeren Widerstand als einst ihr Vater, als sie daran ging, nach ihrer Thronbesteigung 1558 abermals eine reformierte englische Staatskirche einzurichten. Es bedurfte der Auswechselung der meisten Bischöfe sowie vorsichtigen Taktierens gegenüber dem Parlament, um endlich eine dauerhafte Kompromisslösung in der religiösen Frage zu erreichen. Die Rechtsgrundlage der Elisabethanischen Religionsregelung bildeten die Supremats- und die Uniformitätsakte des Jahres 1559, die die Königin als *supreme governor* der anglikanischen Kirche anerkannten und – in abgemilderter Form – das zweite Gebetbuch Eduards VI. wieder als verbindliche Grundlage der Liturgie einführten. Zusammen mit den 39 Religionsartikeln, welche die Konvokation des englischen Klerus 1563 verabschiedete, suchte man schließlich den Mittelweg des Kompromisses zwischen radikalem Protestantismus und Katholizismus einzuschlagen. So verzichtete man auf provozierende antirömische Formulierungen und bemühte sich durch eine weitgefasste Kommunionsformel sowohl die lutherische als auch die zwinglianische Abendmahlsauffassung zuzulassen. Die Königin dämpfte nun in vielem den missionarischen Eifer derjenigen, die als entschiedene Protestanten aus dem marianischen Exil zurückgekehrt waren und jetzt hohe Kirchenämter bekleideten. Sie verfolgte mit Bedacht eine Politik des Ausgleichs, in der bewusst unscharf gehaltene Dogmen die Basis für einen möglichst weit reichenden Kon-

Elisabethanische Religionsregelung

sens liefern konnten, um sowohl Anhänger des alten Glaubens als auch radikale Protestanten in der nationalen Kirche zu vereinen.

Zugleich aber wurde erst unter Elisabeth der neue Glaube in großem Umfang als herrschende Lehre durchgesetzt und der Protestantismus zur allgemeinen Volksreligion. Abgesehen von der Kirchentrennung als Akt der Staatsraison war die englische Reformation ein langwieriger und komplexer Prozess: nicht der Ausdruck einer allgemeinen religiösen Krise, artikuliert durch eine machtvolle Volksbewegung, sondern vielmehr das Ergebnis von politischen und theologischen Entscheidungen im Bereich der politischen Nation; eine Reformation von oben eher als eine Reformation von unten. Die große Masse der Bevölkerung war von den mehrfachen Kurswechseln der staatlichen Kirchenpolitik relativ unberührt geblieben, vor allem in den ländlichen Gebieten. Das Gleiche galt für die überwiegende Mehrheit der Vertreter des niederen Klerus, der, weitgehend unzureichend theologisch gebildet, teils apathisch, teils verstört zumindest äußere Konformität mit der jeweils herrschenden Lehre demonstrierte. Nach Herstellung der offiziellen Glaubenseinheit 1559 stellte sich der protestantischen Elite in der anglikanischen Kirche daher die Aufgabe, das Volk in großem Umfang im Sinne der neuen Lehre zu missionieren.

Reformation langwieriger und komplexer Prozess

Voraussetzung hierfür war eine gründliche Reform des Klerus. Es gab zu wenig Geistliche für die ca. 9000 Gemeinden im Lande, wobei die häufigen Religionswechsel zu einem zusätzlichen Rückgang der Priesterordinationen geführt hatten. Darüber hinaus waren die meisten mangelhaft ausgebildet und kaum im Stande, im Sinne des Protestantismus die Predigt in den Mittelpunkt ihres Gottesdienstes zu stellen. Schließlich befanden sich die meisten Pfarrstellen im Eigentum von Laien, welche die Pfründen zweckentfremdeten und die von ihnen eingesetzten Geistlichen nur mit einem Hungerlohn versahen. Im Verlauf der Regierungszeit Elisabeths I. wurden nun in diesem Bereich deutliche Fortschritte erzielt. Damit änderte sich vor allem das soziale Profil des Klerus, der sich jetzt in zunehmendem Maße aus Kreisen der *gentry* und des Bürgertums rekrutierte und eine komplette akademische Ausbildung genoss. Dadurch verstärkte sich das missionarische Potenzial der Kirche, die in den späten 1580er Jahren, d. h. eine Generation nach der letzten staatlich angeordneten Reform, doch in weiten Teilen des Landes den neuen Glauben als nunmehr herrschende Lehre etabliert hatte.

Reform des Klerus

Dennoch blieb die elisabethanische Kirche Anfechtungen von außen und von innen ausgesetzt. Im Mittelpunkt stand dabei die Auseinandersetzung mit dem Katholizismus. Anfangs war die Politik der Regierung hier auf Ausgleich bedacht. Katholische Laien blieben bei privaten Andachten nach überliefertem Ritus unbehelligt, solange sie nicht die anglikanische Ordnung öffentlich in Frage stellten. Die Situation änderte sich jedoch, als Maria Stuart 1568 nach England floh und als katholische Alternative zur protestantischen Herrscherin das Zentrum für katholische Loyalitäten in England bildete. Zugleich exkommunizierte

Auseinandersetzung mit dem Katholizismus

Papst Pius V. Elisabeth 1570 mit der Bulle *Regnans in Excelsis*, erklärte sie für abgesetzt und forderte die Fürsten Europas zum Kreuzzug gegen England auf. Nun galt es gegen eine aggressive Politik der Gegenreformation Position zu beziehen, wie sie nicht nur in den zahlreichen Verschwörungen gegen die Königin sowie in dem Missionseifer von mehr als 400 katholischen Priestern und Jesuiten, die seit 1574 heimlich auf die Insel übergesetzt waren, ihren Ausdruck fand, sondern schließlich auch in dem Krieg Philipps II. von Spanien gegen England. Nachdem es schon seit 1563 als Hochverrat galt, irgendeine andere weltliche oder geistliche Autorität neben dem einheimischen Herrscher anzuerkennen, ergingen weitere Strafgesetze gegen die Katholiken. Nun wurden z. B. katholische Priester bzw. Missionare automatisch zu Hochverrätern erklärt. Die Strafen für das Fernbleiben vom anglikanischen Gottesdienst wurden verschärft, die Bewegungsfreiheit von Katholiken eingeschränkt und zwischen 1570 und 1603 insgesamt 189 Anhänger des alten Glaubens hingerichtet. Im Laufe der Zeit bewirkte diese Politik der religiösen Verfolgung einen deutlichen Rückgang des katholischen Anteils der Bevölkerung. Der Rest wurde mehr oder weniger in den Untergrund gedrängt, bis auf jene Mitglieder des Adels, die – ungeachtet ihres Glaubens – demonstrativ loyal zur Krone standen. Zwar wurden die antikatholischen Strafgesetze keineswegs durchgehend bzw. konsequent angewandt, aber sie waren dennoch Ausdruck einer offiziellen nationalen politischen Kultur, die sich vor allem in der kämpferischen Auseinandersetzung mit dem Katholizismus als *antipapistisch* definierte.

Puritanismus

Bedrohte der Katholizismus die elisabethanische Kirche von außen, so hatte diese sich gleichzeitig mit der innerkirchlichen Reformbewegung des Puritanismus auseinander zu setzen. Vor allem jene, die unter Maria ins Exil gegangen waren und auf dem Kontinent das strenge calvinistische Regiment in reiner Form kennen gelernt hatten, wandten sich später gegen den Kompromisscharakter der elisabethanischen Kirche. Sie forderten, die Kirche von allen katholischen Relikten zu reinigen, wie sie besonders in überflüssigem Pomp und leeren Riten zum Ausdruck kamen. Ihr Ziel war die konsequente Umsetzung eines strikten Calvinismus, der das Gewissen des Individuums ins Zentrum des religiösen Lebens stellt und dementsprechend eine Form des Gottesdienstes fordert, bei der die rituellen Elemente wie Gebet und Abendmahl gegenüber der Predigt in den Hintergrund treten. Darüber hinaus drängten die Puritaner auf eine rigorose Reform der allgemeinen Moral, vor allem darauf, künftig den Sonntag von allen weltlichen Vergnügungen freizuhalten und ganz dem Gottesdienst und der inneren Einkehr im Gebet zu widmen. Einige verlangten die Abschaffung des Bischofssystems und die Einführung einer Synodalverfassung nach Genfer Muster und andere, die kleine Minorität der Separatisten, lehnten um der Selbstständigkeit der Gemeinden willen jede Form der nationalen Kirche ab. Da sie mit dergleichen Forderungen die Einheit der Staatskirche in Frage stellten, wurden die radikaleren Puritaner seit den 1580er Jahren verfolgt und unterdrückt. Doch die gemäßigten Formen des Puritanismus blieben als innerkirchliche Bewegung erhalten und weiterhin wirkungsmächtig.

Religionskriege

Die Halbheiten und Kompromisslösungen des elisabethanischen Kichensystems hatten wesentlich dazu beigetragen, dass England im 16. Jahrhundert, der Epoche der Religionskriege in den europäischen Staaten, von eben einem solchen Religionskrieg verschont blieb. Es sollte diesen jedoch mit einer gewissen Verspätung nachholen, denn Bürgerkrieg und Revolution des 17. Jahrhunderts waren weitgehend von religiösen Ursachen und Zielsetzungen mitbestimmt. Als besonders folgenschwer erwies es sich, dass die Reformation in England, Schottland und Irland zu unterschiedlichen Ergebnissen geführt hatte, gleichzeitig aber die drei Länder unter einer Krone vereint waren. 1541 hatte Heinrich VIII. den Titel eines Königs von Irland angenommen und obwohl es seiner Tochter Elisabeth gelang, in langwierigen Kämpfen die Insel politisch zu unterwerfen, scheiterten alle Bemühungen, auch der Reformation in Irland Geltung zu verschaffen. Die Iren blieben katholisch, die latente Gefahr blieb bestehen, dass ihre Insel der Gegenreformation als strategischer Brückenkopf dienen würde. Und so waren der irische Aufstand 1641 sowie dessen blutige Niederwerfung durch Cromwell Höhepunkte eines lang andauernden, erbittert geführten Religionskrieges. In Schottland hingegen war die Reformation konsequenter durchgeführt worden als in England. 1560 wurden die päpstliche Autorität und Gerichtsbarkeit durch Beschluss des schottischen Parlaments abgeschafft und die Messe verboten. Wesentlich unter dem Einfluss des radikalen Reformators John Knox prägten Grundsätze des entschiedenen Calvinismus Glaubenslehre und Verfassung der schottischen Kirche. Nachdem 1603 Schottland und England in Personalunion vereint waren und Karl I. 1637 daran ging, im Sinne religiöser Konformität auch für die schottische Kirche das anglikanische Gebetbuch einzuführen, provozierte dies den Widerstand der Schotten. Sie bevorzugten zudem bereits mehrheitlich eine presbyterianische Synodalverfassung mit einer strikten Trennung von Kirche und weltlicher Politik anstatt des in die Monarchie integrierten Bischofssystems. Und so schlossen 1638 schottische Presbyterianer und schottische Aristokraten einen Trutzbund, den sog. *Covenant*, in dem sie sich zur Verteidigung ihrer Religions- und Kirchenverfassung als Wesensmerkmal ihrer nationalen Identität zusammenschlossen. Die beiden nun folgenden Kriege gegen Karl I., die anschließende Allianz mit der Parlamentspartei im englischen Bürgerkrieg wie schließlich Kampf und Niederlage gegen Cromwells Heer standen für die Schotten ganz im Zeichen eines Religionskrieges für die Bewahrung und Ausbreitung des Presbyterianismus.

Kirchenpolitik Karls I.

Aber auch Bürgerkrieg und Revolution in England selbst waren in ihren Ursachen und ihrem Verlauf wesentlich durch religiöse Faktoren mitbestimmt. Ausschlaggebend war auch hier die Kirchenpolitik Karls I.und seines Erzbischofs William Laud. Ihr Ziel war die konsequente Zurückdrängung puritanischer Tendenzen, d. h. die Stärkung der kirchlichen Hierarchie und im Rahmen des

Gottesdienstes die Aufwertung der Sakramente und des liturgischen Zeremoniells gegenüber der Predigt. Gleichzeitig waren Tendenzen zur Aufweichung der strengen calvinistischen Lehre unübersehbar, indem der in Holland entwickelte sog. *Arminianismus*, der die starre Prädestinationslehre ablehnte und den Gnadenmitteln der Kirche wieder eine aktive Rolle für die Erlösung des Individuums zuerkannte, in der anglikanischen Geistlichkeit schon bald eine dominierende Position gewann. In den Augen vieler gläubiger Zeitgenossen rückten diese Tendenzen die Staatskirche in verdächtige Nähe zum Katholizismus, zumal Katholiken gleichzeitig bei Hofe zunehmend an Einfluss gewannen. Die stets offen oder latent vorhandenen antipapistischen Ressentiments erhielten neue Nahrung, so dass schon bald politisch und religiös motivierter Widerstand im gemeinsamen Kampf gegen den König verschmolzen. Ohnehin waren absolutistische Tyrannis und papistische Gegenreformation für den protestantischen Engländer identische Größen.

Puritanische Revolution

Neben die Defensive trat jedoch die Offensive der entschiedenen Puritaner; „it was principally those who also believed in the necessity of a second Reformation who determined to fight" [293: J. Morrill, 39]; die Revolution war in erster Linie puritanische Revolution. Das bedeutet nicht, dass der Puritanismus bestimmte revolutionäre politische Überzeugungen impliziert und so eine direkte Linie zur politischen Revolution führt, wohl aber, dass in bestimmten Konstellationen eine puritanische Grunddisposition die Bereitschaft zum politischen Widerstand stärkt bzw. diesen legitimiert. Denn dadurch, dass die calvinistische Prädestinationslehre den Einzelnen in unmittelbare Beziehung zu seinem Gott setzt und damit das Gewissen des Individuums zur zentralen Kontrollinstanz erhebt, kann dieser Glaube im politischen Bereich dazu beitragen, überlieferte Autoritäten selbstgewiss in Frage zu stellen. Und wenn sich gleichzeitig gewisse puritanische Richtungen aufgefordert sahen, in einer Welt zu wirken, deren Ende unmittelbar bevorzustehen schien, war der Übergang von religiösem Fanatismus zu politischem Aktivismus oft fließend. Die Puritaner erscheinen so als Vorläufer des klassischen Typs des Revolutionärs, der aus fest gefügten Wertvorstellungen und Feindbildern heraus mit den Mitteln der politischen Kontrolle und Disziplinierung kompromisslos seine Ziele verfolgt. Schließlich konnten in einer Welt, in der das Gottesgnadentum der Monarchie allgemein akzeptiertes politisches Grundaxiom war, in erster Linie jene einen König hinrichten, die zugleich überzeugt waren, damit ihrerseits ein Gottesurteil zu vollstrecken.

Reorganisation des Kirchensystems

Der Kampf der Parlamentspartei und der Schotten gegen die anglikanische Staatskirche beinhaltete allerdings keine gemeinsame Zielsetzung bezüglich der Reorganisation des Kirchensystems. Seit 1643 tagte zu Westminster eine Versammlung von 120 Geistlichen, 30 Vertretern des Parlaments sowie acht schottischen Abgesandten mit dem Ziel, eine neue Kirchenverfassung auszuarbeiten – zunächst ohne konkrete Ergebnisse. Auf der einen Seite strebte eine puritanische Mehrheit unter schottischem Einfluss die Einrichtung einer für ganz

England verbindlichen presbyterianischen Synodalverfassung ohne staatliche Kontrolle an, auf der anderen Seite war das Parlament nicht bereit, seine während der Reformation errungene Schlüsselposition in kirchlichen Belangen aufzugeben. Schließlich focht eine radikale Minderheit von sog. Independenten für die Unabhängigkeit der einzelnen Gemeinden von jeglicher übergeordneter kirchlicher oder weltlicher Gewalt. Sie fanden Rückhalt bei zahlreichen freikirchlichen Gemeinden, die sich nach dem Zusammenbruch des anglikanischen Systems gebildet hatten, und wurden zudem von den wachsenden separatistischen Strömungen in der Armee unterstützt. Wenn daher im Juni 1646 die Versammlung zu Westminster die Einrichtung eines zumindest teilweise vom Staat kontrollierten presbyterianischen Systems für England beschloss, so bedeutete dies in erster Linie die Abschaffung der Bischöfe, blieb aber sonst für die Praxis weitgehend ohne Folgen. Folgenschwerer war hingegen der Widerruf der elisabethanischen Kirchengesetze durch das Rumpfparlament im September 1650. Damit waren jegliche religiöse Konformität und aller Kirchzwang aufgehoben. Unter Oliver Cromwell wurde schließlich weitgehende Toleranz für nahezu sämtliche protestantische Richtungen gesetzlich verankert und in der Praxis konnten sogar Katholiken nahezu unbehelligt ihren Glauben ausüben. Auch wurde jetzt wieder die Einwanderung von Juden geduldet, nachdem diese 1290 des Landes verwiesen worden waren.

Folgen der Toleranz

Im Bereich der Religions- und Kirchenpolitik hatte mit dem förmlichen Verzicht auf den staatspolitischen Grundsatz der religiösen Konformität eine echte Revolution stattgefunden. Und obwohl die orthodoxen Puritaner nicht müde wurden, vor den gefährlichen Folgen der Toleranz zu warnen, wuchs die Zahl der Sekten und der religiösen Exzentriker. Neben Baptisten und Quäkern entstanden die Vereinigungen der *Seekers* und *Ranters* und im sog. *Barebones Parliament* verband sich der elitäre puritanische Chiliasmus der *Fifth Monarchy Men* mit einem sozialrevolutionären Programm, so dass sich Cromwell schließlich veranlasst sah, dieses Parlament 1653 aufzulösen und sein Protektorat einzurichten.

Gegenrevolution im Bereich der Religion

Der Radikalität der Revolution im Bereich der Religion entsprechend fand hier nach 1660 eine Restauration statt, die in ihrer Durchführung streckenweise einer Gegenrevolution vergleichbar war. Dabei war die Politik Karls II. auf diesem Feld, wie auch sonst, auf Ausgleich bedacht. Einerseits stimmte er zwar mit allen maßgeblichen politischen Kräften darin überein, dass die Staatskirche restauriert werden sollte. Zugleich wollte er aber den dissentierenden Lehren ein ausreichendes Maß an Gewissensfreiheit eingeräumt sehen, nicht nur weil er persönlich dem Katholizismus zuneigte, sondern auch um die Loyalität zahlreicher Puritaner gegenüber der wieder hergestellten Monarchie zu honorieren. Dementsprechend hatte er 1660, noch bevor er nach England übersetzte, in der *Deklaration von Breda* „liberty to tender consciences" zugesichert. Dem stand als Resultat der politischen Revolution entgegen, dass auch nach 1660 das Parlament stark genug war, seine kirchenpolitischen Ziele gegenüber dem Monarchen durchzusetzen. Hier bildeten die Vertreter jener anglikanischen *gentry* die Mehrheit, die im Verlauf der Revolution in den Provinzen weitgehend ihre Führungsposition eingebüßt hatten. In der Wiederherstellung der anglikanischen Staatskirche in ihrer alten Form sahen sie den Eckpfeiler der Wiederherstellung der alten Ordnung überhaupt.

Clarendon Code

Zu diesem Zweck verabschiedete das Parlament zwischen 1662 und 1665 ein ganzes Bündel religionspolitischer Gesetze, den sog. *Clarendon Code* (fälschlicherweise nach dem leitenden Minister jener Jahre so benannt) als eindeutige Absage an jede Form der Politik der Toleranz. Zunächst wurde in der *Act of Uniformity* 1662 die Bischofsverfassung wieder hergestellt und eine Neufassung des *Prayer Book* zur verbindlichen Norm erhoben, das mit den alten 39 Artikeln im Anhang die elisabethanische Religionsordnung wiederherstellte. Die *Conventicle Act* stellte 1664 alle nicht-anglikanischen religiösen Versammlungen unter Strafe und die *Five Mile Act* (1665) verbannte puritanische Geistliche aus den Städten. Insgesamt fielen der hier angeordneten Säuberung des Klerus ca. 2 000 puritanische Pfarrer und Prediger zum Opfer, andere passten sich den veränderten Umständen zumindest äußerlich an, und in der Praxis ließen sich die Verbote nonkonformistischer Gottesdienste allenfalls sporadisch durchsetzen. Langfristige Folgen zeitigte vor allem die bereits 1661 erlassene *Corporation Act*, die all jene von Ämtern der kommunalen Selbstverwaltung ausschloss, welche sich nicht offen zum anglikanischen Ritus bekannten. 1673 bekräftigte die *Test Act* diese Politik, indem sie diesen *Test* von sämtlichen Amtsträgern der Krone wie auch von Parlamentsabgeordneten verlangte. Wenn auch mit solchen Gesetzen die religiöse Spaltung des englischen Protestantismus in Anhänger der Staatskirche und sog. Dissenters nicht rückgängig gemacht wurde, so stellten sie immerhin konfessionelle Konformität im Bereich der politischen Nation her. Wer ein Amt ausüben wollte, musste sich offen zur anglikanischen Kirche bekennen, wer ihr nicht angehörte, blieb fortan Bürger zweiter Klasse. Gleichzeitig wurde dadurch, dass der religiöse Dissens vor allem im Bereich der gewerblichen Mittelklasse überlebte, die Konfession zum Klassenmerkmal.

An dieser Politik der Ausgrenzung religiöser Minoritäten scheiterten wiederholte Versuche der Krone, gegen den Willen des Parlaments sowohl Dissentern als auch Katholiken ein gewisses Maß an Glaubensfreiheit zuzusichern. Die sog. *Indulgenzerklärungen* Karls II. trafen sowohl 1662 als auch 1672 auf den Widerstand des von der anglikanischen *gentry* dominierten Unterhauses, und schließlich trug die Religionspolitik Jakobs II. ebenso wie die seines Vaters 50 Jahre zuvor maßgeblich zu dessen Sturz bei.

Religiöse Ursachen der Glorreichen Revolution

Die religiösen Ursachen der Glorreichen Revolution sind unübersehbar. Als der König am 14. April 1688 erneut allgemeine Religionsfreiheit verkündete, lieferte dies auch für königstreue anglikanische Konservative den Anstoß, den Holländer Wilhelm von Oranien aufzufordern, zum Schutz der überlieferten staatlichen und kirchlichen Ordnung Englands Krone zu beanspruchen. Symptomatisch für diesen Widerstand war der Freispruch von sieben Bischöfen, die sich 1688 geweigert hatten, die Indulgenzerklärung des Königs von den Kanzeln zu verlesen und denen deswegen der Prozess gemacht wurde. Während allerdings 50 Jahre zuvor eine vorwiegend puritanische *gentry* gegen eine königliche Politik opponierte hatte, welche das Monopol der anglikanischen Staatskirche sichern wollte, machte nun eine vorwiegend anglikanische *gentry* Front gegen einen Monarchen, der eben dieses Monopol in Frage stellte.

Toleration Act

Dennoch war das religionspolitische Ergebnis der Revolution von 1688 die *Toleration Act* des Jahres 1689. Obwohl damit keine umfassende Toleranz wie etwa unter Cromwell verkündet wurde, setzte dieses Statut immerhin die gegen die Dissenters gerichteten Strafgesetze weitgehend außer Kraft. Auch jenen Protestanten, die nicht dem anglikanischen Ritus folgten, war damit künftig freie Religionsausübung zugesichert. Waren bislang die Dissenters eine verfolgte und bestenfalls stillschweigend geduldete Minderheit gewesen, so wurde nun ihr religiöser Status anerkannt, auch wenn sie weiterhin politisch gesehen Bürger minderen Rechts blieben. Die Anglikaner honorierten damit das Verhalten der Dissenters, die Jakob II. trotz weit reichender Zusicherungen die politische Gefolgschaft verweigert hatten. Das Zeitalter der religiösen Verfolgung war damit zumindest innerhalb des protestantischen Lagers offiziell beendet, gleichzeitig allerdings das hier existente Schisma rechtskräftig bestätigt worden.

Dissenters

Wenn die Dissenters vor allem in den frühen achtziger Jahren des 17. Jahrhunderts durch konsequente Anwendung des *Clarendon Code* spürbar dezimiert worden waren, so wuchs ihre Zahl in Folge der Glorreichen Revolution auf mehr als 300 000 (d. h. ca. 5% der Bevölkerung) nach 1700. Dies war auch ein Indiz dafür, in welch hohem Maße noch im frühen 18. Jahrhundert die Religion das private wie auch öffentliche Leben bestimmte. Auch jetzt erreichte die Zahl der religiösen Traktate fast die der Revolutionsära. Dabei war der überproportionale Einfluss, den die Dissenters auf die Entwicklung der englischen Gesellschaft ausübten, vor allem darauf zurückzuführen, dass sie in den Städten bzw. schon bald in den Zentren der Industriellen Revolution konzentriert waren. Da sie von den beiden Universitäten des Landes ausgeschlossen blieben, richteten sie hier eigene Akademien und Schulen ein, die sich im Laufe der Zeit rascher den neuen pragmatischen Wissenschaften öffneten als die klassischen Bildungsinstitutionen. Politisch waren sie eng mit den Whigs assoziiert, die immer dann politisch aktiv wurden, wenn die Tories alte Praktiken der religiösen Verfolgung neu zu beleben suchten, wie durch die *Schism Act* (1714), die nichtanglikanische Schulen verbot, und die *Occasional Conformity Act* (1711), welche Dissenters und Katholiken daran hindern sollte, die Bestimmungen der *Corporation Act* und der *Test Act* zu umgehen. Beide Gesetze hob die Whig-Regierung 1719 auf.

Doch auch die anglikanische Staatskirche blieb nicht frei von inneren Spannungen, als sich nach dem Übergang der Krone auf Wilhelm III. und Maria ca. 400 Geistliche, an ihrer Spitze William Sancroft, der Erzbischof von Canterbury, weigerten, den Eid auf die neuen Herrscher abzulegen. Dabei beriefen sich diese sog. *non-jurors* auf das Gottesgnadentum der Monarchie, begründeten von daher ihre Loyalität zum alten Herrscherhaus der Stuarts und versuchten, wenn auch mit geringem Erfolg, ihre reine Lehre in einer eigenen Kirche aufrechtzuerhalten. Es handelte sich um prominente Vertreter der sog. *High Church* innerhalb des Anglikanismus, die, in einer letztlich über die Reformation zurückreichenden Kontinuität stehend, eine Position vertraten, derzufolge es die unbestreitbare Autorität einer hierarchisch gegliederten Kirche und ihrer Sakramente gegenüber allen Versuchen staatlicher Einflussnahme zu verteidigen galt. Doch vor allem ihre Nähe zu den exilierten katholischen Stuarts machte sie politisch suspekt und drängte sie weitgehend ins gesellschaftliche Abseits. Und so prägten nach der Glorreichen Revolution vorwiegend die Anschauungen der sog. *Latitudinarians* das geistige Profil der englischen Staatskirche, wo Männer wie John Tillotson, Erzbischof von Canterbury 1691–94, durchaus beeinflusst von der Skepsis eines aufgeklärten Rationalismus, bereit waren, für die Durchsetzung weitgehender religiöser Toleranz einzutreten.

High Church

Latitudinarians

Doch auch wenn, besonders zu Beginn des 18. Jahrhunderts, weiterhin Fragen des Glaubens politisch relevant blieben, wie zahlreiche religiöse Kontroversen bezeugen, so büßten dennoch aufs Ganze gesehen auch in England Religion und Kirche im Zeitalter des Rationalismus und der Aufklärung an politischem und gesellschaftlichem Gewicht wie an existenzieller Bedeutung ein. Dieser Trend wurde noch durch den Umstand verstärkt, dass die anglikanische Staatskirche einerseits in ihrer Position im Staate unangefochten war, andererseits jedoch die im 18. Jahrhundert politisch tonangebenden Whigs der anglikanischen Doktrin distanziert gegenüberstanden und somit eine zunehmend weltliche Ausrichtung der Kirche förderten. Alte Missstände lebten nicht nur vereinzelt wieder auf, die Geistlichkeit sah sich vielerorts außer Stande, ihren Pflichten nachzukommen, und als Institution war die Kirche nicht in der Lage, mit den rapiden Veränderungen des Zeitalters der Industriellen Revolution Schritt zu halten. Besonders die neue Arbeiterklasse in den neuen Städten blieb praktisch außerhalb des Einflussbereichs der Kirche. Gegen diese allgemeinen Tendenzen kam es um die Jahrhundertmitte allerdings zur Ausbildung einer neuen Religiosität, wie sie besonders im Methodismus ihren Ausdruck fand. Dessen Begründer, der Prediger John Wesley, verkündete keine neue Lehre, sondern betonte, dass der Glaube wieder in der intensiven individuellen Erfahrung der Erlösung durch den Opfertod Christi, d. h. in dem Erlebnis der persönlichen Bekehrung wurzeln müsse. Im Unterschied zur Prädestinationslehre der strengen calvinstischen Dissenter hob Wesley hervor, dass Jesus für alle gestorben sei, d. h. jedem der Weg zum Heil offen stehe. Im Laufe von mehr als 50 Jahren verkündete er seine Botschaft in

Methodismus

40 000 Predigten, meistens in großen Versammlungen auf freiem Felde, und legte dazu jedes Jahr mehr als 7 000 Kilometer zu Pferde zurück. Wesley wurde so zum Missionar des industrialisierten England. Obwohl er niemals den Bruch mit der Staatskirche intendierte, führte der Aufbau einer eigenen Organisation, die zentrale Rolle, die Laien in seiner Erweckungsbewegung spielten, sowie die Tatsache, dass wieder religiöser Enthusiasmus an die Stelle rational argumentierender Theologie gesetzt wurde, dazu, dass nach seinem Tod 1791 die Methodisten als selbstständige Religionsgemeinschaft existierten, die 1820 über 200 000 aktive Mitglieder und ein Vielfaches von Anhängern verfügte. Diese rekrutierten sich zunächst vorwiegend aus der Arbeiterklasse, später, im 19. Jahrhundert, waren es vor allem Angehörige des neuen Mittelstandes. Die politischen Auswirkungen dieser letzten großen religiösen Massenbewegung in England sind dabei durchaus zwiespältig. Zum einen haben eine bewusst unpolitische Heilslehre und die konservativ-autoritäre Organisationsstruktur der neuen Kirche offenkundig vor dem Hintergrund sozialer Spannungen systemstabilisierend gewirkt. Zum anderen lieferten neue Formen der Massenpredigt jedoch Modelle für politische Formen der Massenagitation und zugleich konnten die Gemeinden der Methodisten, in denen Mitglieder der qualifizierten Arbeiterschaft organisiert waren, als Zellen künftiger Gewerkschafts- und Arbeiterbewegungen dienen.

Evangelikanismus

Während der Methodismus sich besonders in jenen Bereichen entfaltete, welche das überlieferte System der Staatskirche offen gelassen hatte, erfasste eine zweite als Evangelikanismus bezeichnete Welle der Erweckungsbewegung zumindest partiell auch den etablierten Anglikanismus. Die sog. *Clapham Sect* vereinte eine kleine Gruppe wohlhabender, gebildeter und politisch einflussreicher Personen mit dem Ziel, angesichts der gegenwärtigen Krisensituation eine allgemeine grundlegende moralische Erneuerung auf der Basis eines regenerierten protestantischen Glaubens anzustreben. Dabei sollten die im Rampenlicht der Öffentlichkeit stehenden Repräsentanten der sozialen Elite mit gutem Beispiel vorangehen. Mit Erfolg setzte die evangelikalische Erweckungsbewegung neue Standards für die öffentliche Moral, die das vorwegnahmen, was später als Viktorianismus bezeichnet wurde. Ausdrücklich wurde damit das Ziel einer allgemeinen sozialen Disziplinierung verbunden, denn angesichts drohender Auswirkungen der Französischen Revolution stellte Arthur Young lakonisch fest: „The true Christian will never be a leveller, will never listen to French politics or to French philosophy. He who worships God in spirit and in truth will love the government..." [118: E. Evans, Bd. V, 49]. Zugleich bemühte man sich, christlich-humanitäre Forderungen in die Praxis umzusetzen, wie besonders in der von William Wilberforce organisierten Kampagne zur Abschaffung des Sklavenhandels (1807) und der Sklaverei (1833), wobei mit Erfolg außerparlamentarische Aktionen großen Umfangs als Mittel der Politik eingesetzt wurden. Darüber hinaus lieferte die evangelikalische Bewegung den Anstoß für eine ganze Reihe von Gesetzen zur Humanisierung des Strafvollzuges, zur

Abfassung erster Bestimmungen für den Tierschutz und vor allem für die Anfänge der Sozialgesetzgebung. Und schließlich förderte man eine Missionsbewegung, die parallel zur Expansion des Empire in alle Welt ausgriff.

Gleichzeitig belebte die neue Religiosität alten Konfliktstoff. So z. B., als 1780 mit den sog. *Gordon Riots* der Versuch, die antikatholischen Gesetze zu mildern, zu politischem Protest mit tumultuarischen Ausschreitungen bislang ungekannten Ausmaßes führte. Doch es waren gerade solche wieder aufflammenden Gegensätze, die schließlich zur Herstellung der vollen religiösen Gleichberechtigung und damit auch zur Katholikenemanzipation führten. Als sich die Union mit Irland unter gleichzeitiger Beharrung auf dem politischen Monopol der anglikanischen Staatskirche in einem überwiegend katholischen Land offenkundig nicht länger aufrechterhalten ließ, setzte die konservative Regierung Wellington 1829 gegen starke Opposition in der eigenen Partei und einen bis zuletzt widerstrebenden König die politische Gleichberechtigung der Katholiken durch. Diese konnten nun ins Parlament gewählt werden und, von wenigen Ausnahmen abgesehen, sämtliche Ämter bekleiden. Bereits ein Jahr zuvor war den protestantischen Dissenters Ähnliches zugebilligt worden. Obwohl die protestantische Erbfolge für die Monarchie weiterhin gesetzlich verankert blieb, war damit die Einheit von Staat und Kirche de facto aufgehoben und Großbritannien hörte auf, eine protestantische Nation zu sein.

Emanzipation der Katholiken

Doch ähnlich wie im ausgehenden 17. Jahrhundert provozierte die fortschreitende Säkularisierung der staatlich-politischen Sphäre einerseits, wie andererseits der religiöse Enthusiasmus der evangelikalischen Bewegung, eine Gegenreaktion, in der die alte Position der *High Church* neu belebt wurde: das sog. *Oxford-Movement*. Prominente Theologen der Universität Oxford wie John Henry Newman und Dr. Pusey verwiesen seit 1833 in ihren *Tracts of the Time* auf die unverminderte Bedeutung der Kirche als Organisation göttlichen Ursprungs, deren Position und Tradition es unter allen Umständen zu wahren gelte. Dies führte erneut zu heftigen theologischen Kontroversen, die über die Grenzen gelehrter Debatten hinaus auf Resonanz stießen, zumal Newman 1845 zum Katholizismus konvertierte.

Oxford-Movement

Dennoch reduzierte sich im Verlauf des 19. Jahrhunderts im politischen Bereich die Position des Anglikanismus auf eine enge Allianz mit der Konservativen Partei. Für den Gesamtstaat galt fortan, dass hier nun eine Vielfalt von kirchlichen Organisationen die religiöse Szene bestimmte: Während die anglikanische Kirche mit ihrer Bischofsverfassung offiziell weiterhin englische Staatskirche ist, besteht neben ihr die presbyterianische Kirche, die in Schottland die entsprechende Position einnimmt. Daneben existieren die verschiedenen freikirchlichen protestantischen Denominationen wie Methodisten, Baptisten und Kongregationalisten. Nach der Emanzipation hat die römisch-katholische Kirche in England einen spürbaren Aufschwung erfahren, so dass seit der zweiten Hälfte des 20. Jahrhunderts die Zahl ihrer Gemeindemitglieder die Zahl der prak-

Vielfalt von kirchlichen Organisationen

tizierenden Anglikaner deutlich übertrifft – für einen Staat, der zu Beginn der Neuzeit seine raison aus seiner Gegnerschaft zu Rom ableitete, eine bemerkenswerte Entwicklung.

4. Grossbritannien und Europa

Im Kontext staatlicher Außenpolitik wirken stets auch bestimmte geopolitische Konstanten, selbstverständlich von unterschiedlicher Relevanz in unterschiedlichen geographischen und historischen Konstellationen. Setzt man diese nun zum obersten Ziel aller Politik in Verbindung, das notwendig in der Sicherung der Existenz des jeweiligen Staates besteht, so lassen sich daraus bestimmte konkrete Aufgabenstellungen formulieren, welche, Leitmotiven vergleichbar, immer wieder die Außenpolitik bestimmen und diese langfristig strukturieren. Dies galt und gilt in besonderem Maße für den Inselstaat England. Dabei war es allerdings zunächst Voraussetzung, dass Staat und Insel zur Deckung gebracht wurden, dass die geographischen mit den politischen Grenzlinien übereinstimmten, dass Großbritannien an die Stelle Englands trat. Denn im Mittelalter erstreckte sich der Herrschaftsbereich der englischen Könige über lange Zeit hin auch auf weite Gebiete des heutigen Frankreich, während andererseits Wales, Schottland und Irland als selbstständige politische Größen sich immer wieder – wenn auch mit unterschiedlichem und wechselndem Erfolg – gegen die expansionistischen Bestrebungen Englands zur Wehr setzten. In dem Maße, wie in der Außenpolitik zur Sicherung eigener Herrschaft bzw. des eigenen Staates oftmals ein nahtloser Übergang von der Defensive in die Offensive stattfindet, war der englischen Politik spätestens mit der Ausbildung des frühneuzeitlichen Staates die Herstellung der Einheit des Inselreiches als politisches Ziel vorgegeben. Die entscheidende Voraussetzung hierfür lieferte die Niederlage Englands im Hundertjährigen Krieg gegen Frankreich, mit der es bis auf den Hafen Calais seine gesamten territorialen Besitzungen auf dem Kontinent einbüßte, sich damit notgedrungen auf die Insel zurückzog und von daher seine politischen Ziele erneut formulieren musste.

Politisches Ziel: Einheit des Inselreiches

In Bezug auf Wales waren hier bereits im Mittelalter vollendete Tatsachen geschaffen worden. 1284 hatte Eduard I. nach erfolgreichem Feldzug das Fürstentum der englischen Krone einverleibt und dann seinen ältesten Sohn zum „Prince of Wales“ erhoben. Unter Heinrich VIII. wurde das Gebiet schließlich durch zwei Statuten (1536 und 1543) endgültig administrativ in das englische Königreich eingegliedert.

Wales

Komplizierter hingegen gestaltete sich das Verhältnis zu Schottland. Hier hatte Eduard I. 1292 erstmals den Anspruch auf englische Oberherrschaft erhoben. In der Folgezeit konnten er und seine Nachfolger diesen Anspruch immer wieder zeitweise realisieren, allerdings jeweils nur gegen heftigen Widerstand, und 1357

Verhältnis zu Schottland

musste schließlich Eduard III. die de facto Unabhängigkeit der Schotten im Vertrag zu Berwick anerkennen. Fortan bildete die nationale Animosität zwischen England und Schottland eine Konstante der Politik, ebenso wie die daraus resultierenden Allianzen der Schotten mit der französischen Krone. Unter dem ersten Tudor jedoch begann sich eine Wende im englisch-schottischen Verhältnis abzuzeichnen. 1502 schloss Heinrich VII. nicht nur einen förmlichen Friedensvertrag mit Jakob IV. von Schottland ab, sondern gab diesem auch seine Tochter Margarete zur Frau und schuf damit eine Verbindung, aus der 1603 schließlich mit der Nachfolge Jakobs VI. auf den englischen Thron die Personalunion der beiden Kronen hervorgehen sollte. Damit war zur Politik der Konfrontation der Vergangenheit eine grundsätzliche Alternative aufgezeigt worden, die sich schließlich 1707 in der staatsrechtlichen Vereinigung der beiden Staaten im Königreich Großbritannien endgültig durchsetzte. Allerdings war der Weg dorthin keineswegs gradlinig. 1513 war es erneut zum bewaffneten Konflikt gekommen. Als Heinrich VIII. unmittelbar nach seiner Thronbesteigung gegen Frankreich zu Felde zog, überschritten die Schotten als Bundesgenossen Franz' I. die englische Grenze, erlitten jedoch bei Flodden eine vernichtende militärische Niederlage gegen die englischen Truppen. Später sah sich Elisabeth I. durch die Thronfolgeansprüche der schottischen Königin Maria Stuart bedroht. Und während des englischen Bürgerkrieges griffen die Schotten wiederholt in das militärische Geschehen ein; zunächst auf Seiten des Parlaments, später, um die Thronansprüche Karls II. gegen die Republik durchzusetzen. Dabei wurden sie 1651 in der Schlacht von Worcester durch Cromwell entscheidend besiegt. Die nun folgende staatsrechtliche Vereinigung mit England war allerdings nur von kurzer Dauer und endete mit der Restauration der Monarchie, welche Karl II. wieder als König von England und Schottland in seine Rechte eingesetzt hatte. Als es nach der Glorreichen Revolution und besonders nach dem Tode des kinderlosen Wilhelm III. fraglich schien, ob das schottische Parlament uneingeschränkt die gesetzlichen Regelungen für die englische Thronfolge anerkennen würde, setzten sich schließlich in beiden Ländern diejenigen politischen Kräfte durch, die schon des Längeren auf eine staatsrechtliche Vereinigung gedrängt hatten. 1707 wurde die *Act of Union* verabschiedet, mit der das Königreich von Großbritannien an die Stelle Englands trat. Das schottische Parlament wurde aufgelöst, das Land war künftig, ebenso wie Wales, durch eigene Sitze im Londoner Parlament vertreten. Sein eigenes System der Rechtspflege sowie die presbyterianische Kirchenverfassung blieben allerdings von der Union unberührt. Die exilierten Stuarts versuchten mehrfach, vor allem 1715–19 und 1745/46, den britischen Thron wiederzuerlangen. Militärische Unterstützung fanden sie meist in Schottland, wo die Hoffnung auf die Wiedereinsetzung der Stuart-Dynastie mit der Hoffnung auf erneute Unabhängigkeit verknüpft war.

Irland

Noch schwieriger war das Verhältnis Englands zu Irland. Seit dem 12. Jahrhundert waren hier englische Magnaten wie auch die Krone als Eroberer aufgetreten, allerdings mit wechselndem Erfolg. Die Gegensätze wurden mit der Reformation verschärft, da die Iren katholisch blieben, während andererseits das Parlament in London Heinrich VIII. zum Oberhaupt der irischen Kirche ernannte und 1541 ein von englischen Feudalherren kontrolliertes irisches Parlament ihn sogar als König von Irland proklamierte. Unter seinen Nachfolgern setzte dann eine Phase der systematischen Kolonisierung ein, d. h. der gewaltsamen Landnahme durch protestantische Grundherren und Siedler, vor allem Schotten, von denen sich 40 000 bis 1618 im Nordosten der Insel, in Ulster, niedergelassen hatten. Nachdem 1641 noch 59% des Landes in katholischer Hand gewesen war, sank diese Zahl 1688 auf 22% und 1704 auf 14%; 1778 sollte sie schließlich nur noch 4% betragen. Diese Politik der Unterwerfung und Ausbeutung Irlands wurde immer wieder durch Aufstände unterbrochen, deren Scheitern die englischen Sieger jeweils zu verschärften Formen der politischen und ökonomischen Unterdrückung veranlassten, so die Rebellionen der 80er und 90er Jahre des 16. Jahrhunderts, der blutige Aufstand von 1641, der 1649–53 mit beispielloser Grausamkeit von Cromwell niedergeworfen wurde. Nach der Glorreichen Revolution standen die katholischen Iren weiterhin zu ihrem katholischen Herrscher Jakob II., bis sie 1690/91 nach verlustreichen Niederlagen gegen die Armee Wilhelms III. kapitulierten. Die Auswirkungen dieser Kämpfe, wie z. B. die alljährlichen Siegesfeiern der Protestanten, belasten darüber hinaus bis heute das Verhältnis zwischen den Bevölkerungsgruppen in Nordirland. Damals wie auch hundert Jahre zuvor hatten dabei die Aufständischen in den kontinentalen Gegnern der Engländer ihre Bundesgenossen gefunden. Eben weil mit Irland langfristig kein politischer Ausgleich zu erzielen war, bildete es immer wieder die offene Flanke des großbritannischen Inselstaates. 1601 hatte Spanien 3 500 Soldaten in Irland gelandet und 1690 siegte Wilhelm in der Schlacht am Boyne über ein irisch-jakobitisches Heer mit starkem französischem Kontingent. Gleichermaßen setzten die Aufständischen in der großen Rebellion des Jahres 1798, der insgesamt mehr als 30 000 Iren zum Opfer fielen, auf Unterstützung durch das napoleonische Frankreich. Nach deren Scheitern suchte nun die englische Regierung unter William Pitt die irische Frage durch eine direkte Union mit England zu lösen. Das irische Parlament, dem 1782 das Recht auf eigene Legislative zuerkannt worden war, wurde aufgelöst, stattdessen vertraten nun 100 irische Unterhausabgeordnete und 28 Peers das Land im britischen Parlament. Schließlich erlangte mit dem Gesetz des Jahres 1829 die katholische Majorität endlich politische Gleichberechtigung. Dennoch fuhren irische Patrioten fort, für politische Selbstbestimmung und nationale Unabhängigkeit zu kämpfen, wie weitere Aufstände in den Jahren 1848, 1867 und 1916 bezeugten. Nachdem zwischen 1886 und 1921 wiederholt Versuche zu einer gesetzlichen Regelung der *Home Rule* für Irland gescheitert waren, sah sich die britische Regierung 1921 gezwungen, Irland als selbstständigen Staat anzuerkennen. Allerdings verblieben die sechs überwiegend protestantischen Grafschaften im Nordosten der Insel im Vereinigten Königreich, wodurch ein permanentes Konfliktpotenzial für die Zukunft bestehen blieb.

Die Formierung Großbritanniens lieferte somit die notwendige Voraussetzung für die Ausbildung spezifischer insularer Interessen im Bereich der englischen Außenpolitik gegenüber Europa. Denn solange ein politisch selbstständiges Schottland als Bundesgenosse Frankreichs die Nordgrenze bedrohen, solange ein rebellierendes Irland als Brückenkopf spanischer oder französischer Offensiven dienen konnte, waren die unmittelbaren militärischen Vorteile der Insellage zumindest teilweise aufgehoben. Um diese optimal zu nutzen, gebot es darüber hinaus das Sicherheitsinteresse Englands bzw. Großbritanniens zu verhindern, dass die ihm gegenüberliegende europäische Küste mit ihren zahlreichen als Häfen dienenden Flussmündungen von einer feindlichen Großmacht als Ausgangsbasis für eine maritime Invasion genutzt werden konnte. Dies war ein Teilaspekt des generellen Leitprinzips britischer Politik der Neuzeit, zur eigenen Sicherheit stets gegen die hegemonialen Bestrebungen der jeweils stärksten Kontinentalmacht ein Gleichgewicht der Kräfte in Europa zu etablieren. Dieser weitgehend defensive Grundzug britischer Europa-Politik ist allerdings keineswegs Ausdruck einer grundsätzlich friedlichen Disposition, sondern sollte schon bald lediglich die Voraussetzung für eigene aggressive Expansion im überseeischen Bereich schaffen, wofür ebenfalls die Insellage die entsprechenden Voraussetzungen lieferte. Denn der Stellenwert dieser insularen Position hatte sich durch die seit dem Beginn der Neuzeit einsetzende Ausbreitung Europas im überseeischen Raum entscheidend verändert. War England bis dahin am Rande Europas positioniert gewesen und von daher notwendig auf den Kontinent hin orientiert, so eröffneten sich mit der Erschließung der Seewege nach Asien und Amerika neue Perspektiven. Plötzlich war die Insel eher im Zentrum eines globalen Systems platziert.

Sicherheitsinteresse Englands

Wenn sich so aus der geographischen Situation langfristige Vorgaben für eine dem nationalen Interesse folgende britische Außenpolitik entwickeln lassen, muss das nicht bedeuten, dass diese stets und uneingeschränkt die Politik der Inselmacht leiteten. Daneben und z. T. auch dagegen konnten andere Interessen oder gar Konstanten wirken. Dies gilt etwa für die aus der Zeit des Hundertjährigen Krieges herrührende Erbfeindschaft mit Frankreich, welche gelegentlich einer den Prinzipien des europäischen Gleichgewichts folgenden Bündnispolitik entgegenstehen konnte. Daneben wies die konfessionelle Konstellation England seinen Platz im Rahmen des europäischen Staatensystems besonders des 16. und 17. Jahrhunderts zu, als es sowohl Objekt der europäischen Offensive der Gegenreformation als auch Führungsmacht bzw. letzte Bastion des bedrängten Protestantismus war. Darüber hinaus besaßen ökonomische und d. h. vor allem merkantile Interessen durchaus ihr Eigengewicht, wie nicht nur die Kriege gegen die protestantische Brudernation Holland im 17. Jahrhundert bezeugen; später sollten sie mehr und mehr zur obersten Richtschnur für die Außenpolitik eines

Weitere Interessen und Konstanten

Handels- und Kolonialreiches werden. Schließlich bildeten die dynastischen Interessen oder auch nur Idiosynkrasien der einzelnen Herrscher oftmals ebenfalls einen gewichtigen Faktor staatlicher Außenpolitik.

Im Hinblick auf die Gemengelage und den häufigen Widerstreit solcher Interessen waren die Faktoren außenpolitischer Willensbildung von entscheidender Bedeutung, also wo und durch wen Entscheidungen getroffen bzw. durchgesetzt wurden. Es stellt sich damit von Fall zu Fall die Frage, in welchem Maße der Wille des Monarchen, die Entscheidungen des Parlaments oder außerparlamentarische Faktoren – als Lobbys oder über die öffentliche Meinung vermittelt – die Richtlinien der Politik bestimmten.

Faktoren außenpolitischer Willensbildung

Aufs Ganze gesehen lassen sich drei Epochen der englischen bzw. britischen Außenpolitik seit dem Ausgang des Mittelalters unterscheiden: 1. das 16. und 17. Jahrhundert, in dessen Verlauf der sich formierende Inselstaat den Status einer europäischen Großmacht gewinnt und zugleich deren Position und Rolle im Rahmen des sich ausbildenden europäischen Staatensystems definiert; 2. das 18. und 19. Jahrhundert, in deren Verlauf Großbritannien seine Position als Weltmacht ausbaut und erfolgreich behauptet; 3. das 20. Jahrhundert, in dem seine europäische Politik weitgehend durch den Verlust dieser globalen Führungsposition bestimmt ist.

Drei Epochen in der Außenpolitik

Bis zum Beginn des 18. Jahrhunderts, genau genommen bis hin zur *Act of Settlement* des Jahres 1701, war die Außenpolitik die ausschließliche Domäne des Königs. Dementsprechend hatte sich Heinrich VIII. zu Beginn seiner Regierungzeit noch ganz von seinen persönlichen Ambitionen leiten lassen und englische Außenpolitik als Mittel aggressiver Selbstdarstellung betrieben. So versuchte er, die alte antifranzösische Expansionspolitik des Mittelalters wieder aufzunehmen, präsentierte sich 1519 als Kandidat für die Kaiserkrone und sein leitender Minister, Kardinal Wolsey, strebte danach, den päpstlichen Stuhl zu besteigen. Als Heinrich jedoch kurz darauf, im Interesse der Sicherung der Dynastie, die Trennung der englischen Kirche von Rom durchsetzte, waren damit weit reichende außenpolitische Konsequenzen verbunden. Nicht nur hatte er sich die Feindschaft des Kaisers zugezogen, als er seine Ehe mit dessen Schwester annullierte, sondern zugleich war England damit, eher gegen den Willen des Königs, in das protestantische Lager übergewechselt. Im Zeitalter der zunehmenden Konfessionalisierung lieferte dies auch der englischen Außenpolitik Vorgaben von langer Dauer, vor allem weil England damit ins Visier der großen europäischen Offensive der Gegenreformation geraten sollte. Langfristig erforderte die Sicherung eines protestantischen England die Frontstellung gegen die drohende Invasion katholischer Kontinentalmächte. Zweimal wurde diese Bedrohung besonders akut: Zunächst als 1554 Maria nicht nur die Reformation im Lande rückgängig machte, sondern durch ihre Eheschließung mit Philipp II. von Spanien das Land zum Teilstaat des habsburgischen Imperiums zu werden drohte, und dann 1588, als die spanische Armada Kurs auf England nahm. Gerade

Konfessionalisierung der englischen Außenpolitik

unter dem Eindruck dieser Erfahrung wurde ein entschiedener Antikatholizismus nicht nur zu einem bestimmenden Faktor der inneren, sondern auch der Außenpolitik, zumindest im Bewusstsein der politischen Nation und damit auch im Bereich einer sich allmählich ausbildenden politischen Öffentlichkeit. Noch um die Mitte des 18. Jahrhunderts begründete Lord Carteret seine Bündnispolitik mit dem Hinweis auf die „Protestant religion" [447: Black, 186]. Im 16. und 17. Jahrhundert war eine außenpolitische Frontstellung gegen die katholischen Mächte Spanien und später vor allem Frankreich gleichzeitig eine Frontstellung gegen die jeweilige Hegemonialmacht des Kontinents. Die Forderung wie auch die spätere Praxis antikatholischer Außenpolitik beinhalteten also bereits die zentrale Maxime großbritannischer Gleichgewichtspolitik der Folgezeit.

Außenpolitische Zielsetzungen der Monarchen

Doch nicht nur unter Maria der Katholischen, sondern vor allem unter den Stuarts kollidierte dieses konfessionelle Element immer wieder mit den außenpolitischen Zielsetzungen der Monarchen, nicht zuletzt auf Grund der jeweiligen innenpolitischen Implikationen, wie sie vor allem in der für die englische politische Kultur der Zeit selbstverständlichen Gleichsetzung von Katholizismus und Absolutismus zum Ausdruck kamen. So wurde etwa zu Beginn des Dreißigjährigen Krieges im Parlament die Forderung erhoben, die Protestanten militärisch zu unterstützen, während Jakob II. die Interessen seines protestantischen Schwiegersohnes Friedrich von der Pfalz durch friedlichen Ausgleich mit Spanien in Form eines Ehebündnisses zu wahren suchte. Vor allem die enge Anlehnung Karls II. und Jakobs II. an das Frankreich Ludwigs XIV. stellte abermals das Sicherheitsinteresse der protestantischen politischen Nation in Frage. Im Geheimvertrag von Dover verpflichtete sich der König 1670 nicht nur zur Unterstützung der gegen die protestantische Brudernation Holland gerichteten französischen Expansionspolitik, sondern erklärte sich gleichzeitig bereit, offen zum katholischen Glauben überzutreten. Wie unter Maria drohte England zum Satelliten der kontinentalen Hegemonialmacht zu werden. Frankreich war zudem bereit, die absolutistischen Bestrebungen der Stuarts im Lande wirksam zu unterstützen. Nach der Glorreichen Revolution erhob es die Restauration des Hauses Stuart bis zum Frieden von Utrecht 1713 zum erklärten Ziel seiner Politik gegenüber Großbritannien und noch 1744 setzten die Jakobiten, wenn auch letztlich vergeblich, auf französische Hilfe.

Während das Spannungsverhältnis von protestantischen Zielvorgaben und den Präferenzen der Stuart-Herrscher für die katholischen Hegemonialmächte zu relativ eindeutigen Frontstellungen führte, gestaltete sich die Relation von konfessionellen und merkantilen Interessen komplexer. Denn die Kriege gegen Holland 1652–54, 1665–67 und 1672–74 wurden gegen die protestantische Brudernation geführt, den früheren wie auch späteren Bundesgenossen gegen spanische bzw. französische Expansionsbestrebungen. Dabei wurde der erste Krieg gegen Holland geführt, als gerade mit der Einrichtung der englischen Republik der radikale Protestantismus politisch gesiegt hatte. Zugleich waren jedoch im

Kriege gegen Holland

Rumpfparlament dieser Republik die Interessen des jungen Überseehandels prominent vertreten und drangen darauf, mit der Durchsetzung der *Navigation Act* die holländische Konkurrenz auszuschalten. Als dieses Ziel mit dem zweiten Seekrieg 1674 weitgehend erreicht war, schuf dies zugleich die Voraussetzung für künftige Allianzen mit der niederländischen Republik. Und so war der dritte Krieg gegen Holland nur noch ein Krieg des Königs, der ihn dann auch unter dem Eindruck des Widerstands im Parlament vorzeitig beenden musste.

Auf dem Weg zur Großmacht

Auf dem Weg zur Etablierung als europäische Großmacht markierten die Außenpolitik Elisabeth I., die Ära Cromwells sowie die Glorreiche Revolution und die daran anschließende Politik Wilhelms von Oranien bedeutsame Etappen. Jedes Mal ließen sich dabei merkantile, protestantische und allgemeine Sicherheitsinteressen im Rahmen übergreifender nationaler Zielsetzungen verbinden. Elisabeth etwa hatte sich erst dazu bereit gefunden, die holländischen Rebellen gegen Spanien zu unterstützen, als Flandern zur Ausgangsbasis einer Invasion der Insel zu werden drohte. Bis dahin hatte sie einen Ausgleich mit Philipp II. gesucht. Gleichzeitig gewährte sie den englischen Freibeutern in ihren Unternehmungen gegen den spanischen Handel und die spanischen Kolonien freie Hand und schließlich sicherte der große Seesieg über die spanische Armada 1588 bis auf weiteres die Sicherheit des protestantischen England. Damit war zugleich der Niedergang der spanischen Hegemonialmacht eingeleitet, der endgültig besiegelt wurde, als Oliver Cromwell 1658 in der so genannten Dünenschlacht an der Seite der Franzosen den mehr als hundert Jahre währenden Machtkampf zwischen Habsburg-Spanien und Frankreich nun zu Gunsten Frankreichs entschied. Gleichzeitig war England zur Offensive gegen das spanische Kolonialreich übergegangen, die zwar weitgehend fehlschlug, aber immerhin zur Inbesitznahme von Jamaica führte.

Großmachtstellung im Gefolge der Glorreichen Revolution

Erschien die Außenpolitik Cromwells zunächst lediglich als Intermezzo im Kontext der Stuart-Ära, so war sie doch auch Ouvertüre zur erfolgreichen Etablierung der englischen Großmachtstellung im Gefolge der Glorreichen Revolution von 1688. Diese war nämlich zugleich außenpolitisches Ereignis. Wilhelm von Oranien hatte mit der Invasion weniger die Sicherung der englischen Freiheit bezweckt als vielmehr die Einkreisung Frankreichs. Er hatte nach der englischen Krone gestrebt, um Englands enge Bindung an Frankreich zu lösen und es in die große Allianz gegen Ludwig XIV. zu führen. Dies gelang ihm vor allem, weil Frankreich den Fehler beging, die Stuarts zu unterstützen, also die neu gefestigte politische Ordnung Englands in Frage zu stellen. Aus diesem Grund fand sich das Parlament bereit, die äußerst kostspieligen Kriege seines Königs gegen die europäische Hegemonialmacht zu finanzieren. Obwohl dabei für die Mehrheit der politischen Nation die Stabilität der protestantischen Monarchie im Vordergrund des Interesses stand, schloss Wilhelm unbeeindruckt von religiös-konfessionellen Skrupeln im Mai 1689 mit Wien „die Urform jener Großen Allianz…, die bis zum

Renversement des Alliances (1756) als Gegengewicht gegen Frankreich das politische Leben Europas bestimmte" [Duchhardt, Grundriss 11, 66].

Nun wurde England erstmals in der Neuzeit direkt und über Jahre hinaus in die großen kriegerischen Auseinandersetzungen Europas verwickelt, allerdings schon bald in einer dominierenden Rolle. Solches unmittelbares Engagement wurde dabei in zunehmendem Maße mit der Doktrin der Balance of Power begründet, mit der sich England als Anwalt einer Politik präsentierte, deren Ziel die Einrichtung und Wahrung eines Gleichgewichts der Kräfte im Rahmen des europäischen Staatensystems war. In diesem Sinne, nämlich um kontinentale Hegemonialmachtbildungen zu verhindern, schloss Großbritannien dann auch den Frieden von Utrecht. Und wenn es dabei in der Rolle einer europäischen Ordnungsmacht agierte, so trat es selbst faktisch in die Position einer neuen Hegemonialmacht ein, deren Basis sich allerdings zunehmend nach Übersee verlagerte. Friede durch Gleichgewicht in Europa war die wesentliche Voraussetzung für die eigene kommerzielle und koloniale Expansion; der Ausbau der Großmachtstellung in Europa war der erste Schritt auf dem Wege zur Weltmacht.

Balance of Power

Dieser Zusammenhang stellt sich in der Rückschau des Historikers her; den Zeitgenossen war er keineswegs allgegenwärtig. Im Gegenteil: Die Außenpolitik Wilhelms III. und seines Generals Marlborough erschien vielen extravagant und kostspielig, den ureigenen britischen Interessen zuwiderlaufend und zudem gefährlich. Schließlich erforderte sie den Unterhalt eines umfangreichen Heeres, dessen bloße Existenz seit den Zeiten Cromwells als innenpolitischer Risikofaktor erschien. Die unmittelbare Folge solcher Kritik war die Einschränkung und Kontrolle der Rolle des Monarchen im Bereich der Außenpolitik, die bislang weitgehend unbestrittene Domäne des Königs gewesen war. Als sich 1701 abzeichnete, dass die englische Krone auf das protestantische Haus Hannover übergehen werde und dadurch unter Umständen die britische Politik noch stärker in kontinentaleuropäische Angelegenheiten verwickelt werden könnte, wurde die *Act of Settlement* beschlossen. Sie regelte nicht nur die Thronfolge, sondern schrieb zugleich fest, dass künftig die Krone ohne Zustimmung des Parlaments keinen Krieg mehr erklären dürfe, der nicht unmittelbar der Verteidigung der britischen Interessen diente. Da der König andererseits auch im 18. Jahrhundert nach wie vor gewichtigen Einfluss auf den Gang der Außenpolitik nehmen konnte und vor allem Georg I. und Georg II. die Sicherheit und die Interessen ihres Stammlandes zum obersten politischen Ziel erhoben, bildete Hannover lange Zeit die offene Flanke der britischen Politik.

Einschränkung der Rolle des Monarchen

Dementsprechend lebhaft wurden Fragen der Außenpolitik immer wieder in der britischen Öffentlichkeit diskutiert, wobei es weniger um die Inhalte als vielmehr um die Formen der Durchsetzung ging. Minister wie ganze Regierungen – so die Walpoles im Jahre 1642 – scheiterten an Fragen der Außenpolitik. Unumstritten waren im 18. Jahrhundert als generelle Zielvorgaben die Sicherung der protestantischen Thronfolge sowie die Förderung des britischen

Generelle Zielvorgaben

Überseehandels; eher funktionalen Charakter besaß die hiermit öfters in einem Atemzug genannte Aufrechterhaltung des europäischen Gleichgewichts. In dem Maße wie – nicht zuletzt auf Grund der Verlagerung der diesbezüglichen Entscheidungskompetenzen ins Parlament – die merkantilen Interessen in den Vordergrund traten, diskutierte man, ob diese eher durch kriegerische Expansion oder die Aufrechterhaltung des Friedens in Europa gefördert werden sollten.

Als sich Großbritannien nach dem Frieden von Utrecht vor die Aufgabe gestellt sah, im eigenen Interesse das hier fixierte europäische Gleichgewicht zu erhalten, demonstrierten die führenden Whig-Politiker der Jahre 1714–1739, dass dieses Ziel durchaus mit friedlichen Mitteln zu realisieren war. Allianzen mit kontinentalen Mächten hatten nicht unbedingt, wie noch unter Wilhelm III. und Marlborough, militärisches Engagement zur Folge und Probleme und Konflikte ließen sich auch mit den Mitteln friedlicher Kongressdiplomatie lösen. Ein System kollektiver Sicherheit konnte zudem auch Verschiebungen wie etwa den Machtverlust der Niederlande oder den Aufstieg Russland austarieren.

Kongressdiplomatie

Andererseits war Großbritannien vom ausgehenden 17. bis zum frühen 19. Jahrhundert immer wieder in Kriege verwickelt, und zwar zumeist gegen Frankreich. Die britisch-französische Allianz von 1716, die später zur so genannten Quadrupelallianz mit Österreich und Spanien erweitert wurde, bildete als das Herzstück der britischen Friedensdiplomatie dieser Jahre die Ausnahme von der Regel. Und wenn zunächst, d.h. von 1689 bis 1713/14, das oberste Kriegsziel die Sicherheit Englands war, so verzeichnete man doch im Friedensschluss von Utrecht erhebliche Gewinne in Übersee. Seit den späten zwanziger Jahren des 18. Jahrhunderts trat die kommerzielle Rivalität eindeutig in den Vordergrund des britischen Interesses. Aufs Ganze gesehen führte England abermals einen hundertjährigen Krieg gegen Frankreich und das mit diesem zeitweise verbündete Spanien, diesmal um die Vorherrschaft in Übersee. 1763 erreichte diese Auseinandersetzung mit dem Frieden von Paris, in dem Frankreich sich sowohl aus Nordamerika als auch aus Indien zurückziehen musste, ihren Höhepunkt; mit dem Wiener Kongress 1815 fand sie ihren Abschluss.

Kriege gegen Frankreich

Im Zusammenhang dieser Auseinandersetzung mit Frankreich wurden dabei immer wieder zwei strategische Alternativen diskutiert und gegeneinander gestellt: Die maritime oder sog. „Blue water“-Strategie, derzufolge der Krieg ausschließlich zur See und in den Kolonien zu führen sei, und die Kontinentalstrategie, die enge Allianzen mit europäischen Partnern und den Einsatz britischer Truppen auf dem Kontinent implizierte. Eine solche Politik hatten vor allem Wilhelm III. und Marlborough praktiziert; aber auch in der Endphase des Krieges gegen das napoleonische Frankreich beschränkte man sich nicht auf die erfolgreichen Aktionen der Marine, sondern ergänzte diese durch die Operationen eines Landheeres unter Wellington. Die Verfechter des Primats der Seekriegsführung, d.h. in erster Linie die gegen jede kontinentale Bindung eingestellten Tories, bestimmten dann in der zweiten Hälfte des 18. Jahr-

„Blue water“-Strategie

Kontinentalstrategie

hunderts den Gang der Politik. Dabei bleibt letztlich unbestreitbar, dass beide Strategien aufeinander verwiesen. Nur wenn durch kontinentales Engagement französische Kräfte auf dem Kontinent gebunden waren, konnte Großbritannien zur See und in Übersee die entscheidenden Erfolge verbuchen, wie einerseits der Sieg im Siebenjährigen Krieg und andererseits die Niederlage gegen die mit Frankreich verbündeten Nordamerikaner 1783 deutlich machten.

Aufstieg Großbritanniens zur Hegemonial- und Weltmacht

In jedem Falle waren dabei die entscheidenden Voraussetzungen für die erfolgreiche Umsetzung außenpolitischer Konzepte und damit für den Aufstieg Großbritanniens zur Hegemonial- und Weltmacht: die Insellage, die Flotte und die wirtschaftliche Stärke des Landes. Die insulare Position lieferte außenpolitischen Spielraum, wies den Weg nach Übersee und begünstigte zudem den Ausbau einer maritimen Streitmacht, mit der 9 Millionen Briten erfolgreich Krieg gegen ca. 25 Millionen Franzosen führen konnten. Denn gerade im Seekrieg entscheidet nicht die Zahl der Soldaten, sondern die Qualität eines kostspieligen Kriegsinstruments. Und in diesem Zusammenhang wirkte es sich entscheidend als Vorteil aus, dass Großbritannien mit einem effizienten Steuererhebungssystem und mittels eines modernen Kreditwesens sein überlegenes ökonomisches Potenzial immer wieder zur Finanzierung seiner Kriege einsetzen konnte – nicht nur um seine Flotte aufzurüsten, sondern auch um militärische Bundesgenossen durch Subsidien zu finanzieren. Der Vorsprung im Bereich des Handels und der Industrie wurde in politische Macht umgesetzt, die ihrerseits die Bedingungen für weiteres wirtschaftliches Wachstum zu sichern suchte.

Friedenspolitik

Wenn Großbritannien vor 1815 immer wieder Kriege geführt hatte, vor allem um seine Führungsposition auf dem Weltmarkt auszubauen und zu sichern, so diente seine nahezu durchgängige Friedenspolitik gegenüber den europäischen Mächten während der folgenden 100 Jahre demselben Ziel. Friede galt nun als die unabdingbare Voraussetzung für freien weltweiten Handel, den ungehinderten Import von Rohstoffen und Export von industriellen Produkten, auf denen der Wohlstand des Landes beruhte. Dieser Wohlstand lieferte zugleich die Basis für Reformen, die friedliche soziale und politische Modernisierung des Staates. „Der Wunsch nach Friedenswahrung diente der Bewahrung einer internationalen Ordnung, die den spezifischen Interessen Großbritanniens entgegenkam. Denn diese Ordnung war eine Pax Britannica, weil sie Großbritannien eine unangefochtene Führungsrolle auf den Weltmeeren bescherte, bei gleichzeitiger Zähmung Frankreichs, seines weltpolitischen Rivalen, und gegenseitiger Blockierung der kontinentaleuropäischen Mächte in einem System des Gleichgewichts" [518: NIEDHART, 103].

Dies war zugleich eine Friedenspolitik, die aus einer Position der Stärke heraus betrieben wurde; als auf dem Wiener Kongress die politischen Konsequenzen aus dem militärischen Sieg der Verbündeten gezogen wurden, stand die hegemoniale Sonderstellung Großbritanniens überhaupt nicht zur Diskussion, sondern wurde von den übrigen Mächten stillschweigend anerkannt. Um diese zu wahren, bedurfte es allerdings weiterhin des aktiven politischen Engagements in Kontinentaleuropa. Dabei bediente man sich unter der Führung des Außenministers Castlereagh anfangs ähnlich wie in den Jahren nach dem Utrechter Frieden der klassischen Mittel der Bündnis- und Kongressdiplomatie, um wieder ein System des multipolaren Gleichgewichts einzurichten. 1815 schlossen Großbritannien, Österreich, Preußen und Russland die sog. Quadrupelallianz ab und 1818 wurde Frankreich auf dem Kongress zu Aachen in aller Form wieder in den Bund der europäischen Mächte aufgenommen. Als jedoch diese Bündnispolitik vor allem von Österreich und Russland mehr und mehr in den Dienst einer gegen liberale und nationale Bestrebungen gerichteten Interventionspolitik gestellt werden sollte, zog sich Großbritannien allmählich aus dieser Form der europäischen Kongresspolitik zurück. Obwohl auch der konservative Castlereagh ursprünglich die Quadrupelallianz mit dem Ziel eingegangen war, ein Wiederaufleben der Revolution zu verhindern, stellte er 1820 fest, sie sei nicht „an Union for the Government of the World, or for the Superintendance of the internal Affairs of other States" [118: Bd. V, Evans, 197]. Stattdessen erweckte die britische Außenpolitik unter seinen Nachfolgern Canning und Palmerston den Anschein, als unterstütze sie liberale und nationale Bewegungen. Besonders nach der Juli-Revolution von 1830 bildeten die beiden liberalen Westmächte Frankreich und Großbritannien ein deutliches Gegengewicht zu den konservativen Ostmächten der Heiligen Allianz, der London von Anfang an nicht hatte beitreten wollen. Dabei trug man auch einer britischen Öffentlichkeit Rechnung, in der Allianzen mit kontinentalen Autokraten in zunehmendem Maße verurteilt wurden. Gleichzeitig wurden aber auch britische Interessen gefördert, vor allem durch die Anerkennung und Unterstützung der Unabhängigkeitsbestrebungen in Südamerika in einer Zeit (1815–25), in der sich der britische Handel mit dieser Region verdoppelte. Und wenn Palmerston die Unabhängigkeit Belgiens auf der Londoner Konferenz 1831 durchsetzte, verfolgte er damit zugleich ein klassisches Ziel englischer Außenpolitik: Zu verhindern, dass die kontinentale Kanalküste durch eine europäische Großmacht kontrolliert wurde. Wenn jedoch, wie im Verlaufe der europäischen Revolution von 1848, nationale Bewegungen die überlieferte Ordnung entscheidend in Frage zu stellen drohten, konnte Großbritannien sogar gemeinsam mit Russland als Hüter des europäischen Gleichgewichts auftreten.

Bündnis- und Kongressdiplomatie

Vor allem aber zog sich Großbritannien aus dem Bereich der europäischen Allianzen zurück, um nicht durch die enge Bindung an Kontinentalstaaten seinen Handlungsspielraum als Weltmacht eingeschränkt zu sehen. Stattdessen verfolgte es nun bis ins 20. Jahrhundert hinein, bis zum Abschluss des Bündnisses mit Japan 1902, zwar keine Politik der *splendid isolation*, wohl aber eine Politik der freien Hand. Sie schloss keineswegs zeitweiliges Zusammenwirken mit anderen Mächten wie z. B. Frankreich aus, implizierte aber keinerlei automatische Bündnisverpflichtungen, so dass London stets frei war, ausschließlich in Wahrung seiner

Politik der freien Hand

eigenen Interessen notfalls den Ort und Zeitpunkt militärischer Intervention selbst zu bestimmen. Denn wenn auch Großbritannien, vom Krimkrieg abgesehen, nach 1815 keine militärischen Aktionen in Europa unternahm, so bildete, besonders unter der Ägide Palmerstons, gelegentliches Säbelrasseln durchaus ein Element britischer Außenpolitik. In Übersee kam es während der langen Regierungszeit Königin Viktorias (1837–1901) zu über 200 meist allerdings begrenzten militärischen Einsätzen.

Verhältnis zu Russland

Eine Konstante der britischen Außenpolitik des 19. Jahrhunderts bildete allerdings das Verhältnis zu Russland, in dessen Expansionsstreben London eine potenzielle Bedrohung seiner Interessen erkannte. Vor allem der Zerfall des osmanischen Reiches schuf in dem für die Verbindung nach Indien strategisch bedeutsamen östlichen Mittelmeerraum ein Machtvakuum, in das Russland vorzustoßen suchte, nicht zuletzt, um Zugang zum Meer zu gewinnen. So war denn auch der einzige Krieg, den Großbritannien nach 1815 mit einer europäischen Großmacht führte, der äußerst verlustreiche Krimkrieg (1854–56), in dem es zwar gemeinsam mit Frankreich den auf die Meerengen gerichteten Expansionsdrang Moskaus aufhalten, aber keine dauerhafte Lösung der orientalischen Frage herbeiführen konnte.

Schmale europäische Machtbasis des Inselreiches

Danach blieb die Weltmacht stets kriegsbereit, nicht nur durch ihre Flotte, mit deren Hilfe sie stets global Präsenz und Stärke demonstrieren konnte, sondern auch durch ein Landheer, das in den 60er Jahren des 19. Jahrhunderts eine Friedensstärke von 215 000 Mann aufwies. Zugleich aber war die britische Politik angesichts der schmalen europäischen Machtbasis des Inselreiches nun erst recht darauf ausgerichtet, nach Möglichkeit jeden Konflikt mit anderen Großmächten zu vermeiden. „Nur ein Krieg kann unseren Höhenflug stoppen" – in diesen Satz fasste 1867 der Außenministers Stanley das leitende Interesse der britischen Politik. Dementsprechend arrangierte man sich im überseeischen Raum frühzeitig mit der aufstrebenden Macht der Vereinigten Staaten, indem man deren dominierende Position auf dem amerikanischen Kontinent anerkannte, um damit die eigenen Handelsinteressen in diesem Bereich nicht zu gefährden. Im Hinblick auf Europa zog sich London mehr in die Rolle des aufmerksamen Beobachters zurück und reagierte nicht mehr aktiv auf die durch die Bildung neuer zentraleuropäischer Nationalstaaten verursachten Veränderungen der politischen Landschaft. Obwohl Disraeli z. B. die deutsche Reichsgründung noch als die „Revolution" der politischen Ordnung Europas bezeichnet hatte, wurde weder die italienische noch die deutsche Einigung, trotz der sie begleitenden und begründenden Kriege, als Bedrohung eingestuft. Um seine unabhängige Position zu wahren, ließ sich Großbritannien nicht in jenes Netzwerk von Bündnissen einbeziehen, das vor allem Bismarck nach 1870 über Kontinentaleuropa zu knüpfen begann.

Gleichzeitig wachte es aufmerksam darüber, dass keine neue kontinentaleuropäische Hegemonialmacht seine Weltmachtposition in Frage zu stellen begann. Dieser Anspruch wurde deutlich durch die *Naval Defence Act*

1889 definiert, die den sog. *Two-Power-Standard* festschrieb, demzufolge die britische Flotte stets stärker zu sein hatte als die Summe der maritimen Streitkräfte der beiden nachfolgenden Seemächte. Die Fixierung eines solchen Maßstabs war dabei weniger aus dem sicheren Gefühl eigener überlegener Machtstellung erfolgt als eher aus der Wahrnehmung wachsender Konkurrenz und drohenden Machtverlustes. Diese Quantifizierung des Machtvorsprungs barg die Gefahr eines Wettrüstens, das nicht zwangsläufig das oberste politische Ziel der Friedenswahrung in Frage stellen musste, aber sicherlich die materiellen Ressourcen aufs Äußerste beanspruchen würde.

Two-Power-Standard

Dieser Krisenfall trat ein, als das Weltmachtstreben des Deutschen Reiches nach dem Ende der Ära Bismarcks nicht nur das europäische Gleichgewicht ernsthaft in Frage stellte, sondern auch, vor allem durch die Tirpitzsche Flottenpolitik, zu einer direkten Herausforderung Großbritannien wurde. Diese wie auch die deutsche Orientpolitik „veränderten die äußere Politik der insularen Macht grundlegend, schränkten ihre austarierende Beweglichkeit empfindlich ein und ließen die komfortable Freiheit ihrer diversen Wahlchancen in festen Bündnisformationen verschwinden". Da sich die Briten um die Jahrhundertwende gleichzeitig ihrer „globalen Überforderung" als Weltmacht bewusst wurden, leiteten sie „mit atemberaubendem Tempo eine Revolution der internationalen Politik" ein [Hildebrand]. Angesichts der offenkundigen Gefahr, dass Deutschland als die hegemoniale Landmacht des Kontinents nun auch eine schlagkräftige Flotte aufzubauen trachtete, gab London die Politik der freien Hand auf. Da ein Ausgleich der Interessen mit Deutschland vor allem im Bereich der Rüstungspolitik nicht möglich schien, bemühte Großbritannien sich nun mit Erfolg um die Reduzierung des Spannungspotenzials mit den klassischen europäischen Rivalen Frankreich und Russland. Mit beiden Staaten wurde Einvernehmen über die Abgrenzung der außereuropäischen Interessensphären erzielt, 1904 in der sog. *Entente Cordiale* mit Frankreich sowie 1907 in Verhandlungen mit Russland. Auch wenn formal keine definitiven Bündnisse geschlossen wurden, signalisierten diese wie weitere Absprachen mit Frankreich, dass Großbritannien im Konzert der europäischen Mächte spätestens seit 1912 nicht mehr eine neutrale Position einnahm. Formal brachte erst der Einmarsch deutscher Truppen in Belgien das zunächst in dieser Frage gespaltene britische Kabinett dazu, am 4. August 1914 Deutschland den Krieg zu erklären. Doch letztlich waren es die für das britische Empire unabsehbaren Konsequenzen der Verletzung des europäischen Gleichgewichts, welche den Kriegseintritt für London zur politischen Notwendigkeit werden ließen.

Entente Cordiale

Friedenssicherung als Leitprinzip britischer Außenpolitik war mit dem Ausbruch des Ersten Weltkrieges gescheitert. Denn auch wenn Großbritannien als Sieger aus diesem Krieg hervorging, gehörte es dennoch zu den Verlierern. Die Zahl der Opfer war immens: 750 000 Tote und 2,5 Mio. Verwundete. Die Staatsverschuldung hatte sich verzehnfacht, denn nur 25% der Kriegskosten hatten durch die laufenden Einnahmen gedeckt werden können – das Land war nun mit ca. 1 Milliarde Pfund bei den USA verschuldet. Damit war zugleich die Vorgabe für die britische Außenpolitik der Zwischenkriegsära eindeutig definiert: Wiederaufnahme der Friedenspolitik der Vorkriegsära um nahezu jeden Preis. Zwar erreichte das Weltreich nach 1919 seine größte territoriale Ausdehnung, aber für die britische Außenpolitik bedeutete dies vor allem eine Steigerung des Konfliktpotenzials. Dabei standen die reduzierten Machtmittel in keinem Verhältnis mehr zu den gleich bleibend weltumspannenden Ambitionen und Verpflichtungen, mit der Folge, dass „das prekäre Gleichgewicht zwischen Machtanspruch und Machtverfall... nur unter der Voraussetzung nichtkriegerischer Konfliktlösungen aufrechtzuerhalten" war [518: Niedhart, 158].

Außenpolitik der Zwischenkriegsära

Die britische Außenpolitik der Zwischenkriegszeit lässt sich am zutreffendsten auf den Begriff des *Appeasement* bringen – nicht in dem Sinne politischer Polemik gegen die mit dem Münchener Abkommen von 1938 verbundene Politik Chamberlains, sondern als Konsequenz britischer Interessenwahrung. In Europa implizierte dies vor allem die Wiederherstellung des alten Mächtegleichgewichts und das hieß zugleich, dass das Deutsche Reich auch nach der militärischen Niederlage weiterhin ökonomisch wie politisch handlungsfähiger Partner im europäischen Kontext bleiben sollte. Damit geriet die britische Politik allerdings in deutlichen Gegensatz zu Frankreich und gleichzeitig schränkte der erklärte Wille, die französisch-britische Entente zu wahren, Londons Handlungsspielraum erheblich ein. Immerhin: Unter dem weiterhin leitenden Gesichtspunkt einer das europäische Gleichgewicht bewahrenden Appeasement-Politik bewirkte auch die nationalsozialistische Machtergreifung anfangs keinen Wandel; erste Korrekturen des Versailler Vertrages wurden als berechtigt anerkannt. Hinzu kam, dass für viele Briten die Vorgeschichte des Ersten Weltkrieges gegen die Konstruktion eines erneut gegen Deutschland gerichteten Bündnissystems zu sprechen schien, vor allem unter Einschluss der neuen Sowjetmacht. An ihre Grenzen stieß diese Politik des friedlichen Ausgleichs jedoch 1938, als Chamberlain auch angesichts offenkundiger expansionistischer Zielsetzungen der deutschen Politik zu territorialen Zugeständnissen bereit war. Nun war *Appeasement* im Wesentlichen darauf beschränkt, Hitler von kriegerischen Aktionen abzuhalten, sogar um den Preis des Verzichts auf die alte Gleichgewichtspolitik. Denn mit dem Abkommen von München war die britische Regierung bereit, dem Deutschen Reich eine hegemoniale Vormachtstellung in Mitteleuropa zuzugestehen. Schon bald musste sie allerdings einsehen, dass Großbritannien hiermit lediglich eine willkommene Atempause für inzwischen dringend erforderliche Rüstungen gewonnen hatte. Am 31. März 1939 gab schließlich London eine Garantieerklärung für die politische Unabhängigkeit Polens ab, und dementsprechend erklärte Großbritannien Deutschland nach dem Einmarsch in Polen den Krieg. Eine weitere Bedrohung der eigenen Sicherheit durch zusätzliche Machtverschiebungen in Europa war unannehmbar geworden.

Appeasement

In gewisser Weise hat das Scheitern der Appeasement-Politik dazu beigetragen, nun die Briten in ihrer Entschlossenheit im Kampf gegen Hitlers Deutschland zu bestärken, als sie nach der Kapitulation des verbündeten Frankreich genau ein Jahr, nämlich bis zum Angriff auf die Sowjetunion, auf sich allein gestellt waren und dennoch alle Vermittlungsversuche und Friedensinitiativen zurückwiesen. Indem sie damit die zweite Front im Westen Europas aufrechterhielten, schufen sie eine entscheidende Voraussetzung für die schließliche Niederlage des Aggressors und konnten sich 1945 an der Seite der USA und der UdSSR zu Recht als Sieger fühlen. Dennoch entbehrten die vielfältigen Bemühungen der britischen Nachkriegspolitik, weiterhin unter den *Großen Drei* als gleichberechtigter Partner zu agieren, der realen Machtbasis – abermals war der Sieg ein Phyrrussieg gewesen. Das Dilemma Großbritanniens nach dem Zweiten Weltkrieg bestand darin – wie der amerikanische Außenminister Dean Acheson es formulierte –, ein Weltreich verloren und noch keine neue Rolle gefunden zu haben. Nur unter großen Anstrengungen gelang es, durch die eigene Produktion von nuklearen Sprengkörpern als Atommacht akzeptiert zu werden, ohne damit jedoch die souveräne außenpolitische Handlungsfreiheit der Vergangenheit wiederzuerlangen. Als die Regierung Eden 1956 in der Suez-Krise in einem demonstrativen Akt der Stärke britische Interessen durchzusetzen suchte, offenbarte diese Aktion lediglich die Schwäche der britischen Position. Hier wurde deutlich, dass für London Politik großen Stils kaum noch ohne die Unterstützung der USA und in keinem Falle gegen deren Interesse durchzusetzen war. Weltpolitik war für Großbritannien nur nach als Juniorpartner der Vereinigten Staaten möglich.

Folgen des Zweiten Weltkriegs

In Fortsetzung der für den Ausgang des Zweiten Weltkrieges so entscheidenden Allianz mit den USA bildete nach 1945 die besondere Beziehung (*Special Relationship*) zwischen diesen beiden Mächte trotz zeitweiliger Verstimmungen die durchgehende Konstante britischer Außenpolitik. Im Kontext des Kalten Krieges konnte London keine unabhängige Position für eine Politik der freien Hand mehr beziehen; stattdessen bildete es gemeinsam mit den USA das Rückgrat der westlichen Allianz, wie sie im Militärpakt der NATO organisiert wurde. Wenn eine solche Einbindung des Inselstaates in ein internationales Bündnissystem die Abkehr von lange geübter politischer Praxis implizierte, so gilt dies nicht in gleichem Maße für die im engeren Sinn europäische Politik Großbritanniens. Auch sie war selbstverständlich durch die Konstellation des Kalten Krieges geprägt, die vor allem die britische Deutschlandpolitik nach 1945 bestimmte. Zunächst war man entschlossen, auf jeden Fall zu verhindern, dass Deutschland jemals wieder politisches Gewicht erlangte und somit abermals zu einer Gefahr für Europa werden könnte. Doch das Feindbild Deutschland wurde alsbald durch das Feindbild Sowjetunion verdrängt. Schließlich waren britische Politiker wie Churchill und Eden unter den Ersten, die einen Eisernen Vorhang in Europa niedergehen sahen und daraus die politischen Konsequenzen zogen, d.h. gemeinsam mit den USA und Frankreich die allmähliche Aufnahme West-

Europäische Politik

deutschlands in das antisowjetische Bündnissystem förderten. Gleichzeitig blieb jedoch die britische Haltung gegenüber Europa im Allgemeinen und einer Politik der europäischen Integration im Besonderen ambivalent. Zwar hatte Winston Churchill in einer viel beachteten Rede bereits 1946 die Vision einer europäischen Gemeinschaft entwickelt, in die allerdings Großbritannien nicht integriert sein sollte, das er nach wie vor allenfalls zum Teil als europäische Macht begriff. In der Praxis begegnete man den Anfängen der europäischen Einigungspolitik mit Misstrauen und Obstruktion, pflegte stattdessen unter Berufung auf das Commonwealth weiterhin die Illusion einer Weltmacht und weigerte sich entsprechend, den Verträgen von Rom 1957 beizutreten, durch welche man letztlich die Souveränität des Nationalstaates in Frage gestellt sah. Hier herrschte parteienübergreifend Konsens. Auf der anderen Seite wirkten ökonomische Zwänge, die es schließlich geboten erscheinen ließen, doch nachträglich die Bedingungen für einen britischen Eintritt in die europäische Wirtschaftsgemeinschaft auszuhandeln. Dabei scheiterte London 1963 zunächst am Veto des französischen Präsidenten de Gaulle, der jenseits aller persönlichen Ressentiments auch klar die ambivalente britische Interessenlage erkannte und als Hemmnis für eine vollgültige Mitgliedschaft interpretierte. Erst zum 1. Januar 1973 wurde Großbritannien Mitglied der Europäischen Gemeinschaft unter der Führung der konservativen Regierung Heath. Bezeichnenderweise verlangte die neue Labour-Regierung unter Harold Wilson bereits zwei Jahre später Neuverhandlungen der Beitrittsbedingungen und rief zugleich erstmals in der Geschichte des Landes die Bevölkerung auf, diese Politik in einem Referendum zu billigen. Aber auch danach begleitete man jeden weiteren Schritt auf dem Wege hin zu einer verstärkten Integration mit Skepsis und gelegentlicher Obstruktion und verstand es immer wieder, für Großbritannien Sonderkonditionen auszuhandeln oder, wie in der Frage der gemeinsamen europäischen Währung, sich eigene Optionen offen zu halten. Noch ist die Sogwirkung der traditionellen britischen Europapolitik als einer Politik der Distanz zum Kontinent so kräftig, dass nur zwingende ökonomische Argumente sie – meist nur vorübergehend – außer Kraft setzen können.

5. Empire und Commonwealth

Nicht nur im Hinblick auf die Außenpolitik, sondern in nahezu sämtlichen Aspekten ist die englische Geschichte der Neuzeit nachhaltig durch Britanniens Aufstieg zur Kolonial- und Weltmacht geprägt worden. Dabei war England, obwohl die Insel mit der Entdeckung Amerikas und der Erschließung neuer Handelsrouten nach dem Fernen Osten von der Peripherie ins Zentrum eines

Nachzügler in Übersee

neuen globalen Systems rückte, zunächst ein Nachzügler im Wettlauf um die Reichtümer neuer Welten in Übersee. Erst spät und dann noch zögernd entfaltete es neue merkantile und schließlich auch koloniale Aktivitäten. Für weit gespannte gezielte staatliche Kolonialunternehmungen fehlte insbesondere angesichts der chronischen Finanznot der Krone die materielle Basis. Darüber hinaus war man bereits damit befasst, die englische Herrschaft über Irland auszudehnen und zu festigen, indem man hier besonders im Nordosten der Insel Kolonien (*plantations*) englischer und schottischer Siedler einrichtete. Vor allem aber blieb das merkantile Interesse der aufstrebenden Handelsnation auf den europäischen Kontinent konzentriert. Der florierende Woll- bzw. Tuchexport wurde in erster Linie über Antwerpen abgewickelt. Und schließlich hatten die Portugiesen und Spanier die Neue Welt bereits unter sich aufgeteilt, ehe 1497 der Italiener John Cabot im Auftrag Heinrichs VII. von Bristol aus nach Westen segelte, an der nordamerikanischen Küste landete und damit eine Reihe von vergeblichen Unternehmungen einleitete, die allesamt zum Ziel hatten, mit der Entdeckung einer Nordwest- bzw. Nordostpassage für England einen eigenen Weg zu den Reichtümern des Orients zu erschließen.

Formen englischer Expansion

Schließlich war es dann der Konflikt mit Spanien, der den Beginn und die Formen englischer Expansion nach Übersee weitgehend bestimmte. In Folge der spanischen Bemühungen, die aufständischen Niederlande militärisch zu unterwerfen, brach der Handel mit Antwerpen allmählich zusammen. Daher sahen sich die Kaufleute der Londoner City in zunehmendem Maße gezwungen, nach neuen Märkten und neuen Handelswegen zu suchen. Das Interesse richtete sich nach Westen und da ein neues El Dorado nicht zu finden war, ging man daran, an den Schätzen der Spanier mit Gewalt zu partizipieren. Am Anfang standen die Kaperfahrten elisabethanischer Seehelden wie Drake und Hawkins, deren Vorstöße in die spanischen Hoheitsgewässer der Karibik nicht nur vom Kapital der City finanziert wurden, sondern auch bei Hofe stille Teilhaber fanden. Als später der offene Krieg mit Spanien ausbrach, bildeten diese Freibeuter das Rückgrat der Flotte, die 1588 die Armada Philipps II. vernichtete. Bereits zu Beginn der Neuzeit bewährte sich diese Flotte also in einer doppelten Funktion: zum einen als Schutzwall gegen die Invasion feindlicher Mächte und zum andern als Instrument überseeischer Expansion. England konnte nur Handels- und Kolonialmacht werden, indem es zugleich Seemacht wurde.

East India Company

Neben die Seeräuberei im Westen traten die ersten Bemühungen, auch vom einträglichen Handel mit dem Fernen Osten zu profitieren, wobei man dort in Konkurrenz zu den Portugiesen und vor allem zu den Holländern geriet. 1600 wurde in London die *East India Company* gegründet, der ein Freibrief der Königin das Monopol des Handels mit Indien garantierte. Als Aktiengesellschaft organisiert, wurde sie nach wechselvollen Anfängen rasch zur bedeutendsten Fernhandelsgesellschaft, die im Laufe der ersten dreißig Jahre ihres Bestehens drei Mio. Pfund an Kapital unter den Kaufleuten der Londoner City aufbrachte und deren Aktien ihren Besitzern in der zweiten Hälfte des 17. Jahrhunderts eine Dividende von 25% einbrachten. Zunächst war dieser

Handel einseitig auf Importe wie Gewürze und später auch seidene und baumwollene Textilien sowie Tee aus China beschränkt, für die man mit dem in Asien so begehrten Silber zahlte. Er wurde im Fernen Osten zunächst über Faktoreien in indischen Hafenplätzen wie Surat, Masulipatam und Hugli abgewickelt, später dann über englische Niederlassungen wie Bombay, Madras und Kalkutta.

Siedlungskolonien in Amerika

Das dritte Grundelement des künftigen britischen Weltreiches, die Ausdehnung politischer Herrschaft auf Gebiete in Übersee, lässt sich ebenfalls bis in die elisabethanische Epoche zurückverfolgen, in der die ersten Siedlungskolonien in Amerika entstanden. Neben ökonomische Motive traten dabei strategische Konzepte – Gründung von Brückenköpfen für militärische Aktionen gegen Spanisch-Amerika – und religiöse Gründe, wobei hier weniger die Heidenmission im Vordergrund stand als vielmehr das Streben religiöser Minderheiten nach sicherer Zuflucht. Als zudem der Friede mit Spanien 1604 die Engländer in den Stand versetzte, Land in Amerika, was nicht bereits im Besitz einer christlichen Nation war, für eigene Siedlungen in Anspruch zu nehmen, wurde 1607 mit Virginia die erste dauerhafte englische Kolonie gegründet, nachdem ähnliche Versuche zuvor mehrfach gescheitert waren. Ab 1620 folgten weitere Niederlassungen im Norden, z.T. in Folge verstärkter Emigration englischer Puritaner, aber auch angesichts der Tatsache, dass Besitzlose sich – im Gegensatz zu europäischen Verhältnissen – in der Neuen Welt eine Existenz aufbauen konnten. Zwischen 1620 und 1640 kam es zu einer ersten Welle von Auswanderungen, wobei im Jahr ca. 2500 Siedler England verließen. Im Süden, in der Karibik, eroberte bzw. besiedelte England Inseln wie Barbados, St. Kitts, Antigua, die Bahamas und Jamaika.

Resultat privater Initiativen

Am Anfang des englischen Empire standen sporadische und ihrem Charakter nach disparate Unternehmungen, weil hier die entscheidenden Impulse nicht vom Staat ausgingen, sondern das Resultat privater Initiativen waren. Aktiengesellschaften rüsteten Schiffe aus, organisierten den Fernhandel oder gründeten Niederlassungen. In anderen Fällen erwarben Einzelpersonen wie Lord Baltimore oder William Penn das Recht, die Besiedlung ganzer Landstriche als Kolonie zu organisieren (Maryland 1632, Pennsylvania 1681). Zwar wurde in jedem Falle den Initiatoren durch königlichen Freibrief staatlicher Schutz zugesichert, und jedwede Landnahme erfolgte im Namen der englischen Krone, doch erst Cromwells militärische Operationen in der Karibik (1655/56) signalisierten die Anfänge staatlicher Kolonialpolitik.

Staatliche Kriegsflotte

Von nun an schuf der Staat in zunehmendem Maße die Rahmenbedingungen für überseeische Aktivitäten. Dies galt in erster Linie für den Ausbau der Flotte. Während der Krieg zur See noch in elisabethanischer Zeit mit angemieteten bewaffneten Handelsschiffen geführt wurde, begann das englische Parlament in Zusammenhang mit dem Bürgerkrieg mit dem gezielten Aufbau einer staatlichen Kriegsflotte, die zwischen 1649 und 1660 um 216 Schiffe verstärkt wurde. Zu Beginn der Restauration, als sie offiziell den Titel *Royal Navy* erhielt, war damit eine klare Trennung von Handelsflotte und Kriegsmarine vollzogen. Letztere verfügte dann im 18. Jahrhundert in Friedenszeiten über ca. 125 Linienschiffe – eine Zahl, die den vereinigten Flotten Spaniens und Frankreichs entsprach; im Kriegsjahr 1760 hingegen standen mehr als 200 Schiffe mit 70 000 Seeleuten zur Verfügung. Gleichzeitig liefen ca. 6 000 Handelsschiffe unter englischer Flagge, auf denen 100 000 Seeleute Dienst taten. 1815, nach dem Sieg über das napoleonische Frankreich, verfügte die Royal Navy über ebenso viele Kriegsschiffe wie die Seestreitkräfte der übrigen Nationen zusammengenommen.

Navigation Acts

Das Ausmaß, in welchem Handel und Schifffahrt als die Basis des englischen Empire unter staatlichen Schutz gestellt wurden, fand in den sog. *Navigation Acts* adäquaten Ausdruck. Zuerst 1651 vom Parlament der Republik erlassen und nach dem Machtwechsel der Restauration 1660 sogleich von der Regierung Karls II. bestätigt, formulierten sie als Ziel die Ausschaltung des (vorwiegend holländischen) Zwischenhandels im Verkehr mit den Kolonien. Sie dienten damit der Förderung der eigenen Handelsflotte, die mit ihren Seeleuten zugleich das Reservoir für die staatliche Kriegsmarine bildete. In Verbindung mit der *Staple Act* von 1663 lieferten diese Gesetze die Grundordnung für das erste Englische Empire, indem sie die Wirtschaft der überseeischen Besitzungen konsequent den Interessen des Mutterlandes unterordneten. Auf der einen Seite durften die Kolonien europäische Produkte nicht-englischer Provenienz nur über England importieren, auf der anderen Seite ihre Exporte in Drittländer ebenfalls nur über England abwickeln. Diesem fiel somit die einträgliche Rolle des Stapelplatzes für den europäischen Handel mit weiten Teilen der überseeischen Welt zu.

Außenhandelsbilanz

Zugleich profitierte der Staat unmittelbar durch die aus dem Handel fließenden Zolleinnahmen. Als die Wirtschaftspolitik in der zweiten Hälfte des 17. Jahrhunderts an den Grundsätzen des Merkantilismus ausgerichtet wurde, lieferte die allgemeine Handelsbilanz die Richtlinien dieser Politik. Zentrale Behörden wie die 1675 gegründeten *Lords of Trade*, an deren Stelle 1696 das *Board of Trade* trat, hatten vornehmlich die Aufgabe, für eine positive Bilanz des Außenhandels zu sorgen. Im Jahr 1700 war dieses Ziel erreicht: Importen im Wert von ca. 6 Mio. Pfund standen Exporte für 6,5 Mio. gegenüber; fünfzig Jahre später waren diese Zahlen auf 7,8 Mio bzw. 12,7 Mio. angewachsen, wobei die aus einem umfangreichen Schmuggel herrührenden Profite nicht eingeschlossen sind. Zum Schutz und zur Ausweitung dieses Handelsimperiums wurden Kriege geführt: Im 17. Jahrhundert gegen Holland und später, wie z. B. 1739 unter dem wachsenden Druck der in der Londoner City versammelten merkantilen Interessen, gegen Spanien und Frankreich. Bis zum Beginn des 19. Jahrhunderts war imperiale Politik in erster Linie darauf ausgerichtet, die globale Hegemonie britischen Handels zu gewährleisten und nicht zuletzt dadurch ökonomischen Fortschritt und politische Stabilität für die Metropole zu sichern. Auch die englischen Siedlungskolonien besaßen ihren Stellenwert in diesem Handelsimperium, wobei vor allem die Besitzungen in der Karibik als die „kostbarsten

Juwelen" in der Krone des britischen Reiches galten, als die Lieferanten wertvollen Zuckers sowie des daraus gewonnenen Rums. Die Bedeutung der südlichen Kolonien an der nordamerikanischen Küste gründete auf Tabak und Baumwolle und sie waren ebenfalls Partner im einträglichen Sklavenhandel, der zwischen 1662 und 1807 mehr als 3,4 Mio. Menschen von Afrika in die britischen Besitzungen in Amerika transportierte. Und wenn die weiter nördlich gelegenen Neu-England Kolonien, die ihre Existenz konfessionellen Motiven verdankten, auch keine direkte Ergänzung der Ökonomie des Mutterlandes bildeten, so sollten sie doch im 18. Jahrhundert wichtige Abnehmer der neuen Industrieprodukte werden.

Doch die britischen Besitzungen in Übersee waren mehr als nur Positionen in der Handelsbilanz der Metropole. Seit der zweiten Hälfte des 17. Jahrhunderts wurde das Empire auch als Imperium, d. h. unter den Kategorien von Macht und Herrschaft verstanden. Dies galt umso mehr, als im 18. Jahrhundert ein Strom von Einwanderern – nicht nur von den britischen Inseln, sondern auch und vor allem aus den Territorien des Deutschen Reiches – die Zahl der Kolonisten von ca. 265 000 um 1700 auf 2,3 Mio. 1770 anwachsen ließ und die nordamerikanischen Kolonien zum Zentrum eines Reiches wurden, das im Wettbewerb mit dem der Spanier und Franzosen stand. Dabei kam den Niederlassungen an der amerikanischen Ostküste besondere Bedeutung zu, da sie als britische Siedlungen die politische Kultur Englands nach Übersee transportierten. In dem Maße, wie die britischen Zeitgenossen englisches Recht und englische Freiheit als Attribute eigener Nationalität feierten, verstanden sie das Empire auch als nationale Mission bzw. als Ausweis der Überlegenheit britischer Freiheit, ohne die, nach den Worten Edmund Burkes, das Empire nicht bestehen könne.

Empire als Imperium

Formal bildete die Autorität der englischen Krone Basis und Zentrum dieses Reiches, denn die verschiedenen Formen privater Initiativen zur Gründung von Handelsgesellschaften oder Kolonien waren stets durch königliche Freibriefe autorisiert. Von daher stand das Recht des Mutterlandes, das überseeische Reich zu verwalten, außer Frage. In der Praxis hatten sich jedoch vielfältige Formen von kolonialer Selbstverwaltung bzw. politischer Mitbestimmung ausgebildet. Auf der einen Seite verkörperte in jeder Kolonie der in der Regel von London entsandte Gouverneur die Autorität der Krone in einem Maße, wie dies in England nicht mehr der Verfassungswirklichkeit entsprach. Denn in seiner Person waren formal sowohl die legislative und exekutive Gewalt als auch die Rechtsprechung konzentriert. Doch um solche umfassende Autorität in der Praxis geltend zu machen, standen den Gouverneuren keine staatlichen Mittel zur Verfügung, sie waren auf Kooperation mit den Siedlern angewiesen. Diese hatten in den meisten Kolonien, dem Muster der Selbstverwaltungsgremien kolonialer Aktiengesellschaften folgend und am Vorbild des englischen Parlaments orientiert, repräsentative Versammlungen als zentrale Organe kolonialer Selbstverwaltung gebildet, die bald das Recht ausübten, an der Gesetzgebung mitzuwirken und Steuern innerhalb der jeweiligen Kolonie zu bewilligen. Hier waren Konflikte vorprogrammiert, wie erstmals in der zweiten Hälfte des 17. Jahrhunderts deutlich wurde, als London sein Empire nicht mehr nur als merkantiles System betrachtete, sondern als Kolonialreich, das es von der Zentrale her zu verwalten galt. Mit dem Ziel, die Administration der nordamerikanischen Siedlungskolonien zu vereinheitlichen und zu straffen, versuchte man die Position der Gouverneure gegenüber den kolonialen Repräsentativversammlungen zu stärken. Diese neue Form der Reichspolitik wurde allerdings durch die Glorreiche Revolution unterbrochen und es folgten Jahre, in denen zwar weiterhin im Prinzip das politische Monopol der Metropole unbestritten blieb, flexible Formen des Ausgleichs jedoch die Praxis bestimmten. Man war schließlich nicht gewillt und wäre kaum in der Lage gewesen, Kolonialpolitik mit Gewalt gegen den Willen der Siedler durchzusetzen, zumal die Interessen eines prosperierenden Handels wieder in den Vordergrund traten. Da so bis zum Ende des Siebenjährigen Krieges das latente Spannungsverhältnis von Reichsadministration und kolonialer Selbstverwaltung in der Schwebe blieb, konnten de facto die kolonialen Parlamente diese Phase nutzen, um ihre Position zu stärken. Zugleich stand ihnen nun eine genügend lange Zeitspanne zur Verfügung, um eigene rechtsstiftende Traditionen auszubilden.

Reichsadministration und koloniale Selbstverwaltung

Der Friede von Paris 1763 bildete zugleich den Höhepunkt und den Wendepunkt in der Geschichte des Ersten bzw. älteren britischen Empires. England hatte den Krieg gegen Frankreich, den großen Rivalen in Übersee, zwar zum Schutz seiner Kolonien geführt – wohl mit dem erklärten Ziel, hegemoniale Weltmacht zu sein, aber nicht in der Absicht weiterer territorialer Expansion. Tatsächlich aber erwarb es nun nicht nur neue Stützpunkte in Indien, der Karibik, in Afrika und dem Mittelmeer, sondern vor allem Kanada, Florida und das Gebiet westlich des Mississippi. Damit war einer künftigen Bedrohung der nordamerikanischen Besitzungen durch Frankreich endgültig jegliche Basis entzogen. Gleichzeitig war damit aber auch eine wesentliche Voraussetzung für die künftigen Auseinandersetzungen zwischen den Kolonien und London geschaffen worden, denn nun waren jene nicht mehr in dem Maße wie zuvor auf den Schutz durch Großbritannien angewiesen. Dieses wiederum sah sich angesichts neuer ausgedehnter Herrschaftsgebiete vor die Frage gestellt, inwiefern sein Weltreich weiterhin in erster Linie Handelsimperium bleiben könne oder ob mit einer neuen Kolonialpolitik neue Formen einer mehr politischen Organisation des Empire anzustreben seien. In neu eroberten Gebieten wie Kanada konnte ohnehin ein koloniales Regiment eingerichtet werden, das sich nicht mit überlieferten Formen kolonialer Selbstverwaltung zu arrangieren hatte.

1763: Höhepunkt und Wendepunkt

Der Krieg war teuer gewesen, und dies umso mehr, als die Kolonien nur einen geringen Beitrag geleistet hatten. Es war daher das Ziel der Londoner Regierung, künftige Kosten gering zu halten und zugleich die Kolonien stärker an der eigenen Finanzierung zu beteiligen. Aus diesem Grund schloss man 1774 mit der *Quebec Act* die bislang offene Westgrenze der Kolonien, da deren Expansion immer wieder zu kostspieligen Konflikten mit den eingeborenen Indianern führte. Gleichzeitig sollten die Kolonisten durch die Einführung neuer Steuern stärker an den ständig wachsenden Kosten für Militär und Verwaltung beteiligt werden. Hieraus erwuchs jedoch ein Grundsatzkonflikt, der von den Amerikanern in der griffigen Formel „No taxation without representation" auf den Punkt gebracht wurde. Die neue britische Kolonialpolitik stieß hier auf Widerstand, der aus der eigenen politischen Tradition genährt wurde. Denn die Parlamente der Kolonien orientierten sich in ihrem politischen Selbstverständnis, was ihre Rolle und ihre Rechte anbetraf, voll und ganz am Vorbild des englischen Parlaments. Und wie dieses gegen die verfassungsrechtliche Offensive der Krone im 17. Jahrhundert auf seinem Steuerbewilligungsrecht bestanden hatte, so leisteten sie nun Widerstand gegen ein Parlament, in dem die Siedler nicht vertreten waren und das dennoch auf neuartigen Eingriffen in koloniale Angelegenheiten bestand. Letztlich beruhte die Krise des älteren britischen Empire auf dem Machtzuwachs der politischen Vertretungskörperschaften sowohl im Mutterland als auch im Bereich der nordamerikanischen Peripherie, deren Ansprüche sich gegenseitig ausschlossen. Und so ging es bei den 1765 einsetzenden Auseinandersetzungen zwischen den Kolonien und der Londoner Zentrale niemals allein um die Höhe der Steuerlast, sondern durchweg ums Prinzip.

„No taxation without representation"

Obwohl das unmittelbare Ziel des kolonialen Widerstands in der Garantie politischer Selbstbestimmung als Mitbestimmung im Rahmen eines reformierten Empire bestand, mündete der Prinzipienstreit letztendlich nicht nur in den bewaffneten Konflikt, sondern in die Forderung nach uneingeschränkter Selbstständigkeit, wie sie in der Unabhängigkeitserklärung des Jahres 1776 formuliert wurde. Da hier nicht nur die Ablösung der amerikanischen Kolonien vom Mutterland, sondern zugleich die Freiheit und Gleichheit aller Individuen als die Voraussetzung und das Ziel gesellschaftlichen Zusammenschlusses und politischer Organisation verkündet wurden, war der amerikanische Unabhängigkeitskrieg eine Revolution. Er hatte nicht nur das Ende des ersten englischen Empire zur Folge, das sein Gravitationszentrum in den dreizehn nordamerikanischen Siedlungskolonien besessen hatte, sondern markierte mit der grundsätzlichen Absage nicht nur an die Monarchie, sondern an jegliche Form hierarchisch-ständischer Sozialordnung den Aufbruch in ein neues Zeitalter. Die Krise des britischen Kolonialreiches leitete zugleich die Epoche der Revolutionen ein, indem in Nordamerika erstmals in der modernen Geschichte ein Staatswesen ausdrücklich auf die Maximen der Vernunft, d.h. in der Praxis: Auf die Vertragslehre und das Prinzip der Volkssouveränität, gegründet wurde. Amerika sollte von nun an immer wieder als Modell bzw. Vorbild wirken. Militärisch war der Unabhängigkeitskrieg 1781 mit der Kapitulation des britischen Heeres bei Yorktown entschieden und im Frieden von Paris erkannte London 1783 die uneingeschränkte staatliche Souveränität seiner ehemaligen Kolonien an.

Amerikanischer Unabhängigkeitskrieg

Wenn auch 1783 das Ende des älteren britischen Empire markiert, das auf Handelsmonopole gegründet war und sein Zentrum im Westen in den Siedlungskolonien des nordamerikanischen Kontinents besaß, so war zugleich im Osten, speziell in Indien, die Basis für ein neues weltumspannendes britisches Empire geschaffen worden. In mehrfachen Schüben territorialer Expansion, vor allem während der napoleonischen Kriege und gegen Ende des 19. Jahrhunderts, aber auch noch im Gefolge des Ersten Weltkrieges erreichte dieses zweite britische Weltreich eine Ausdehnung, mit der es ein Viertel der Erdoberfläche umfasste und über ein Fünftel der Weltbevölkerung, d. h. ca. 400 Mio. Menschen (1901), herrschte. Dazu gehörten nicht nur Kanada, Australien, Neuseeland, der gesamte indische Subkontinent sowie Burma, Malaysia und in Afrika und Vorderasien eine zusammenhängende Landmasse, die sich von der Kapkolonie über Rhodesien, Kenia und Ägypten bis nach Palästina und dem Irak erstreckte. Hinzu kam ein weltumspannendes Netz von maritimen Stützpunkten für die dieses Reich sichernde Flotte, mit Dover, Gibraltar, Suez, dem Kap der Guten Hoffnung und Singapur als Knotenpunkten. Dies waren zugleich die wesentlichen Voraussetzungen für den politischen Großmachtstatus, wie er schon bald nach der Niederlage von 1783 in den Kriegen gegen das revolutionäre Frankreich erneut bestätigt wurde, bis er schließlich im Laufe des 19. Jahrhunderts in eine zeitweilig unumstrittene Führungsposition mündete. Großbritannien war Weltmacht, weil es ein Weltreich besaß. Darüber hinaus besaß es auf dieser Grundlage eine bis heute wirksame globale Ausstrahlungskraft und gleichzeitig verdankte es seine wirtschaftliche Prosperität zumindest zum Teil seinen überseeischen Besitzungen und Einflusssphären.

Zweites britisches Weltreich

Gerade aber das Verhältnis von ökonomischen Interessen und politischer Expansion in Übersee macht deutlich, dass das zweite britische Empire nicht nur ein neues, sondern auch ein anderes Weltreich war. Förderung, Schutz und Regulierung des Kommerz hatten im Zentrum des älteren Empire gestanden; Handel und Herrschaft hatten eine Einheit gebildet, wie in den *Navigation Acts* und weiteren Zoll- und Handelsgesetzen deutlich geworden war. Doch nicht nur löste die amerikanische Revolution diese Gleichung auf – gleichzeitig ließ die Industrielle Revolution die politische Protektion britischer wirtschaftlicher Interessen weitgehend überflüssig werden. Die Attraktivität neuer Produkte und nicht mehr politische Kontrolle sicherte alte und erschloss neue Absatzmärkte, wie die engen und intensiven Handelsbeziehungen mit den jungen Republiken in Südamerika und mit den ehemaligen nordamerikanischen Kolonien nach 1783 bewiesen. Jetzt waren Großbritanniens Überseehandel und sein überseeisches Reich nicht mehr in dem Maße deckungsgleich wie noch ein Jahrhundert zuvor. So bezog die neue, rasch expandierende englische Baumwollindustrie ihren Rohstoff zunächst aus Brasilien und später vor allem aus den amerikanischen Südstaaten und ihre Produkte wurden anfangs auch und vor allem außerhalb des Empire, d. h. ebenfalls in den USA und den lateinamerikanischen Staaten sowie

Europa abgesetzt. Um den Vorsprung im Bereich der industriellen Produktion weltweit in Profit umzusetzen, bedurfte es nicht mehr der direkten politischen Herrschaft, sondern lediglich der Garantie der ungehinderten Konkurrenz auf dem freien Markt. Wer den Blick auf die Expansion britischer Exportmärkte im 19. Jahrhundert richtet, entdeckt ein die Grenzen politischer Herrschaft über-

Informelles Empire

schreitendes informelles Empire als Ergebnis eines im Rahmen der ersten Phase der ökonomischen Globalisierung wirkenden *Freihandelsimperialismus* der weltweit führenden Industrienation: „By informal means if possible, or by formal annexations when necessary, British paramouncy was steadily upheld" (Robinson und Gallagher).

Dieses informelle Empire bezeichnet jene umfangreiche Grauzone britischer Dominanz, in der maßgeblicher Einfluss zur Sicherung britischer wirtschaftlicher Interessen langfristig gegeben war, ohne dass direkte politische Herrschaft ausgeübt wurde. Neben den meisten südamerikanischen Staaten und weiten Teilen des in Auflösung begriffenen osmanischen Reiches zählte hierzu vor

China

allem China. Hier wird zugleich deutlich, dass solch indirekte Herrschaft stets auf der latenten Bereitschaft zum Einsatz militärischer Gewalt beruhte. Mit dem Opium-Krieg 1840–42, der den äußerst profitablen indischen Opiumexport nach China sicherte, und weiteren Feldzügen 1856–60 wurde die chinesische Regierung gezwungen, ihr Land dem freien Welthandel zu öffnen, Ausländern die Niederlassung in einer Anzahl chinesischer Städte zu erlauben und ihnen zugleich das Privileg der Exemption von der einheimischen Justiz zu gewähren. In welchem Maße solche Formen der Einflussnahme von den Einheimischen als demütigende koloniale Herrschaft verstanden oder gar empfunden werden konnte, zeigen nationale Erhebungen wie die Arabi Paschas 1882 in Ägypten oder der so genannte Boxer-Aufstand 1900/01 in China.

Trotz der schon bald offenkundigen Führungsposition Großbritanniens im Umfeld eines globalen freien Marktes und trotz der daraufhin schon bald von Freihändlern aus der Schule Adam Smiths gegen ein kostspieliges Kolonialreich vorgebrachten Argumente expandierte das britische Empire im 19. Jahrhundert auch dort, wo überseeische Gebiete in aller Form der Herrschaft der britischen

Phasen der territorialen Expansion

Krone unterstellt wurden. Wie die unterschiedlichen Formen und Phasen der territorialen Expansion deutlich machen, existierte dabei kein einheitliches Konzept, keine durchgängige Strategie der Metropole. Hier lieferten vor allem die Rivalitäten mit den übrigen europäischen Großmächten das Motiv für weitere Annexionen, wie z. B. nach dem Sieg über das napoleonische Frankreich, als sich Großbritannien u. a. Malta, die Kapkolonie und Ceylon als strategische Stützpunkte sicherte. In Asien galten die wiederholten Versuche, auch Afghanistan direkter britischer Herrschaft zu unterwerfen, vor allem der Abwehr drohenden russischen Einflusses in diesem Bereich, und schließlich wurde die Phase geradezu hektischer europäischer Landnahme in Afrika durch die britisch-französische Rivalität um Ägypten und die daraus resultierende militärische Intervention

Londons 1882 eingeleitet. Aufs Ganze gesehen waren jedoch vor allem die liberalen britischen Kabinette des 19. Jahrhunderts grundsätzlich nicht bereit, weiteren Landerwerb in Übersee zu forcieren. Desgleichen förderten sie auch nur sporadisch die Auswanderung von insgesamt 22,6 Millionen Briten, die zwischen 1815 und 1914 die Insel verließen, ungefähr die Hälfte allerdings mit dem Ziel der Vereinigten Staaten.

men on the spot

turbulent frontier

Entscheidend für die Ausbreitung Englands im 19. Jahrhundert waren die Initiativen von Handlungsträgern vor Ort (*men on the spot*), besonders dann, wenn britische Befehlshaber, Gouverneure oder sonstige Residenten mit offiziellem Status in die Auseinandersetzungen indigener Machthaber im Umfeld einer unruhigen Grenze (*turbulent frontier*) verwickelt waren. Sowohl in Indien während der ersten Hälfte des 19. Jahrhunderts als auch in der Phase des Hochimperialismus in Afrika sah sich die Londoner Metropole wiederholt vor vollendete Tatsachen gestellt, die es im Nachhinein durch förmliche Okkupation zu sanktionieren galt; die Karrieren und Eroberungen von Männern wie Charles Napier (1782–1853) in Indien und Cecil Rhodes (1853–1902) in Südafrika liefern hierfür eindrucksvolle Beispiele.

Heterogene Struktur des Empire

Dementsprechend trifft auch für das zweite Empire das Diktum des Historikers John Robert Seeley zu, dass es in einem *fit of absence of mind* erworben worden sei. Und dem wiederum entspricht dessen heterogene Struktur. Selbst wenn man vom so genannten *informal Empire* absieht, war dieses überseeische Reich ein Konglomerat höchst disparater Teile, die sich – einem vereinfachenden Schema folgend – drei Kategorien zuordnen lassen: den Dominions als den weißen Siedlungskolonien, den Kronkolonien und dem Komplex des indischen Herrschaftsbereichs.

Weiße Siedlungskolonien

Die Erfolge des Freihandels sowie die Lehren, die zumindest liberale Politiker bereit waren, aus den Erfahrungen des amerikanischen Unabhängigkeitskriegs zu ziehen, führten im zweiten Drittel des 19. Jahrhunderts zu einer flexiblen Politik der Metropole gegenüber den weißen Siedlungskolonien des Empire, bis diese schließlich den sog. *Dominion-Status* erwarben. Den neuen Weg wies hier Kanada, das zunächst seit 1763 als British-North-America mit einer anfangs vorwiegend französischen Bevölkerung als Kronkolonie straff von London aus verwaltet wurde. Auch hier begannen die einzelnen Provinzen nach politischer Selbstbestimmung zu drängen, nicht zuletzt infolge des Zustroms britischer Siedler und wachsender nationaler Differenzen zwischen Franko-Kanadiern und neu zugewanderten Anglo-Amerikanern. Liberale Reichsreformer in London suchten daraufhin nach Wegen, politische Selbstständigkeit der Kolonien mit dem Fortbestand der Einheit des Empire unter der Führung Großbritanniens zu verbinden. So entwickelte Lord Durham in seinem viel zitierten Bericht, den er 1838 im Anschluss an seine kurze Amtszeit als Gouverneur in Kanada verfasste, die These, dass allein effektive eigenverantwortliche Selbstregierung der Kolonien Unabhängigkeitsbewegungen verhindern könne. Zu diesem Zweck schlug er eine pragmatische Trennung von inneren und äußeren Angelegenheiten vor, wobei nur noch letztere, also die Außenpolitik, ausschließlich in die Kompetenz der Zentrale fallen sollten. Auch wenn sich in der Praxis die Schaffung von halbsouveränen staatlichen Gebilden auf Dauer nicht realisieren ließ, so war doch mit der Einrichtung des *Dominion of Canada* 1867 ein Weg gewiesen, auf dem die übrigen großen weißen Siedlungskolonien – Australien, Neuseeland, Südafrika – bald folgen sollten, um politische Selbstbestimmung und Loyalität zum Empire zu verbinden.

In der imperialen Ideologie der Zeit wurde die besondere Stellung der weißen Siedlungskolonien im Reichsverband als Konsequenz der weltweiten Mission Englands verstanden, die zugleich die Rechtfertigung für das Empire lieferte: Nach dem Muster der antiken Kolonien Griechenlands verkörperten diese überseeischen Niederlassungen die Ausbreitung Englands durch die Schaffung vieler neuer Englands, um überall in der Welt englische Institutionen und Traditionen musterbildend kulturstiftend wirken zu lassen. Darüber hinaus lieferte die Lehre von der Überlegenheit nicht nur der europäischen Zivilisation schlechthin, sondern speziell der angelsächsischen *Rasse*, die Legitimation für die direkte britische Herrschaft über Länder und Völker in Übersee, die dann dementsprechend als moralische Pflicht, als *white man's burden* propagiert werden konnte. Dies galt für den ebenso weiten wie vielfältigen Bereich der britischen Kronkolonien, die von direkt entsandten Gouverneuren verwaltet wurden, denen lediglich nominierte Gremien assistierten. Im Gegensatz zu den weißen Siedlungskolonien fand hier keine politische Mit- oder gar Selbstbestimmung der indigenen Bevölkerung statt.

Kronkolonien

Mehr noch als seine nordamerikanischen Siedlungskolonien das Zentrum des älteren Empire im Westen gebildet hatten, war Indien das Herzstück des zweiten Empire, dessen Schwerpunkt nun im Osten lag. Hier kontrollierte London ein Reich, das an Umfang fast Europa (ohne Russland) gleich kam und mit ca. 300 Mio. Menschen um 1900 drei Viertel der Bevölkerung des Empire beherbergte. 1870 wurden 25% des britischen Kapitals, das nach Übersee floss, in Indien investiert, 1913 waren es noch 10%. Vor allem war hier die militärische Macht konzentriert, mit deren Hilfe Großbritannien in Asien den entscheidenden Einfluss ausübte: 1910 z. B. hatte es hier ca. ein Viertel seiner Landstreitkräfte, d. h. 75 000 Mann stationiert, hinzu kam die indische Armee mit einer Friedensstärke von 150 000 Soldaten, kommandiert von 2 700 britischen Offizieren, alles auf Kosten Indiens, das dafür jährlich 20 Mio. Pfund aufzubringen hatte. Und diese Truppen wurden nicht nur in Indien und an dessen Grenzen in Afghanistan (1878) und Burma (1886), sondern u. a. auch in China (1860), Abessinien (1868), Ägypten (1882) und dem Sudan (1896–98) sowie schließlich auch in Südafrika eingesetzt. „As long as we rule in India we are the greatest power in the world. If we lose it we shall drop straight away to a third rate power", stellte der britische Vizekönig Lord Curzon 1901 fest. Nicht ohne Grund hatte schon vorher Disraeli Großbritannien als

Indien

„asiatische Macht“ bezeichnet, weshalb die Sicherheit Indiens im 19. Jahrhundert durchweg ein leitendes Prinzip britischer Außenpolitik bildete.

Anfänge britischer Herrschaft in Indien

Die Anfänge britischer Herrschaft in Indien reichen bis in die Zeit des älteren Empire zurück, als die *East India Company* seit der Mitte des 18. Jahrhunderts den Übergang von einer bloßen Handelsgesellschaft zu einer indischen Territorialmacht vollzog. Dies geschah sowohl als Reaktion auf den Machtverfall des großindischen Moghul-Reiches, das der Gesellschaft bis dahin den notwendigen Schutz an ihren Handelsplätzen wie Bombay und Madras gewährt hatte, als auch in Auseinandersetzung mit der französischen Konkurrenz. Dabei mündete die militärische Defensive schließlich in planmäßige Expansion unter Männern wie Robert Clive und Warren Hastings. Die entscheidende Wende war vollzogen, als der Moghulherrscher nach den Siegen der kleinen, aber nach europäischem Muster gedrillten schlagkräftigen Armee der *East India Company* über zahlenmäßig weit überlegene Streitkräfte bei Plassey (1757) und Buxar (1764) gezwungen wurde, das Recht der Verwaltung Bengalens und der dazu gehörigen Provinzen an die englische Handelsgesellschaft abzutreten. Dieser sog. *diwani* schloss das Recht der Steuererhebung ein, die schon bald zur Haupteinnahmequelle der Gesellschaft wurde. Im Zusammenhang mit den britischen Kriegen gegen das revolutionäre und napoleonische Frankreich erweiterte sie ihren Herrschaftsbereich in Indien erheblich. Um die Mitte des 19. Jahrhundert standen schließlich der Nordwesten des Subkontinents von Assam über Kalkutta bis Delhi, der Pandschab, die gesamte Ostküste und große Teile der Westküste und Zentralindiens unter der Verwaltung der Kompanie. Den Rest kontrollierte sie indirekt, indem sie die einheimischen Herrscher durch entsprechende Verträge an sich band.

Staat und *East India Company*

Mit dem Übergang vom Handel zur Herrschaft änderte sich auch das Verhältnis von Staat und *East India Company* in London. Mit entsprechenden Gesetzen der Jahre 1773 und 1784, durch welche die Gesellschaft einer stärkeren parlamentarischen Kontrolle unterworfen wurde, erkannte die britische Regierung es letztendlich als ihre Aufgabe an, die Verantwortung für die britische Präsenz in Indien zu übernehmen. Gleichzeitig verlor die Gesellschaft 1813 und 1833 endgültig ihre Monopole für den Handel mit Indien und China. Schließlich wurde die *East India Company* in Reaktion auf den nur mit Mühe niedergeschlagenen großen Aufstand der indischen Armee des Jahres 1857 (*Indian Mutiny*) aufgelöst und ihre Besitzungen und Herrschaftsrechte wurden der britischen Krone übertragen; 1876 ließ der britische Premier Disraeli Königin Viktoria als *Empress of India* ausrufen. Die hier direkt britischer Herrschaft unterworfenen Gebiete wurden von nun an durch einen mit den Aufgaben eines Generalgouverneurs betrauten Vizekönig regiert, während die zahlreichen formal auf ihren Thronen verbliebenen einheimischen Fürsten sich als gehorsame Vasallen der britischen Krone zu betrachten hatten.

Im Gegensatz zu den weißen Siedlungskolonien praktizierte Großbritannien in Indien eine durch keinerlei politische Mitbestimmung der indigenen Bevölkerung

Autokratische Herrschaft in Indien

qualifizierte autokratische Herrschaft. Englische Liberale hatten vor allem in der ersten Hälfte des 19. Jahrhunderts für die Briten in Indien einen zivilisatorischen Missionsauftrag formuliert, der im Sinne einer historischen Treuhandschaft ein an europäischen Maßstäben gemessen modernes Indien zum Ziel hatte. Sporadische Ansätze zu einer Politik der *Verwestlichung*, wie sie besonders der Generalgouverneur Dalhousie 1848–56 forciert hatte, förderten jedoch vielfach antieuropäische Reaktionen, die schließlich im Aufstand des Jahres 1857 kulminierten. Danach propagierte man die Ideologie von einer grundsätzlichen Differenz zwischen Europa und einer traditionsverhafteten orientalischen Gesellschaft, die es bestenfalls zu verwalten, aber nicht zu verändern gelte. Daraus ergab sich für die Briten die Legitimation zur Beibehaltung und Ausübung der Formen und Instrumente orientalischer Despotie, die allerdings, von Briten auf der Basis einer intakten Militärgewalt gehandhabt, von beispielloser Effizienz war. Und auch wenn in der Folgezeit beträchtliches britisches Kapital in Indien investiert wurde, u. a. für den Ausbau eines weitläufigen Eisenbahnnetzes, so bewirkte die britische Herrschaft andererseits Stagnation und Rückschritt. Wenn z. B. die qualitativ hoch stehende indische Baumwollproduktion schließlich den Billigerzeugnissen der englischen industriellen Revolution weichen musste, so ist dies nur ein Indiz für einen generellen Trend. „India became a subordinate agricultural colony under the dominance of metropolitan industrial Britain; its basic cultural institutions were disempowered and fixed in unchanging traditional forms; its civil society was subjected to the suzereignity of a military despotic state“ [Washbrook, in: 149: Bd. III, 399].

Verwaltung des Weltreichs

Seiner heterogenen Struktur gemäß existierte im Mutterland keine Zentrale für die Verwaltung des Weltreichs. Probleme allgemeiner Sicherheit sowie des ökonomischen und politischen Wettbewerbs fielen in die Kompetenz des Außenministeriums, strategische Planung und militärischer Schutz des Reiches lagen bei der Admiralität und dem Kriegsministerium. Das nach der Auflösung der *East-India Company* geschaffene *India Office* war nicht nur für den Subkontinent, sondern auch die angrenzenden britischen Besitzungen bis hin nach Sansibar zuständig. Die Vielzahl der übrigen direkt britischer Herrschaft unterstellten überseeischen Gebiete wurde durch das 1854 geschaffene Kolonialministerium verwaltet, an dessen Spitze allerdings nur in Ausnahmefällen einflussreiche Politiker wie Granville oder Joseph Chamberlain standen. Im Unterschied zu den Kolonialreichen der Spanier und Franzosen war das britische Empire nicht straff und klar auf die Metropole hin organisiert, sondern die Reichsverwaltung erfolgte im Dialog zwischen London und den Kolonien als die Summe durchaus unterschiedlicher bilateraler Beziehungen zwischen der Zentrale und den Stationen in der Peripherie. Dies galt nicht nur für die sich selbst verwaltenden weißen Siedlungskolonien, sondern auch in den übrigen Reichsteilen, wo britische Administratoren vor Ort die Politik des Empire gestalteten.

Nur mit Pragmatismus und einem hohen Maß an Flexibilität konnte der kleine europäische Inselstaat sein riesiges überseeisches Reich als politische Einheit über mehr als ein Jahrhundert erhalten, wobei eine verschwindend geringe Zahl von Briten in den Kolonien tätig war. Weniger als 2 000 Beamte des zu diesem Zweck begründeten *Indian Civil Service* verwalteten in Indien ein Reich mit nahezu 300 Mio. Untertanen; ähnlich wurden im südlichen Uganda gegen Ende des 19. Jahrhunderts 3 Mio. von nur 25 britischen Beamten kontrolliert. In der Praxis bedeutete dies, dass britische Herrschaft nicht nur durch deren stillschweigende Akzeptanz seitens der Mehrheit der Beherrschten, sondern durch effektive Kooperation und Kollaboration indigener Gruppen aufrechterhalten werden konnte. Dies galt nicht nur für bestimmte ethnische Gruppen wie die Sikhs und Gurkhas, aus denen die Truppen der indischen Armee rekrutiert wurden, und Vertreter der höheren Hindu-Kasten, welche als Mittler zwischen den Kolonialherren und der indischen Gesellschaft fungierten, sondern generell waren es in der Regel regionale Machthaber und lokale Eliten, die den politischen Willen der britischen Kolonialverwaltung vermittelten bzw. in die Praxis umsetzten. So wurden in Indien einheimische Radjahs halbsouveräner Fürstentümer ebenso in die politische Struktur des Empire eingebunden wie einheimische indische Händler und Großkaufleute in eine von Großbritannien dominierte globale Ökonomie. Schließlich wurden solche Methoden in der Hochphase des britischen Imperialismus in Afrika durch Frederick Lugard unter dem Begriff der *Indirect Rule* zum System erhoben. In der Praxis bedeutete dies, den einheimischen Herrschern weitgehend ihre Autorität und Macht zu belassen – nun allerdings zum Nutzen des Empire, das zwar in der Rolle des Vormundes der einheimischen Gesellschaft behutsam den Weg in die Moderne weisen sollte, tatsächlich jedoch eher dazu beitrug, traditionale Gewalten zu stabilisieren.

Kollaboration indigener Gruppen

In der Hochphase des Imperialismus gab es allerdings Versuche, dieses lose geknüpfte löchrige Netz der Reichsverwaltung zu straffen. Als Großbritannien im ausgehenden 19. Jahrhundert seinen Vorsprung als führende Industrienation zusehends einbüßte und man zugleich realisierte, dass im Krisenfall die Machtmittel des Inselstaates keinen umfassenden Schutz für das weltweite Empire mehr garantieren konnten, bot sich eine Reform und Reorganisation des Empire als Weg aus der Krise an. Wenn ein homogenes britisches Weltreich an die Stelle der Kolonialmacht Großbritannien trat, konnte es aufstrebende Rivalen wie die USA, Russland oder auch das Deutsche Reich eher in die Schranken weisen. Dies war das Konzept Joseph Chamberlains, wobei Zollunion und Reichsverteidigung – *Tariff Reform* und *Imperial Defence* – eine solche Neuorganisation einleiten sollten. Mit einer gemeinsamen, auf die Bedürfnisse des Gesamtreiches abgestimmten Verteidigungspolitik – und das hieß damals vor allem Flottenrüstung – sowie einheitlichen Zolltarifen – *imperial preference* – sollten die weißen Siedlungskolonien wieder stärker in den politischen Verband des Empire integriert werden. Doch Chamberlain und seine Anhänger scheiterten mit beiden Projekten: Zum einen

Tariff Reform und *Imperial Defence*

am wachsenden politischen Selbstbewusstsein der ehemaligen großen Siedlungskolonien, die eigene Zolltarife als Merkmal mühsam errungener staatlicher Souveränität verteidigten, zum anderen an der Tatsache, dass die Freihandelsdoktrin inzwischen zu einem vorerst unverzichtbaren Bestandteil britischer politischer Kultur geworden war. Desgleichen war Chamberlain bereits 1897 mit seinem vorsichtig formulierten Vorschlag gescheitert, dem Empire durch die Einrichtung eines Reichsrates eine neue straffere Organisationsstruktur zu geben. Man einigte sich stattdessen 1907 lediglich darauf, alle vier Jahre zum Zwecke der gegenseitigen Konsultation eine Reichskonferenz abzuhalten, auf der Kanada, Australien, Neuseeland und ab 1910 auch Südafrika durch ihre Premierminister vertreten waren.

Für diese ehemaligen Kolonien, die inzwischen die politische Selbstverwaltung zu vollständiger nationaler Selbstbestimmung ausgebaut hatten, dennoch aber durch ihre Tradition und ihre politische Kultur, d. h. nicht durch organisatorische Strukturen, sondern durch unsichtbare Bande dem Empire verbunden blieben, hatte sich zu Beginn des 20. Jahrhundert der Begriff *Dominions* eingebürgert. Als der ehemalige britische Premier Arthur James Balfour 1926 vor allem auf das Betreiben Irlands und Südafrikas hin mit der Aufgabe betraut wurde, deren politischen Status im Reichsverband zu definieren, lieferte er in seinem *Report* die Formel: „autonomous communities within the British Empire, equal in status, in no way subordinate one to another in any respect of their internal or external affairs, although united by a common allegiance to the Crown and freely associated as members of the British Commonwealth of Nations."

Dominions

Commonwealth

Gleichzeitig war hier mit dem Begriff des *Commonwealth* die besondere Stellung dieser Dominions im Reichsverband beschrieben, die schließlich im Statut von Westminster 1931 zum Gesetz erhoben wurde, als in aller Form der Verzicht des britischen Parlaments auf legislative Kompetenz gegenüber den Dominions ausgesprochen wurde. Zugleich jedoch wurde zum letzten Mal versucht, logisch Unvereinbares miteinander zu koppeln: einzelstaatliche Souveränität und Fortbestand eines übergreifenden politischen Verbandes. Man verzichtete in diesem Dokument bewusst darauf, staatliche Unabhängigkeit eindeutig zu definieren und zitiert stattdessen die Kernformel der *Balfour-Declaration*.

Erfahrungen zweier Weltkriege

Der vielfach beschworenen Einheit des Commonwealth entsprachen allerdings die Erfahrungen zweier Weltkriege. Einerseits markierten diese wichtige Stationen im Prozess der Auflösung des Empire, denn das Mutterland ging jeweils politisch und vor allem ökonomisch erheblich geschwächt aus ihnen hervor und trat seine Position als Weltmacht an die anti-imperialistischen Großmächte, zunächst die USA und dann auch die UdSSR, ab. Andererseits jedoch bestätigten sie die Geschlossenheit und Handlungsfähigkeit des Empire. Die Tatsache, dass die Regierung Georgs V. am 4. August 1914 namens des gesamten Empire dem Deutschen Reich den Krieg erklärt hatte, gab den Dominions einen weiteren wichtigen Grund an die Hand, auf uneingeschränkte außenpolitische Handlungsfähigkeit zu drängen. Dennoch trugen sie sowohl im Ersten wie auch im Zweiten Weltkrieg entscheidend mit dazu bei, dass Großbritannien zu den Siegern zählte. Zwischen 1914 und 1918 kamen insgesamt eine Million Soldaten aus den Dominions und 1,5 Mio. Inder zum Einsatz – zum Vergleich: Das Mutterland stellte 5 Mio. Und im Zweiten Weltkrieg erklärte lediglich Irland seine Neutralität; die übrigen Dominions folgten London in den Krieg. Kanada und Australien unterstützten dabei Großbritannien jeweils mit ca. einer halben Million Soldaten, und das immer noch in kolonialem Status befindliche Indien stellte bis 1945 insgesamt 2,5 Mio., die afrikanischen Kolonien 374 000 Mann. Der unbestreitbaren Erfolgsbilanz demonstrativer Solidarität der Dominions stand als Negativum der Verlauf des Krieges in Asien gegenüber. Hier markierte die Kapitulation von Singapur am 15. 2. 1942 einen entscheidenden Wendepunkt für die britische Herrschaft in Asien. Wo das Empire nicht mehr in der Lage war, seine Kolonien effektiv gegen äußere Bedrohung zu verteidigen, war auch nach 1945 die imperiale Herrschaft nicht mehr aufrechtzuerhalten.

Indien Krisenzentrum des Empire

Im Osten beschleunigte der Verlauf des Krieges den Verfall der britischen Herrschaft und leitete damit, in dem Maße, wie Indien eine Schlüsselposition des britischen Kolonialreiches bildete, dessen Auflösung ein. Ohnehin hatte sich der Subkontinent seit Beginn des 20. Jahrhunderts mehr und mehr zum Krisenzentrum des Empire entwickelt. Dazu trug besonders bei, dass die britische Indienpolitik über kein langfristiges Konzept verfügte. Sie oszillierte zwischen einer eingeschränkten und zögerlichen Bereitschaft, Indien allmählich auf den Weg in die politische Selbstbestimmung zu bringen, und dem immer wieder betonten festen Willen, die britische Herrschaft um jeden Preis aufrechtzuerhalten, weil nur so der Bestand des Empire zu gewährleisten sei. Dies forderte in zunehmendem Maße die Opposition eines sich allmählich formierenden indischen Nationalismus heraus, der, an europäischem Gedankengut geschult und das Vorbild der weißen Dominions vor Augen, gleichberechtigte politische Selbstbestimmung auch für Indien anstrebte. Doch die Spaltung der indischen Nationalbewegung in eine hinduistische Mehrheit, die in der 1885 gegründeten Kongresspartei ihre organisatorische Basis besaß, und eine moslemische Minorität mit der 1906 ins Leben gerufenen Liga, lieferte der britischen Kolonialmacht immer wieder das Argument für die Fortsetzung ihrer Herrschaft als der notwendigen Voraussetzung für die politische Existenz Indiens. Dies war auch dann die Prämisse, wenn Konzessionen gemacht wurden, wie in den sog. *Morley-Minto-Reformen* von 1909, mit denen ein gewisses Maß indischer Beteiligung an der Verwaltung des Landes festgeschrieben wurde. Und selbst als es angesichts des erheblichen Beitrags, den das Land im Ersten Weltkrieg leistete, zu einer deutlichen Aufwertung des internationalen Status von Indien kam – das Land war nun sogar im Völkerbund vertreten –, beließen die Reformen der *Government of India-Act* des Jahres 1919 dennoch die indische Zentralregierung trotz einheimischer Beteiligung voll und ganz in der Verantwortung gegenüber London. Im selben Jahr wurden im *Massaker von Amritsar* 400 Demonstranten von britischen Truppen niedergeschossen, was über Jahre zu wiederholten landesweiten Protestaktionen unter der Führung Mahatma Ghandis führte, der die vollständige nationale Unabhängigkeit als unverzichtbares Ziel der indischen Nationalbewegung proklamierte. Als die nationale indische Opposition diese Konfliktstrategie auch während des Zweiten Weltkrieges fortsetzte, konnte Großbritannien, das sich 1941 in der Atlantik-Charta gemeinsam mit den USA ausdrücklich zum Selbstbestimmungsrecht der Völker bekannt hatte, angesichts seines geschwächten politischen und ökonomischen Potenzials nach 1945 auf keine militante Alternative zum Abbau seiner Kolonialherrschaft in Asien mehr zurückgreifen. Begünstigt durch die Regierungsübernahme der Labour Partei in London 1945, die bereits vor dem Krieg die demokratische Selbstbestimmung der Kolonialvölker als politischen Programmpunkt verkündet hatte, erging am 18.7. 1947 die *Indian Independence Act*, ohne dass es allerdings gelungen war, die politische Einheit des Landes zu bewahren. Mit der Schaffung Pakistans wurde den Moslems ein eigener Nationalstaat gewährt.

Wandel und Expansion des Commonwealth

Mit dem Ende der britischen Herrschaft in Indien war die Auflösung des Empire endgültig eingeleitet, flankiert jedoch von Wandel und Expansion im Bereich des Commonwealth, wodurch dieser Prozess eher als eine Transformation der Strukturen des Überseereichs erschien. Denn die beiden neuen großen Staaten, Indien und Pakistan, entschieden sich für eine Mitgliedschaft im Commonwealth. Und wenn Mountbatten, der letzte Vizekönig Indiens, dies als „the greatest opportunity ever offered to the Empire" bezeichnete, charakterisiert dies eine Konzeption, mit der das Commonwealth als der Versuch der Fortsetzung imperialer Herrschaft mit anderen Mitteln begriffen wurde. War bis dahin das *British Commonwealth of Nations* der exklusive Club der ehemaligen weißen Siedlungskolonien gewesen, der Dominions, die als souveräne Staaten in freiwilligem Verbund mit Großbritannien dessen Monarchen als gemeinsames Staatsoberhaupt anerkannten, so wurde mit dem Beitritt der neuen Republiken Indien und Pakistan dessen Definition der veränderten Mitgliederstruktur angepasst. Das *Commonwealth of Nations* wurde seit 1948 nicht mehr als britische, vielmehr als *multiracial* Organisation bezeichnet, dessen Mitglieder nicht mehr als *Dominions*, sondern als *Commonwealth countries*. Und der britische König war fortan nicht länger das gemeinsame Staatsoberhaupt, sondern lediglich das „symbol of the free association... and as such the Head of the Commonwealth". Bis 1965 führten das *Commonwealth Relations Office* und das *Cabinet Office* die Geschäfte, so dass London zumindest formal das Zentrum dieser Organisation blieb. Danach trat an deren Stelle das Commonwealth-Sekretariat, das von nun an als Koordinierungsinstanz agierte und dessen Leiter, der Generalsekretär, nicht mehr automatisch Brite ist, sondern auf fünf Jahre von den Regierungschefs der Mitgliedstaaten gewählt wird. Schon vorher war ein bedeutsamer Wandel eingetreten, als 1962 das Einwanderungsrecht nach Großbritannien neu geregelt wurde. Noch 1948 war allen Untertanen des Empire freier Zutritt zum Mutterland garantiert worden. Als jedoch gegen Ende der 1950er Jahre die Zahl der Einwanderer aus Indien und Pakistan deutlich zunahm und 1961 an die 100 000 betrug, wurde schließlich in mehreren Etappen bis 1971 jegliche Präferenz für Einwanderer aus den Gebieten des Commonwealth aufgehoben und damit der Idee einer übergreifenden Reichseinheit von britischer Seite aus eine deutliche Absage erteilt. Dem entspricht, dass Großbritannien nicht mehr in der Lage ist, im Commonwealth eine eindeutige politische Führungsrolle auszuüben – bezeichnenderweise wurden 1987 und 1989 bei Treffen der Regierungschefs ausdrücklich Sondervoten des britischen Premiers zu Protokoll gegeben. Wenn auch ohne direktes weltpolitisches Gewicht, so liefert das Commonwealth dennoch die Rahmenbedingungen für zahlreiche und vielfältige internationale Kontakte. 1998 umfasste es insgesamt 53 unabhängige Staaten als Mitglieder, darunter bis auf Burma und die Republik Irland (Austritt 1949) sämtliche Kolonien und Dominions des zweiten Empire, sowie mit Mosambik, Kamerun und Namibia auch Staaten, die früher nicht dem Empire angehörten.

Prozess der Entkolonialisierung

Mit dem Commonwealth als Auffangstation für ehemalige Herrschaftsgebiete hatte Großbritannien offenkundig einen Sonderweg im Prozess der Entkolonialisierung eingeschlagen. Dementsprechend wurden im Kolonialministerium nach 1947 langfristige Strategien für die Entlassung der übrigen Kolonien in die politische Selbstständigkeit diskutiert, welche nach einem gewissen Vorbereitungsprozess in die Mitgliedschaft im Commonwealth münden sollten. Gleichzeitig schuf die weltpolitische Konstellation des Kalten Krieges die Voraussetzung dafür, dass der Bündnispartner USA um den Preis der gemeinsamen Front mit dem Empire gegen die UdSSR darauf verzichtete, gegenüber London seine Tradition antikolonialistischer Außenpolitik zur Geltung zu bringen. Dennoch trugen verschiedene Faktoren dazu bei, dass mit dem Ende der 1950er Jahre die Auflösung des Empire derartig beschleunigt wurde, dass von einem kontrollierten Prozess nicht mehr die Rede sein konnte; an seine Stelle traten vielmehr kurzfristige pragmatische Reaktionen. Denn die bislang vielerorts das System der britischen kolonialen Herrschaft stabilisierende Kollaboration der indigenen Eliten zerbrach nicht nur unter dem Eindruck der Opposition antikolonialistischer Nationalbewegungen, die ihrerseits vom Kalten Krieg profitierten, da sich ihnen nun mit der UdSSR ein mächtiger potenzieller Bündnispartner anbot, sondern auch als die Konsequenz zunehmender Empire-Müdigkeit im Mutterland. Angesichts kostspieliger militärischer Einsätze in Malaysia und Kenia gegen einheimische Widerstandsbewegungen sahen sich die Briten in eine Situation gestellt, in der sie erstmals für ein Empire zahlen mussten, von dem sie bislang vorwiegend profitiert hatten, zumal gleichzeitig offenkundig wurde, dass der in Großbritannien endlich einsetzende ökonomische Aufschwung nicht das Ergebnis der besonderen Beziehungen zu seinen Kolonien war.

Suez-Krise 1956

Schließlich lieferte die Suez-Krise des Jahres 1956 den entscheidenden Anstoß für die endgültige Auflösung des Empire. Als die USA dem ägyptischen Präsidenten Nasser wegen mangelnder politischer Loyalität die finanzielle Unterstützung für dessen Modernisierungsprojekte versagten, verstaatlichte dieser den Suez-Kanal, der im britischen öffentlichen Bewusstsein immer noch das Herzstück der Verkehrswege des Empire bildete. In einem gemeinsam mit Frankreich und Israel organisierten militärischen Einsatz wollte London nicht nur seine unverminderte politische Führungsrolle im Mittleren Osten demonstrieren, sondern zugleich seine Fähigkeit, auch ohne Unterstützung der USA als Großmacht zu agieren; als die Unternehmung am Widerstand der USA scheiterte, wurde das Gegenteil offenkundig.

Angesichts dieser Niederlage, aber auch in der Sogwirkung der Auflösung des französischen Kolonialreiches und des Rückzugs Belgiens aus dem Kongo, trat nun die britische Politik die Flucht nach vorn an. Unter der Ägide des Kolonialministers Ian Macleod wurden zwischen 1960 und 1964 Nigeria, Sierra Leone, Uganda, Kenia, Tanganyika (Tansania) und Nord-Rhodesien (Zambia) in die Unabhängigkeit entlassen. Nach dem asiatischen war damit auch das afrikanische Kolonialreich aufgegeben. Schließlich verkündete 1968 die Labour Regierung unter Harold Wilson den militärischen Rückzug aus sämtlichen Gebieten östlich des Suez-Kanals und damit auch das Ende des informellen Empire, das nach 1945 vor allem im Mittleren Osten seinen Schwerpunkt besessen hatte. Was blieb, waren im Wesentlichen vereinzelte Stützpunkte, „Konfetti des Empire", deren bedeutsamster, Hongkong, 1997 an China zurückgegeben wurde. Gegenwärtig ist neben einigen unbedeutenden Inselchen wie den Falklands und St. Helena lediglich Gibraltar als politisch relevantes Relikt des Empire der Erwähnung wert.

Ende des informellen Empire

Bereits 1962 konnte daher der amerikanische Außenminister konstatieren, dass Großbritannien ein Empire verloren habe, ohne eine neue weltpolitische Rolle gefunden zu haben. Allerdings war es den Briten gelungen, den Dekolonisierungsprozess so zu gestalten, dass spektakuläre militärische Niederlagen wie die der Franzosen in Indochina bzw. gravierende Einbußen politischen Ansehens nicht stattfanden. Obwohl nur selten geordnete Verhältnisse zurückgelassen werden konnten und in manchen Fällen stattdessen eine schwierige Hinterlassenschaft zu bewältigen war, wie z. B. in Südafrika, Rhodesien und Palästina, bleiben andererseits weite Strecken der Erde vom politischen und kulturellen Erbe des britischen Empire geprägt, das von seinen Anfängen an so wesentlich zur Globalisierung der Moderne beigetragen hat.

II. Grundprobleme und Tendenzen der Forschung

1. Britische und/oder englische Geschichte

Wie die Geschichte des antiken Italiens vorwiegend als die Geschichte Roms und seines Aufstiegs zur Weltmacht geschrieben worden ist, so wird z. T. bis heute die Geschichte des Vereinigten Königreiches von Großbritannien im Wesentlichen als die Geschichte Englands dargestellt. Typisch hierfür war das lange Zeit gültige Standardwerk der „Oxford History of England" (16 Bde., Oxford 1936–1991), in deren Zentrum die Expansion Englands steht, zunächst im Bereich der britischen Inseln und schließlich im überseeischen Kontext bis hin zum Aufstieg zur dominierenden Weltmacht. So weit wie zu dem Verständnis dieses Prozesses für nötig erachtet, wurden gelegentliche Blicke auf die Geschichte Schottlands oder Irlands geworfen, das Konzept einer britischen Geschichte jedoch ausdrücklich als irreleitend und überflüssig verworfen [751: A. J. P. Taylor, V]. Auch die neu konzipierte Nachfolgeserie trägt den Titel „New Oxford History of England" [J. M. Roberts (Hrsg.): 188; 198; 515] und im Vorwort dort heißt es: „Yet the core of the institutional story which runs from Anglo-Saxon times to our own is the story of the state structure built around the English monarchy, the only continuous articulation of the history of those peoples, which we today call British" [188: VII].

Britische Geschichte als englische Geschichte

Gegen ein solches vom sog. „Little Englandism" inspiriertes nationalgeschichtliches Konzept hat J. G. A. Pocock seit 1975 wiederholt in programmatischen Aufsätzen Position bezogen [z. B. British History: A Plea for a New Subject, in: JModH 47 (1975), 601–621]. Darin formulierte er die zentrale Forderung nach einer britischen Geschichte, „<that> denotes the historiography of no single nation but of a problematic and uncompleted experiment in the creation and interaction of several nations" [J. G. A. Pocock, The Limits and Divisions of British History: In Search of the Unknown Subject, in: AHR 87 (1982), 311–336, 318]. Pocock geht sogar so weit, vorzuschlagen, in diesem Zusammenhang an die Stelle von „Britain" den Begriff „Atlantic Archipelago" zu setzen, da Ersterer im strengen Sinne sowohl politisch-historisch als auch in der Begriffssprache des geltenden Staatsrechts Irland ausschließe, der Zweite hingegen die Möglichkeit eröffne, auch die überseeischen Besitzungen des Empire in Nordamerika mit einzuschließen. Solche Zielsetzungen entsprechen gegen-

Forderung nach einer britischen Geschichte

wärtigen Trends in Richtung auf Überwindung einer am Nationalstaat orientierten Geschichtsschreibung zugunsten des Studiums supranationaler Regionen bzw. staatsübergreifender kultureller Bezugssysteme. Und so verzichtet z. B. N. Davies in seiner lediglich „The Isles“ betitelten Geschichte sogar auf das Adjektiv *britisch* [174]. In welchem Maße heutzutage britische Historiker darauf bedacht sind, auf keinen Fall auch nur den Anschein zu erwecken, sie setzten nach wie vor englische mit britischer Geschichte gleich, demonstriert u. a. auch die neue „Oxford History of the British Empire“ [149], in der wiederholt ganze Kapitel dem Anteil gewidmet sind, den Schotten und Iren am Auf- und Ausbau des britischen Kolonialreiches hatten.

Versuche einer Gesamtdarstellung der britischen Geschichte

Nicht zuletzt auch als Reflex auf die gegenwärtigen Bestrebungen in Richtung auf eine Politik der Devolution, d. h. der nationalen Entflechtung des Vereinigten Königreiches, ist das Konzept für eine britische Geschichte wiederholt und dabei durchaus kontrovers diskutiert worden [vgl. bes. 172: R. G. Asch; 175: A. Grant, K. J. Stringer; 178: B. Bradshaw, J. Morrill]. Desgleichen nimmt die Zahl der Versuche einer Gesamtdarstellung der britischen Geschichte zu [vgl. z. B. 176: H. F. Kearney; 173: J. Black]. Dabei gilt es festzustellen, dass dieser *britische Ansatz* gegenwärtiger Historiographie eng mit der generellen Revision des klassischen liberalen Geschichtsbildes des 19. Jahrhunderts einhergeht, das weitgehend die britische Geschichte als englische Geschichte präsentierte.

Problem einer holistischen Sicht

Doch das Problem einer holistischen Sicht einer neu zu konzipierenden britischen Geschichte, „the story of an incomplete and ultimately reversible experiment in state formation, and of a series of interactions of peoples within an expanding polity“ [J. Morrill, The British Problem, 1534–1707, in: 178: 1–38, 19], ist bis heute nicht überzeugend gelöst worden. Denn die unumstößliche Tatsache, dass jede britische Geschichte weitgehend durch die Geschichte Englands bestimmt wird, kann schlechterdings nicht wegdiskutiert werden. Schottland und Irland und erst recht Wales sind überwiegend Objekte englischer Einflussnahme bzw. englischer Kolonial- und Eroberungspolitik gewesen. Und es kann daher auch nicht überraschen, wenn z. B. D. L. Smiths „A History of the Modern British Isles 1603–1707. The Double Crown“ [196] dahingehend kritisiert wird, dass der Verfasser in Wahrheit eine englische Geschichte vorlege, der einige Abschnitte über irische und schottische Zustände lediglich angefügt seien, wenn diese als Reaktion auf englische Einwirkungen in das Blickfeld der Darstellung geraten.

Interaktion englischer, schottischer, irischer und waliser Nationalität

Neben dem 12. und 13. Jh. ist es dabei vor allem die Epoche der Frühen Neuzeit, speziell das 17. Jh., die ausreichend Material für eine britische Geschichte, verstanden als die Interaktion englischer, schottischer, irischer und waliser Nationalität, liefert, da hier die nachhaltigsten Einwirkungen der Peripherie auf das englische Zentrum zu registrieren sind. „State formation in the atlantic archipelago“ bzw. „<the> fashioning of a British state“ fand demzufolge zwischen 1485/1534 und 1707/1725 statt [vgl. neben 178: B. Bradshaw, J. Morrill auch

181: S. G. Ellis, S. Barber; 179: B. Bradshaw, P. Roberts; 191: M. Nicholls]. Die Geschichte Britanniens ist so gesehen vor allem „the history of a multiple or composite monarchy, a political entity which, during the early modern period, can be compared with the dominions of Spanish and German Habsburgs“ [172: R. Asch, 14]. Als unter den Stuarts die Kronen von Schottland und England vereint waren und zugleich alte Herrschaftsansprüche über Irland durchgesetzt werden sollten, mündete dies schließlich in den „war of the three kingdoms“ [J. G. A. Pocock, The Atlantic Archipelago and the War of the Three Kingdoms, in: 178: 172–191], wie unter diesem Blickwinkel der englische Bürgerkrieg bezeichnet wird: Ausgelöst durch eine Aufstand der Schotten 1639, eskalierte er mit der Erhebung Irlands 1641 und mündete schließlich in die militärische Unterwerfung sowohl Irlands (1649) als auch Schottlands (1651) durch Cromwell, unter dessen Herrschaft erstmals politische Einheit im Bereich der britischen Inseln unter eindeutiger Hegemonie Englands realisiert wurde. Es war nicht zuletzt dieser britische Ansatz, dessen sich Historiker wie C. Russell bedienten, um einen neuen Revisionismus gegen die überlieferte liberale Deutung der englischen Revolution durchzusetzen [299; 300]. Hierzu wurde von überzeugten Vertretern eines britischen Konzepts, etwa J. Morrill, kritisch angemerkt, dass auch bei dieser Fragestellung der britische Aspekt letztlich lediglich Funktion der Analyse spezifischer Probleme der englischen Geschichte sei [293: 259–262]. Und ähnlich resümieren A. Hughes und R. Cust: „A fully integrated British narrative for the 1640s and 1650s has not yet been attempted... Much of the analysis remains decidedly Anglo-centric. Historians of Ireland and Scotland have pointed out that events in their two countries are still examined mainly for their impact on England“, wobei hier weniger die Voreinstellungen moderner Historiker ausschlaggebend seien als vielmehr die Realitäten des 17. Jahrhunderts, denn „the mid-seventeenth century was a crucial period in the *making of Britain* in terms of the dominance of the richer and more powerful English kingdom“ [260: 9 f.].

Auch wenn der britische Ansatz generell zum gründlichen Studium der Interaktion von vier verschiedenen Nationalitäten sowie der politischen Wechselbeziehungen zwischen der schottisch-irischen Peripherie und der englischen Metropole auffordert, bleibt er bislang in der Praxis doch vornehmlich auf den Prozess der Ausbildung des britischen Staatswesens im 17. und frühen 18. Jahrhundert konzentriert. Danach stellt sich die interessante Frage, die vor allem L. Colley aufgegriffen hat, ob und wie sich in Folge der politischen Einheit ein entsprechendes britisches Nationalbewusstsein ausgebildet habe [328]. Das Interesse gilt damit nicht mehr den Differenzen und Konflikten einzelner Nationalitäten in einem Beziehungsgeflecht wechselnder Konstellationen, sondern dem übergreifenden verbindenden Element eines neuen Nationalismus und dessen Genese. „Britishness“ erschöpft sich also nicht in der Interaktion organisch gewachsener Ethnien, sondern signalisiert vielmehr eine neue Ebene von Loyalität, die mit denen lokalen bzw. regionalen Ursprungs durchaus vereinbar ist. Diese übergreifende Identität war in erster Linie das Produkt gemeinsamer Frontstellung gegen das tatsächlich oder auch nur vermeintlich bedrohliche Fremde und Andere. „The invention of a British national identity" charakterisiert L. COLLEY dabei vor allem als das Ergebnis der englisch-französischen Kriege des 18. Jahrhunderts sowie als Reflex auf die Erfahrung globaler imperialer Herrschaft. „Whatever their own individual ethnic backgrounds, Britons could join together vis à vis the empire and act out the flattering part of heroic conqueror, humane judge and civilizing agent" [Britishness and Otherness: An Argument, in: 172: 273–296, 279, 291]. Ergänzend hierzu ist in jüngster Zeit allerdings auch nach den Grenzen dieses Prozesses der britischen Nationsbildung gefragt worden, vor allem in dem von L. BROCKLISS und D. EASTWOOD edierten Sammelband *A Union of Multiple Identities* [323], wobei u. a. auf die andauernde Sonderrolle konfessioneller Minoritäten verwiesen wird.

Formierung von britischem Nationalbewusstsein

Ob britische Geschichte nun als die Geschichte der Ausbildung eines multinationalen Staatswesens oder einer spezifischen modernen Nationalität verstanden wird – in jedem Falle ist Irland nur als Widerpart bzw. sperriges Element in dergleichen Konzepte einzupassen. Die politische Union mit England beschränkt sich auf die Jahre zwischen 1800 und 1922 und auch während dieser Zeit befand sich das vorwiegend katholische Irland z. T. immer noch in der Rolle des fremden bzw. feindlichen Gegenüber einer sich durch den Protestantismus definierenden britischen Nation. Und so bleibt britische Geschichte dann doch wieder häufig auf die Geschichte des Vereinigten Königreiches begrenzt, wenn z. B. K. ROBBINS sich dafür entscheidet, bei seiner Analyse der „Identities, Institutions and the Idea of Britishness" Irland auszusparen [177].

Irland

Doch aufs Ganze gesehen gilt nach wie vor der Satz: „There is, in short, no one single, dominant methodology for the *new British history*" [D. CANNADINE, British History as a ‚new subject': Politics, Perspectives and Prospects, in: 175: 12–28, 24], denn „even its warmest supporters concede, however, that such all-embracing British history is more easily discussed in the abstract than applied to any particular period" [191: M. NICHOLLS, xiv]. Auch wenn eine überzeugende holistische Konzeption für eine britische Geschichte bisher nicht vorliegt und weiterhin auf England zentrierte Sichtweisen dominieren, so werden diese künftig mögliche Einwirkungen der Peripherie auf die Metropole nicht länger ignorieren dürfen. Desgleichen bleibt abzuwarten, in welchem Maße kultur- und sozialgeschichtliche Fragestellungen neue Konturen einer britischen Geschichte deutlich werden lassen, die sich in der vorherrschenden Beschränkung auf politische und Verfassungsgeschichte so nicht abzeichnen. In diesem Zusammenhang kann man etwa auf den bemerkenswerten und in vielfacher Hinsicht vorbildlichen Versuch von K. ROBBINS hinweisen, zumindest für das 19. Jahrhundert unter besonderer Berücksichtigung der Gebiete der Kunst und Kultur, der Erziehung

Neue Konturen einer britischen Geschichte

und der Welt der Berufe sowie der Freizeit eine integrierte Geschichte Großbritannien vorzulegen [519].

2. Frühneuzeitliche Staatsbildung – *Tudor Revolution in Government*

Es war das Verdienst A. F. Pollards, durch seine Studien zu Heinrich VIII. und dem Parlament des späten Mittelalters sowie des 16. Jahrhunderts [131; 224] die für die liberale Historiographie des 19. Jahrhunderts typische moralisierende Verurteilung des sog. „Tudor-Despotismus" zu überwinden und stattdessen das Zeitalter der Tudors als wesentliche Etappe im Rahmen der englischen Verfassungsgeschichte zu begreifen und darzustellen. Pollard vermied es, die für die Krone angestrebte und durch sie praktizierte Machtfülle als Gegenpol politischer und religiöser Freiheit zu verurteilen. Vielmehr rechtfertigte er dergleichen absolutistische Tendenzen als Ausdruck einer gegen feudale Anarchie gerichteten Ordnungspolitik, welche so die unerlässlichen Grundvoraussetzungen für die Einrichtung individueller Freiheit schuf. „England could not have done without the Tudors and all their works; for they gave us law and order. They prepared the way of liberty„[195: 71 f.], war das Fazit seiner Forschungen. Dieses Verdienst gebührte Pollard zufolge vor allem Heinrich VIII., zuvor als Blaubart und Despot verdammt, nun als Staatsmann gewürdigt.

Pollards Sicht des *Tudor-Despotismus*

Pollards Sicht prägte die historische Einschätzung der Tudorzeit bis in die 1950er Jahre [vgl. 190: J. D. Mackie]. 1953 setzte dann G. R. Elton mit seiner Studie über die *Tudor Revolution in Government* [229] nicht nur neue Maßstäbe, sondern lieferte den Anstoß für eine Debatte, die bis heute noch nicht abgeschlossen ist. Dabei wird zu selten darauf hingewiesen, dass Elton keineswegs eine grundsätzlich neue Interpretation der Epoche einleitete. In erster Linie führte er Pollards Ansatz weiter, modifizierte zwar dessen Ergebnisse, betonte aber seinerseits auch entschieden die grundlegende Bedeutung speziell der Regierungszeit Heinrichs VIII. für die Ausbildung der modernen englischen Monarchie. Elton zufolge war der Initiator der revolutionären Neugestaltung von Rahmenbedingungen und Abläufen politischer Prozesse allerdings nicht der Monarch Heinrich VIII., sondern dessen erster Minister, Thomas Cromwell, „der bedeutendste Revolutionär der englischen Geschichte" [182: 127]. Ein kritisches Resümee, das besonders die Rolle des Königs in diesem Prozess staatlicher Konsolidierung und Ausdifferenzierung wieder betont, liefert C. L. S. Davies [The Cromwellian Decade: Authority and Consent, in: TRHS, 6. ser., VII (1997), 177–195]. Dessen Reformpolitik habe die englische Monarchie zu einem modernen, souveränen, effizient verwalteten Nationalstaat geformt und damit den Übergang vom Mittelalter zur Neuzeit vollzogen. Voraussetzung solch grundlegenden Wandels sei die Trennung von Rom gewesen, die Cromwell genutzt habe, um die nunmehr uneingeschränkte Souveränität des Staates zu

Elton: *Tudor Revolution in Government*

verkünden, wie sie in der Kooperation von Krone und Parlament durch gemeinsam gestaltete und verabschiedete Gesetze, *Statutes*, zum Ausdruck gelangte. Der König sei damit nicht nur zum Oberhaupt der Kirche aufgestiegen, sondern zugleich seien zahlreiche feudale Privilegien und Freiheiten beseitigt und damit die unbestrittene Anerkennung der weltlichen Macht der Krone auch in den entlegensten Landesteilen durchgesetzt worden.

Modernisierung durch Reformmaßnahmen

Entscheidend vorangetrieben worden sei solche politische Modernisierung durch kühne und weitsichtige Reformmaßnahmen im Bereich der staatlichen Zentralverwaltung, indem hier die maßgeblichen Kompetenzen aus der unmittelbaren Umgebung des Königs herausverlagert und in die Verantwortung klar strukturierter Körperschaften und Behörden gestellt worden seien. Konkret habe dies in der Entmachtung des traditionellen *Royal Household* bestanden zugunsten neuer, nach bürokratischen Grundsätzen organisierter staatlicher Behörden, die einem ebenfalls neu organisierten *Privy Council* gegenüber verantwortlich waren. Cromwell als dem *principal secretary* sei dabei die Schlüsselrolle eines ersten Ministers zugefallen. Zugleich seien damit die Bedingungen dafür geschaffen worden, die Effizienz staatlicher Verwaltung von der Person des Königs zu trennen und so die Kontinuität staatlicher Politik zu gewährleisten. Besonderes Gewicht misst ELTON in diesem Zusammenhang den von Cromwell initiierten Steuergesetzen (*Subsidy Acts*) der Jahre 1534 und 1540 zu. In ihnen gewährte das Parlament der Krone nicht, wie traditionell üblich, finanzielle Unterstützung für außerordentliche Unternehmungen wie z. B. Krieg, sondern erklärte ausdrücklich seine Bereitschaft zur Finanzierung des ordentlichen Staatshaushaltes – ELTON zufolge „the most revolutionary achievement of all" [G. R. ELTON, Taxation in War and Peace in Early Tudor England, in: J. M. WINTER (Hrsg.), War and Economic Development, Cambridge 1975, 33–48, 33 ff.].

Im Laufe der folgenden 30 Jahre hat ELTON zwar diese Thesen in vielfacher Hinsicht weiterentwickelt, differenziert und modifiziert [20], jedoch in ihrer Substanz unverändert an ihnen festgehalten. Und weiterhin konzentrierte sich die historische Forschung unter seinem Einfluss vornehmlich auf Fragestellungen aus dem Bereich der Verfassungs- und Verwaltungsgeschichte. Dabei waren frühzeitig gewichtige Einwände gegen die *Tudor Revolution in Government* erhoben worden. Im Laufe der 1990er Jahre mehrten sich die Stimmen der Kritiker, die mit guten Gründen zumindest auf z. T. weit reichenden Korrekturen und Ergänzungen bestanden. Bereits 1979 lenkte P. WILLIAMS [247] die Aufmerksamkeit auf die Diskrepanz von Verfassung und Verfassungswirklichkeit. ELTON hatte sich in der Regel mit der Darstellung der Einrichtung und Organisation von Institutionen begnügt. WILLIAMS legte nun eine Sozialgeschichte der Tudor-Verfassung vor, fragte nach den Personen, die Ämter bekleideten und deren Aufgabe es war, staatliche Politik in den Regionen und Kommunen zu realisieren. Er setzte damit in vielem neue Maßstäbe, die allerdings zunächst noch nicht rezipiert wurden. Die erste ausführliche kritische

Einwände gegen die *Tudor Revolution in Government*

Debatte der ELTON'schen Position wurde in der Zeitschrift „Past and Present" geführt [228: C. COLEMAN, D. STARKEY, 5, Anm. 14], wobei der Mediävist G. HARRISS besonders auf ELTONS simplifizierende Sicht mittelalterlicher Zustände hinwies, vor deren Hintergrund dann effektvoll Cromwells Revolution inszeniert werden konnte. In dieselbe Richtung zielend hat später D. STARKEY, der wohl entschiedenste Kritiker ELTONS, nachzuweisen versucht, dass bereits im späten 15. Jahrhundert ein dem Cromwell'schen ähnliches Reformprogramm entwickelt worden war [Which Age of Reform, in: 228: 13–37].

Revolution als Teilabschnitt eines Prozesses

In dem Bestreben, ELTONS Revolution als Teilabschnitt eines längerfristigen evolutionären Prozesses einzuordnen, hatten seine Kritiker sich zunächst auf deren Vorgeschichte konzentriert. Erst als man daran ging, die Kernthese in Frage zu stellen, derzufolge seit 1530 die zentrale Funktion des alten *Household* durch einen neuen Geheimen Rat wahrgenommen wurde, ließ sich die Debatte nicht mehr als eine Diskussion um Nuancen oder Akzentsetzungen einstufen [G. R. ELTON, A New Age of Reform, in: HJ 30 (1987), 709–716; D. STARKEY, A Reply: Tudor Government: The Facts?, in: HJ 31(1988), 921–931]. In diesem Zusammenhang ist vor allem in Zweifel gezogen worden, dass der *Privy Council* in den Jahren 1534–1536 durch einen gezielten Akt administrativer Reformpolitik Cromwells begründet worden sei [184: J. GUY, 156ff.; DERS., The Privy Council: Revolution or Evolution, in: 228: 59–85; D. HOAK, Two Revolutions in Tudor Government: The Formation and Organisation of Mary I's Privy Council, in: 228: 87–115]. Vielmehr lässt sich, gerade auch zu Lebzeiten Cromwells, das Profil dieses neuen Gremiums keineswegs eindeutig fixieren, wie sowohl STARKEY als auch GUY deutlich gemacht haben [u. a. in 228: COLEMAN]. Denn selbst noch nach 1540 nahmen Mitglieder des *Household* durchaus wichtige Aufgaben im Bereich der Administration wahr, während andererseits politische Konstellationen am Hofe des Königs immer wieder auch bei administrativen Maßnahmen den Ausschlag geben konnten. Zugleich wird darauf hingewiesen, dass bereits Cromwells Vorgänger Wolsey wichtige Reformen eingeleitet habe, nicht nur mit einem Konzept für die Organisation des *Privy Council* in der *Eltham Ordinance* des Jahres 1529 [D. STARKEY, Which Age of Reform, in: 228: 13–37, 34], sondern vor allem auch mit den von ihm inaugurierten finanzpolitischen und steuertechnischen Maßnahmen [J. GUY, Thomas Wolsey, Thomas Cromwell and the Reform of Henrician Government, in: 244: 35–57, 43–48]. Selbst wenn es Cromwells Verdienst gewesen sei, in den *Subsidy Acts* der Jahre 1534 und 1540 erstmals vom Parlament bewilligte Steuern als wesentlichen Bestandteil der ordentlichen Einnahmen des Staates definiert zu haben, konnte in der Zukunft dieses Prinzip nicht durchgesetzt werden [G. L. HARRISS, Thomas Cromwell's „new principle" of Taxation, in: EHR 93 (1978), 721–738]. Und schließlich blieb die englische Krone trotz dieses wegweisenden Ansatzes im 16. und 17. Jahrhundert stets in finanzieller Bedrängnis. Erst nach 1688 gelang es, die Staatsfinanzen auf eine neue sichere Grundlage zu stellen [257: C. D. CHANDAMAN, 2].

Position des Parlaments

Neben den einzelnen administrativen Reformen war die Stärkung der Position des Parlaments im Verfassungskontext der frühneuzeitlichen englischen Monarchie das wichtigste Ergebnis der Tudor-Revolution. Dessen Aufwertung wird generell als Folge der Einrichtung der englischen Staatskirche gesehen, welche durch Statuten, d.h. Gesetze, die durch das Parlament verabschiedet worden waren, rechtlich begründet wurde. „The changes produced by the 1530s gave to Parliament a permanent place of political importance and ... finally incorporated it in the English system of government" [20: G. R. ELTON, 234]. *King in Parliament* war damit zugleich als der Ort staatlicher Souveränität fixiert. Dennoch wurden und werden die Stellung und politische Rolle der Tudor-Parlamente in der Forschung durchaus kontrovers diskutiert [vgl. 233: M. GRAVES, 1–18].

Whig-Interpretation der Tudor-Parlamente

Auch die klassische liberale Geschichtsschreibung, deren Thesen bis ca. 1960 allgemein anerkannt waren, hatte die Trennung von Rom als Ausgangspunkt für den Aufstieg des Parlaments gewertet (A. F. POLLARD, J. E. NEALE), dabei jedoch einen deutlichen Machtzuwachs des Unterhauses registriert, von dem in verstärktem Maße politische Initiativen ausgegangen seien. Eng verbunden mit dieser Entwicklung sei die Formierung einer Opposition im Parlament zu beobachten, die unter Elisabeth schließlich vor allem radikale kirchenpolitische Alternativen durchzusetzen versucht habe. Diese Sicht der Tudor-Parlamente resultierte aus dem Bemühen, Vorgeschichte und Ursachen des säkularen Verfassungskonflikts des 17. Jhs. aufzuspüren und zu beschreiben. NEALES ausdrückliches Ziel war es, „to banish the old illusion that early-Stuart Parliaments had few roots in the sixteenth century" [245: 11], d.h. die Geschichte der Tudor-Parlamente als Vorgeschichte der Widerstands-Politik der Stuart-Parlamente zu schreiben. Durch einseitige Konzentration auf politisches Konfliktpotenzial gerieten weite Strecken parlamentarischer Tätigkeit wie auch die Aktivitäten des Oberhauses und das Ausmaß der Einflussnahme von Krone und *Privy Council* auf die Entscheidungen des Unterhauses völlig aus dem Blickfeld der Forschung.

Neuer Revisionismus

Doch seit den 1960er Jahren begann man, diese Mängel auszugleichen, wichtige Forschungslücken zu füllen und allmählich der klassischen liberalen Doktrin einen neuen Revisionismus entgegenzusetzen. So verglich J. S. ROSKILL die Tudor-Parlamente mit ihren mittelalterlichen Vorgängern und betonte, dass diese an politischem Gewicht und Eigeninitiative durchaus die Versammlungen des 16. Jahrhunderts übertroffen hätten, in denen bislang der Ausgangspunkt für den angeblich unaufhaltsamen Aufstieg des modernen englischen Parlaments gesehen worden war [Perspectives in English Parliamentary History, in: Bulletin of the John Rylands Library 46 (1964), 448–475]. Vor allem aber wurden nun in zahlreichen Einzelstudien neue Fragen gestellt und beantwortet, wobei das Interesse nicht mehr der politischen Rhetorik, sondern der Routine parlamentarischer Arbeit galt [vgl. 233: M. GRAVES, 8–10]. Schließlich revidierte auch ELTON, der anfangs im Sinne der liberalen Orthodoxie den Aufstieg des Parlaments als Aspekt der Tudor-Revolution dargestellt hatte, seine Interpretation und stärkte damit nachhaltig die Position der Revisionisten [20; 230. Vgl. jetzt auch P. Croft, The Parliament of England, in: TRHS, 6. ser., VII (1997), 217–234]. Im Ergebnis dieser revisionistischen Arbeiten wurde nicht nur die politische Rolle der sog. puritanischen Opposition minimalisiert, sondern auch die politische Funktion des Parlaments, das als Institution nun zum Gegenstand detaillierter Forschungsbemühungen geworden war, grundsätzlich neu bewertet.

Als „point of contact“ (Elton) war es Aufgabe der Parlamente, das Zusammenwirken von politischer Nation und Krone zu gewährleisten [vgl. 240: J. Loach, 160]. Nicht Opposition, sondern Kooperation bildete also die Norm parlamentarischer Tätigkeit – nicht als Widerpart der Krone, sondern als Partner bei der Gesetzgebung gewann das Parlament zunehmend an politischer Bedeutung. In diesem Zusammenhang ist die wichtige Rolle des Oberhauses wiederentdeckt worden, neben der Tatsache, dass oft entscheidende politische Impulse von der Krone und ihrem Rat ausgingen.

Nicht Opposition, sondern Kooperation

In jedem Falle haben die oftmals kontrovers geführten Debatten bislang zu der allgemein akzeptierten Einsicht geführt, dass im Laufe des 16. Jhs. besonders im Hinblick auf eine Stärkung der gesetzgeberischen und administrativen Funktionen des Staates entscheidende Veränderungen stattfanden. Dies sei allerdings weniger als das Resultat einer auf die 30er Jahre konzentrierten „Revolution“ zu werten, in deren Zentrum die Person Cromwells agierte, als vielmehr als das Ergebnis eines evolutionären Prozesses, der sich vom späten Mittelalter bis in die Epoche Elisabeths erstreckt habe. Hierzu müssen allerdings auch revolutionäre Veränderungen im Bereich des Rechtswesens gerechnet werden, die in dem *Statute of Uses* (1536) und dem *Statute of Wills* (1540) kulminierten [79: J. H. Baker]. Durch diese sei die individuelle Verfügungsgewalt über als Lehen klassifiziertes Eigentum grundsätzlich gestärkt und damit ein neuer Abschnitt der englischen Rechtsgeschichte eingeleitet worden.

Resümee der Debatte

Auch wenn Kritik und Korrekturen des Revisionismus an der Elton'schen *Tudor Revolution in Government* durchweg auf gründlichem Quellenstudium fußen, so ist dieser doch zugleich Aspekt eines allgemeinen Paradigmenwechsels im Bereich der Geschichtswissenschaft, wo im Zeichen der Postmoderne die entschiedene Suche nach Kausalketten und Strukturen durch das Studium des Details, die Betonung der Kontingenz von Ereignissen und Komplexität von Situationen ersetzt worden ist. Am besten wird der Zugang zum jüngsten Forschungsstand z.Zt. durch den von J. Guy edierten Sammelband *The Tudor Monarchy* [238] sowie die in Nr. VII (6. ser.) der TRHS zusammengefassten Beiträge einer dem Gedenken Eltons gewidmeten Konferenz eröffnet. Dabei bestreitet heutzutage niemand, dass ein grundlegender Wandel im Bereich von Verfassung und Verwaltung in England im 16. Jh. stattgefunden hat. Viele konzedieren, dass durch dergleichen Veränderungen der moderne Staat deutlich an Statur gewann, doch dass all dies im Wesentlichen das Resultat revolutionärer Reformpolitik eines

Aspekt eines allgemeinen Paradigmenwechsels

weitsichtigen Staatsmannes war – diese These ELTONS bildet heute wohl eher ein wichtiges Kapitel in der Geschichte der Historiographie zur englischen Frühen Neuzeit.

3. Reformation und Puritanismus

Historischer Stellenwert der Reformation

Da England die führende protestantische Großmacht der Frühen Neuzeit war, deren Verfassung bis ins 19. Jh. hinein aufs engste mit der zur Staatsreligion erhobenen Konfession verknüpft blieb, galt der Reformation als dem zentralem Ereignis der nationalen Geschichte stets das historische Interesse [vgl. 436: R. O'DAY]. Dementsprechend wertete die klassische liberale Historiographie die englische Reformation als entscheidende Etappe auf dem Weg hin zur politischen Großmachtrolle Englands im 18. und 19. Jahrhundert. A. F. POLLARD zufolge nahm Heinrich VIII. die für die Sicherung der Nachfolge politisch notwendige Ehescheidung zum Anlass, die Trennung von Rom zu vollziehen. Dabei sei schließlich der weit ins Mittelalter zurückreichende Konflikt zwischen weltlicher und geistlicher Gewalt zu einem für den Staat siegreichen Abschluss gebracht worden [224: 186 f.: „the divorce, in fact, was the occasion and not the cause of the Reformation"].

Reformation *von oben* – Reformation *von unten*

In diesem Zusammenhang sah sich die Geschichtsschreibung allerdings vor die Aufgabe gestellt, bei der Darstellung und Analyse des als Reformation bezeichneten komplexen Prozesses vor allem deutlich zu machen, wie aus einem Akt der Staatsraison schließlich ein tief greifender allgemeiner religiöser Wandel hervorging. Auf diese Frage lieferte A. G. DICKENS in seiner magistralen Geschichte der englischen Reformation die für lange Zeit gültige Antwort [419]. Ihm zufolge wurde die Reformation *von oben*, die in den entsprechenden, im Wesentlichen von Thomas Cromwell inspirierten Statuten Heinrichs VIII. die Einrichtung einer von Rom losgelösten Staatskirche mit dem König als Oberhaupt verfügte, durch eine rasch expandierende, weite Kreise der Bevölkerung erfassende Reformation *von unten* nicht nur ergänzt, sondern geradezu getragen. Dabei sei ein neuer protestantischer, auf die Bibel fixierter populärer Fundamentalismus noch zusätzlich durch die Interaktion mit den Fernwirkungen der spätmittelalterlichen Lollardenbewegung verstärkt worden. Im allgemeinen Umfeld einer teils erstarrten, teils verrotteten Kirche, die zudem vielfachen Anlass zu weit verbreitetem Antiklerikalismus geliefert habe, hätte sich so die von einer aktiven protestantischen Geistlichkeit unermüdlich propagierte Reformation rasch und gründlich durchsetzen können. Zugleich ließ sich mit dieser Deutung DICKENS' die englische Reformation zumindest ansatzweise mit den oftmals leidenschaftlichen und gewalttätigen Volksbewegungen vergleichen, die in Deutschland, den Niederlanden, der Schweiz, Schottland und selbst Frankreich den Glaubenswandel trugen.

Nahezu zwei Jahrzehnte stießen DICKENS Thesen auf keinen nennenswerten Widerspruch; – mittlerweile hat jedoch ein neuer Revisionismus in vielen entscheidenden Punkten Kritik angemeldet [vgl. 425: C. HAIGH, 1–33; neuester ausgewogener Überblick bei P. COLLINSON, The English Reformation, 1945–1995, in: M. BENTLEY (Hrsg.), Companion to Historiography, London 1997, 336–360]. Als Variante der bislang vorherrschenden Sicht konnte dabei jene Version gelten, die zwar ebenfalls die Reformation als raschen und gründlichen Wandel wertete, diesen jedoch vor allem als Ergebnis staatlich verordneter und somit von oben exekutierter Politik interpretierte. Sie wurde besonders durch G. R. ELTON entwickelt, der eine gezielte staatliche Kampagne zur Durchsetzung der neuen Lehre als Teil des von Thomas Cromwell konzipierten Programms für eine umfassende Reform des Tudor-Staates wertete [421]. Mit seiner gründlichen Studie für das Gebiet der Grafschaft Kent hat P. CLARK diese Deutung einer erfolgreichen verordneten Reformation nachhaltig gestützt [413]. Eine solche Deutung verweist bereits auf die zentrale These des Revisionismus, derzufolge die englische Reformation nicht das Ergebnis einer machtvollen protestantischen Bewegung von unten war, sondern dass, umgekehrt, der Protestantismus sich erst als Folge einer politisch motivierten und staatlich initiierten Kirchenpolitik in England durchsetzte. Dabei wird betont, dass dies nicht Ausdruck einer unabweisbaren Entwicklung gewesen sei, sondern ein langsamer Prozess, eine Abfolge komplexer, kontingenter Konstellationen.

Revisionismus

Die Revisionisten, nahezu ausschließlich katholische Historiker, haben in diesem Zusammenhang zunächst einmal in zahlreichen regionalhistorischen Untersuchungen den Nachweis zu führen gesucht, dass der englische Protestantismus keineswegs von einer breiten und machtvollen Volksbewegung getragen worden sei. Vielmehr hätten die Engländer überwiegend dem überlieferten Katholizismus angehangen, der, keineswegs unpopulär oder gar in Verfall geraten, sich am Vorabend der Kirchentrennung als lebendige Volkskirche präsentiert habe [vgl. 424: C. HAIGH; 437: J. J. SCARISBRICK]. Auch wenn Volksfrömmigkeit und religiöse Praxis der Kirche noch mit zahlreichen Elementen vor- bzw. achristlichen Aberglaubens durchsetzt gewesen seien [441: K. THOMAS], so habe doch der vorreformatorische Katholizismus die spirituellen Bedürfnisse des Großteils der vorwiegend ländlichen Bevölkerung erfüllt. Die meisten Klöster seien, wie D. KNOWLES betont [431], ihren Aufgaben im erzieherischen und sozialen Bereich durch ihre Schulen und die Verteilung milder Gaben in ausreichendem Maße nachgekommen. Die kirchliche Gerichtsbarkeit habe sich als ebenso effizient wie populär erwiesen, denn sie habe oft rascher, flexibler und billiger als die weltlichen Instanzen Recht gesprochen, und dies zudem in allgemein verständlicher Form [430: R. HOULBROOKE]. Zudem habe die Kirchenaufsicht sehr wohl funktioniert und der Klerus seine Pflichten in vollem Umfang erfüllt [428: P. HEATH; 410: M. BOWKER]. Daher formuliert der Revisionismus als Fazit: „Henry VIII. did not challenge a moribund Church and a declining religion: he

Kernthesen des Revisionismus

attacked institutions and forms of piety which were growing and vigorous" [425: Haigh, 4; vgl. auch 420: E. Duffy]. Auf ihrer Suche nach den Ursprüngen und Ursachen der Reformation seien G. Dickens und seine Schule vielmehr unkritisch der zeitgenössischen protestantischen Propaganda etwa eines John Foxe [Acts and Monuments, hrsg. v. G. Townsend, 8 Bde., London 1843–49] gefolgt, statt sich durch das Studium des einschlägigen Aktenmaterials mit der Realität des religiösen Lebens und der kirchlicher Arbeit des 16. Jahrhunderts vertraut zu machen.

Ergebnisse regionalhistorischer Studien

Allerdings darf in diesem Zusammenhang nicht übersehen werden, dass die Revisionisten sich vorwiegend auf die Ergebnisse regionalhistorischer Studien ländlicher Distrikte stützen. In den Städten hingegen, wo die Alphabetisierung bereits weiter fortgeschritten war, bestanden generell günstigere Voraussetzungen für den auf gründlichem Bibelstudium und belehrende Predigt beruhenden Protestantismus [435: W. J. Mommsen, P. Alter, R. W. Scribner; 417: P. Collinson, J. Craig]. Dass sowohl London als auch zahlreiche Provinzstädte und selbst ländliche Regionen wie Kent und Gloucestershire sich sehr rasch dem neuen Glauben zuwandten, wird auch von Revisionisten nicht bestritten. Wie Gewicht und repräsentativer Charakter regionaler Studien zu bestimmen sind, wird allerdings stets umstritten bleiben.

Studien zur katholischen Reaktion

Unbestreitbares Verdienst des Revisionismus bleibt hingegen, die englische Reformation als langwierigen und komplexen Prozess entdeckt zu haben. N. Tyacke hat kürzlich den Begriff von „England's Long Reformation" geprägt [443]. Unter diesem Aspekt erhalten jüngere Studien zur katholischen Reaktion unter Maria ihr Gewicht. Während Dickens immer wieder betonte, dass die marianische Politik der Versuch einer katholischen Gegenreformation gewesen sei, verweisen andere auf deutliche Kontinuitäten zwischen dem Katholizismus in der Spätzeit Heinrichs VIII. und dem unter der Regierung Marias. Dabei habe es sich, den Studien J. Bossys zufolge [409], keineswegs um den Bodensatz einer absterbenden Religion gehandelt. Vielmehr sei es ein nach der Reformation mit neuem Leben erfüllter Katholizismus gewesen, der schließlich einer langen und konsequenten Politik der religiösen Verfolgung zum Opfer fiel. Damit ist zugleich impliziert, dass die Frage der künftigen englischen Staatsreligion keineswegs unwiderruflich bereits vor 1559 entschieden worden sei, dass hingegen vieles darauf hindeute, dass der Protestantismus sich endgültig erst unter Elisabeth I. als die herrschende Lehre durchgesetzt habe.

Bei den modernen Revisionisten lassen sich durchaus unterschiedliche Ausgangspositionen und Zielsetzungen registrieren: Scarisbrick und Duffy etwa bedauern als überzeugte Katholiken zutiefst den schließlichen Sieg der Reformation und vermitteln in ihren Arbeiten gelegentlich den Eindruck, als wollten sie diese im Nachhinein ungeschehen machen. Haigh hingegen wendet sich mit methodischen Argumenten gegen den Begriff der Reformation, der ihm zufolge den tatsächlichen Prozess der Protestantisierung Englands vereinfacht und damit verfälscht. Beide Richtungen sehen sich allerdings mit der unumstößlichen Tatsache konfrontiert, dass England zu Beginn des 17. Jhs. ein protestantischer Staat war, in dem starke antikatholische Ressentiments im Kontext einer sich entfaltenden Öffentlichkeit eine immer stärkere Rolle spielten. Dieser Wandel wird schließlich von der Mehrheit der Revisionisten als das Ergebnis einer langsamen Reformation *von oben* gedeutet. Gezielte Propaganda, gepaart mit Pressionen und Verfolgung seitens des Staates, habe letztlich über eine vitale und populäre katholische Religion den Sieg davongetragen [vgl. auch 247: P. WILLIAMS, 253–292]. Vor allem als schließlich mit der Freigabe der Klostergüter zur allgemeinen Plünderung niedrigste Instinkte geweckt worden seien, habe der Protestantismus seinen Siegeszug antreten können [437: SCARISBRICK]. Darüber hinaus zeigen einige neuere Studien auf, dass zumindest während der ersten Phase der Reformation anti-katholische Weichenstellungen innerhalb der politischen Zentralgewalt meist umstritten und keineswegs zwingend, vielmehr das Ergebnis der Auseinandersetzungen rivalisierender Faktionen waren [246: STARKEY, 9, 15 f., 29 f.; 239: D. E. HOAK, 231–268]. Doch auch ein entschiedener Revisionist wie HAIGH muss schließlich konzedieren: „There is certainly strong resistance to the proposition that the Protestant Reformation can be explained by the machinations of a tiny power elite“ [425: 11].

Fazit des Revisionismus

Stattdessen hat HAIGH nun das Resümee seiner Kritik an der überlieferten Sicht der Reformation in einer eigenen Darstellung gezogen, in der er statt *der* Reformation eine Abfolge von *Reformationen* präsentiert und analysiert [426]. Der Glaubenswandel vollzog sich demnach nicht als einheitlicher, unwiderstehlicher Prozess, ausgelöst durch den Konflikt Heinrichs VIII. mit Rom, sondern als Summe disparater, im Wesentlichen politischer und damit jederzeit reversibler Entscheidungen und Ereignisse, von denen die große Masse der unvermindert der alten Religion anhängenden Bevölkerung mehr oder weniger unberührt geblieben sei. Bis weit in die Regierungszeit Elisabeths hinein sei – so HAIGH – der Protestantismus auf eine durchaus überschaubare, allerdings aktive Minderheit beschränkt gewesen, deren missionarischer Eifer im Bunde mit der Propaganda der Regierung die Massen auf dem Weg über antispanische Ressentiments zum Anti-Katholizismus und schließlich in das Lager des Protestantismus geführt habe. Dennoch: England wurde nicht, wie P. COLLINSON jüngst betont hat, protestantisch „in a fit of absence of mind“, es war dies keinesfalls eine Reformation ohne Blut, Schweiß und Tränen [The English Reformation, 1945–1995, in: M. BENTLEY (Hrsg.), Companion to Historiography, London 1997, 336–360, 353]. Sie ist jedoch weniger als Ereignis denn vielmehr als Prozess greifbar und darstellbar, der erst mit dem Ende des Bürgerkrieges Mitte des 17. Jhs. seinen Abschluss fand und dabei zugleich durch die streckenweise Parallelität, das Neben- und Gegeneinander von Reformation und Gegenreformation gekennzeichnet ist [414: P. COLLINSON, 14].

Abfolge von *Reformationen*

In diesem Zusammenhang hat nun P. Collinson vor allem die zweite Hälfte des 16. Jhs. als Phase einer verstärkten Evangelisierung *von unten* dargestellt [414] und dabei dem Puritanismus die entscheidende Schubkraft zugeschrieben. Seit S. R. Gardiner den Terminus von der *Puritan Revolution* geprägt hat und M. Weber in der innerweltlichen Askese des Puritanismus den Motor des Kapitalismus europäischer Provenienz entdeckte [zum Stand der Debatte um Webers Thesen vgl. bes. 432: H. Lehmann, G. Roth], ist der Begriff des Puritanismus in vielfältigem Sinne in einem Maße bedeutungsschwer, dass es bei jeder wissenschaftlichen Beschäftigung mit diesem Phänomen zunächst einmal einer möglichst genauen Definition bedarf. Und so gilt das gegenwärtige Interesse der englischen historischen Forschung weniger den politischen, ethischen, intellektuellen und ökonomischen Auswirkungen eines radikalen Calvinismus [dazu vgl. bes. 427: W. Haller; 271: C. Hill; 429: Ders.] als vielmehr der von den Zeitgenossen als puritanisch bezeichneten innerkirchlichen Reformbewegung. D.h., man betont vor allem, dass der Puritanismus ursprünglich weder sektiererischer Seperatismus war noch mit dem grundsätzlichen Anspruch auftrat, eine dogmatische Gegenposition zur herrschenden Lehre der elisabethanischen Staatskirche zu begründen [vgl. 422: C. H. George]. Wie J. Sears McGee hervorgehoben hat [438], wurden in der Morallehre der Puritaner die auf der ersten Tafel der 10 Gebote verankerten Pflichten des Menschen gegenüber Gott höher bewertet als der soziale Pflichtenkatalog der zweiten Tafel, der für die Mehrheit der elisabethanischen Theologen im Vordergrund stand. Die Kritik der Puritaner, in deren Namen sie die wahre Reformation forderten, entzündete sich jedoch vor allem an Fragen des Ritus, wie er in den 39 Artikeln des Jahres 1563 festgelegt worden war, nicht zuletzt insbesondere an den dort fixierten Kleidungsvorschriften für Geistliche [414: P. Collinson, 71–97].

Puritanismus

Forschungsergebnisse Collinsons

Auf der Grundlage der Forschungsergebnisse Collinsons müssen daher zwei verschiedene Ausformungen des Puritanismus unterschieden werden: Jene der elisabethanischen Epoche, in der sich eine auf Fortführung der Reformation dringende Minorität im Widerstand gegen die z.T. repressive Politik der staatlich-kirchlichen Autoritäten formierte, wobei sich deren Konturen allerdings zu Beginn des 17. Jhs. auflösten, und jene, in der sich vor allem unter dem Banner des sog. *Sabbatarianism* am Vorabend des Bürgerkriegs Widerstand gegen Kirche und Krone formierte [416: 32–38; zu diesem Komplex vgl. jetzt auch bes. 440: J. Spurr].

4. Die Revolutionen des 17. Jahrhunderts

Auf keinem anderen Gebiet der englischen Geschichte hat während der letzten 25 Jahre eine vergleichbar intensive wissenschaftliche Debatte und eine ähnlich radikale Neubewertung der Ereignisse und der diesen zugrunde liegenden Ursachen stattgefunden wie hinsichtlich der ersten Hälfte des 17. Jhs.

Dabei war bis in die 1970er Jahre hinein der historische Stellenwert dieser Epoche für den Gang und die Eigenart der englischen Geschichte in der Historiographie mehr oder weniger unumstritten gewesen [297: R. C. Richardson; 316: P. Wende]. Nach dem Muster der klassischen Whig-Interpretation wurde das 17. Jh. als wichtige Etappe auf dem Weg einer politischen Modernisierung begriffen, an dessen Ende das parlamentarische System des 19. Jahrhunderts stand. Im Gegensatz zur Entwicklung auf dem Kontinent hatte also in England bereits in der Frühen Neuzeit die Opposition des Parlaments über die absolutistischen Bestrebungen der Monarchie triumphiert. Macaulay, Gardiner und Trevelyan waren die Vertreter dieses klassischen Deutungsmusters [189; 266; 197].

Klassische Whig-Interpretation

Umstritten blieben allerdings seit den 1940er Jahren die Ursachen des Konflikts, den die liberalen Historiker als Kampf um politische und religiöse Freiheit verstanden, während marxistischen Interpretationsansätzen verpflichtete Kollegen wie besonders C. Hill [270; Ders., A Bourgeois Revolution?, in: 194: 109–139] ihn als Modellfall einer frühbürgerlichen Revolution deuteten, durch welche der Übergang von einer feudalen zu einer kapitalistischen Gesellschaftsordnung vollzogen wurde. Angesichts der Realitäten einer frühneuzeitlichen Statusgesellschaft, wie sie P. Laslett [378], L. Stone [Social Mobility in England 1500–1700, in: 390: 26–70] oder K. Wrightson [405] beschrieben haben, ließ sich jedoch das Modell des Klassenkampfes nur mittels differenzierter methodischer Ansätze zur Anwendung bringen. So definierte Hill z. B. diese bürgerliche Revolution nicht als eine vom Bürgertum getragene Umwälzung, sondern als jenen radikalen Wandel, der zunächst lediglich die Voraussetzungen für die Entfaltung einer Gesellschaftsordnung schuf, deren Ordnungsprinzipien dem Leitbild des Besitzindividualismus verpflichtet sind [C. Hill, A Bourgeois Revolution?, in: 194: 109–139; 285: C. B. Macpherson].

Modellfall einer frühbürgerlichen Revolution

Den subtilsten Versuch, den englischen Bürgerkrieg als sozialen Konflikt zu deuten, hatte allerdings bereits 1941 R. H. Tawney unternommen [The Rise of the Gentry, 1558–1640, in: Econ HR, 1. ser., 11 (1941), 1–38], als er in der *gentry*, dem niederen Landadel, diejenige soziale Gruppe entdeckte, welche, moderne Wirtschafts- und Produktionsformen praktizierend und nach Maßgabe ökonomischer Rationalität kapitalistische Methoden applizierend, durch wirtschaftlichen Aufstieg die Hierarchie der überlieferten Statusgesellschaft und das jener entsprechende politische System in Frage stellte. Nun konnte die englische Revolution im Anschluss an bereits von dem Zeitgenossen James Harrington entwickelte Thesen [The Commonwealth of Oceana and A System of Politics, hrsg. von J. G. A. Pocock, Cambridge 1992] als gewaltsame Anpassung der politischen Verfassung an veränderte Besitzverhältnisse interpretiert werden" [P. Wende, Literaturbericht zur Englischen Revolution, in: GG 20 (1994), 140–155, 144]. Mit dieser These löste Tawney die sog. Gentry-Kontroverse aus [vgl. bes.

Gentry-Kontroverse

394: L. Stone], in deren Verlauf H. Trevor-Roper den Bürgerkrieg nicht durch den Gegensatz von feudalem Ancien Régime und moderner Opposition bestimmt sah, sondern, umgekehrt, als dessen Ursprung den Aufstand eines wertekonservativen Landadels – des sog. *Country* – entdeckte, der sich von den Gewinn- und Aufstiegschancen einer expandierenden monarchischen Regierung – des *Court* – ausgeschlossen sah [402]. Keine dieser beiden Thesen konnte durch die Summe der zahlreichen sozialhistorischen Studien, welche die Kontroverse provoziert hatte, exakt bestätigt werden. Im Endergebnis war jedoch deutlich geworden, dass der säkulare Konflikt zwischen Krone und Parlament eine bedeutsame sozio-ökonomische Komponente besaß. Darauf haben neben C. Hill vor allem B. Manning [286] und letzthin in differenzierter Form auch D. Underdown [314; 315] hingewiesen.

Stones Resümee

In diesem Sinne hatte L. Stone bereits 1972 eine Bilanz der bis dato einschlägigen Forschungen gezogen [312]. In dieser souveränen, sowohl differenzierenden wie resümierenden Synthese von klassischer liberaler englischer Geschichtsdeutung und modernen, durch sozialhistorische Problemstellungen inspirierten Forschungen präsentierte er die englische Revolution des 17. Jhs. als die Erste der großen Revolutionen der europäischen Moderne, deren vielfältige Ursachen bis ins 16. Jh. zurückreichten. Doch gerade dieses Fazit provozierte Kritik und Widerspruch. In einer wegweisenden Rezension stellte G. Elton die Frage „A High Road to Civil War?“ [HJ 16 (1973), 205–208, 207], um sie entschieden zu verneinen. Vor allem verwahrte er sich dagegen, die Spätzeit der Tudors sowie die Ära der ersten Stuartherrscher lediglich als Vorgeschichte der Revolution zu studieren.

Revisionismus

Diese Forderung ist inzwischen in einem Maße eingelöst worden, dass man zu Recht von einer völligen Umkehr bislang vorherrschender Sichtweisen und Urteile sprechen kann. Ein neuer Revisionismus hat mittlerweile die klassischen Deutungsmuster der sog. Whig-Interpretation in das Reich der historiographischen Legenden verwiesen. Stattdessen zeichnen besonders die Arbeiten von C. Russell, J. Morrill, K. Sharpe und M. Kishlansky – um nur die wichtigsten Repräsentanten dieser Richtung zu nennen – ein völlig anderes Bild, in dem die Revolution z. T. nur noch als kontingentes Randereignis wahrzunehmen ist. Die methodischen Prämissen dieses Revisionismus sind der Verzicht auf die moderne, angeblich „anachronistische“ Begrifflichkeit (z. B. „Revolution“, „Modernisierung“) einer Geschichtsschreibung, die langfristige Prozesse zu analysieren bestrebt ist, sowie die nahezu vollständige Ausblendung des Bereichs von Wirtschaft und Gesellschaft. Stattdessen konzentriert man sich auf die politische Geschichte, vornehmlich in Form einer quellengesättigten Ereignis-, Institutionen- oder Regionalgeschichte einer Epoche, die keineswegs im Zeichen eines strukturbedingten Grundsatzkonflikts – nämlich dem von Krone und Parlament in England – gestanden habe. Man zeichnet das facettenreiche Bild eines funktionsfähigen Königreiches, das mit den begrenzten Mitteln seiner Zeit zunächst durchaus erfolgreich die vielfältigen Aufgaben eines nachreformatorischen Staates bewältigt habe, unter dessen Krone nicht nur die Vertreter verschiedener Nationen – Engländer, Waliser, Schotten, Iren –, sondern auch verschiedener Konfessionen – Anglikanismus, Puritanismus, Katholizismus – vereint waren.

Fast zwei Jahrzehnte nach STONES „Causes of the English Revolution" legte schließlich C. RUSSELL, in vielem Wegbereiter und Wortführer der englischen Revisionisten, sein Resümee des neuesten Forschungsstandes vor: „The Causes of the English Civil War" [299]. Wo STONE langfristigen Strukturwandel und grundsätzlichen Prinzipienstreit als Hauptursachen eines säkularen Konflikts herausarbeitete, begnügt sich RUSSELL damit, auf die Folgen einer strukturellen Finanzkrise als Ursprung der Streitigkeiten zwischen Parlament und Krone zu verweisen. Diese seien letztlich darauf zurückzuführen, dass ein politisch relativ bedeutungsloses Unterhaus nicht mehr in der Lage gewesen sei, seine verfassunsgmäßige Rolle als Partner der Krone wahrzunehmen [298]. Das zentrale strukturelle Element in RUSSELLS Analyse ist hingegen die britische Konstellation, d.h. das spannungsvolle Verhältnis der Königreiche England, Schottland und Irland zueinander, wie sie unter der Krone der Stuartherrscher vereint waren. Vor allem weil hier die Reformation zu durchaus unterschiedlichen Ergebnissen geführt hatte, seien die Sollbruchlinien für einen Konflikt markiert gewesen, der den englischen Bürgerkrieg als Krieg der Teilreiche verständlich mache. In dessen Verlauf standen nicht nur englische Puritaner gegen englische Anglikaner, sondern schottische Presbyterianer und irische Katholiken bestimmten den Gang der Ereignisse an kritischen Punkten entscheidend mit [300].

RUSSELLS Resümee

Doch die Revisionisten platzieren den englischen Bürgerkrieg nicht nur in einen weiteren britischen Kontext; zugleich ist der Begriff der englischen Revolution durch regionalgeschichtliche Studien in Frage gestellt worden. Besonders A. EVERITT [263] und J. MORRILL [290; 291] haben nachgewiesen, in welch geringem Umfang die Vorgänge in der Metropole London z.T. das Geschehen in der Peripherie, d.h. den einzelnen Grafschaften, beeinflussten.

Regionalgeschichtliche Studien

Doch die Hauptstoßrichtung des Revisionismus ist gegen alle Versuche gerichtet, die Revolution in einen langfristigen historischen Zusammenhang einzubetten. Dies wird als unzulässiger Determinismus, als das Ergebnis unhistorischer, da anachronistischer Fragestellungen (Stichworte: Revolution, Aufstieg des Parlaments, Formierung einer Opposition usw.) entschieden verurteilt. An die Stelle der Analyse von Kausalzusammenhängen tritt penibel erforschte und detailliert erzählte unmittelbare Vorgeschichte des Ereignisses. C. RUSSELL setzt daher mit seiner Geschichte des Ausbruchs des Bürgerkrieges erst im Jahre 1637 ein und A. FLETCHER gar erst 1640 [264], denn er geht von der Prämisse aus: „Great events do not necessarily have great causes" [264: 408].

Geschichtserzählung statt Kausalanalyse

Dies hat insofern seine Berechtigung, als die klassische liberale These vom kontinuierlich eskalierenden Widerstand eines seit Beginn der Stuarts an Be-

Kein Grundsatzkonflikt zwischen Parlament und Krone

deutung ebenso kontinuierlich zunehmenden oppositionellen Unterhauses wohl endgültig widerlegt worden ist. „The old established search, beloved by historians, for some growth or development and especially of the commons is chimerical because in fact that power never changed in its fundamental characteristics", resümiert daher G. Elton [230], und C. Russell hat wiederholt darauf hingewiesen, dass die Konflikte zwischen Krone und Parlament während der 1620er Jahre keineswegs Ausdruck einer auf Machterweiterung gerichteten konsequenten Politik einer parlamentarischen Opposition gewesen seien, sondern eher Ausdruck der Unfähigkeit dieser Institution, dem Monarchen auf dem Weg politischer Modernisierung zu folgen [298]. Die nun tatsächlich nicht zu übersehenden Streitigkeiten werden nicht mehr als Auseinandersetzungen zwischen Unterhaus und König gewertet, sondern als das Ergebnis von Spannungen zwischen Gruppen im Oberhaus und der Krone bzw. als Kampf von Adelsfraktionen gedeutet [vgl. dazu P. Wende, Revolution ohne Vorgeschichte? in: HZ 230 (1980), 363–374, 366]. Und selbst die Jahre der parlamentslosen Herrschaft Karls I. (1629–1639), die in der älteren Forschung als die Dekade der Tyrannei figurierten, in welcher die Opposition sich endgültig von der Notwendigkeit des bewaffneten Widerstands überzeugt habe, erfahren nun durch die Arbeiten von K. Sharpe eine positive Deutung [306]. Daher ist mit Recht die Frage gestellt worden, wieso es dann überhaupt zum bewaffneten Konflikt gekommen sei [R. Asch, Triumph des Revisionismus oder Rückkehr zum Paradigma der bürgerlichen Revolution, in: ZHF 22 (1995), 523–540].

Konsens statt Konflikt

Hinzu kommt, dass der Revisionismus den zeitgenössischen politischen Diskurs und die daraus resultierende politische Praxis nicht durch das Modell des Konflikts, sondern vielmehr durch die Metapher der Konsenses bestimmt sieht. So stellt M. Kishlansky [The Emergence of Adversary Politics in the Long Parliament, in: JModH 49 (1977), 617–640] die These auf, dass die durch traditionelle politische Wertvorstellungen geprägten Denk- und Verhaltensmuster der Elite keinerlei Voraussetzungen für eine auf Konflikt, Veränderung und Opposition angelegte Politik geboten hätten. Russell weigert sich, in den Auseinandersetzungen zwischen Karl I. und seinen Parlamenten die Konturen eines politischen Grundsatzkonflikts wahrzunehmen, denn beide Seiten hätten sich als Garanten der überlieferten Verfassung und somit als Verteidiger der *Rule of Law* geriert. Allerdings hat T. Cogswell solchen Interpretationen entgegengehalten, dass bereits während der 1620er Jahre opponierende Unterhausabgeordnete es sehr wohl verstanden hätten, die Krone durch gezielten Einsatz parlamentarischer Mittel wie etwa des Steuerbewilligungsrechtes zu politischen Kurswechseln bzw. Zugeständnissen zu zwingen. Damit hätten sie musterbildend für die Politik des Langen Parlaments zu Beginn der 1640er Jahre gewirkt [258].

Doch in dem Maße, wie an die Stelle der unvermeidlichen Revolution der eher vermeidbare Bürgerkrieg getreten ist, lässt sich die Frage nach den Ursachen dieses

Bürgerkrieges durch den Hinweis auf zufällige Konstellationen leicht beantworten. In diesem Zusammenhang wird von C. Russell und anderen immer wieder die verhängnisvolle Rolle des Königs betont, dessen kurzsichtige doktrinäre Politik letztendlich an vielen Fronten den entscheidenden Widerstand provoziert habe. Dies gilt besonders für die eigenwilligen Bemühungen des Monarchen im Bereich der Religions- und Kirchenpolitik, vor allem in Bezug auf die entsprechenden Versuche, den Schotten das englische Kirchensystem aufzuzwingen [261: P. Donald].

Rolle des Königs

Der Stellenwert der Religion im Kontext des Ursachengeflechts des Bürgerkriegs ist also auch für die Revisionisten im Großen und Ganzen nicht umstritten. Im Gegenteil: J. Morrill spricht in diesem Zusammenhang sogar vom letzten großen Religionskrieg der Frühen Neuzeit [293]. Allerdings ist nicht mehr von einer *Puritan revolution* im Sinne Gardiners die Rede. Vielmehr ist – vor allem auch in kritischer Auseinandersetzung mit den seinerzeit wegweisenden Studien C. Hills [z. B. 271] – das revolutionäre Potenzial des Puritanismus vielfach in Frage gestellt worden. Man betont stattdessen den breiten calvinistischen Grundkonsens, der letztlich Puritaner und die Anhänger der Staatskirche verbunden habe, sowie die Affinität des Puritanismus zu traditionellen, d. h. hierarchisch und monarchisch geprägten Ordnungsvorstellungen [284: W. Lamont]. Die entscheidende Konfrontation im religiös-kirchlichen Bereich ist, den Revisionisten zufolge, vielmehr von der Politik der Staatskirche ausgegangen, in der Karl I. im Bunde mit seinem Erzbischof Laud eine Offensive des anticalvinistischen Arminianismus unterstützte [442: N. Tyacke]. Da gleichzeitig den Katholiken am Hofe größere Freiräume gewährt wurden, habe die Abwehr einer offenkundig drohenden Gegenreformation die englischen Protestanten aller Schattierungen geeint [269: C. Hibbard], wobei die Frontstellung gegen den *Papismus* sowohl lokale und regionale wie zugleich nationale und internationale Dimensionen besessen habe. Und wenn zugleich von Morrill u. a. in diesem Zusammenhang konzediert wird, dass der Minorität puritanischer Aktivisten hier eine entscheidende Führungsrolle zufiel [The Religious Context of the English Civil War, in: 260: 159–181], lässt sich auch weiterhin von einer *Puritan Revolution* sprechen.

Stellenwert der Religion

Überhaupt ist die kontrovers geführte Diskussion bislang zu keinem Abschluss gelangt; vielmehr sind inzwischen auch die Ergebnisse des Revisionismus durch neuere Forschungen ihrerseits in Frage gestellt worden. Positionen eines Postrevisionismus beginnen sich abzuzeichnen. So wird z. B. der These von der arminianischen Offensive, gemeinsam vorgetragen durch die Allianz von Laud'scher Staatskirche und Politik der Krone, inzwischen von P. White entgegengehalten, dass auch nach 1633, dem Termin zu dem Laud als Erzbischof von Canterbury an die Spitze der anglikanischen Kirche trat, keine systematische Förderung anti-calvinistischer Strömungen nachweisbar sei [445]. Ergänzt man diese Beobachtung durch die Ergebnisse der Forschungen von J. Davies, dann

Postrevisionismus

wäre die verhängnisvolle Kirchenpolitik Karls I. nicht so sehr von theologischen Zielsetzungen getragen gewesen als vielmehr das Resultat einer politischen Strategie, mit dem Ziel des Machtausbaus der Krone [418]. Die „karolinische Gefangenschaft" der Kirche sei so Funktion einer Politik gewesen, den sakralen Charakter der Monarchie zu verkünden und zu verbreiten. Der dadurch provozierte Widerstand, der letzlich zum Ausbruch des Bürgerkrieges führte, wird nun abermals als Widerstand gegen eine absolutistische Offensive interpretiert, wie es bereits von der klassischen Whig-Geschichtsschreibung verkündet worden war. Die Einheit von Religion und Politik, wie sie dem Geist der Zeit entsprach, verbiete daher eine Trennung von religiös und politisch motivierter Opposition, der Krieg sei nicht nur der Religion wegen, sondern auch für die Bewahrung der überlieferten Verfassung geführt worden.

Grundsatzkonflikte im ideologischen Bereich

Auf die Bedeutung der durch die Revisionisten weitgehend ignorierten Grundsatzkonflikte im ideologischen Bereich hatte J. SOMMERVILLE bereits 1986 verwiesen [309]. Ähnlich, wenn auch methodisch wesentlich differenzierter, hat anschließend G. BURGESS [255] in seiner Analyse des Common-Law-Diskurses aufgezeigt, wie im Laufe der ideologischen Debatte das Parlament schließlich in Konfrontation mit den Kronjuristen eine Rhetorik entwickelt habe, in deren Zentrum letztendlich die Idee des Gemeinwohls und das Prinzip der Volkssouveränität standen. Dadurch habe der Grundsatzkonflikt seine revolutionäre Dimension erhalten, auch wenn eine absolutistische Theorie in Sinne Bodins in England weder explizit ausformuliert noch übernommen wurde [dazu jetzt ebenfalls 256: G. BURGESS].

Ökonomische Tendenzen und Interessen

Schließlich ist auch die so lange ausgeblendete Sphäre der ökonomischen Tendenzen und Interessen wieder in das Blickfeld der Forschung geraten, bes. durch die Arbeit R. BRENNERS [355], der in einer Allianz von am nordamerikanischen Handel beteiligten Kaufleuten und Adligen die treibende Kraft der antimonarchischen Opposition sieht.

Gegen die These der Revisionisten, dass letztendlich in England im 17. Jh. keine Revolution stattgefunden habe – „There was no revolution", resümiert J. CLARK z. B. lakonisch [180] –, sprechen vor allem die Ergebnisse jüngerer Forschungen.

Volkskultur und Rebellion

Sie zeigen nicht nur die Verbindungslinien von Volkskultur und Rebellion auf, wie dies u. a. D. UNDERDOWN [314] und B. SHARP [Popular Protest in Seventeenth-Century England, in: 488: 271–308] getan haben, sondern konstatieren und analyisieren vor allem die politische Relevanz einer sich erstmals formierenden öffentlichen Meinung. Mit einer deutlichen Zeitverschiebung ist J. HABERMAS, dessen „Strukturwandel der Öffentlichkeit" erst 1989 ins Englische übersetzt wurde [The Structural Transformation of the Public Sphere. An Inquiry into a Category of Bourgeois Society, Cambridge 1989], von der britischen historischen Forschung wahrgenommen und kritisch rezipiert worden – auch als Konsequenz eines neuen Forschungsinteresses an dem Bereich der politischen Kultur. Eine neue Öffentlichkeit, in der neben traditionellen Formen der Kommunikation

(Balladen und Spottgedichte, Gerüchte und Klatsch) nun auch Zeitungen als *neue Medien* traten, wurde als politischer Faktor zugleich zum Indiz für eine Revolution, die als Revolution eben auch *von unten* nicht nur ihre Energie, sondern auch ihre Legitimation bezog. Und so stellt D. FREIST z. B. fest: „In the political culture of the seventeenth century and the emergence of public opinion, elements of what has usually been described as *popular culture* with all its tradition, communalism, and memory of the past emerged with the discourse on national politics", und sie zieht daraus den Schluss: „In this sense the 1640s were revolutionary" [265: 303, 306].

Somit hat der Revisionismus in der englischen Historiographie des 17. Jahrhunderts nur ansatzweise die Position einer neuen Orthodoxie gewinnen können. Das Feld bleibt offen, weitere Debatten zeichnen sich ab, und die Vielzahl und Vielfalt neuer Fragestellungen und Ansätze lassen weitere fruchtbare Ergebnisse erwarten.

Zeitgenossen wie auch spätere Generationen von englischen Historikern haben sich immer wieder geweigert, zwischen der Rebellion und dem Königsmord der 40er Jahre des 17. Jahrhunderts und der Glorreichen Revolution von 1688/89 Parallelen bzw. Verbindungslinien zu ziehen. Dies gilt in besonderem Maße für die Vertreter des Revisionismus, die einen horizontalen methodischen Zugriff auf die Geschichte propagieren und den vertikalen Zugriff, der um langfristige Perspektiven bemüht ist, als unhistorisch ablehnen. Sobald man jedoch zu Letzterem bereit ist, muss man, wie dies H. C. SCHRÖDER [301] und K. v. GREYERZ [183] aus der Distanz des kontinentaleuropäischen Historikers heraus zu Recht tun, von den „Revolutionen Englands im 17. Jahrhundert" sprechen. Denn die politische Revolution war nicht mit der Restauration Karls II. abgeschlossen, „der Sieg des Parlaments blieb auch nach 1660 ein unumstößliches Faktum der englischen Geschichte, wobei die dabei eingeschlagene Richtung der staatlich-konstitutionellen Entwicklung... durch die *Glorreiche* Revolution nochmals bestätigt wurde„[183: GREYERZ, 261]. Und selbst hier markierte die *Bill of Rights* des Jahres 1689 nicht den Abschluss einer Verfassungsreform, die erst mit der ihr folgenden Gesetzgebung bis hin zur *Act of Settlement* (1701) vollendet wurde [vgl. z. B. J. CARTER, The Revolution and the Constitution, in: 274: 39–58].

„Revolutionen Englands im 17. Jahrhundert"

In diesem größeren Zusammenhang war der herausragende Stellenwert der Glorreichen Revolution lange Zeit unumstritten. Hier hatte G. M. TREVELYAN 1938 aus Anlass des 250. Jahrestages der Revolution die Synthese der *whiggistischen* Interpretation in einer knappen Darstellung geliefert, die den Titel „The English Revolution, 1688–1689" [313] trug und so die Ereignisse und Errungenschaften der Jahrhundertmitte bezeichnenderweise ausklammerte. Denn TREVELYAN feiert die Glorreiche Revolution als die „Sensible Revolution", in der an Stelle der „bloodfeud of Roundhead and Cavalier, of Anglican and Puritan" gemeinsame Aktionen und wechselseitige Kompromissbereitschaft von Whigs und Tories zu einem Sieg der Vernunft in einem dauerhaften „Revo-

1688 als TREVELYANS „Sensible Revolution

lution Settlement" geführt hätten, das für die Zukunft die Macht der Krone in eine freiheitliche Rechtsordnung einband [313: 7, 10f.].

Fünfzig Jahre später meldeten revisionistische Historiker wie besonders J. C. D. Clark, W. A. Speck und J. R. Jones auch hier ihre Zweifel an und stellten dabei den revolutionären Charakter der Ereignisse, besonders die Reichweite der durch die Revolution bewirkten Verfassungsänderungen, entschieden in Frage [180; 310; 281]. Die Kritik setzte mit einer neuen Beurteilung der Politik Jakobs II. ein, welche gemeinhin auf Grund ihrer Zielsetzung, in England Katholizismus und monarchischen Absolutismus zu etablieren, als der entscheidende Auslöser der Revolution erachtet worden war. Dem haben J. Miller und andere entgegengehalten, dass Karl II. wie auch Jakob II. weder systematisch den Ausbau eines absolutistischen Systems betrieben hätten, noch im Rahmen der englischen Verfassungswirklichkeit die Voraussetzungen bestanden hätten, der Politik der Krone dafür einen entsprechenden Freiraum einzurichten [289]. Gleichzeitig unterstellt man Jakobs Religionspolitik nicht mehr lediglich das Ziel einer Rekatholisierung des Landes, sondern wertet sie als Ausdruck einer toleranten Grunddisposition des Monarchen, der, ähnlich wie sein Vater Karl I., lediglich in der politischen Praxis tölpelhafte Fehler begangen habe. Liberale Historiker – so lautet das Fazit – hätten ihr Urteil über die Ursachen der Glorreichen Revolution kaum auf gründliches Quellenstudium gegründet, seien hier vielmehr der politischen Hysterie der Zeitgenossen gefolgt. Doch inzwischen sind solche Urteile vielfach korrigiert worden. Beispielhaft in diesem Zusammenhang ist die magistrale Zusammenfassung des gegenwärtigen Forschungsstandes durch J. Morrill [The Sensible Revolution, in: 280: 73–104], der zu dem Schluss gelangt, der König sei nicht nur entschlossen gewesen, die anglikanische Staatskirche zu zerstören, sondern auch, die Unabhängigkeit des Parlaments aufzuheben, und habe somit eben doch konsequent eine absolutistische Politik verfolgt.

Revision des Urteils über Jakob II.

Was den Verlauf der Revolution von 1688 betrifft, so hat auch die jüngere Forschung bestätigt, dass sie in einem parteiübergreifenden Konsens von der gesamten politischen Nation getragen worden sei. Allerdings ist in diesem Zusammenhang jüngst durch R. Beddard die Bedeutung der Whigs als Anwälte und Wegbereiter einer entschiedenen politischen Revolution hervorgehoben worden [The Unexpected Whig Revolution of 1688, in: 253: 11–101], so dass durchaus zwischen denjenigen, die lediglich gegen die Politik Jakobs opponierten, und denen, die die Revolution vorantrieben bzw. unterstützten, unterschieden werden kann. Strittig hingegen bleibt nach wie vor, inwiefern die *Declaration of Rights* den politischen Stellenwert einer Wahlkapitulation besaß, mit deren Annahme durch die neuen Herrscher Wilhelm und Maria in aller Form eine konstitutionelle Monarchie begründet wurde. In diesem Sinne schrieb Trevelyan: „William and Mary were not made King and Queen without conditions. The instrument by which the Convention raised them to the throne was the famous Declaration of

1688 als Verfassungsrevolution

Right... It required the acceptance of these limitations as a condition of their elevation to the throne" [313: 149]. In der neueren Forschung wird diese Sicht noch von H. NENNER und L. G. SCHWOERER mit Nachdruck vertreten [294; 302], vor allem unter Hinweis darauf, dass der konservative Charakter der Verfassungsdokumente nicht darüber hinwegtäuschen dürfe, dass es durchaus gängige politische Praxis im England des 17. Jahrhunderts gewesen sei, mit der Einforderung überlieferter Rechte neues Recht zu begründen. Andere wie H. G. HORWITZ [276] und J. CARTER [The Revolution and the Constitution, in: 274: 39–58] bestreiten Intention und vor allem Effizienz eines solchen unmittelbaren Zusammenhangs und verweisen darauf, dass die entscheidenden Gesetze zur Kontrolle der Macht der Krone erst nach 1689 als Reaktion auf die Regierungspraxis Wilhelms III. ergangen seien.

Europäischer Aspekt der Glorreichen Revolution

Ganz im Einklang mit gängigen Tendenzen zur Überwindung einer anglozentrischen Verengung des historischen Blickwinkels ist jüngst wieder der europäische Aspekt der Glorreichen Revolution betont worden. Damit ist die Tatsache gemeint, dass Wilhelm v. Oraniens Griff nach der englischen Krone weder durch die Absicht, die englische Verfassung zu retten, noch allein durch persönlichen Ehrgeiz motiviert war, sondern dass es sich in erster Linie um ein entscheidendes außenpolitisches Unternehmen Hollands in seinem Überlebenskampf gegen Frankreich gehandelt habe. So hat J. ISRAEL jüngst mit Nachdruck darauf hingewiesen, dass die Mobilisierung der englischen Ressourcen für den Krieg einer europäischen Allianz gegen Ludwig XIV. nicht nur das oberste politische Ziel Wilhelms war; er wurde darin von den Generalstaaten der Vereinigten niederländischen Provinzen auch vorbehaltlos unterstützt. So gesehen war die Glorreiche Revolution eine erfolgreiche niederländische Invasion, gestützt auf eine Militärmacht und eine Flotte, die weitaus stärker war als seinerzeit die spanische Armada. Mit dem Ergebnis: „Between November 1688 and the autumn of 1691 the course of the Glorious Revolution was to a great extent shaped by Dutch calculation and interests" [J. ISREAL, The Dutch Role in the Glorious Revolution, in: 280: 105–162, 160]. Der seit geraumer Zeit vielfach erhobene Anspruch, britische Geschichte zu schreiben, ist allerdings bis heute – vor allem was den schottischen Aspekt betrifft – für die späte Stuartzeit und damit auch für die Revolution von 1688 noch nicht eingelöst worden. Hier sind noch wichtige Vorarbeiten zu leisten. Immerhin steht für Irland fest, dass hier die Revolution in Folge der durch sie ausgelösten militärischen Aktionen keineswegs als *glorreich* bezeichnet werden kann, weil sie alles andere als unblutig verlief. Gleichzeitig resümiert in diesem Zusammenhang P. KELLY: „the most significant medium-term consequence of the Glorious Revolution in Ireland completed the transition from kingdom to colony" [P. KELLY, Ireland and the Glorious Revolution: From Kingdom to Colony, in: 253: 163–190, 189].

Man wird auch künftig noch darüber streiten können, ob 1688/89 den entscheidenden Wendepunkt markiert oder ob das Jahrhundert der englischen

Revolution erst 1701 mit der *Act of Settlement* oder gar 1714 mit der hannoverschen Erbfolge endete. Auch wenn die Intentionen der Handelnden oft widersprüchlich und verworren und keineswegs an langfristigen Zielsetzungen ausgerichtet waren; auch wenn die Ereignisse oft als das Resultat zufälliger Konstellationen erscheinen: In jedem Falle zeitigte die Englische Revolution den Beginn einer neuen Epoche einer englischen Geschichte, die von nun an ihren Sonderweg einschlug.

Beginn einer neuen Epoche

5. Das 18. Jahrhundert: Stabilität und Wandel

Lange Zeit konzentrierte sich das Interesse historischer Forschung auf das 17. bzw. das 19. Jahrhundert. Das 18. galt dementgegen als Periode des verhältnismäßig ereignislosen Übergangs zwischen den politischen Krisen der Stuart-Ära und den Modernisierungsschüben der Industriellen Revolution. Die für lange Zeit gültige Interpretation lieferte 1967 J. H. Plumb [343], als er die Ursachen und Faktoren der die Epoche prägenden politischen Stabilität aufzeigte und analysierte. Im Zentrum seiner Argumentation stand dabei der Hinweis auf die Vorherrschaft der adligen Whigs, die aus den heftigen Parteikämpfen der Regierungszeit Königin Annas als Sieger hervorgegangen waren. Als Anwälte der Thronfolge des Hauses Hannover in der Gunst des neuen Monarchen stehend, hätten sie ihre Position so weit festigen können, dass schließlich die grundsätzlich nicht in Frage gestellte Dominanz einer aristokratischen Oligarchie die politische Wirklichkeit in England prägte. Zugleich seien Grundsatzkonflikte und damit echte Parteigegensätze weitgehend bedeutungslos geworden, stattdessen habe sich die Politik auf Machtkämpfe zwischen adligen Koterien beschränkt, deren Mechanismen bereits L. Namier in zwei großen Untersuchungen 1929/30 analysiert und beschrieben hatte [339; 340]. Stabilität durch Adelsherrschaft, auf diese Formel ließe sich die bis in die 1980er Jahre vorherrschende Sicht der britischen historischen Forschung bringen. H.-C. Schröder hat deren Ergebnisse in zwei großen Aufsätzen zusammengefasst [389 sowie Ders., Die politische Stabilisierung Englands im 18. Jahrhundert, in: H. Schissler (Hrsg.), Schulbuchverbesserung durch internationale Schulbuchforschung, Braunschweig 1985, 35–87], mit dem Fazit: „England erlebte die Herrschaft einer parlamentarischen Aristokratie, die vom Staat gleichsam Besitz ergriff" [389: 27]. J. Cannon spricht deswegen von einem „Aristocratic Century" [356], D. Baugh veröffentlichte eine Aufsatzsammlung unter dem Titel „Aristocratic Government and Society in Eighteenth Century England" [318] und I. R. Christies „Stress and Stability in Late Eighteenth Century Britain" [325] weist in dieselbe Richtung.

Stabilität durch Adelsherrschaft

Dieser Ausbau der aristokratischen Machtposition im 18. Jahrhundert war dabei keineswegs das Ergebnis eines hohen Maßes sozialer Offenheit, der Fähigkeit zur ständigen Anpassung bzw. Regeneration, wie dies die ältere Forschung vielfach noch angenommen hatte. Bereits 1975 wandte sich H. J. HABAKKUK [England's Nobility, in: 318: 97–115, 113] gegen solche Thesen. CANNON hat z. B. darauf hingewiesen, dass sich zwischen 1780 und 1800 unter insgesamt 113 Adelserhebungen nur sieben neue Familien befanden [356: 21 f.]. Schließlich haben L. STONE und J. FAWTIER STONE in einer umfassenden empirischen Studie die Kennzeichnung der englischen Aristokratie als einer „Open Elite" in das Reich der Fabel verwiesen [396].

Adel keine offene Elite

Als anpassungsfähig erwies sich der Adel allerdings in anderer Hinsicht, nämlich in Bezug auf die Formen ökonomischer Modernisierung, von denen er durchaus zu profitieren verstand [W. D. RUBINSTEIN, Wealth, Elites and the Class Structure of Modern Britain, in: P & P 76 (1977), 99–126]. Bei aller Betonung der zentralen Rolle und Reichweite von politischer Stabilität wurde nicht übersehen, dass das 18. Jh. zugleich eine Epoche des Wandels, des Übergangs zum industriellen Zeitalter verkörperte. Wirtschaft und Gesellschaft, statt im Zeichen von Stagnation zu stehen, waren vielmehr von wachsender Dynamik geprägt, von zunehmender Industrialisierung, Urbanisierung und Säkularisierung. PLUMB hatte sogar ausdrücklich betont, dass gerade die politische Stabilität eine unabdingbare Voraussetzung für tief greifende ökonomische Modernisierung darstellte [343: 71], und gemeinsam mit seinen Schülern N. MCKENDRICK und J. BREWER darauf hingewiesen, dass auch Kommerz und Konsum bereits vielfach die soziale Realität des 18. Jhs. bestimmten [485]. Wenn auch neuerdings heftig umstritten ist, ob überhaupt je eine Industrielle Revolution stattgefunden hat bzw. ob man dementsprechend von einer das 18. Jahrhundert charakterisierenden „protoindustriellen Phase" sprechen kann [z. B. 359: L. CLARKSON; D. C. COLEMAN, Proto-Industrialisation: A Concept Too Many, in: Econ HR, 2. ser., 36 (1983), 435–448], so spielten neue Techniken und Produktionsformen im Bereich der Agrarökonomie wie auch der gewerblichen Wirtschaft bereits eine wichtige und zudem stets wachsende Rolle und die Bedeutung des Handels für die Ökonomie kann schwerlich hoch genug eingeschätzt werden.

Epoche des Wandels

Im Hinblick auf das Gewicht und die Aktivitäten der bürgerlichen Trägerschicht einer solchen *Commercial Society* hat nun P. LANGFORD das gängige Konzept von einer Stabilität sichernden Adelsherrschaft in Frage gestellt. Sprach CANNON noch im Hinblick auf die bürgerlichen Klassen von „the widespread acceptance of aristocratic values and aristocratic leadership" [356: VIII], so entdeckt LANGFORD eine Gesellschaft, „in which the most vigorous and growing element was a commercial middle class... a plutocracy if it was anything, and even as a plutocracy one in which power was widely diffused, constantly contested, and ever adjusting to new incursions of wealth, often modest wealth" [188: 4 f.; 336]. Während SCHRÖDER beispielsweise den „immer wieder verwendete(n) Begriff der *Stabilität* in Bezug auf das England des 18. Jahrhunderts... vor allem aus dem Vergleich und aus der Distanz des Historikers"

Dynamik einer bürgerlichen Gesellschaft

rechtfertigt [Die politische Stabilisierung Englands im 18. Jahrhundert, in: H. Schissler (Hrsg.), Schulbuchverbesserung durch internationale Schulbuchforschung, Braunschweig 1985, 35–87, 35], konstatiert Langford: „Stability... will not do to describe the experience of the eighteenth century... In the 1780s contemporaries emphatically did not think of the preceding half-century as one of calm and orderly progress..." [188: 684].

In die gleiche Richtung zielt J. Brewer mit seiner umfangreichen Studie über die englische Kultur im 18. Jahrhundert [466], wobei er keine Kulturgeschichte im traditionellen Sinne liefert, sondern stattdessen vor allem das rapide expandierende Interesse an den Werken und Aktivitäten der schönen Künste und die Mechanismen und Faktoren des diese Nachfrage bedienenden Marktes analysiert. Dabei steht auch für ihn ein sich weitgehend über kulturelle Präferenzen definierendes Bürgertum im Zentrum der englischen Gesellschaft des 18. Jahrhunderts und damit konzentriert sich das Interesse auf die Städte – vor allem London – und nicht mehr auf die eleganten Landhäuser des Adels, in denen die ältere Forschung die klassische Kultur der Epoche versammelt und verkörpert sah [vgl. bes. 367: P. Earle].

Bürgerliche Kultur

Wenn Langford so die politische und soziale Führungsrolle des englischen Adels für diese Epoche in gewissem Sinne über Gebühr minimalisiert und das klassische Deutungsmuster der aristokratischen *Whig-Supremacy* nicht mehr gelten lässt, so steht er damit gleichzeitig doch ganz in der Tradition der liberalen Geschichtsschreibung, wenn er den Aufstieg der bürgerlichen Klasse als wesentliches Element historischen Fortschritts bereits in das 18. Jahrhundert verlegt. Während er bei seiner Interpretation der Epoche deren dynamische Aspekte in den Vordergrund stellt, betont J. C. D. Clark in seinem Gegenentwurf zu den gängigen Deutungen die vorherrschende Kontinuität vormoderner Strukturen [326]. Er entdeckt keine im historischen Aufbruch befindliche Mittelklasse, sondern ihm zufolge verkörpert das England des 18. Jahrhunderts eine Gesellschaft, welche die Normen der überlieferten, religiös fundierten Monarchie realisiert. Die unangefochtene Vorrangstellung des Adels sei dabei durch die übergreifende Ideologie des monarchischen Prinzips gestützt gewesen, eingebunden in die Welt christlich-anglikanischen Glaubens, der sich als quasi soziale Realität präsentiere. In scharfer Polemik gegen das, was er marxistisch-liberale Interpretationsmuster nennt, die an wie auch immer definierten Fortschrittsmodellen ausgerichtet sind, entwickelt Clark die Konturen eines traditionsbestimmten englischen Ancien Régime, dessen Ende erst mit der Emanzipation der Katholiken 1829 eingeleitet worden sei. Obwohl vielfach kritisiert [vgl. bes. J. Innes, Jonathan Clark, Social History and England's „Ancien Regime", in: P & P 115 (1987), 165–200], bleibt es dennoch sein Verdienst, lange Zeit vernachlässigte Segmente der Epoche, wie z. B. die Rolle der Religion, wieder in den Vordergrund gerückt zu haben.

Kontinuität vormoderner Strukturen

Gleiches gilt auch für die wichtige Untersuchung von L. Colley zum politischen Überleben der Tory Partei im 18. Jahrhundert [327]. Im Anschluss an L. Namier war man für das 18. Jahrhundert lange Zeit von einer Entideologisierung der innenpolitischen Auseinandersetzungen ausgegangen, dem Ende aller Parteikämpfe als Folge des eindeutigen politischen Triumphs der Whigs über die Tories, welche von da an für lange Zeit zur politischen Bedeutungslosigkeit verurteilt gewesen seien. Allenfalls sei fortan der Gegensatz von Whigs und Tories durch die klassische politische Konstellation des 17. Jahrhunderts abgelöst worden, in der sich *Court* und *Country*, d. h. diejenigen, welche die Macht verwalten und jene, die von ihr ausgeschlossen sind, gegenüberstanden [W. Speck, Whigs and Tories Dim Their Glories. English Political Parties under the First Two Georges, in: 324: 51–70]. Nicht zuletzt trug zu der von Namier und Plumb zur Doktrin erhobenen Sicht, die Tories seien seit den frühen 1730er Jahren zu politischer Bedeutungslosigkeit verurteilt gewesen, der Umstand bei, dass man sich vornehmlich auf der hannoverschen Partei nahe stehende bzw. ausländische Quellen stützte. Colley hingegen gelang nun der Nachweis, dass die Tories, obwohl sie in Westminster von 1720 bis 1760 über keinerlei nennenswerten politischen Einfluss mehr verfügten, sich dennoch auf lokaler und regionaler Ebene eine respektable Machtbasis erhielten, die ihnen ihr späteres politisches Come-back ermöglichte. Auch blieben sie die Partei der anglikanischen Staatskirche und ihre traditionalistisch-paternalistische Ideologie sprach die Mehrzahl der ländlichen Wähler unmittelbar an.

Tory Partei im 18. Jahrhundert

Schließlich haben neuere Forschungen auch zu einer neuen Sicht des Gewichts und der Funktionen staatlicher Administration im England des 18. Jahrhunderts geführt. Galt England hier früher als der Gegenentwurf zum straff verwalteten bürokratischen Anstaltsstaat des kontinentalen Absolutismus, so hat nun J. Brewer gezeigt, mit welcher Effizienz eine ansehnliche britische Bürokratie vor allem im Bereich der Finanz- und Militärverwaltung arbeitete, als Gerüst eines staatlichen Machtapperats, der wesentliche Voraussetzungen für den Aufstieg Großbritanniens zur Weltmacht im 18. Jahrhundert lieferte [321]. „Suddenly Britain looks rather more German or Prussian than we realized" [322: J. Brewer, E. Hellmuth, 9].

Staat im 18. Jh.

Wird so von unterschiedlichen Standpunkten aus neues Licht auf den britischen Staat und die englische Gesellschaft des 18. Jhs. geworfen, sind Profil, Situation und Rolle der Unterschichten weitgehend aus dem Visier der historischen Forschung geraten. Hier muss letztlich immer noch auf die Arbeiten E. P. Thompsons und seiner Schule zurückgegriffen werden [399; 400]. Die vielfach beschworene innere Stabilität der Epoche wird hier nicht als Ausdruck sozialer Kohäsion und Harmonie gesehen, sondern als das Ergebnis rücksichtsloser Herrschaftspraktiken der landbesitzenden Klasse. Unter dem Deckmantel eines paternalistischen Regimes habe sie Staat und Kirche und vor allem das Recht als Instrumente ausbeuterischer Interessen eingesetzt, um sich dadurch in einer

Rolle der Unterschichten

Periode des ökonomischen Wandels behaupten zu können. Denn „it was a society which was capitalist, materialist, market-orientated; wordly, pragmatic, responsive to economic pressures. Yet, its political institutions and its distribution of social power... were unashamedly hierarchical, hereditary, and priviledged" [385: R. PORTER, 16]. Auf diesem Felde fanden E. P. THOMPSON zufolge die Auseinandersetzungen zwischen den Plebejern und Patriziern des 18. Jahrhunderts statt als „Klassenkampf ohne Klassen" [Eighteenth-Century English Society. Class Struggle without Class?, in: SocH III (1978), 133–165; Patrician Society, Plebian Culture, in: JSocH, 7 (1973/74), 382–405; beide Aufsätze wieder abgedruckt in: 400: 169–202 u. 247–289].

Seit L. NAMIER die Praktiken der Wahlbeinflussung und -manipulation so eingehend analysiert hatte [vgl. auch 127], war dies als Hauptinstrument der Klassenherrschaft gesehen und zugleich als wesentliches Indiz für den moralischen Verfall der politischen Kultur gewertet worden. Jüngere Forschungen haben demgegenüber ein beträchtliches Maß politischer Partizipation auch im Zusammenhang von Parlamentswahlen deutlich machen können [342: J. A. PHILLIPS; 341: F. O'GORMAN; 346: N. ROGERS]. Selbst im ländlichen Bereich war die Pflege adliger Patronage keineswegs ein einseitiger Prozess, hatte vielmehr die Stimmungen und Wünsche der ansonsten abhängigen Pächter zu berücksichtigen, wie H. WELLENREUTHER überzeugend nachgewiesen hat [350].

Ausmaß und Formen politischer Partizipation

6. SOZIALGESCHICHTE ALS GESCHICHTE DER GESCHLECHTER („GENDER HISTORY")

Im Laufe der letzten zwei Jahrzehnte, besonders allerdings im Gefolge poststrukturalistischer Kritik an überlieferten Formen der Geschichtsschreibung, sind, gerade auch in Großbritannien und vor allem auf dem Feld der Sozialgeschichte, neue Fragen gestellt und neue Kategorien eingeführt bzw. erprobt worden. Wie so oft lieferten politische Positionen hierfür den Anstoß. In diesem Falle war es die feministische Bewegung, deren Zielsetzungen zu neuen historischen Problemstellungen führten, d. h. zunächst zu der Forderung, die Geschichte als die Geschichte der Frauen zu entdecken und zu schreiben. Dabei stand anfangs das 19. Jahrhundert im Mittelpunkt des Interesses, denn auf der Suche nach den Ursprüngen der feministischen Bewegung fragte man zunächst nach der Stellung und Rolle der Frau im Gefüge der expandierenden Industriegesellschaft. Wegweisend für viele folgende Arbeiten war dabei I. PINCHBECKS Untersuchung über Arbeiterinnen in der Industriellen Revolution [698], in der sie die These aufstellte, dass Fabrikarbeit den Frauen die Chance eröffnete, sich aus der Enge und Begrenztheit der Familie zu befreien, weil sie über den freien Einsatz der eigenen Arbeitskraft das eigene Leben frei gestalten konnte. Selbst angesichts der Tatsache, dass die neuen Formen industrieller Arbeit zunächst die

Rolle der Frau im Gefüge der Industriegesellschaft

Rolle des männlichen Ernährers der Familie stärkten, hätten auf lange Sicht die Frauen, auch durch Nutzung neuer Formen von Bildung und Ausbildung, eine neue und ihnen angemessene Position in einer neuen Welt einnehmen können.

Diese letztendlich optimistische Einschätzung hat vielfache Kritik herausgefordert, die zudem auf den Klassiker marxistisch inspirierter feministischer Geschichtsschreibung zurückgreifen konnte: ALICE CLARKS Buch über Frauenarbeit im 17. Jahrhundert [468]. Wie zuvor bereits FRIEDRICH ENGELS, so wertete auch CLARK den Aufstieg des Kapitalismus und die Industrielle Revolution samt ihrer Folgen als den entscheidenden Einschnitt in der Geschichte des weiblichen Geschlechts, dessen Freiheit und Würde durch diese Formen ökonomischer Modernisierung vernichtet und dessen gesellschaftliche Funktion damit marginalisiert worden sei. Bis ins 17. Jahrhundert hinein hätten die Frauen dagegen in den Zusammenhängen vorindustrieller Produktion im Bereich der Agrarwirtschaft wie auch der gewerblichen Produktion als gleichberechtigte Partnerinnen eine respektable und respektierte Stellung einnehmen können, solange Haushalt und Arbeitsplatz noch eine Einheit bildeten. Diese These vom „goldenen Zeitalter", mit dessen Ende dann die Frauen entweder als schlecht bezahlte Lohnarbeiterinnen oder, im Bereich der Mittel- und Oberschicht, als Ritualen modischen Müßiggangs folgende Damen der Gesellschaft in bis dato unbekannte Abhängigkeit vom männlichen Ernährer geraten seien, bildete die lange Zeit vorherrschende Orthodoxie feministischer Historiographie [vgl. 479: B. HILL].

These vom „goldenen Zeitalter"

Galt dieser Auffassung zufolge die vorindustrielle Epoche als das „goldene Zeitalter", so wurde das 19. Jahrhundert mit dem Etikett der „getrennten Welten" („separate spheres") versehen, da nun die Sphäre des Erwerbs und der politischen Öffentlichkeit als die Sphäre männlichen Wirkens streng geschieden war von der wohlanständigen Häuslichkeit als dem Reservat der viktorianischen Frau [vgl. 710: M. VICINUS; 685: C. HALL]. Solche strikte Trennung in männliche und weibliche Wirkungsbereiche wird von der modernen Forschung als konstitutives Element der bürgerlichen englischen Mittelschicht des 19. Jahrhunderts verstanden, die ihre Identität im Wesentlichen nicht mehr aus ökonomischen Kriterien ableite, sondern auf die Ideologie der Häuslichkeit und der geschlechtsspezifisch getrennten Wirkungssphären gründe. L. DAVIDOFF und C. HALL haben in diesem Zusammenhang den Zeitraum von 1750 bis 1850 untersucht und dabei die Etablierung der „separate spheres" für die erste Hälfte des 19. Jahrhundert dokumentiert – allerdings vor allem unter Auswertung von Material, das sich mehr auf die Provinz als auf die Hauptstadt London bezieht [682]. Schließlich hat A. CLARK die „separate spheres" auch für den Bereich der Arbeiterklasse entdeckt [679]. In jedem Fall ist die Datierung einer solchen geschlechtsspezifischen Ausdifferenzierung individueller Lebenssphären von Bedeutung, weil sich dadurch mehr oder weniger plausibel kausale Verbindungslinien zu den lebensweltlichen Auswirkungen der Industriellen Revo-

„separate spheres"

lution herstellen lassen. Je später man das Phänomen ansetzt, umso plausibler erscheint es, die Industrialisierung als den ausschlaggebenden Faktor für diese Entwicklung anzusehen. Einen Überblick über den Stand der Debatte liefert R. SHOEMAKER [490], der für seine Untersuchung einen sozialgeschichtlichen Ansatz mit der Frage nach der konstitutiven Funktion von Sprache und Ideologie für die Ausdifferenzierung von Geschlechterrollen verbindet. Diese platziert er zugleich in den Kontext einer *longue durée*, indem er die Epoche von 1650 bis 1850 als den Zeitraum eines tief greifenden Wandels definiert, durch den auch die Rollen und Sphären der Geschlechter neu bestimmt worden seien.

Theorie der Geschlechtergeschichte

Dergleichen Thesen zur Ausbildung von „separate spheres" sind auch das Resultat des Versuchs, in Überwindung feministischer Frauengeschichte eine Theorie der Geschlechtergeschichte (*gender history*) zum erkenntnisleitenden Interesse moderner Sozialgeschichte zu erheben. Damit wird auch das Ziel verfolgt, die Unterschiede zwischen den Geschlechtern nicht nur als Resultat der Biologie, sondern als soziales Konstrukt und damit als historische Variable zu definieren [705: J. W. SCOTT]. Dabei ist der Begriff *gender* seit den 1980er Jahren und in verstärktem Maße im folgenden Jahrzehnt von der britischen Geschichtswissenschaft aus dem Amerikanischen übernommen worden. In der Forschungspraxis hat dieser Ansatz allerdings bislang nur partiell zu Arbeiten geführt, die methodisch wesentlich über gängige Formen der Frauengeschichte hinausweisen, indem sie etwa auch der männlichen Sphäre besondere Aufmerksamkeit schenken wie z. B. L. DAVIDOFF und C. HALL [682]; typisch hierfür ist der Sammelband von H. BARKER und E. CHALUS [463], in dem sieben von neun Beiträgen der Geschichte der Frauen gewidmet sind.

Revisionistische Positionen

Bemerkenswerter ist hingegen, dass seit einiger Zeit die herrschende Lehre vom „goldenen Zeitalter" und den „getrennten Welten" zunehmend kritisch überprüft und z. T. verworfen wird. Den Ausgangspunkt hierfür lieferte ein verstärktes Interesse an der Geschichte der Frauen im England der Frühen Neuzeit, das inzwischen zu einer Fülle von einschlägigen Studien geführt hat, deren Ergebnisse in einer Reihe von Überblicksdarstellungen zusammengefasst sind [482: O. HUFTON; 483: A. LAURENCE; 463: H. BARKER, E. CHALUS; 474: J. EALES; 470: P. CRAWFORD, S. MENDELSON]. Dabei hat die These vom „goldenen Zeitalter" weiblicher Arbeit weder im Hinblick auf das 17. und 18. Jahrhundert noch auf das Mittelalter einer empirischen Überprüfung standgehalten. Dies gilt sowohl für den Bereich des ländlichen Manufakturwesens als auch den der Landwirtschaft und der städtischen Arbeit. Statt dessen wird deutlich, dass im Verlauf der englischen und wohl überhaupt der europäischen Geschichte Frauenarbeit stets als minderwertig erachtet und unterbezahlt war. „Thus the basic continuities in women's work between 1200 und 1900 must render inadequate the conventional explanation of female subordination in terms of capitalism and industrialisation" [A. VICKERY, Golden Age to Separate Spheres? A Review of the Categories and Chronology of English Women's History, in: HJ 36 (1993), 383–414, 393].

Genauso wie seit geraumer Zeit der Industrialisierung generell die revolutionäre Qualität abgesprochen wird, lässt sich in der Geschichte der Frauen keine Ära des Umbruchs während des 17. oder 18. Jahrhunderts registrieren. Gleichzeitig ist damit die für das 19. Jahrhundert geltende herrschende Lehre von den getrennten Welten, der Verbannung bürgerlicher Frauen in den Käfig steriler Häuslichkeit in Frage gestellt [vgl. ebd.]. Schließlich wird inzwischen angenommen, dass die Entstehung einer bürgerlichen Mittelschicht in England bis ins 17. Jahrhundert zurückreicht [367: P. EARLE; 336: LANGFORD], ohne dass damals bereits die für das 19. Jh. typischen Vorstellungen über die soziale Rolle der Geschlechter und die entsprechenden Verhaltensmuster als Elemente einer bürgerlichen Ideologie nachzuweisen sind. Darüber hinaus hätten viktorianische Frauen in der Realität keineswegs stets den gängigen Rollenvorstellungen entsprochen [711: M. VICINUS]. A. VICKERY stellt daher in ihrer umfassenden Kritik der älteren Forschung fest: „At a very general level, eighteenth and early nineteenth-century women were associated with home and children, while men controlled public institutions, but then this rough division could be applied to almost any century or any culture... If, loosely speaking, there have always been separate spheres of gender power,... then *separate spheres* cannot be used to explain social and political developments in a particular century, least of all to account for Victorian class formation" [Golden Age to Separate Spheres? A Review of the Categories and Chronology of English Women's History, in: HJ 36 (1993), 383–414, 413]. Schließlich hat sich A. VICKERY auch entschieden gegen all jene gewandt, die nach wie vor dem *goldenen Zeitalter* den Statusverlust der Frau in der viktorianischen Epoche gegenüberstellen, wenn sie sich in ihrem jüngsten Buch [493; vgl. auch 463: H. BARKER, E. CHALUS] bemüht, bedeutsame Kontinuitäten zwischen selbstbewussten und weitgehend selbstständig handelnden Frauen des 18. Jahrhunderts und feministischen Aktivistinnen der viktorianischen Epoche aufzuzeigen. Schon zuvor hatte K. D. REYNOLDS für die Lebenswelt der Frau im Bereich der Aristokratie das Modell der *separate spheres* als unzulänglich verworfen und durch die Metapher der *incorporation* ersetzt; hier konnten Frauen, wenn sie entsprechende Interessen entwickelten und über die notwendigen Fähigkeiten verfügten, eine wichtige soziale Rolle an der Seite des Mannes spielen und so dessen Karriere erheblich fördern [702].

Institution des Patriarchats

Wenn so weitgehend Kontinuität statt revolutionären Wandels die Geschichte der Frauen bzw. der Geschlechterbeziehungen in England kennzeichnet, so stellt sich diese konkret in der Institution des Patriarchats dar. G. LERNER und J. BENNETT etwa sehen darin das Instrument bzw. die Form einer über die Epochen hinwegreichenden weiblichen Unterdrückung [153; J. BENNETT, „History that stands still": Women's Work in the European Past, in: Feminist Studies 14 (1988), 269–284]. Der Begriff des Patriarchats weist hier über das Modell der klassischen Antike, in dem die absolute Gewalt des männlichen Familienoberhaupts juristisch definiert war, hinaus und schließt sämtliche Formen männlicher Dominanz in Politik, Wirtschaft und Gesellschaft mit ein (G. Lerner). Denn das Patriarchat hat sich über die Zeiten hinweg gegenüber ökonomischem, sozialem und politischem Wandel als außerordentlich anpassungsfähig erwiesen, wie u. a. A. Fletcher für das England der frühen Neuzeit nachgewiesen hat [475].

Geschichte der Ehe bzw. der Familie

Konkret lässt sich diese Entwicklung am deutlichsten in der Geschichte der Ehe bzw. der Familie darstellen, die allerdings durch die feministische Historiographie als klassische Instrumente weiblicher Unterdrückung eine vorwiegend negative Wertung erfahren haben, wie u. a. R. O'Day kritisch registriert hat [487: 266–274]. Die wegweisende, in ihren Ergebnissen bis heute durchaus kontrovers diskutierte erste Gesamtdarstellung zu diesem Komplex legte L. Stone vor [492]. Darin vertrat er die These, dass im Laufe der frühneuzeitlichen Epoche ein Übergang von der traditionalen „open lineage family" zur modernen „closed domesticated nuclear family" stattfand, verursacht durch die Entwicklung eines „affective individualism". Dabei traten gegenseitige Zuneigung der Ehegatten und gemeinsame Sorge für die Kinder an die Stelle überkommener patriarchalischer Strukturen, welche für die Entfaltung einer die Ausbildung emotionaler Bindungen fördernden Privatsphäre keinen Raum ließen. Trotz vielfacher Kritik, deren Hauptpunkte R. Houlbrooke in seiner Überblicksdarstellung kurz zusammenfasst [480: 14f.], bleibt Stones Buch Herausforderung und Anstoß für weitere Forschungen, ist es doch weder durch A. Macfarlanes Gegendarstellung [484] noch durch A. Fletchers Untersuchung [475] ersetzt worden. Fletcher stimmt vielmehr mit Stone überein, wenn auch er einen Wendepunkt in der Geschichte der englischen Familie im Laufe des 17. Jahrhunderts markiert. Er verbindet dies jedoch nicht mit der optimistischen Grundtendenz Stones, sondern vertritt eine eher feministische Position, derzufolge die Ehe letztlich ein Instrument männlicher Dominanz bleibt, denn er registriert lediglich Indizien für einen Wandel von traditionalen zu modernen Formen des Patriarchats.

Argumente gegen übergreifende Kontinuitäten

Generell lässt sich für den Bereich der Familiengeschichte im Besonderen wie für die Frauen- und Geschlechtergeschichte im Allgemeinen festhalten, dass die Phase der theoretisch fundierten Modelle historischen Wandels nun abgelöst ist durch eine Phase, in der die Fülle oft minutiöser empirischer Studien große Linien auflöst und Argumente gegen übergreifende Kontinuitäten anhäuft, denn „any generalisation on these complex and obscure subjects inevitably runs into the objection, that any behavioural model of change over time imposes an artificial schematisation on a chaotic and ambiguous reality" [492: Stone, 14].

7. Die Wahlrechtsreform von 1832 als Epochenwende

Die klassische liberale englische Geschichtsschreibung hatte *the great reform-bill* des Jahres 1832, das Werk einer liberalen Regierung, stets als Markstein der englischen Verfassungsentwicklung gefeiert, als den Durchbruch zur Herrschaft der Volkssouveränität und damit als den entscheidenden Anstoß zur politischen Modernisierung. Wie nahezu sämtliche Kernaussagen der Whig-Historiographie ist auch diese These zunächst einmal weitgehend revidiert worden, vor allem dadurch, dass die Verfassungswirklichkeit im Allgemeinen und die Praxis der Parlamentswahlen im Besonderen sowohl vor als auch nach der Reform einer kritischen Überprüfung unterzogen wurden. Ältere Untersuchungen des politischen Systems vor 1832 wie die von J. GREGO [552] und E. und A. PORRITT [345] hatten dieses als Sumpf schamloser Korruption dargestellt und auch die prosopografischen Studien L. NAMIERS, so aufschlussreich sie für das Funktionieren des Systems der Whig-Oligarchie sind [339], hatten zugleich als Ergebnis eine nahezu vollständige Entpolitisierung der Parlamentswahlen präsentiert.

Praxis der Parlamentswahlen vor 1832

Dagegen haben nun Autoren wie F. O'GORMAN [341], J. BREWER [320], H. T. DICKINSON [329] und J. A. PHILLIPS [342] eine Ehrenrettung der englischen Wähler des 18. Jahrhunderts vorgenommen und ihnen bescheinigt, dass auch die Wahlen in der Epoche der Frühen Neuzeit Formen der politischen Artikulation einer Parteistandpunkte reflektierenden Öffentlichkeit waren. In vielen Wahlkreisen sei auch in der Zeit vor der Reform reges politisches Leben zu beobachten gewesen, besonders gegen Ende des 18. Jahrhunderts, so dass die Wahlrechtsreform in dieser Beziehung keinen Wendepunkt markiert habe. Vor allem aber haben Historiker wie in erster Linie N. GASH [524; 549] darauf hingewiesen, dass die politische Praxis der Wahlen auch dann, wenn diese für das 18. Jahrhundert als korrupt bezeichnet wird, sich nach 1832 kaum wesentlich verändert habe. Denn weiterhin waren Magnaten im Stande, den Wahlausgang *ihres* Wahlkreises zu bestimmen, weiterhin konnten Parlamentssitze gekauft werden, auch könne weiterhin von einer Politisierung der Wähler keine Rede sein. GASH zieht demnach für die Zeit nach 1832 das Fazit: „it would be wrong to assume that the political scene in the succeeding generation differed essentially from that of the preceding one" [549: XII].

Neue Studien zu Wählerverhalten

Stattdessen hat sich gegen die traditionellen *Whig*-Thesen nun eine eher konservative Sicht durchgesetzt, derzufolge vielmehr das zweite, von den Tories unter Disraeli initiierte Reformgesetz 1867 die entscheidende Wende bewirkt habe. Autoren wie E. FEUCHTWANGER argumentieren sogar, dass die Anfänge einer effektiven Parteiendemokratie nicht vor den 1880er Jahren zu datieren sind [545].

Reformgesetz 1867 die entscheidende Wende

Schließlich wird darauf hingewiesen, dass die adligen Whigs als Initiatoren des Reformgesetzes keinesweg den Machttransfer von der Aristokratie zur Demokratie als politisches Ziel verfolgt hätten. So betont P. MANDLER [561], dass die zwar in vielem durchaus volksnahe Politik der Whigs stets an deren Führungsanspruch auf dem Gebiet der nationalen Politik festgehalten habe, allerdings unter der Prämisse, dass diese Aristokratie zugleich die wahren Interessen des Volkes adäquat vertrete, wenn sie im Widerstand gegen wachsende liberale Markttendenzen soziale Politik zu gestalten sich bemühte. Und D. C.

Revisionistische Positionen

MOORE vertritt die These, dass der politische Einfluss des Adels nach der Reform des Jahres 1832 sogar noch gestiegen sei [563]. Ergänzt wird diese Sicht eines weitgehend entpolitisierten Wählerverhaltens durch seine Untersuchung der Ausbildung neuer politischer Abhängigkeitsverhältnisse im Bereich der neuen Industrien, als Ergebnis eines neuen Unternehmerpaternalismus, der in seinen politischen Auswirkungen denen der aristokratischen Patronage durchaus vergleichbar war [606]. So spricht J. VERNON schließlich von „the supposedly Great Reform Act 1832“ [574: 99] und verweist darauf, in welchem Umfang lokale Autoritäten, traditionelle Symbole, persönliche Loyalitäten das politische Verhalten der Wähler bis weit ins 19. Jahrhundert hinein bestimmt hätten. Die weit reichende Skepsis gegenüber der säkularen Bedeutung der Reform Bill wird schließlich durch G. COX' umfangreiche quantifizierende Analyse der Anfänge parteiorientierten Wählerverhaltens vor allem in den Jahren zwischen 1857 und 1868 bestätigt [543]. Er konzentriert sich dabei in erster Linie auf das Phänomen des Stimmen-*splittings*, das in England bis 1885 überall dort möglich war, wo zwei Abgeordnete pro Wahlkreis gewählt wurden und der Wähler dementsprechend über zwei Stimmen verfügte, die er gegebenenfalls auf die Kandidaten konkurrierender Parteien verteilen konnte. Dies sei, so COX, zumindest bis 1867 häufig der Fall gewesen und er wertet dies als Indiz für eine mangelhafte parteipolitische Bindung der Wählerschaft [543: z. B. 92].

Bedeutung der Reform Bill für die Demokratisierung

In direkter Auseinandersetzung gerade auch mit COX' statistischem Material haben jüngst J. A. PHILLIPS und CH. WETHERELL versucht, die epochale Bedeutung der Reform Bill für die Demokratisierung Englands wieder aufzuwerten [The Great Reform Act of 1832 and the Political Modernization of England, in: AHR 100 (1995), 411–436]. Ihre Ergebnisse fassen die Autoren dahingehend zusammen: „The Reform Act itself... enhanced partisan loyalty across England, and with this partisanship came even greater consistency. Reform infused elections with a new sense of principle, and the electorate responded with a new degree of inter-election partisan loyalty, most voters following one party vote with another at successive elections. The Great Reform Bill fostered a Manichaen political vision among England's rank-and-file voters, and this analysis of voting behaviour rests on both the starkly defined choice facing the electorate and the expectation that, once made, the choice should be permanent. As their votes reveal, it was. The behaviour of tens of thousands of voters seems to us incontestible evidence of the modernizing effects of Whig reforms, as new notions of the politics of principle and the politics of party crushed the older ideas, held by most Tories and some Whigs, of correct and natural political behaviour based on place in society, property, and connections“ [ebd., 426].

8. Sozialgeschichte des 19. Jahrhunderts: Vom Klassenkampf zur politischen Kultur

Konventionelle Sozialgeschichte definierte im Allgemeinen die europäischen Gesellschaften des 18. Jhs. als vom Adel dominierte Statushierarchien. Demgegenüber wurden die Gesellschaften des 19. Jahrhunderts als durch den Antagonismus neu gebildeter sozialer Gruppierungen wie der des Bürgertums und der Arbeiterschaft geprägte Klassengesellschaften gesehen. Auch für die britische Sozialgeschichte galt bis in die 1970er Jahre mehr oder weniger das Schlagwort: Vom Stand zur Klasse. Am Anfang stand hier E. P. Thompsons magistrales Werk: „The Making of the English Working Class" [399]. Ihm zufolge erwuchs aus dem „Klassenkampf ohne Klassen" des 18. Jahrhunderts, d. h. dem Gegensatz von herrschender Gentry und beherrschten Unterschichten, unter dem Eindruck der mit Macht einsetzenden Industriellen Revolution das Klassenbewusstsein einer sich neu formierenden Arbeiterklasse. Dabei betont Thompson durchaus die kulturelle und politische Dimension dieses Übergangs von „plebeian culture" zu einer „working-class experience", wobei sich in der Ideologie ältere libertäre Traditionen mit modernen demokratisch-egalitären Programmen vermischten, wenn auch die unmittelbaren Erfahrungen ökonomischer Deprivation durch ökonomischen Wandel die materielle Basis für diesen Transformationsprozess lieferten.

Von der Statushierarchie zur Klassengesellschaft

Auf eine zentrale Frage blieb Thompson allerdings die Antwort schuldig: Wieso es nämlich in England im Gegensatz zur Entwicklung in Deutschland und Frankreich erst so spät zur Ausbildung einer politischen Arbeiterbewegung gekommen ist, die den Klassenkampf zum politischen Programm erhebt. Wieso konnten hier die beiden klassischen Parteien, die Liberalen und die Konservativen, für so lange Zeit die Arbeiterschaft durch ihre Programme und ihre Politik mehr oder weniger integrieren? Selbst wenn man im Anschluss an Thompson die Chartistenbewegung der späten 1830er und 1840er Jahre als Prototyp der späteren Arbeiterbewegung begriff, konnte dies weder deren Zusammenbruch nach 1848 noch das Ausbleiben einer radikalen Arbeiterbewegung in den folgenden Jahrzehnten hinreichend erklären. Stattdessen vermied man es schlicht, hier nach Ursachen zu fragen. Das Problem eines für die Unterschichten attraktiven Liberalismus oder gar Konservatismus blieb ausgespart („most British historians have found working-class liberalism somewhat embarrassing, and have tried to explain it away as an unfortunate interlude between the *early socialism* of the Chartists and the *revival of socialism* in the late nineteenth century" [538: E. F. Biagini, A. J. Reid, 4]).

Verspätete Formierung einer politischen Arbeiterbewegung

Hier nun setzte E. Hobsbawm mit seinen Untersuchungen zur Formierung einer modernen Arbeiterklasse in Großbritannien ein [600; 601]. Wo Thompson in den 1830er Jahren die Ausbildung der Arbeiterklasse abgeschlossen sah, kann Hobsbawm lediglich die Formierung einer eher heterogenen Schicht der „labouring poor" entdecken, welche noch weitgehend der Vorstellungswelt präindustrieller Produktion und Protestkultur verhaftet sei. Sein Fazit: „the continuous history of British labour movements, including their historic memory, only begins long after the Chartists" [601: 196]. Verzögert worden sei diese Entwicklung vor allem durch die Ausbildung einer sog. „labour aristocracy" während der Zeitspanne 1850 – ca. 1880. So habe gerade im Verlauf der ersten Hochphase des Kapitalismus, die mit der zweiten Etappe der industriellen Entwicklung zusammenfiel, die große und einflussreiche Gruppe der Facharbeiter eher die Interessen der Arbeitgeber geteilt, als sich mit der großen Masse der Arbeiter zu solidarisieren. Sie habe zwar eine schlagkräftige Gewerkschaftsbewegung ins Leben gerufen, aber keine politische Arbeiterbewegung hervorgebracht, d. h. im Sinne Lenins: Den Klassenkampf verraten. „There is really no denying that the labour aristocrats... were not aiming at the overthrow of capitalism, and were indeed both subjectively and objectively furthering the subaltern integration of the workers into the system" [601: 222f.]. Erst nach 1880 hätten veränderte Umstände zur Ausbildung eines Klassenbewusstseins der Arbeiterschaft und der Formierung der Labour Partei geführt.

Ausbildung einer „labour aristocracy"

Eine kritische Revision dieses Deutungsmusters wurde durch G. Stedman Jones' Studien über die Chartistenbewegung eingeleitet [Rethinking Chartism, in: 621: 90–178], welche gemeinhin als Vorläufer der politischen Arbeiterbewegung klassifiziert worden war bzw. als die letzte Regung einer potenziell revolutionären Arbeiterklasse vor 1850 [z. B. 573: D. Thompson]. Statt das Programm der Chartisten als Reflex der sozialen Situation der Arbeiter zu deuten, nahm Stedman Jones deren politische Rhetorik beim Wort, verstand deren Sprache als „a vocabulary of political exclusion whatever the social character of those excluded" und dementsprechend nicht als die politische Artikulation einer bestimmten Klassenlage [Rethinking Chartism, in: 621: 90–178, 104, 169]. Hier wurde die Geschichte der politischen Ideen bzw. der politischen Sprache von dem Ideologieverdacht marxistisch inspirierter Sozialgeschichte befreit und daher Klasse nicht mehr als vorgegebene Realität, sondern als Konstrukt des politischen Diskurses verstanden. Die Chartisten und deren Forderungen wurden also in die Tradition des britischen politischen Radikalismus gestellt, der in seinen Anfängen bis hin zu den Puritanern des 17. Jahrhunderts zurückreicht und von daher nicht das Produkt eines gemeinhin der Industriellen Revolution zugeschriebenen Wandels sein konnte.

Klasse als Konstrukt des politischen Diskurses

Andere wie P. Joyce [604], E. F. Biagini, A. J. Reid [538], J. Vernon [574] und D. Wahrman [625] haben dann diesen Ansatz aufgenommen und sich ihrerseits bemüht nachzuweisen, in welch hohem Maße die Gesellschaftskritik des klassischen Radikalismus des 18. Jahrhunderts und eben nicht ein neues Klassenbewusstsein die politischen Zielsetzungen des radikalen Populismus des 19. Jahrhunderts formte. Auch wenn der Klassenbegriff zum politischen Vokabular gehörte, so habe er lediglich die Masse der politisch Entrechteten als Klasse ettikettiert und nicht etwa eine neue soziale Gruppe, die durch ihre Position im neuen industriellen Produktionsprozess definiert sei. Dies gilt zumindest für jene Historiker, die mit der Einführung des sog. *linguistic turn* in die Geschichtswissenschaften die These vertreten, dass nicht das Sein das Bewusstsein bestimme, sondern vielmehr Sprache Erfahrung konstituiere und so soziale Identität stifte. „It is language and not some prior social structure that creates... identities" [574: VERNON, 5]. Klassenbewusstsein, wo es artikuliert wird, ist JOYCE zufolge nicht identitätsstiftend, sondern, vergleichbar dem Nationalbewusstsein, lediglich einer von vielen Faktoren sozialer Ortsbestimmung des Individuums. „For, quite simply, the consciousness of *a class* need not be the consciousness of *class*" [604: 15]. Die Geschichte der sich formierenden Industriegesellschaft, die bislang von Klassenbewusstsein und Klassenkampf handelte, versucht dieser neue Revisionismus durch die Geschichte des politischen Diskurses zu ersetzen. Er verkündet damit das Ende der herkömmlichen Sozialgeschichte [P. JOYCE, The End of Social History, in: SocH 20 (1995), 73–91]. Wo die politische Sprache und nicht mehr die ökonomisch definierte Klassenlage soziale Identität stiftet, wird damit zugleich die politische Geschichte wieder in ihre alten Rechte eingesetzt. Bei JOYCE tritt an die Stelle der Arbeiterklasse das Volk, „the people", und an die Stelle von Klassenbewusstsein das, was er „populism" nennt und was für die Summe von Glaubenssätzen, politischen Forderungen und politischen Verhaltensformen der außerhalb des Establishments agierenden Massen steht und sich sehr wohl mit liberaler Programmatik oder auch der Akzeptanz von Normen konservativ geprägter Wohlanständigkeit verbinden ließ. Die Frage nach dem Ausbleiben eines deutlichen Klassenantagonismus im spätviktorianischen England scheint damit gelöst bzw. die Vorgeschichte der sozialen Auseinandersetzungen, wie sie um die Jahrhundertwende beginnen, zumindest verkürzt.

Ende der herkömmlichen Sozialgeschichte

An JOYCE anknüpfend und zugleich in seinen Ergebnissen über diesen hinausführend, hat J. VERNON dann versucht, mit einer Studie zur politischen Kultur der englischen Unterschichten eine völlig neue Interpretation der britischen Verfassungsentwicklung im 19. Jahrhundert zu liefern. Indem er die Methoden der Lokalgeschichte mit einem poststrukturalistischen Ansatz verbindet, führt ihn seine vergleichende Studie über Formen politischer Massenkultur in fünf englischen Wahlkreisen zu dem in der Forschung durchaus umstrittenen Resultat, dass „despite laying the legislative foundations of liberal democracy in 1832 and 1867, English politics became progressively less democratic during this period as political subjectivities and the public political sphere were defined in increasingly restrictive and exclusive fashions" [574: 8f.]. Denn mit der Ausweitung des Wahlrechts, der Durchsetzung der geheimen Wahl, dem Aufstieg der politischen Massenparteien und der zunehmenden Bedeutung der Druckerzeugnisse für die öffentliche politische Diskussion seien ältere Formen der Partizipation einer weiteren Öffentlichkeit verloren gegangen – und zwar ausschließlich zu Lasten der ohnehin benachteiligten Unterschichten. „Slowly but deliberately the public

Politische Kultur der englischen Unterschichten

political sphere and its subjectivities were redefined in ever more restrictive ways" [574: 142f.].

Begriff der *middle class*

Wenn JOYCE und VERNON die britische Arbeiterklasse nicht als soziale Realität, sondern als Konstrukt der politischen Sprache präsentieren, so leistet D. WAHRMAN Ähnliches für den für das viktorianische Zeitalter so zentralen Begriff der *middle class*. Diese politische Vokabel sei erstmals in der Debatte um die Französische Revolution in England von deren gemäßigten Gegnern benutzt worden, die sich so als Vertreter einer ebenso wohlhabenden wie wohlanständigen Schicht von den britischen Jakobinern zu distanzieren suchten. In der großen Reformdebatte sei dieser Begriff dann wieder eingesetzt worden, um eine Veränderung zu rechtfertigen, die erst im Vollzug der Reform und vor allem im Nachhinein als die Anpassung an veränderte sozio- ökonomische Verhältnisse gedeutet wurde. Nicht die Mittelklasse habe die Reform bewirkt, sondern, umgekehrt, diese habe jene hervorgebracht bzw. „erfunden".

Einfluss von J. HABERMAS

Der moderne Revisionismus in der britischen historischen Forschung, der für das 18. Jahrhundert mit der Betonung der Rolle einer neuen Mittelklasse den Begriff der Klassengesellschaft eingeführt hat, hat umgekehrt für das 19. Jahrhundert den Begriff der Klasse weitgehend zu eliminieren versucht. Politik wird nicht mehr als sozial determiniert gesehen, sondern als autonomes Wirken bestimmter Traditionen der politischen Kultur im Bereich der Öffentlichkeit, wobei der Einsatz dieses Begriffs von dem tief greifenden Einfluss der einschlägigen Arbeit von J. HABERMAS zeugt [deren englische Übersetzung: The Structural Transformation of the Public Sphere. An Inquiry into a Category of Bourgeois Society, Cambridge 1989]. Von Proletariat, Klassen und Klassenkampf ist nicht mehr die Rede, besonders für die Zeit nach dem Zusammenbruch des Chartismus.

Neue Argumente für die Kontinuität einer Arbeiterklasse

Doch gegen diese radikale Form des Revisionismus haben inzwischen andere wie M. C. FINN, P. A. PICKERING und J. BELCHEM eine differenziertere Position eingenommen [546; 567; 535]. So bemüht sich FINN um den Nachweis, dass der Radikalismus der Arbeiterschaft auch nach 1848 ein historischer Faktor gewesen sei und den Ausschlag dafür geliefert habe, dass der radikale Liberalismus seiner Allianz mit den Arbeitern wegen bereit war, deren Forderungen weitgehend zu übernehmen. Desgleichen liefern die Studien PICKERINGS und BELCHEMS zahlreiche Belege dafür, dass Klassenantagonismen auch in der Blütezeit des Viktorianismus fortlebten, wenn auch gelegentlich von Sprachspielen eines allgemeinen Konsenses überdeckt. Ähnlich hat M. HEWITT sich bemüht, zumindest für Manchester die Kontinuität einer klassenbewussten Arbeiterklasse nachzuweisen, die unabhängig vom Aufstieg und Fall der Chartistenbewegung über 1848 hinaus als eigenständige soziale und politische Größe existiert habe [599]. Auch er besteht darauf, dass jenseits sprachlicher Konventionen Klasse weiterhin soziale Realität konstituiert. Ihm stimmt M. TAYLOR zu, wenn er in seiner Studie über den britischen Radikalismus in der zweiten Hälfte des

19. Jahrhunderts feststellt: „There is a danger that in substituting political and populist explanations for those of class, the main aim of class explanations – how to account for structural change – is lost sight of, and all that is left in place is an unmediated history of ideas, beliefs, and representations" [572: 344]. Statt sprachliche bzw. kulturelle Traditionen als autonome Faktoren von Geschichte zu begreifen, fragt man wieder nach dem Einsatz von Elementen politischer Sprache und Kultur bzw. nach den Interessen, die hinter solchem Einsatz stehen. Statt, wie Joyce, Elemente einer klassenübergreifenden nationalistischen Rhetorik als Beleg für die Irrelevanz von Klassen zu werten, zeigt Finn z. B., wie solche Sprache in den Dienst von Klasseninteressen gestellt werden kann. Desgleichen hat J. Epstein nachgewiesen, dass der englische Radikalismus keineswegs unbewusst Traditionen reproduzierte. Umgekehrt: „radicals constructed *traditions* of a culture of popular politics and enacted their own version of political history" [544: 149].

9. Industrielle Revolution oder kontinuierliches Wachstum?

Die wissenschaftliche Debatte über die Ursprünge und den historischen Stellenwert der sog. Industriellen Revolution wird mittlerweile seit mehr als hundert Jahren geführt und ist erst kürzlich wieder in eine neue Phase getreten. Ungeachtet aller methodischen und sachlichen Fortschritte oszilliert sie nach wie vor zwischen den Polen der beiden klassischen Interpretationsmodelle: dem der fundamentalen Umwälzung und dem des eher unspektakulären Wachstums und Wandels. Auf der einen Seite resümiert E. Hobsbawm: „Welche Maßstäbe man immer anlegen mag – die Industrielle Revolution war vermutlich das wichtigste Ereignis der Weltgeschichte seit der Entwicklung der Landwirtschaft und der Städte" [514: 46; dt. Europäische Revolutionen, 57]. Auf der anderen Seite provoziert J. C. D. Clark mit der Feststellung, moderne Forschungsergebnisse führten zu dem Schluss, „that the Industrial Revolution was an historical category, not an event. We may doubt whether it was even a process, if by that we are to understand a single, unified and thematically coherent development" [180: 39].

Klassische Interpretationsmodelle

Hobsbawm steht dabei in der Tradition A. Toynbees, J. L. und B. Hammonds und S. und B. Webbs, die als Erste eine kohärente Interpretation des ökonomischen und gesellschaftlichen Umbruchs auf der Wende vom 18. zum 19. Jahrhundert lieferten [401; 370; 626]. Dabei werteten sie den rapiden und fundamentalen Übergang von einer alten in eine neue Welt als soziale Katastrophe bislang unbekannten Ausmaßes, in der durch das verhängnisvolle Zusammenspiel von technischen Innovationen und unverantwortlicher Politik des laissez-faire die große Masse der Bevölkerung in unvorstellbares Elend gestürzt worden sei. Damit sei eine Epoche eingeleitet worden, „as disastrous and as terrible as any through which a nation ever passed; disastrous and terrible because, side by side

Industrielle Revolution als soziale Katastrophe

with a great increase in wealth was seen an enormous increase in pauperism; and production on a vast scale, the result of free competition, led to a rapid alienation of classes and to the degradation of a large body of producers" [401: Toynbee, 84]. Gestützt vornehmlich auf die Zeugnisse der unmittelbar betroffenen Zeitgenossen, konzentrierten diese sog. „Pessimisten" ihr Augenmerk weniger auf die Ursachen als vor allem auf die Folgen der Industriellen Revolution und betonten von daher deren Charakter als epochales Ereignis.

Prozesscharakter des ökonomischen Wandels

Eine grundlegende Alternative zu solchen lange Zeit vorherrschenden Deutungen liefert J. H. Clapham bereits gegen Ende der 1920er Jahre [134], indem er den Prozesscharakter des ökonomischen Wandels betonte, der zudem in der Regel eher lokales denn nationales Ereignis war. Im Gegensatz zu den frühen Klassikern der Historiographie über die Industrielle Revolution sah er in dem Arbeiter der Baumwollfabriken von Lancashire eben nicht den Prototypen der Epoche und selbst die Dampfmaschine war vor 1830 „still small and, outside a limited group of leading industries, comparatively little used" [134: Bd. 1, 155]. Überhaupt habe vor 1851 kaum eine tief greifende Veränderung im technischen Bereich stattgefunden und desgleichen sei die Verelendungstheorie der Pessimisten in das Reich der Legende zu verweisen [134: Bd. 1, 561]. Damit waren die beiden Positionen besetzt, zwischen denen bis heute das historische Urteil über den wirtschaftlichen und sozialen Wandel des 18. und 19. Jahrhunderts oszilliert, wobei methodische Ansätze und Leitfragen häufig der jeweils gegenwärtigen ökonomischen Gesamtsituation entspringen, wie D. Cannadine gezeigt hat [The Present and the Past in the English Industrial Revolution 1880–1980, in: P & P 103 (1984),131–172].

„take-off"

Als besonders einflussreich sollten sich jene Deutungsmuster erweisen, die in den Jahren anhaltenden Booms zwischen 1950 und 1970 entwickelt wurden und dementsprechend die Industrielle Revolution als den entscheidenden Durchbruch zu einer modernen, d. h. durch kontinuierliches Wachstum gekennzeichneten Wirtschaft charakterisierten. Man konzentrierte sich nun weniger auf bestimmte Industrien, technische Entwicklungen oder soziale Phänomene als vielmehr auf den gesamtwirtschatlichen Prozess. Hier nun fixierte W. W. Rostow bei seiner Auflistung verschiedener Phasen unterschiedlichen Wachstums die zwei Jahrzehnte zwischen 1783 und 1802 als die Phase des entscheidenden „take-off", von der an jährliche Wachstumsraten von über 2% zum Normalzustand wurden [388]. Am differenziertesten und umsichtigsten präsentierten P. Deane und W. A. Cole das verfügbare Datenmaterial für ein solches, über lange Zeit wegweisendes Interpretationsmuster [4]. Zugleich sah man in England nicht nur das Ursprungsland moderner Industrie, sondern auch das nachahmenswerte Modell für die Industrialisierung der Dritten Welt [388: Rostow].

Ursachen der Industriellen Revolution

Im Forschungskontext dieser Ära konzentrierte sich das Interesse vornehmlich auf die Ursachen der Industriellen Revolution, wobei ein ganzes Bündel weiterer „Revolutionen" – eine demographische, eine agrarische, eine kommerzielle und eine Revolutionierung des Transport- und Verkehrswesens – als mögliche Ursachen entdeckt und gewichtet wurden [366: P. DEANE]; letztendlich überzeugten multikausale Erklärungen am ehesten, wie sie besonders von R. M. HARTWELL entwickelt wurden [371; 372; 373]. Die Verbindung von Industrieller Revolution und Modellen ökonomischen Wachstums führte zugleich in zweifacher Weise zu der Grundsatzfrage, inwieweit überhaupt der Begriff *Industrielle Revolution* in solchen Zusammengängen sinnvoll bzw. erlaubt sei. Zum einen stellt sich die Frage: „Was it the economy, or was it industry?" [371: HARTWELL 12], also in welchem Maße der gesamtwirtschaftlich registrierbare Entwicklungssprung tatsächlich auf revolutionäre Momente im Bereich der gewerblichen Produktion zurückzuführen sei. Zum andern spricht eine sorgfältige Auswertung des unvollständigen und nicht leicht zu interpretierenden Zahlenmaterials eher für einen langsamen, über ein Jahrhundert sich erstreckenden stetigen Wachstumsprozess als für einen abrupten revolutionären Wandel gegen Ende des 18. Jahrhunderts. HARTWELL stellte daher schließlich die Frage: „Could it (the industrial revolution) not be the culmination of a most unspectacular process, the consequence of a long period of unspectacular growth?" [373: 155] Darüber hinaus erscheint zweifelhaft, inwiefern pars pro toto gilt, d. h. die spektakulären Begleiterscheinungen der Baumwollindustrie als sog. *Leitsektor* für den gesamtwirtschaftlichen Prozess stehen können, oder ob statt dieses eher regional begrenzten Phänomens der Eisenindustrie um die Mitte des 19. Jahrhunderts die Schlüsselrolle zufiel [366: P. DEANE, Kap. VI].

Industrielle Revolution als fragwürdige Kategorie

Dergleichen Überlegungen lieferten den Anstoß für die jüngsten revisionistischen Deutungen, mit denen die Diskussion um die Industrielle Revolution in eine neue Phase getreten ist. Wurde bislang der Streit um den Stellenwert des Ereignisses gemäß dem Motto „Fluch oder Segen?" zwischen den sog. Optimisten und Pessimisten mehr oder weniger leidenschaftlich ausgetragen [vgl. dazu 373: HARTWELL, 81–105], so stellt man heute grundsätzlich die Existenz der Industriellen Revolution in Frage, wie z. B. M. FORRES mit seiner Feststellung: „it turns out to be more a part of a myth than historical reality" [The Myth of a British Industrial Revolution, in: History 66 (1981), 181–198, 183]. Damit befinden sich erstmals die Interpretationsansätze zur Industriellen Revolution im Gleichklang mit dem allgemeinen Zeittrend der historischen Wissenschaft. Als diese noch ganz im Zeichen liberaler Fortschrittsgläubigkeit stand, war die Sicht der Industriellen Revolution von konservativen Wertvorstellungen der Pessimisten beherrscht. Doch als dann das liberale Geschichtsbild zunehmend in Frage gestellt wurde, gewann eine optimistisch-liberale Einstellung gegenüber der Industrialisierung an Boden, bis heute, in der Ära der Postmoderne, die Industrielle Revolution ebenfalls Opfer der generellen Kritik aller auf Strukturen ausgerichteten Deutungsmuster zu werden droht.

Jüngste revisionistische Deutungen

„Reinterpretations of the Industrial Revolution now in vogue reflect contemporary perceptions of Britain at the end of the twentieth century. As citizens of a great power in decline British historians are questioning the extent of their country's earlier greatness... Finally, the transmutation of the Industrial Revolution into a process of slow, stable and beneficial progress is entirely congruent with an anti-whig and currently prominent school of historians who represent Britain's constitutional and social development (from Charles I right down to 1914) as a process of stable but civilized change", resümierte P. O'BRIEN den Forschungsstand zu Beginn der 1990er Jahre [382: P. O'BRIEN, R. QUINAULT, 6]. Er bezog sich dabei vor allem auf Arbeiten, welche das von ROSTOW und DEANE entwickelte Wachstumsmodell differenzierten bzw. überprüften und auf der Basis des vorhandenen Zahlenmaterials zu neuen Einschätzungen der Wachstumsraten gelangten [364: N. CRAFTS; C. K. HARLEY, British Industrialisation before 1841, in: JEconH, 42 (1982), 267–289]. Diese liegen in der Regel wesentlich niedriger als zuvor, so dass langsames, kontinuierliches Wachstum an die Stelle der sprunghaften, tief greifenden Veränderung tritt. Schon H. J. HABAKKUK hatte die Frage gestellt, „why English progress in the first half of the nineteenth century, though very rapid, was not more rapid than it was" [596: 174]. Der z. B. von CRAFTS konstatierte allmähliche Wandel, der bis in die 20er Jahre des 19. Jhs. lediglich auf einigen wenigen Sektoren mit spektakulären Veränderungen durchsetzt ist, verliert darüber hinaus auch dadurch an Rasanz, dass andere Studien entscheidende Fortschritte im Bereich der Handels, der Urbanisierung und der Ausbildung einer Konsumgesellschaft schon für das 18. Jahrhundert nachgewiesen haben [384: J. H. PLUMB; 357: C. W. CHALKIN; 485: N. MCKENDRICK, J. BREWER, J. H. PLUMB]. Statt im Übergang vom 18. zum 19. Jh. eine Industrielle Revolution zu registrieren, resümiert A. MUSSON die Summe revisionistischer Korrekturen: „British economic historians have generally tended to place too much emphasis on the Industrial Revolution of 1750 to 1850... Much of England 1850 was not very strikingly different from that of 1750" [609: 149] und D. N. MCCLOSKY kommt somit zu dem Schluss: „The Industrial Revolution was the central event in modern history, British or other, more in memory than in happening" [The Industrial Revolution, 1780–1860. A Survey, in: 135: 1. Aufl., Bd. 1, 103–127, 104]. Selbst die Dampfmaschine, für die ältere Forschung unbestrittener Motor technischen Fortschritts, hat G. N. VON TUNZELMANN zufolge keine wesentlichen Auswirkungen auf die Produktionsbedingungen vor 1860 gehabt [403].

Neue Einschätzungen der Wachstumsraten

Dementsprechend seien es nicht Baumwolle und die Dampfmaschine, sondern Kohle und Eisen gewesen, welche, wie E. A. WRIGLEY betont, die Grundlage für den Übergang ins moderne Industriezeitalter geliefert hätten [406]. Und so lässt sich von einer Industriellen Revolution allenfalls mit Blick auf die zweite Hälfte des 19. Jahrhunderts sprechen. „There are grounds for regarding the period of 1850–1914 as that in which the Industrial Revolution really occurred, on a massive scale, transforming the whole economy and society much more widely and deeply than the earlier changes had done" [609: MUSSON, 150 f.]. Mit dergleichen re-

Industrielle Revolution in der zweiten Hälfte des 19. Jahrhunderts

visionistischen Korrekturen verliert die englische Industrielle Revolution zugleich ihren Modellcharakter und ihre Führungsrolle im Prozess der globalen ökonomischen Modernisierung. Vielmehr ist von einem britischen *Sonderfall* die Rede, wobei bestimmte, nicht ohne weiteres wiederholbare Faktoren wie reiche Kohlevorkommen, eine besonders leistungsfähige Landwirtschaft, gute Verkehrswege, günstige soziale und politische Bedingungen die entsprechenden Voraussetzungen lieferten, so dass „change" in erheblichem Maße auf „chance" basierte [406: WRIGLEY]. Darüber hinaus hat P. K. O'BRIEN gezeigt, dass z. B. die französische Industrialisierung unabhängig von einem britischen Modell verlief und zudem bereits im 18. Jh. höhere Produktivitätsraten vorweisen konnte als der Nachbar jenseits des Kanals [610: P. K. O'BRIEN, G. KEYDER].

Die Industrielle Revolution als britischer Sonderfall

Zwar sind die Wachstumsanalysen der Revisionisten inzwischen weitgehend akzeptiert worden, doch Argumente für die Industrielle Revolution als markante Epochenwende werden weiterhin mit Nachdruck ins Feld geführt. Dabei wird einmal mehr deutlich, dass der Streit um den Stellenwert der Industriellen Revolution – nicht selten ideologisch motiviert – sich auf den Bereich der Semantik und der Methodologie konzentriert. Neues empirisches Material ist kaum erarbeitet worden; stattdessen geht es um die Interpretation bekannter Zahlen, die Bewertung offenkundiger Phänomene und die Definition von Begriffen. P. K. O'BRIEN kritisiert den Pointilismus lokaler und regionaler Studien, „which blurs all distinctions between old and new, continuity and discontinuity", und besteht weiterhin auf dem spezifischen Charakter der Industriellen Revolution als „historically rapid, located in Britain, prepared for and sustained by agriculture, concentrated just in a few leading industries linked to foreign trade and power, and in almost analytically interesting respects peculiarly British" [382: 5, 26]. M. BERG schließlich unterzieht sogar die Wachstumsstatistiken, auf die Revisionisten wie CRAFTS und WRIGLEY ihre weithin akzeptierte Kontinuitätsthese stützen, einer kritischen Prüfung und betont darüber hinaus die sozialen Auswirkungen grundlegend veränderter Produktionsbedingungen [353].

Argumente für die Industrielle Revolution als markante Epochenwende

Vor allem aber sind – laut D. C. COLEMAN – „too much of the currently modish treatments... limited in range and ahistorical in approach", wobei die Revisionisten in der Anwendung quantitativer und ökonometrischer Methoden das historische Quellenmaterial, das die Dimension menschlicher Erfahrung vermittelt, aussparen [361: 42] und somit die Wahrnehmung eines relativ abrupten, tief greifenden Wandels durch die Zeitgenossen einfach unberücksichtigt lassen [398: M. THOMIS]. Wie zuvor die sog. Optimisten und Pessimisten, so stehen sich auch jetzt zwei Richtungen gegenüber, die die humane Dimension des historischen Prozesses unterschiedlich gewichten. Für die Vertreter der Kontinuitätsthese, die zudem in kürzeren Zeiträumen denken und argumentieren, zählt die Zahl, die Abstraktion des Rechenexempels. Für diejenigen, welche weiterhin die Erfahrung von Individuen und sozialen Gruppen als unverzichtbaren Gegenstand historischen Interesses erachten und die zugleich in bis zum Neolithikum rei-

Dimension menschlicher Erfahrung

chenden Zeiträumen operieren, bleibt die Industrielle Revolution ein Quantensprung in der Geschichte der Menschheit.

10. „Britain's Decline" – die Debatte um Machtverlust und wirtschaftlichen Niedergang Grossbritanniens

Decline als wirtschaftlicher Niedergang

In der jüngsten Gesamtdarstellung der Geschichte Großbritanniens im 20. Jh. von P. Clarke heißt es: „The history of twentieth-century Britain... threatens to become a history of decline, centred on the question: where did it all go wrong?" [739: 2] Dabei geht es nicht in erster Linie um den Verlust des Weltreichs und der Weltmachtstellung – „this aspect of Britain's decline... is taken for granted by all and sundry" [826: A. Sked, 1] –, sondern um Ausmaß und Ursachen des wirtschaftlichen Niedergangs der im 19. Jahrhundert führenden Industriemacht. Die Krisen der 60er Jahre des 20. Jahrhunderts, vor allem die spektakuläre Abwertung des Pfundes 1967, lösten in der britischen Öffentlichkeit und damit auch unter den Historikern eine lang anhaltende und intensiv geführte Debatte über die Gründe der *englischen Krankheit* aus.

Wirtschaftlicher Niedergang ein relativer Begriff

Wirtschaftlicher Niedergang ist dabei ein relativer Begriff, denn absolut gesehen haben Produktion, Wachstum und Wohlstand weiterhin zugenommen. Auch in diesem Bereich stehen sich Optimisten und Pessimisten gegenüber und so hat D. McCloskey denjenigen, die auf eine zunehmende ökonomische Schwäche und Rückständigkeit Großbritanniens verweisen, entgegengehalten, dass die Briten seit dem späten 19. Jahrhundert nicht nur ihr Einkommen verdreifacht hätten, sondern 1987 das der Philippinen um das 6fache und das Indiens um das 13fache übertroffen hätten [860: 46]. Wie so oft hängt es von Blickwinkel des Betrachters ab, ob ein Glas halb voll oder halb leer ist. Im internationalen Vergleich jedoch muss man allenthalben konzedieren, dass Großbritannien kontinuierlich an Boden verlor und demgemäß stellte sich die Frage nach den Anfängen und Ursachen dieses Prozesses. „It is now conventional wisdom that, for some hundred years or so, British growth and especially productivity performance have been deeply disappointing when compared with that of other advanced countries. More contentious, but nevertheless widely held, is the belief that the failures of the post war economy are deeply rooted in the past" [N. Crafts, The Assessment: British Economic Growth over the Long Run, in: Oxford Review of Economic Policy, 4,1 (1988), I-XXI, I].

Wenn man in diesem Zusammenhang den Blick zurück auf die viktorianische Epoche richtet, so zum einen deshalb, weil bereits zu Beginn des Jahrhunderts angesichts des rapiden wirtschaftlichen Aufstiegs der USA und des Deutschen Reiches die sog. „national efficiency"-Debatte geführt wurde [824: G. Searle]. Zum anderen werden die Ursprünge der Krise von Vielen zumindest teilweise auch in den Auswirkungen außerwirtschaftlicher, d. h. kultureller und mentaler

Strukturen und Faktoren gesehen, die ihrerseits weit in das 19. Jahrhundert zurückreichen. So hat beispielsweise D. LANDES in diesem Zusammenhang auf die Voreinstellungen und Verhaltensweisen britischer Produzenten und Kaufleute hingewiesen – „... merchants, who had once seized the markets of the world and took them for granted... Similarly, the British manufacturer was notorious for... his conservatism in the face of new techniques" [137: 330f., 337]. Vor allem aber ist hier auf die Thesen M. WIENERS zu verweisen, der den Niedergang englischen Unternehmergeistes mit spezifischen englischen kulturellen Traditionen verknüpft [627]. Danach war von Anbeginn an die Einstellung der Engländer gegenüber ihrer Industriellen Revolution durchaus zwiespältig, stets habe wachstums- und technikorientierter Fortschrittsgläubigkeit die Sehnsucht nach der rustikalen Idylle des traditionellen England gegenübergestanden, auch als Ausdruck überlieferter aristokratischer Lebenshaltung und -führung. Gerade weil die ökonomische und technische Modernisierung ohne dramatische soziale Brüche stattgefunden habe, hätten traditionelle Wertvorstellungen und kulturelle Muster nicht nur überlebt, sondern auch die weitere Entwicklung entscheidend geprägt. „The end result of the nineteenth-century transformation of Britain was indeed a peaceful accomodation, but one that entrenched premodern elements within the new society, and gave legitimacy to antimodern elements", mit dem Ergebnis einer „conception of Englishness that virtually excluded industrialism" [627: 7, 5]. In dem Maße, wie gerade auch das Bürgertum als Träger der Industrialisierung vormoderne Normen akzeptiert und verinnerlicht habe – nicht zuletzt wegen des geringen Sozialprestiges der Industriellen –, sei dem modernen Unternehmertum die Substanz entzogen und der wirtschaftliche Niedergang vorprogrammiert worden. Denn „businessmen increasingly shunned the role of industrial entrepreneur for the more socially rewarding role of gentleman (landed, if possible). The upshot was a dampening of industrial energies, the most striking single consequence of the gentrification of the English middle class" [627: 97]. Dazu habe besonders das britische Erziehungssystem der *public schools* beigetragen, das zwar Administratoren für das Empire, aber keine Ingenieure und Unternehmer ausbildete. „Boys from commercial and industrial families, however, were admitted only if they disavowed their backgrounds and their class. However many businessmen's sons entered, few future businessmen emerged from these schools, and those who did were *civilized*; that is, detached from the single-minded pursuit of production and profit" [627: 20]. Schließlich habe diese Entwicklung die entsprechenden Folgen für die politische Führung des Landes gezeitigt, deren Wirtschaftspolitik angesichts der Herausforderungen des 20. Jahrhunderts versagen musste.

Thesen M. WIENERS

WIENER hat mit seinen Thesen, die letztlich die bereits von ENGELS konstatierte „Abdankung der Bourgeoisie" neu formulieren, eine intensive Debatte provoziert, in deren Verlauf seine Ergebnisse teils bestätigt, vielfach differenziert und teils widerlegt worden sind. Dabei ist zunächst hervorgehoben worden, dass Adel und Bourgeoisie einander nicht einfach im Rahmen der britischen sozialen Elite gegenübergestellt werden können, sondern dass 1. die adligen Landbesitzer ebenfalls als Kapitalisten zu wirtschaften verstanden und dass 2. beim Wirtschaftsbürgertum die Gruppen des Handels- und Finanzkapitals einerseits und die des Industriekapitals andererseits zu unterscheiden sind. Wie u. a. P. ANDERSON und W. RUBINSTEIN betont haben [Figures of Descent, in: New Left Review 161 (1987), 20–77; 615: W. RUBINSTEIN; 616: DERS.] hat diese Spaltung der bürgerlichen Führungsschicht zunächst die unangefochtene politische und kulturelle Hegemonie des Adels ermöglicht. Als die materielle Basis der Führungsposition der britischen Aristokratie nach 1880 durch massive Einbußen im Bereich der Agrarökonomie zu schwinden drohte, sei der Adel ein Bündnis mit dem florierenden Finanzkapital eingegangen, während das Industriebürgertum ins soziale Abseits gedrängt wurde. Heftig umstritten bleibt in diesem Zusammenhang allerdings, inwieweit umfangreiche Landkäufe der Millionäre aus der City, die F. M. L. THOMPSON zufolge bis zu 80% „landed families" gründeten, die alte These von der „offenen Elite" bestätigen [zit bei: M. J. DAUNTON, *Gentlemanly Capitalism* and British Industry 1820–1914, in: P & P, 122 (1989), 119–158, 130; dagegen 396: STONE]. Hier, im Bereich der City-Finanz, fand demzufolge die von WIENER beschworene „gentrification" des Bürgertums statt. Das Resultat war der sog. *gentlemanly capitalism*, denn die Tätigkeiten eines Finanziers ließen sich, im Gegensatz zu denen eines Industriellen, sehr wohl mit den Gewohnheiten adliger Lebensführung verbinden. Man konnte Geld verdienen und zugleich *gentleman* bleiben, mit den entsprechenden nachteiligen Auswirkungen für die produzierende Wirtschaft.

gentlemanly capitalism

In den 70er und frühen 80er Jahren des 20. Jahrhunderts, in denen die Krise der britischen Wirtschaft besonders akut war, stießen WIENERS Thesen auf breite Zustimmung. Doch Kritik blieb nicht aus und gewann seit den späten 1980er Jahren zunehmend an Boden [vgl. dazu bes. 839: B. COLLINS, K. ROBBINS]. Sie wendet sich vor allem dagegen, den letztlich nicht zu bestreitenden Rückgang der Produktivität im Bereich der britischen Wirtschaft einem kulturell bedingten langfristigen Versagen britischen Unternehmertums anzulasten. Dabei weist man darauf hin, dass Kritik an technischem Fortschritt und dem ökonomischen Prinzip der Gewinnmaximierung sich keinesfalls auf das England des späten 19. Jhs. einschränken lässt, vielmehr Standardthema westlicher Kulturkritik überhaupt war. Desgleichen könne von einer grundsätzlichen Industriefeindlichkeit der englischen Aristokratie keineswegs die Rede sein, wenn man die zahlreichen erfolgreichen Unternehmer adliger Provenienz im Zeitalter der Industriellen Revolution betrachtet [vgl. 867: H. PERKIN, 365 f.; vgl. auch 843: D. EDGERTON]. Schließlich hat W. RUBINSTEIN erheblich die Aussage WIENERS korrigieren können, derzufolge die Schwäche britischen Unternehmertums auf die verhängnisvollen Auswirkungen des Curriculums der englischen *public schools* zurückzuführen sei [Cultural Explanations for Britain's Economic Decline: How

Kritik an WIENERS Thesen

True?, in: 839: 59–90, 81 ff.]. Da der relative Niedergang englischer Wirtschaft nur im internationalen Vergleich zuverlässig registriert werden kann, ist dabei von besonderem Interesse, wenn H. JAMES im Verhältnis von Wirtschaft, Erziehung und Kultur deutliche Parallelen zwischen den britischen und deutschen Zuständen und Entwicklungen aufzeigen kann [The German Experience and the Myth of British Cultural Exceptionalism, in: 839: 91–128].

Auch andere betonen die Unzulänglichkeit der WIENER'schen Argumentation unter komparatistischen Gesichtspunkten: „If twentieth-century British society was pervaded by conservative mores, it was in this respect no worse off than Japan or continental European countries that were pre-capitalist, tradition-bound societies when Britain was the workshop of the world. The thesis of entrepreneurial failure, and other culturally based explanations of decline, shed no light on why Britain was less successful than later industrializers in remoulding customary attitudes that encumbered economic performance", heißt es bei B. ELBAUM und W. LAZONICK, die dem ihre These entgegensetzen: „Britains distinctiveness derived less from the conservatism of its cultural values per se than from the matrix of rigid institutional structures that re-enforced these values and obstructed individualistic as well as collective efforts at economic renovation" [844: 2]. Die Ursachen für den Verfall werden hier also ausschließlich im Bereich ökonomischer Strukturen gesucht und in erster Linie auf die Tatsache zurückgeführt, dass von Anbeginn an die Industrie unter dem Gesetz des ungezügelten Wettbewerbs stand und daher in ihren Organisationsformen über den kleinen und mittleren Familienbetrieb in der Regel nicht hinausgelangte, wodurch wichtige Voraussetzungen – wie z.B. Konzernbildungen – für zukunftsträchtige umfangreiche Investitionen entfielen. Deswegen habe die britische Wirtschaft den Übergang zur modernen Massenproduktion versäumt. Außerdem habe die atomistische Organisationsstruktur die Position der zahlreichen Gewerkschaften erheblich gestärkt. Lenkende Eingriffe des Staates in das Wirtschaftsleben, wie sie dann besonders unter der ersten Labourregierung nach dem Zweiten Weltkrieg stattfanden, seien zu spät und letztlich in zu geringem Umfang erfolgt [844: 11].

Während so ELBAUM und LAZONICK ebenfalls die Geschichte eines nunmehr 100-jährigen Niedergangs der britischen Wirtschaft zu interpretieren versuchen, zeichnen andere ein durchaus positives Bild und stellen insbesondere den britischen Unternehmern ein besseres Zeugnis aus. Hier wären neben F. CROUZET [588] vor allem die einschlägigen Arbeiten von D. MCCLOSKY zu nennen, der zu dem Schluss gelangt: „(There is) little left of the dismal picture of British failure painted by historians" [Did Victorian Britain Fail?, in: Econ HR, 2. ser., 23 (1970), 446–459, 459]. Zudem sei es erfolgreichen Unternehmern nicht anzulasten, wenn sie, den Gesetzen des Marktes folgend, ihren Tätigkeitsbereich vornehmlich in den so ertragreichen kommerziellen bzw. finanziellen Sektor verlegten oder sich von der produzierenden Industrie weg hin zu den profitablen Serviceleistungen bewegten. Im Anschluss an C. Wilson [Economy and Society in Late Victorian Britain, in: Econ HR, 2. ser., 18 (1965), 183–198] hat dies besonders Rubinstein betont [617: 24] und darüber hinaus darauf hingewiesen, dass Großbritannien seine Unternehmer nicht wie sowohl die USA als auch das Deutsche Reich durch Zölle schützte und er wertet dies als entscheidende Benachteiligung für die britische Wirtschaft [Cultural Explanations for Britain's Economic Decline: How True?, in: 839: 59–90, 67]. Und auch wenn deren *relative decline* nach 1945 unbestreitbar sei, so müsse man hier zunächst einmal vor allem auch exogene Faktoren, d. h. besonders die Belastungen zweier siegreich geführter Kriege in Rechnung stellen, welche – so Rubinstein – mehr noch als alle endogenen Faktoren zur Schwächung der britischen Wirtschaft beigetragen hätten [ebd., 73–77].

Exogene Faktoren

Dort wo die jüngere Forschung sich in erster Linie auf ökonomische Daten und Fakten konzentriert, ist die These vom weit ins 19. Jahrhundert zurückreichenden Verfall der britischen Wirtschaft in vollem Umfang wohl nicht mehr haltbar. In seiner breit angelegten Untersuchung der öknomischen Entwicklung der Jahre 1870–1914 gelangt S. Pollard zu dem Schluss: „Edwardian Britain is not to be confused with the managed economy of the past 40 years. Though there were signs of weakness, of mistaken policies and false assumptions, of snobbery in the schools and of short-sightedness in the City, the economy was fundamentally sound... The faults of the decline after 1945 are not to be shuffled off to earlier generations; they remain firmly in the responsibility of those who controlled Britain's economic fortunes in those years" [612: 271]. Die Geschichte des wirtschaftlichen Niedergangs wird so auf die Jahrzehnte nach dem Ende des Zweiten Weltkriegs konzentriert. Auch Optimisten wie B. Supple und D. McCloskey konzedieren, dass z. B. zwischen 1950 und 1973 das britische Wirtschaftswachstum deutlich niedriger war als das anderer Staaten: Nicht nur der USA, sondern auch Frankreichs, Deutschlands, der Niederlande und Japans, und dass besonders in den Jahren nach 1945 das pro-Kopf-Einkommen der Franzosen, Japaner und Deutschen das der Briten eindeutig überflügelte [B. Supple, British Economic Decline since 1945, in: 135: 2. Aufl., 318–346, 321; 860: McClosky, 47].

Decline nach 1945

An eben diesem Punkt setzt die vehemente Kritik C. Barnetts ein, wenn er die Verbindung zwischen dem Aufbau des britischen Sozialstaates nach dem Ende des Zweiten Weltkriegs und dem Verfall britischer Macht und britischer Wirtschaft herstellt [786]. Demzufolge habe Großbritannien nach 1945 eine historische Chance zur Modernisierung seiner Wirtschaft und damit zur Sicherung seiner Position unter den Großmächten versäumt. Statt energisch technische Innovationen zu fördern, habe die Regierung sich schon vor dem Ende des Krieges dafür entschieden, wertvolle Mittel und Energien in den Aufbau eines allumfassenden Wohlfahrtssystems zu investieren. Das Ergebnis sei, dass nun die große Masse eines riesigen Proletariats – „segregated, subliterate, unskilled, unhealthy and institutionalised" – von staatlicher Wohlfahrt abhängig sei [786:

Ausbau des Sozialstaates als Ursache

304]. Interessanterweise zieht BARNETT damit jedoch nicht einfach Attlees Labourregierung zur Verantwortung für *Britain's Decline*, sondern sieht ähnlich wie WIENER Verbindungslinien zu Traditionen des 19 Jahrhunderts. So habe die in vielem wegweisende Erziehungsgesetzgebung des Jahres 1944 letztlich lediglich die traditionellen industrie- und fortschrittsfeindlichen Wertvorstellungen erneut zu allgemeinen Bildungszielen erhoben und damit eben der dringend erforderlichen Modernisierung entscheidende Barrieren in den Weg gestellt. Die Verantwortung hierfür lastet BARNETT allerdings nicht dem Sozialismus, sondern der weit in die englische Geschichte zurückreichenden evangelikalischen, nonkonformistischen humanitären christlichen Tradition an, in deren Nachfolge nicht nur Männer wie William Beveridge und Harold Laski, sondern sowohl die Labour Partei als auch die Liberalen gestanden hätten, die das britische Volk in einer Zeit, in der es sich mit den Realitäten einer veränderten Welt hätte auseinander setzen müssen, mit dem Bild eines Neuen Jerusalem in die Irre geführt hätten. „The wartime coalition government... failed across the whole field of industrial and educational policy to evolve coherent medium- or long-term strategies capable of transforming Britain's obsolete industrial culture and thereby working a British economic miracle. Instead all the boldness of vision, all the radical planning, all the lavishing of resources, had gone towards working the social miracle of New Jerusalem“ [786: 304]. Auch in einem ökonomisch eher kurzgreifenden, auf die letzten 50 Jahre beschränkten Erklärungsmodell werden also langfristig wirkende kulturelle Tendenzen als relevante Triebkräfte beschworen. Doch selbst diese These verliert an Überzeugungskraft, wenn ihr die reale Basis entzogen wird – in diesem Falle die angeblich verhängnisvollen Auswirkungen der exorbitanten Aufwendungen für die Einrichtung des Sozialstaates. So weist z. B. J. HARRIS darauf hin, dass Großbritannien bis in die 1980er Jahre hinein– mit der Ausnahme der Schweiz – durchweg einen geringeren Anteil seines Sozialprodukts für die Einrichtung und Erhaltung eines sozialen Netzes aufgewendet habe als jeder andere europäische Staat [Enterprise and Welfare States: A Comprative Perspective, in: TRHS, 5. ser., XL (1990), 175–195].

Erfolgsbilanz als Voraussetzung für den späteren Niedergang

Aufs Ganze gesehen überzeugen schließlich jene Interpretationsansätze, denen zufolge die historische Erfolgsbilanz der britischen Geschichte des 19. und frühen 20. Jahrhunderts die Voraussetzung für den späteren Niedergang lieferte. So argumentiert z. B. A. SKED: „The main difference between the history of Great Britain and that of nearly all her rivals or competitors between 1850 and 1960 is surely that of enormous success and continuity... The result, perhaps, was a not unnatural pride in British institutions and a willingness to take future success for granted and not to question or reform even the most obvious defects in British society and institutions... Hence a century of unmitigated national success, inevitably producing a massive degree of complacency, should be considered one factor in Britain's relative decline“ [826: 10f.].

11. Appeasement-Historiographie

Der bis heute andauernde Streit um die Ursachen und Folgen der britischen Appeasement-Politik der 1930er Jahre ist letztlich nur ein Ausschnitt aus einer immer wieder aufbrechenden Diskussion der außenpolitischen Aspekte des allgemeinen Niedergangs der britischen Weltmacht. Dabei wird gern in kontrafaktischer Manier darüber spekuliert, ob nicht britische außenpolitische Abstinenz im Hinblick auf kontinentaleuropäische Konstellationen und Konflikte Großbritannien die Teilnahme an zwei zwar siegreichen, aber eben auch verlustreichen Weltkriegen erspart hätte, die so entscheidend die Auflösung des Empire wenn nicht verursacht, so doch beschleunigt hätten. Erst kürzlich wieder ist diese Sicht von N. Ferguson [900] in Bezug auf Großbritanniens Engagement im Ersten Weltkrieg vertreten worden sowie, mit Blick auf die Außenpolitik von Disraeli bis Grey, von J. Charmley [889]. Charmley wendet sich damit gegen jene lange Zeit dominierende Interpretation, wie sie etwa von M. Howard und P. Kennedy entwickelt und vertreten wurde und derzufolge das „continental commitment" der britischen Strategie die notwendige Konsequenz einer stets auch im britischen Interesse verfolgten Politik des europäischen Gleichgewichts gewesen sei [908: M. Howard; 651: P. Kennedy]. In ähnlicher Manier hatte Charmley zuvor bereits Churchills Politik kritisiert, d. h. besonders die Tatsache, dass dieser nicht 1940 zum Vorteil Großbritanniens und seines Empire mit Hitler den Frieden gesucht habe [759]. Desgleichen erblickte er in der britischen Appeasement-Politik die einzig mögliche rationale Alternative zu einem Krieg, der schließlich das Ende des britischen Empire herbeiführte, und feierte dementsprechend Neville Chamberlain als weitsichtigen konservativen Staatsmann, der – anders als Churchill – stets das wahre nationale Interesse Großbritanniens mit seiner Politik verfolgt habe, bis er an widrigen Umständen gescheitert sei [888: J. Charmley].

Kritik an der britischen Europa-Politik

Mit solch einer Einschätzung war die Revision der nach dem Kriege vorherrschenden historischen Beurteilung der Appeasement-Politik und ihres Hauptrepräsentanten, Neville Chamberlain, zunächst abgeschlossen. Denn am Anfang hatte die vorbehaltlose Verurteilung gestanden, mit der nach 1945 *Appeasement* zu einer Vokabel der politischen Invektive geworden war. Bereits unmittelbar nach der Niederlage von Dünkirchen erschien 1940 unter dem Pseudonym Cato, hinter dem sich die Beaverbrook-Journalisten Michael Foot, Frank Owen und Peter Howard verbargen, mit dem Titel *Guilty Men* ein politisches Pamphlet, das mit seiner rückhaltlosen Verurteilung nicht nur Chamberlains, sondern auch der Politik der Regierungen MacDonalds und Baldwins für die kommenden zwei Jahrzehnte die historische Debatte bestimmen sollte. Man habe – so lautete der Vorwurf –, statt rechtzeitig und umfassend aufzurüsten, nicht nur leichtfertig und arrogant die politischen Zielsetzungen der Diktatoren falsch eingeschätzt, sondern darüber hinaus aus einer

Kritik der Appeasement-Politik nach 1940

schwächlichen pazifistischen Grundhaltung heraus diesen Konzessionen gemacht, die sie in ihren Aggressionsabsichten nur bestärkt hätten. Nachhaltig bestätigt wurde dieses Urteil, als der politische Gegner Chamberlains und spätere Sieger, CHURCHILL, in der Rolle des Geschichtsschreibers sein politisches in ein historisches Verdikt ummünzte und in seiner Geschichte des Zweiten Weltkrieges die Behauptung aufstellte, eine angemessen entschlossene britische Politik hätte diesen leicht verhindern können [890: Bd. 1, 14].

Revisionistische Positionen

Als jedoch in der zweiten Hälfte der 1960er Jahre die diesbezüglichen Akten für ein quellenbezogenes Studium freigegeben wurden, unterzog die Forschung – einer entsprechenden Aufforderung D. C. WATTS folgend [Appeasement. The Rise of a Revisionist School?, in: Political Quarterly 36 (1965), 191–213] – die orthodoxen Thesen einer gründlichen Revision. Wichtige Voraussetzung hierfür war auch, dass man sich nicht mehr mit personenbezogenen Darstellungen und Wertungen begnügte, sondern die Appeasement-Politik in die großen Zusammenhänge der britischen Innen- und Außenpolitik einzuordnen begann. Jene wurde so als rational begründbare Krisenstrategie im Sinne der klassischen britischen Politik der Friedenswahrung gedeutet, die ihrerseits wiederum die notwendige Voraussetzung für die Erhaltung des Empire lieferte [vgl. bes. 651: P. KENNEDY]. Zugleich war damit der schwierige Prozess der Anpassung der Weltmacht des 19. Jahrhunderts an die durch den Ersten Weltkrieg veränderten Machtverhältnisse angesprochen, eine Situation, in der im Krisenfall die beschränkten Ressourcen des Mutterlandes nicht mehr die Sicherheit eines weltweit gestreuten Kolonialreiches garantieren konnten. Der Revisionismus verwies darauf, dass der „Retreat from Power“ den „Troubled Giant“ mit Problemen konfrontierte, deren Auswirkungen in jede Analyse und Wertung der Appeasement-Politik mit einbezogen werden müssen [895: D. DILKS, Bd. 1; 930: F. S. NORTHEGE]. Die Appeasement-Politik wurde so aus dem eingeschränkten Blickwinkel der deutsch-britischen Beziehungen herausgelöst und in einen weltweiten Kontext eingeordnet, mit dem Ergebnis: „Appeasement, on such an analysis, was neither stupid nor wicked: it was merely inevitable“ [935: K. ROBBINS, 6]. Gleichzeitig hat in diesen Zusammenhang besonders G. SCHMIDT auf die innere Zwangslage Großbritanniens hingewiesen, die aus den Bemühungen resultierte, angesichts der ökonomischen Krise der dreißiger Jahre die Sozial- und Wirtschaftsordnung angemessen zu modernisieren, wodurch einer Politik der forcierten Aufrüstung automatisch ihre Grenzen aufgezeigt wurden [936]. B. J. WENDT hat darüber hinaus den Blick auf das „Economic Appeasement“ gelenkt, das durch den Abbau von Handelshemmnissen und die Wiederherstellung eines liberalen Welthandelssystems zu einer Entspannung der politischen Gegensätze beitragen sollte [942].

Insgesamt gesehen hat dieser Revisionismus zu einer differenzierten Einschätzung der Appeasement-Politik geführt, die vor allem die engen Grenzen des politischen Handlungsspielraums angesichts der komplexen Herausforderungen deutlich machte. Doch als dies in Fortsetzung dieser Tendenzen– wie im Falle J. CHARMLEYS [888] – zu dem Versuch einer umfassenden Ehrenrettung Chamberlains führte, wurden alte kritische Positionen neu besetzt. So hat besonders S. ASTER in einem ebenfalls *Guilty Men* betitelten Aufsatz [in: R. BOYCE, E. M. ROBERTSON (Hrsg.), Paths to War. New Essays on the Origin of the Second World War, London 1989, 233–268] nicht nur die alten Angriffe auf Chamberlain erneuert, sondern damit pauschal dem Revisionismus vorgeworfen, nicht mehr die Frage nach dem Maß persönlicher Verantwortung und Schuld der handelnden Politiker zu stellen; ihm hat mit guten Argumenten und besonders unter Verweis auf den „Primat der Außenwirtschaftspolitik" R. MEYERS geantwortet [Die Revision des Revisionismus: Eine Wende in der Appeasement-Historiographie?, in: K. D. BRACHER, M. FUNKE, H. P. SCHWARZ, (Hrsg.), Deutschland zwischen Krieg und Frieden. Beiträge zur Politik und Kultur im 20. Jahrhundert, Bonn 1990, 31–42]. Auch A. ADAMTHWAITE hat mit guten Argumenten auf die verhängnisvolle Fehleinschätzung der Person und Politik Hitlers durch Chamberlain verwiesen [879]. Von besonderem Gewicht ist in diesem Zusammenhang vor allem die differenzierte Studie von R. A. C. PARKER, der ebenfalls in der Beurteilung der Politik Chamberlains dessen Persönlichkeit in den Vordergrund stellt und dabei zu dem Schluss gelangt: „Led by Chamberlain, the government rejected effective deterrence. Chamberlain's powerful, obstinate personality and his skills in debate probably stifled serious chances of preventing the Second World War" [931: 347]. Die Debatte wird andauern, denn die britische Geschichtsschreibung wird sich wohl erst vom Trauma der Appeasement-Politik befreien können, wenn die Frage nach den Ursachen des *British Decline* zu allseits akzeptierten Antworten geführt hat.

Neuer Antirevisionismus

12. IMPERIALISMUS UND DEKOLONISATION

Bis in die 1960er Jahre hinein waren die klassischen Imperialismustheorien auf das Mutterland hin orientiert gewesen. Gleich ob man ökonomische oder machtpolitische Interessen in den Vordergrund stellte – stets sah man die Impulse für die Expansion des britischen Weltreiches von London ausgehen. Doch besonders auf Grund der Forschungen von J. GALLAGHER und R. ROBINSON trat dann ein grundlegender Wechsel der Perspektive ein [644; 653: W. R. LOUIS]. Nun konzentrierte man sich auf die Ereignisse an der Peripherie, auf die Initiativen der *men on the spot* bzw. auf den Zusammenbruch indigener Regimes, die jeweils Aktionen der politischen Zentrale herausforderten, welche schließlich in eine weitere Ausdehnung englischer politischer Herrschaft in Übersee mündeten [vgl. auch 643: D. FIELDHOUSE].

Peripherie-orientierte Imperialismustheorien

Nachdem dann für mehr als zwei Jahrzehnte dergleichen peripherie-orientierte Modelle die historische Empire-Forschung leiteten, ist seit kurzem wieder die

Metropole ins Blickfeld gerückt worden. Hier sind besonders die Arbeiten von J. MacKenzie und seinen Schülern zu nennen, in denen vor allem kulturhistorische Fragestellungen auf die Geschichte des britischen Imperialismus angewendet werden, wobei z. B. die Auswirkungen einer auf das Empire hin ausgerichteten Massenpropaganda untersucht oder die Verbindungen von aristokratischer Jagdkultur und imperialem Ethos analysiert werden [655; 656].

Kulturhistorische Fragestellungen

Besondere Beachtung verdient allerdings der groß angelegte Versuch von P. Cain und A. Hopkins, die gesamte Geschichte des britischen Weltreiches stringent und von seinen Anfängen her aus den ökonomischen Interessen der Metropole zu erklären [637]. In gewisser Weise nehmen sie dabei den alten Ansatz von J. Hobson wieder auf, der bereits 1902 den britischen Imperialismus auf die Investitionsstrategien des Londoner Finanzkapitals zurückgeführt hatte [646]. Am Anfang habe hier – so Cain und Hopkins – die landbesitzende aristokratische Elite gestanden, die spätestens seit Beginn des 18. Jahrhunderts entscheidenden Anteil an einem stark expandierenden Überseehandel genommen habe und zugleich enge Verbindungen mit einer neuen Gruppe von in der City konzentrierten Finanziers und Geschäftsleuten eingegangen sei. Das Ergebnis dieser Allianz seien die „gentlemanly capitalists" gewesen, deren Interessen bis hin zu seinem Ende die Geschichte des britischen Empires bestimmt hätten, wobei es dieser Elite gelungen sei, ihre maßgebliche Position durch bestimmte soziale Metamorphosen über mehr als zwei Jahrhunderte zu behaupten. Dabei habe im 19. Jahrhundert die durch das höhere britische Erziehungssystem, d. h. speziell durch Eton und Oxford vermittelte kulturelle Identität von Finanzkapital und politischer Führung sichergestellt, dass eben nicht rein machtpolitische oder industrielle, sondern finanzielle Interessen Zielsetzungen und Rahmenbedingungen überseeischer Expansion und Politik bestimmten, „finance (was the) governor of the imperial engine" [646: Bd. 1, 16]. Es versteht sich dabei von selbst, dass die Autoren mit ihrem Ansatz von einem Empire-Begriff ausgehen, der sich nicht auf die unter direkte politische Kontrolle gestellten Regionen beschränkt, sondern auch Gebiete wie China und Südamerika einschließt, in denen Großbritannien mit erheblichen Investitionen und/oder durch Dienstleistungsinteressen vertreten war. Interessant ist zudem der Vergleich mit Wiener: Während dieser den „gentlemanly capitalism" als wesentlichen Faktor des wirtschaftlichen Niedergangs bezeichnete, ist für Cain und Hopkins dieser die eigentliche und bis weit in die zweite Hälfte des 20. Jahrhunderts wirksame Triebkraft imperialer Expansion.

Ökonomische Interessen der Metropole

Generell ist darüber hinaus die Historiographie des Imperialismus, also zugleich die des Empire im Laufe der letzten zwanzig Jahre nachhaltig durch die postmoderne Kritik des kolonialen Diskurses beeinflusst worden. Hier stand am Anfang W. Saids kritische Studie der Entstehung und Geschichte der europäischen Orientwissenschaft [663; 664]. Mit Hilfe der Analyse rhetorischer Figuren, linguistischer Konventionen und stereotyper narrativer Strukturen

Postmoderne Kritik des kolonialen Diskurses

wird die Orientwissenschaft als Reflex und Instrument eines seit der Aufklärung dominierenden Eurozentrismus präsentiert, durch den zugleich koloniale Expansion und Imperialismus ihre Rechtfertigung erfuhren. Denn indem Maßstäbe und Werte des europäischen Rationalismus das Studium außereuropäischer Kulturen leiteten, wurden Europa und sein vorgeblicher historischer *Vorsprung* zum Maß aller Dinge erhoben. Mit dergleichen Thesen hat SAID zahlreiche Studien nicht nur über Europas Beziehungen zur überseeischen Welt im Allgemeinen, sondern gerade auch zur Geschichte des britischen Empire angeregt, wobei auch hier ein signifikanter Paradigmenwechsel von sozial- zu kulturgeschichtlichen Ansätzen stattfand und Fragestellungen der historischen Anthropologie und der Geschlechtergeschichte aufgenommen wurden. A. MCCLINTOCK [661], M. SINHA [666], R. INDEN [649] und T. RANGER [The Invention of Tradition in Colonial Africa, in: 555: 211–262] haben unter dem Eindruck SAIDS sowohl das indische Kasten- wie auch das afrikanische Stammeswesen als von den Kolonialherren erfundene Traditionen dargestellt. Unterworfene Gruppen wie z. B. die indischen Bauern werden als Völker ohne Geschichte entdeckt und zum Gegenstand historischer Forschung [667: E. STOKES].

SAIDS Kritiker

Zugleich ist aber auch diese Theorie des kolonialen Diskurses ihrerseits durchaus kritisch analysiert worden, wobei J. MACKENZIE [657] u. a. [z. B. 631: C. BAYLY] mit Recht eine stärkere Berücksichtigung der vielfältigen Spielarten und Vorverständnisse europäischer Wahrnehmung des kolonialen Gegenüber und vor allem auch das Studium europäischer Kolonialismuskritik einfordern: Zugleich weisen sie auf die wichtige Rolle hin, welche die intellektuelle Kollaboration indigener Informanten im Zusammenhang mit der europäischen Perzeption überseeischer Welten spielte [635: C. A. BRECKENRIDGE, P. VAN DER VEER].

Auflösung des Empire

Neo-Kolonialismus-Theorie

Doch weitaus mehr als der Imperialismus hat die rasche Auflösung des Empire, wie sie nach 1945 und besonders im Laufe der 1960er Jahre stattfand, die Forschung beschäftigt, nicht zuletzt als wichtige Variante des durchgängigen Interesses an den Ursachen des sog. „British Decline“. Dabei wäre zunächst die Neo-Kolonialismus-Theorie jener Neo-Marxisten wie I. WALLERSTEIN [874] und G. WASSERMAN [940] zu erwähnen, derzufolge moderne globale Strategien kapitalistischer Ausbeutung der Dritten Welt, wie sie vor allem durch multinationale Konzerne praktiziert wurden und noch werden, die Existenz formaler Kolonialreiche überflüssig gemacht hätten und deren Ende von daher ein Gebot ökonomischer und somit auch politischer Vernunft gewesen sei. Stattdessen habe man mit Erfolg auf die Bereitschaft indigener Eliten gesetzt, nun im Rahmen politischer Selbstbestimmung der ehemaligen Kolonien mit dem internationalen Kapital zu kooperieren. Diese These wird allerdings von der modernen Forschung weitgehend zurückgewiesen. „There is, in fact, no warrant for presuming that the commercial interests of private enterprise were elevated over considerations of strategy, diplomacy or the modest objective of escaping from a quagmire of unwanted administrative responsibilities" [J. Darwin, Decolonization and the End of Empire, in: 149: Bd. 5, 541–557, 546]. Das Gleiche gilt für die besonders von dem ehemaligen Premier Harold MacMillan als Rechtfertigung seiner Politik vertretene Auffassung, wonach Großbritannien aus politischer Weitsicht heraus seine Kolonien großmütig in die Unabhängigkeit entlassen habe.

Stattdessen unterscheidet man heute im Wesentlichen drei Szenarien, in denen, entsprechend unterschiedlichen Analyseansätzen, die Ursachen für die Auflösung des Empire zu suchen sind: Die Metropole, die koloniale Peripherie sowie das Feld der zwischen den Großmächten bestehenden internationalen Beziehungen.

Hier wäre zunächst auf jene Sicht zu verweisen, wonach politische Führungsschwäche der Metropole am Anfang des Endes gestanden habe und die A. J. P. Taylor wie folgt resümierte: „The British did not relinquish their Empire by accident. They ceased to believe in it" [zit. bei 916: W. Louis, 25]. Die nämliche Position vertrat später noch C. Barnett, wenn er in der Schwächung des realpolitisch orientierten Machtwillens durch einen seit Beginn des Jahrhunderts modischen sentimentalen Moralismus die zentrale Ursache des Machtverfalls sieht. Dementsprechend habe man, von Selbstzweifeln geplagt, bereitwillig vor den ersten Regungen kolonialen Widerstands kapituliert [880]. J. Strachey [937] und S. Howe [909] haben in ähnlichem Zusammenhang auf die wichtige Rolle verwiesen, welche hier die antiimperialistische Tradition der britischen Arbeiterbewegung bzw. die Kritik der britischen Linken an der Praxis von Kolonialpolitik und Kolonialverwaltung nach 1945 spielten. Weniger als Folge ideologisch-moralischen Wandels, sondern eher als Konsequenz genereller struktureller Veränderungen im Bereich der Metropole interpretieren andere, wie z. B. A. Thornton [938] und R. Holland [906], diese Entwicklung, wenn sie auf die Folgen der allgemeinen Demokratisierung sowie der Einrichtung des Wohlfahrtstaates verweisen. Beides sei mit dem Fortbestand des Empire nur schwer zu vereinbaren gewesen, denn auch das Bürgertum habe nach 1945 seine Interessen eher im Ausbau des heimischen Sozialstaates als in der Bewahrung des überseeischen Kolonialreiches gesehen.

Machtverfall im Bereich der Metropole

Gegen die Verfallsthesen Barnetts und anderer spricht vor allem die Tatsache, dass die Dekolonisation de facto erst nach 1945, speziell während der 1960er Jahre stattfand. Die Geschichte der Auflösung des britischen Empire ist also kürzer als die des allgemeinen Machtverlustes, dessen Beginn vielfach auf das späte 19. Jh. datiert wird. Dies gilt zumindest für die Politik der Metropole bzw. für die Interessenlage der politischen und wirtschaftlichen Führungseliten und J. Darwin zufolge selbst für die Labour Partei, die noch unter Wilson der Illusion anhing, mit Hilfe des Commonwealth ließe sich die alte Führungs- und Weltmachtrolle fortsetzen. Dies hatte zum Ergebnis, dass „its stubborn adherence to the idea of a Commonwealth, and of a world role for Britain as the *bridge* between East and West delayed the necessary reappraisal of British means and British interests" [894:

Darwins Thesen

30; vgl. auch 893]. Tatsächlich hätten sowohl konservative als auch Labour-Regierungen selbst noch nach der Suez-Krise immer wieder versucht, britischen Weltmachtstatus durch Einfluss und auch militärische Präsenz in Übersee zu demonstrieren, bis das Jahr 1967 die entscheidende Wende markiert habe [894: 16].

Funktion des ökonomischen Abstiegs

Mit diesem Stichjahr 1967, dem Jahr der spektakulären Abwertung des Pfundes, das damit seine Position als internationale Leitwährung verlor, ist zugleich auf einen spezifischen Aspekt jener Theorie verwiesen, die in der Situation der Metropole den Auslöser für eine rasche Dekolonisierung erblickt, die so als Funktion des ökonomischen Abstiegs des Mutterlandes erscheint. Schließlich seien wirtschaftliche Schwäche und imperiales Engagement unvereinbar, da militärischer Präsenz in Übersee nun die materielle Grundlage entzogen worden sei [880: Barnett]. Darüber hinaus habe sich, so Cain und Hopkins, britische Herrschaft etwa in Indien nicht länger rentiert, sobald Indien 1945 vom Schuldner zum Gläubiger der Londoner City wurde. Gleiches galt für das Kolonialreich schlechthin, als die Interessen der britischen Investoren neuerdings mehr Europa und den Vereinigten Staaten als den klassischen britischen Einflusszonen galten [637: Bd. 2, 265–296]. Ein wesentlich differenziertes Modell präsentiert im Kontext ökonomischer Deutungsmuster B. R. Tomlinson, der den Verlust imperialer Weltgeltung nicht einseitig als Funktion des *British Decline* erklärt, sondern ihn in den Zusammenhang der globalen ökonomischen Entwicklung stellt: „The decline and fall of the British Empire was brought about by changes in colonial territories that were the result of a larger economic revolution than that affecting the domestic British economy“ [The Contraction of England: National Decline and the Loss of Empire, in: JICH 11 (1982), 58–72, 70].

Entwicklungen im Bereich der Peripherie

Damit ist nun zugleich der Blick auf die möglichen Auswirkungen von Entwicklungen im Bereich der Peripherie gelenkt. Hier sprach die ältere Forschung, wie sie z. B. durch I. Wallerstein und T. Hodgkin [939; 905] vertreten war, schlichtweg von einem Sieg anti-kolonialer Natonalismen über den Imperialismus. Ein solches monokausales Erklärungsmodell findet allerdings unter den modernen britischen Historikern keine Zustimmung bzw. Bestätigung mehr. „There are strong arguments against attributing to colonial movements the strength and cohesion perceived by historians chiefly concerned to celebrate *nation-building* in new states, or romantically attracted to charismatic political leaders who emerged in the post-war Third World“ [894: Darwin, 7]. Als weitaus folgenreicher sollte sich hier, wie besonders Gallagher [901] betont, der Verfall der Beziehungen zu einheimischen Machteliten erweisen, die bislang als entscheidende Stütze des kolonialen Systems gewirkt hatten und die unter den vielfältig veränderten Bedingungen der Nachkriegszeit die alten Formen der Kollaboration nicht aufrechterhalten konnten. In diesem Zusammenhang spielte im Hinblick auf Großbritanniens afrikanische Besitzungen besonders die kurze Phase einer erneuten neokolonialistischen Politik eine entscheidende Rolle, mit der die Metropole in den Jahren nach dem Zweiten Weltkrieg einen letzten

Versuch unternahm, die einheimische ökonomische Krise durch rigorose Nutzbarmachung kolonialer Ressourcen zu beheben [vgl. bes. 917: D. A. Low, A. Smith, Kap. 1]. Solch ein politischer Rückfall lieferte nicht nur den indigenen nationalen Bewegungen zusätzliche Schubkraft, sondern zerstörte bewährte Allianzen, ohne neue Alternativen zu schaffen. Die Folge war der ungewöhnlich rasche Rückzug britischer Macht aus Afrika. Wenn so zu Recht die Perspektive der Peripherie in das Blickfeld der Analyse des Auflösungsprozesses gerückt wird, der keineswegs einseitig von der Metropole her interpretiert werden kann, so hat die moderne Forschung hier allerdings eine gravierenden Schieflage im Bezug auf die Quellensituation zu berücksichtigen, nämlich die Tatsache, dass die Politik der imperialen Zentrale im Vergleich zur Situation in den ehemaligen Kolonien nahezu komplett dokumentiert und darüber hinaus in der Regel leicht zugänglich ist.

Letztlich stimmen nahezu sämtliche Deutungsversuche des Endes des britischen Empire darin überein, die Vielzahl und Vielfältigkeit der Faktoren des Machtverfalls zu betonen. So hebt z. B. Gallagher das aus der Balance geratene Dreiecksverhältnis von politischen Zuständen und politischem Willen in der Metropole, den Bedingungen für Kollaboration in der kolonialen Peripherie und der Position Großbritanniens im Kontext der allgemeinen internationalen Machtbeziehungen als entscheidend für die Auflösung des Empire hervor. Und so versäumt es kaum einer, die Auswirkungen einer dem 19. und frühen 20. Jahrhundert gegenüber grundlegend veränderten internationalen Konstellation hervorzuheben, die es Großbritannien unmöglich machte, weiterhin als führende Weltmacht ein Weltreich zu verwalten. Hier lässt sich zwar darüber streiten, ob man, wie z. B. D. Reynolds [934], bereits die viktorianische Weltmacht auf tönernen Füßen ruhen sieht, wie R. Holland [907] den Ersten Weltkrieg als entscheidende Zäsur wertet oder, wie J. Darwin, resümiert: „The key lies in the corrosive effects of the Second World War at every level of the imperial connection" [894: 118]. In jedem Falle spielte es eine besondere Rolle, dass nach 1945 im Schatten zweier grundsätzlich antikolonialer Politik verpflichteter Supermächte wie der USA und der UdSSR für das entscheidend geschwächte Großbritannien kein Platz mehr für eine eigene Weltmachtpolitik blieb, wie nicht zuletzt die Suez-Krise des Jahres 1956 deutlich machte [922: W. D. McIntyre, bes. 341; 915: B. Lapping, 8].

Auswirkungen einer veränderten internationalen Konstellation

III. Quellen und Literatur

A. QUELLEN

1. Epochenübergreifende Quellensammlungen und Statistiken

1. W. L. Arnstein, The Past Speaks. Sources and Problems in British History since 1688, Lexington/Mass. 1981.

2. B. W. Clapp, H. E. S. Fischer, A. R. J. Jurica (Hrsg.), Documents in English Economic History, 2 Bde., London 1976–1977.

3. W. C. Costin, J. S. Watson (Hrsg.), The Law and the Working of the Constitution. Documents 1660–1914, 2 Bde., 2. Aufl., London 1961–1964.

4. P. Deane, W. A. Cole, British Economic Growth, 1688–1959. Trends and Structure, 2. Aufl., Cambridge 1967.

5. D. C. Douglas (Hrsg.), English Historical Documents, 10 Bde., London 1953–1969 (teilweise Nachdruck London 1996).

6. I. W. Jennings, G. A. Ritter, Das britische Regierungssystem. Leitfaden und Quellenbuch, 2. Aufl., Köln-Opladen 1970.

7. P. Lane (Hrsg.), Documents on British Economic and Social History 1750–1967, 3 Bde., London 1968–1969.

8. B. R. Mitchell, British Historical Statistics, Cambridge 1998.

9. They Saw it Happen. An Anthology of Eye-Witnesses' Accounts in British History, 4 Bde., Oxford 1956–1960.

10. J. T. Ward, W. H. Fraser (Hrsg.), Workers and Employers. Documents on Trade Unions and Industrial Relations in Britain since the Eighteenth Century, London-Basingstoke 1980.

11. J. H. Wiener (Hrsg.), Great Britain: Foreign Policy and the Span of Empire, 1689–1971. A Documentary History, 4 Bde., New York 1972.

12. J. H. Wiener (Hrsg.), Great Britain: The Lion at Home. A Documentary History of Domestic Policy, 1689–1973, 4 Bde., New York 1974.

2. Quellensammlungen und Statistiken zur Frühen Neuzeit

13. J. S. Brewer u. a. (Hrsg.), Letters and Papers, Foreign and Domestic, of the Reign of Henry VIII, 38 Bde., London 1862–1932 (Nachdruck Vaduz 1965).

14. Calendar of Home Office Papers of the Reign of George III, hrsg. v. J. Redington, R. A. Roberts, 4 Bde., London 1878–1899.

15. Calendar of State Papers. A. Domestic Series: Edward VI., hrsg. v. C. S. Knighton, London 1992; Mary I, hrsg. v. C. S. Knighton, London 1998; Elizabeth I., hrsg. v. R. Lemon, M. A. E. Green, 8 Bde., London 1856–1872; James I, hrsg. v. M. A. E. Green, 5 Bde., London 1857–1872; Charles I, hrsg. v. J. Bruce, W. D. Hamilton, 23 Bde., London 1858–1897; Commonwealth, hrsg. v. M. A. E. Green, 13 Bde., London 1875–1886; Charles II, hrsg. v. M. A. E. Green, F. H. Blackburne Daniell, F. Bickley, 28 Bde., London 1860–1939 (1947); James II, hrsg. v. E. K. Timings, 3 Bde., London 1960–1972; William III and Mary, hrsg. v. W. J. Hardy, E. Bateson, 11 Bde., London 1895–1937; Anne, hrsg. v. R. P. Mahaffy, bisher 2 Bde., London 1916–1924.

    B. Foreign Series: Edward VI, hrsg. v. W. B. Turnbull, London 1861; Mary I, hrsg. v. W. B. Turnbull, London 1861; Elizabeth I, hrsg. v. J. Stevenson u. a., 23 Bde. in 26, London 1863–1950, Fortsetzung für die Regierungszeit Elizabeth I. als List and Analysis of State Papers, Foreign Series: bisher 6 Bde., hrsg. v. R. B. Wernham, London 1964–1993.

    C. Colonial Series, hrsg. v. N. Sainsbury u. a., bisher 45 Bde., London 1850–1994 (verschiedene Nachdrucke).

16. Cobbett's Parliamentary History of England from the Norman Conquest, in 1066, to the Year 1803, 36 Bde., London 1806–1820.

17. D. Cressy, L. A. Ferrell (Hrsg.), Religion and Society in Early Modern England. A Sourcebook, London 1996.

18. D. L. Jones, A Parliamentary History of the Glorious Revolution, London 1988.

19. J. R. Dasent u. a. (Hrsg.), Acts of the Privy Council of England. New Series. A.D. 1542–1631, 46 Bde., London 1890–1964.

20. G. R. Elton (Hrsg.), The Tudor Constitution. Documents and Commentary, 2. Aufl., Cambridge 1982.

21. S. R. Gardiner (Hrsg.), The Constitutional Documents of the Puritan Revolution, 1625–1660, 3. Aufl., Oxford 1906 (Nachdruck Oxford 1979).

22. W. Gibson (Hrsg.), Religion and Society in England and Wales, 1689–1800, Leicester 1998.

23. G. Holmes, W. A. Speck (Hrsg.), The Divided Society. Party Conflict in England, 1694–1716, London 1967.

24. J. P. Kenyon (Hrsg.), The Stuart Constitution, 1603–1688. Documents and Commentary, 2. Aufl., Cambridge 1986.

25. K. Lindley (Hrsg.), The English Civil War and Revolution. A Sourcebook, London 1998.

26. E. R. Pike (Hrsg.), Human Documents of the Industrial Revolution in Britain, London 1966.

27. Royal Historical Society (Hrsg.), British Diplomatic Instructions, 1689–1789, 7 Bde., London 1922–1934.

28. State Papers Domestic, George I (S.P. 35), typescript calendar, 5 Bde., London 1977–1981.

29. R. L. A. Tames (Hrsg.), Documents of the Industrial Revolution, 1750–1850, London 1971.

30. J. R. Tanner (Hrsg.), Tudor Constitutional Documents. A.D. 1485–1603. With an Historical Commentary, 2. Aufl., Cambridge 1930.

31. J. R. Tanner (Hrsg.), Constitutional Documents of the Reign of James I. A.D. 1603–1625. With an Historical Commentary, Cambridge 1930.

32. J. Thirsk, J. C. Cooper (Hrsg.), Seventeenth Century Economic Documents, Oxford 1972.

33. E. N. Williams (Hrsg.), The Eighteenth Century Constitution, 1688–1815. Documents and Commentary, Cambridge 1960.

3. Quellensammlungen und Statistiken zum 19. Jahrhundert

34. W. Bagehot, The English Constitution, London 1867 (Neue Ausgabe 1993, mit einer Einleitung von R. Crossman).

35. W. Baumgart (Hrsg.), Englische Akten zur Geschichte des Krimkriegs, 7 Bde., München-Wien 1979–1994.

36. E. C. Black (Hrsg.), British Politics in the Nineteenth Century, New York 1969.

37. E. C. Black (Hrsg.), Victorian Culture and Society, New York 1973.

38. C. Booth (Hrsg.), Life and Labour of the People in London, 5 Bde., London 1889 (Nachdruck New York 1969).

39. K. Bourne (Hrsg.), The Foreign Policy of Victorian England, 1830–1902, Oxford 1970.

40. J. Burnett (Hrsg.), Useful Toil. Autobiographies of Working People from the 1820s to the 1920s, London 1974 (Nachdruck London-New York 1994).

41. J. Burnett (Hrsg.), Destiny Obscure. Autobiographies of Childhood, Education and Family from the 1820s to the 1920s, London 1982 (Nachdruck London-New York 1994).

42. G. D. H. Cole, A. W. Filson (Hrsg.), British Working Class Movements. Select Documents, 1789–1875, London 1951.

43. J. B. Conacher (Hrsg.), The Emergence of British Parliamentary Democracy in the Nineteenth Century. The Passing of the Reform Acts of 1832, 1867, and 1884–85, New York-Chichester 1971.

44. F. W. S. Craig (Hrsg.), British Parliamentary Election Results 1832–1885, 2. Aufl., Aldershot 1989.

45. F. W. S. Craig (Hrsg.), British Parliamentary Election Results 1885–1918, 2. Aufl., Aldershot 1989.

46. V. Cromwell (Hrsg.), Revolution or Evolution. British Government in the Nineteenth Century, London 1977.

47. E. J. Evans (Hrsg.), Social Policy 1830–1914. Individualism, Collectivism and the Origins of the Welfare State, London-Henley-Boston 1978.

48. J. M. Golby (Hrsg.), Culture and Society in Britain, 1850–1890. A Source Book of Contemporary Writings, Oxford 1988.

49. H. J. Hanham (Hrsg.), The Nineteenth Century Constitution, 1815–1914. Documents and Commentary, Cambridge 1969.

50. Hansard's Parliamentary Debates. [1st. Series:] 41 Bde., London 1804–1820; New Series: 26 Bde., London 1820–1830; 3rd Series: 357 Bde., London 1830–1891; 4th Series: 199 Bde., London 1892–1908.

51. P. Hollis (Hrsg.), Class and Conflict in Nineteenth Century England, London 1973.

52. F. C. Mather (Hrsg.), Chartism and Society. An Anthology of Documents, London-New York 1980.

53. H. Mayhew, London Labour and the London Poor, 4 Bde., hrsg. v. J. D. Rosenberg, New York 1968.

54. E. D. Midwinter, Victorian Social Reform, 9. Aufl., London 1980.

55. National Monetary Commission, Statistics for Great Britain, Germany and France 1867–1909 (1910), New York-London 1983.

56. E. R. Pike (Hrsg.), Human Documents of the Victorian Golden Age, 1850–1875, London 1974.

57. M. E. Rose (Hrsg.), The English Poor Law, 1780–1930, Newton Abbot 1971.

58. H. W. V. Temperley, L. M. Penson, A Century of Diplomatic Blue Books, 1814–1914, Cambridge 1938.

59. W. E. Vaughan, A. J. Fitzpatrick (Hrsg.), Irish Historical Statistics. Population, 1821–1971, Dublin 1978.

60. B. M. Walker, Parliamentary Election Results in Ireland, 1801–1922, Dublin 1978.

61. J. T. Ward (Hrsg.), The Age of Change, 1770–1870. Documents in Social History, London 1975.

62. W. White, The Inner Life of the House of Commons, hrsg. v. J. McCarthy, 2 Bde., London 1897 (Nachdruck Richmond 1973).

63. L. J. Williams, Digest of Welsh Historical Statistics, Cardiff 1985.

4. Quellensammlungen und Statistiken zum 20. Jahrhundert

64. R. W. Breach, R. M. Hartwell (Hrsg.), British Economy and Society 1870–1970. Documents, Descriptions, Statistics, Oxford 1972.
65. F. W. S. Craig (Hrsg.), British Parliamentary Election Results 1918–1949, 3. Aufl., Chichester 1988.
66. F. W. S. Craig (Hrsg.), British Parliamentary Election Results 1950–1973, 2. Aufl., Chichester 1983.
67. F. W. S. Craig (Hrsg.), British Parliamentary Election Results 1974–1983, Chichester 1984.
68. Department of Employment (Hrsg.), British Labour Statistics. Historical Abstracts, 1886–1968, London 1971 (Microfiche-Edition: London 1982).
69. G. P. Gooch, H. Temperley (Hrsg.), Die britischen amtlichen Dokumente über den Ursprung des Weltkrieges 1898–1914. Vom britischen Auswärtigen Amt autorisierte einzige deutsche Ausgabe, hrsg. v. H. Lutz, 11 Bde. in 24, Berlin 1926–1938.
70. A. H. Halsey (Hrsg.), British Social Trends since 1900. A Guide to the Changing Social Structure of Britain, Houndmills 1988.
71. Office of Population Censuses and Surveys (Hrsg.), Birth Statistics. Historical Series of Statistics from Registrations of Births in England and Wales, 1837–1983, London 1987.
72. Office of Population Censuses and Surveys (Hrsg.), Marriage and Divorce Statistics. Historical Series of Statistics on Marriages and Divorces in England and Wales, 1837–1983, London 1990.
73. Parliamentary Debates (Hansard). Official Report. 5th Series: House of Lords, bisher 609 Bde., London 1909–2000, House of Commons 1000 Bde., London 1909–1981; 6th Series: House of Commons, bisher 347 Bde., London 1981–2000.
74. C. Rallings, M. Trasher (Hrsg.), British Parliamentary Election Results 1983–1997, Aldershot 1999.
75. B. Watkin (Hrsg.), Documents on Health and Social Services, 1834 to the Present Day, London 1975.
76. L. J. Williams, Digest of Welsh Historical Statistics, 1974–1996, Cardiff 1998.

B. LITERATUR

1. Hilfsmittel und Bibliografien

77. Annual Bibliography of British and Irish History, hrsg. v. Royal Historical Society, Hassocks (seit 1990 Oxford) 1976ff. (Berichtszeitraum 1975ff., jährliche Erscheinungsweise).

78. Annual Bulletin of Historical Literature, hrsg. v. Historical Association, London 1911ff.

79. J. H. Baker, An Introduction to English Legal History, 3. Aufl., London 1990.

80. Bibliographical Handbooks, hrsg. v. J. Hecht. M. Levine, Tudor England, 1485–1603, London 1968; W. L. Sachse, Restoration England 1660–1689, London 1971; R. A. Smith, Late Georgian and Regency England, 1760–1837, Cambridge 1984; J. L. Altholz, Victorian England, 1837–1901, London 1970; A. F. Havinghurst, Modern England, 1901–1964, 2. Aufl., Cambridge 1987.

81. A Bibliography of British History, hrsg. v. American Historical Association und Royal Historical Society of Great Britain: Tudor Period 1485–1603, hrsg. v. C. Read, 2. Aufl., Oxford 1959; Stuart Period, 1603–1714, hrsg. v. G. Davies, M. F. Keeler, 2. Aufl., Oxford 1970; The Eighteenth Century, 1714–1789, hrsg. v. S. Pargellis, D. J. Medley, Oxford 1951; 1789–1851, hrsg. v. L. M. Brown, I. R. Christie, Oxford 1977; 1851–1914, hrsg. v. H. J. Hanham, Oxford 1976; 1914–1989, hrsg. v. K. Robbins, Oxford 1996.

82. Bibliography of Historical Works Issued in the United Kingdom: 1946–1956, hrsg. v. J. C. Lancaster, London 1957; 1957–1960, hrsg. v. W. Kellaway, London 1962; 1961–1965, hrsg. v. W. Kellaway, London 1967; 1966–1970, hrsg. v. W. Kellaway, London 1972; 1971–1975, hrsg. v. R. Taylor, London 1977.

83. The British National Bibliography, hrsg. v. British Library, London 1951ff. (Wöchentliche Verzeichnise mit monatlichen Registern, auch als vierteljährliche bzw. jährliche Bände, kumulierte Ausgabe der Jahre 1950 bis 1985 auf 2 CD-ROMs, seit 1986 1 CD-ROM pro Jahr unter dem Titel BNB on CD-ROM).

84. D. Butler, G. Butler, Twentieth-Century British Political Facts, 1900–2000, 8. Aufl., Manchester 2000.

85. J. Cannon (Hrsg.), The Oxford Companion to British History, Oxford 1997.

86. P. Catterall, British History 1945–1987. An Annotated Bibliography, Oxford 1990.

87. W. H. Chaloner, R. C. Richardson (Hrsg.), British Economic and Social History. A Bibliographical Guide, 3. Aufl., Manchester 1996.

88. S. J. Connolly (Hrsg.), The Oxford Companion to Irish History, Oxford 1998.

89. C. Cook, J. Wroughton, English Historical Facts, 1603–1688, London 1980.

90. C. Cook, J. Stevenson, British Historical Facts, 1688–1760, Basingstoke 1988.

91. C. Cook, J. Stevenson, British Historical Facts, 1760–1830, London 1980.

92. C. Cook, B. Keith, British Historical Facts, 1830–1900, London 1975.

93. C. Cook, J. Stevenson, The Longman Handbook of Modern British History, 1714–1995, 3. Aufl., London-New York 1996.

94. C. Cook, J. Stevenson, Longman Companions to History. Bisher erschienen zur Britischen Geschichte: R. O'Day, The Longman Companion to the Tudor Age, London-New York 1995; J. Wroughton, The Longman Companion to the Stuart Age, 1603–1714, London-New York 1997; J. Gregory, J. Stevenson, The Longman Companion to Britain in the Eighteenth Century, 1688–1820, London-New York 1999; C. Cook, The Longman Companion to Britain in the Nineteenth Century, 1815–1914, London-New York 1999; A. Thorpe, The Longman Companion to Britain in the Era of the Two World Wars, 1914–1945, London-New York 1993; C. Cook, J. Stevenson, The Longman Companion to Britain Since 1945, London-New York 1996; H. J. P. Harmer, The Longman Companion to the Labour Party, 1900–1998, London-New York 1999.

95. R. H. Fritze (Hrsg.), Historical Dictionary of Tudor England, 1485–1603, New York 1991.

96. E. B. Fryde, D. E. Greenway, S. Porter, I. Roy (Hrsg.), Handbook of British Chronology, 3. Aufl., London 1986.

97. H. Haan, K.-F. Krieger, G. Niedhart, Einführung in die englische Geschichte, München 1982.

98. C. Haigh (Hrsg.), The Cambridge Historical Encyclopedia of Great Britain and Ireland, Cambridge 1985.

99. D. J. Hickey, J. E. Doherty, A Dictionary of Irish History since 1800, Totowa, New Jersey, 1980.

100. J. P. Kenyon (Hrsg.), A Dictionary of British History, London 1981.

101. G. H. Martin, S. McIntyre, A Bibliography of British and Irish Municipal History, Bd. 1: General Works, Leicester 1972.

102. S. Mitchell (Hrsg.), Victorian Britain. An Encyclopedia, New York-London 1988.

103. J. Morrill, Seventeenth Century Britain, 1603–1714, Folkestone 1980.

104. E. C. L. Mullins, Text and Calendars. An Analytical Guide to Serial Publications, London 1958.

105. E. C. L. Mullins, Text and Calendars II. An Analytical Guide to Serial Publications 1957–1982, London 1983.

106. G. Newman (Hrsg.), Britain in the Hanoverian Age, 1714–1837. An Encyclopedia, New York-London 1997.

107. D. Nicholls, Nineteenth-Century Britain, 1815–1914, Folkestone 1978.

108. K. Powell, C. Cook, English Historical Facts, 1485–1603, London 1977.

109. Research on British History in the Federal Republic of Germany. An Annotated Bibliography: 1978–1983, hrsg. v. L. Kettenacker, W. J. Mommsen, London 1983; 1983–1988, hrsg. v. F. Rexroth, London 1990; 1989–1994, hrsg. v. U. Jordan, London 1996; 1995–1997, hrsg. v. A. Fahrmeir, London 1998.

110. The Royal Historical Society Bibliography on CD-ROM. The History of Britain, Ireland, and the British Overseas, Oxford 1998.

111. R. Schlatter (Hrsg.), Recent Views on British History. Essays on Historical Writing since 1966, New Brunswick 1984.

112. D. Stevenson, W. B. Stevenson, Scottish Texts and Calendars. An Analytical Guide to Serial Publications, London 1987.

113. Writings on British History: 1901–1933, 5 Bde., London 1968–1970; 1934–1945, 8 Bde., London 1937–1960; 1946–1948, London 1973; 1949–1951, London 1975; 1952–1954, London 1975; 1955–1957, London 1977; 1958–1959, London 1977; 1960–1961, London 1978; 1962–1964, London 1979; 1965–1966, London 1981; 1967–1968, London 1982; 1969–1970, London 1984; 1971–1972, London 1985; 1973–1974, London 1986.

114. C. Witz (Bearb.), England-Ploetz. Geschichte von Großbritannien und Irland zum Nachschlagen, 2. Aufl., Freiburg i. Br.-Würzburg 1991.

115. S. Zarach (Hrsg.), British Business History. A Bibliography, 2. Aufl., Basingstoke 1994.

2. Epochenübergreifende Gesamtdarstellungen

a) Allgemeine Gesamtdarstellungen

116. A. G. Dickens, N. Gash (Hrsg.), The New History of England. Bd. 1: J. R. Lander, Government and Community, England 1450–1509, London 1980; Bd. 2: G. R. Elton, Reform and Reformation, England 1509–1558, London 1977; Bd. 3: Bisher nicht erschienen; Bd. 4: D. Hirst, Authority and Conflict. England 1603–1658, London 1986 (Neuauflage u. d. T.: England in Conflict, 1603–1660. Kingdom, Community, Commonwealth, London 1999); Bd. 5: J. R. Jones, Country and Court. England 1658–1714, 2. Aufl., London 1980; Bd. 6: W. A. Speck, Stability and Strife. England 1714–1760, London 1977; Bd. 7: I. R. Christie, Wars and Revolutions. Britain 1760–1815, London 1982; Bd. 8: N. Gash, Aristocracy and People. Britain 1815–1865, London 1979; Bd. 9: E. J. Feuchtwanger, Democracy and Empire. Britain 1865–1914, London

1985; Bd. 10: M. Beloff, Wars and Welfare, Britain 1914–1945, London 1984.

117. W. D. Gruner, B.-J. Wendt (Hrsg.), Großbritannien in Geschichte und Gegenwart, Hamburg 1994.

118. G. Holmes (Hrsg.), Foundations of Modern Britain. [Bd. 1:] J. A. F. Thomson, The Transformation of Medieval England, 1370–1529, London-New York 1983; [Bd. 2:] A. G. R. Smith, The Emergence of a Nation State: The Commonwealth of England, 1529–1660, London-New York 1984; [Bd. 3:] G. Holmes, The Making of a Great Power. Late Stuart and Early Georgian Britain, 1660–1722, London-New York 1993; [Bd. 4:] G. Holmes, D. Szechi, The Age of Oligarchy. Pre-Industrial Britain, 1722–1783, London-New York 1993; [Bd. 5:] E. J. Evans, The Forging of the Modern State. Early Industrial Britain, 1783–1870, 2. Aufl., London-New York 1996; [Bd. 6:] K. Robbins, The Eclipse of a Great Power. Modern Britain, 1870–1992, 2. Aufl., London-New York 1994.

119. K. Kluxen, Geschichte Englands. Von den Anfängen bis zur Gegenwart, 4. Aufl., Stuttgart 1991.

120. M. Maurer, Kleine Geschichte Englands, Stuttgart 1997.

121. M. Pugh, Britain since 1789. A Concise History, New York 1999.

122. H.-C. Schröder, Englische Geschichte, 2. Aufl., München 1995.

123. W. A. Speck, A Concise History of Britain, 1707–1975, Cambridge 1993.

124. P. Wende, Geschichte Englands, 2. Aufl., Stuttgart-Berlin-Köln 1995.

b) Politik und Verfassung

125. J. Barnes (Hrsg.), A History of the Conservative Party. Bd. 1: R. Stewart, The Foundation of the Conservative Party, 1830–1867, London 1978; Bd. 2: R. Shannon, The Age of Disraeli, 1868–1881. The Rise of Tory Democracy, London 1992; Bd. 3: R. Shannon, The Age of Salisbury, 1881–1902. Unionism and Empire, London 1996; Bd. 4: J. Ramsden, The Age of Balfour and Baldwin, 1902–1940, London 1978; Bd. 5: J. Ramsden, The Age of Churchill and Eden, 1940–1957, London 1995; Bd. 6: J. Ramsden, The Winds of Change. Macmillan to Heath, 1957–1975, London 1996.

126. S. B. Chrimes, English Constitutional History, 4. Aufl., London 1967.

127. The History of Parliament. Bisher erschienen: S. T. Bindoff (Hrsg.), The House of Commons, 1509–1558, 3 Bde., London 1982; P. W. Hasler (Hrsg.), The House of Commons, 1558–1603, 3 Bde., London 1981; B. D. Henning (Hrsg.), The House of Commons, 1660–1690, 3 Bde., London 1983; R. Sedgwick (Hrsg.), The House of Commons, 1715–1754, 2 Bde., London 1970; L. Namier, J. Brooke (Hrsg.), The House of Commons, 1745–1790, 3 Bde., London 1964 (Nachdruck 1985); R. G. Thorne (Hrsg.), The House of Commons, 1790–1820, 5 Bde., London 1976 (In erweiterter Form zugänglich als: The History of Parliament on CD-ROM, Cambridge 1998).

128. W. S. Holdsworth, A History of English Law, 17 Bde., London 1903–1972.

129. F. W. Maitland, The Constitutional History of England. A Course of Lectures, Cambridge 1908 (zahlreiche Neuauflagen).

130. F. O'Gorman, British Conservatism. Conservative Thought from Burke to Thatcher, London-New York 1986.

131. A. F. Pollard, The Evolution of Parliament, 2. Aufl., London-New York 1926.

132. P. Wende (Hrsg.), Englische Könige und Königinnen. Von Heinrich VII. bis Elisabeth II., München 1998.

c) Wirtschaft und Gesellschaft

133. A. Briggs, A Social History of England, 3. Aufl., Harmondsworth 1999.

134. J. H. Clapham, Economic History of Modern Britain, 3 Bde., Cambridge 1926–1938.

135. R. Floud, D. McCloskey (Hrsg.), The Economic History of Britain since 1700, 3 Bde., 2. Aufl., Cambridge 1994.

136. E. J. Hobsbawm, Industry and Empire. From 1750 to the Present Day, Harmondsworth 1968 (aktualisierte Auflage in Zusammenarbeit mit C. Wrigley, London 1999, 2. dt. Aufl., Frankfurt a.M. 1970).

137. D. S. Landes, The Unbound Prometheus. Technological Change and Industrial Developement in Western Europe from 1750 to the Present, London 1969 (dt. Köln 1973).

138. P. Mathias, J. A. Davis (Hrsg.), International Trade and British Economic Growth. From the Eighteenth Century to the Present Day, Oxford 1996.

139. C. More, The Industrial Age. Economy and Society in Britain, 1750–1995, 2. Aufl., London 1997.

140. R. Price, Labour in British Society. An Interpretive History, London 1990.

141. P. Rawlings, Crime and Power. A History of Criminal Justice, 1688–1988, London 1999.

142. J. Thirsk (Hrsg.), The Agrarian History of England and Wales. Bd. 4: J. Thirsk (Hrsg.), 1500–1640, Cambridge 1967; Bd. 5: J. Thirsk (Hrsg.), 1640–1750, 2 Bde., Cambridge 1984/85; Bd. 6: G. Mingay (Hrsg.), 1750–1850, Cambridge 1989; Bd. 8: E. H. Whetham (Hrsg.), 1914–1939, Cambridge 1978.

143. F. M. L. Thompson (Hrsg.), The Cambridge Social History of Britain, 1750–1950, 3 Bde., Cambridge 1990.

d) Religion und Kirche

144. D. W. Bebbington, Evangelicalism in Modern Britain. A History from the 1730s to the 1980s, London 1989.

145. D. HEMPTON, Religious and Political Cultures in Britain and Ireland since 1700, Cambridge 1996.

146. K. HYLSON-SMITH, The Churches in England from Elizabeth I to Elizabeth II, 3 Bde., London 1996–1998.

147. M. R. WATTS, The Dissenters, 2 Bde., Oxford 1978–1995.

e) Außenpolitik und Empire

148. T. O. LLOYD, The British Empire, 1558–1995, 2. Aufl., Oxford 1996.

149. W. R. LOUIS (Hrsg.), The Oxford History of the British Empire. Bd. 1: N. CANNY (Hrsg.), The Origins of Empire. British Overseas Enterprise to the Close of the Seventeenth Century, Oxford-New York 1998; Bd. 2: P. J. MARSHALL (Hrsg.), The Eighteenth Century, Oxford-New York 1998; Bd. 3: A. PORTER (Hrsg.), The Nineteenth Century, Oxford 1999; Bd. 4: J. M. BROWN, W. R. LOUIS (Hrsg.), The Twentieth Century, Oxford 1999; Bd. 5: R. W. WINKS (Hrsg.), Historiography, Oxford 1999.

150. A. W. WARD, G. P. GOOCH (Hrsg.), The Cambridge History of British Foreign Policy, 1783–1919, 3 Bde., Cambridge 1922–1923 (Nachdruck 1970).

f) Kultur, Alltag, „Gender"

151. J. CALDWELL, The Oxford History of English Music, 2 Bde., Oxford 1991–1999.

152. B. FORD (Hrsg.), The Cambridge Cultural History of Britain, 9 Bde., Cambridge 1992.

153. G. LERNER, The Creation of Patriarchy, Oxford-New York 1986.

154. The Oxford History of English Art, 9 Bde., Oxford 1949–1981.

155. D. SCHWANITZ, Englische Kulturgeschichte, 2 Bde., Tübingen-Basel 1995.

g) Irland, Schottland, Wales

156. The Arnold New History of Scotland. Bd. 4: J. WORMALD, Court, Kirk and Community. Scotland 1470–1625, London 1981; Bd. 5: R. MITCHISON, Lordship to Patronage. Scotland 1603–1745, London 1983; Bd. 6: B. LENMAN, Integration, Enlightenment, and Industrialization. Scotland 1746–1832, London 1981; Bd. 7: S. CHECKLAND, O. CHECKLAND, Industry and Ethos. Scotland 1842–1914, 2. Aufl., Edinburgh 1989; Bd. 8: C. HARVIE, ‚No Gods and Precious Few Heroes'. Scotland Since 1914, 2. Aufl., Edinburgh 1993.

157. K. S. BOTTIGHEIMER, Geschichte Irlands, Stuttgart u. a. 1985.

158. S. J. CONNOLLY u. a. (Hrsg.), Conflict, Identity and Economic Development. Ireland and Scotland, 1600–1939, Preston 1995.

159. A. Cooke, I. Donnachie, A. Macsween, C. A. Whatley (Hrsg.), Modern Scottish History 1707 to the Present. Bd. 1: The Transformation of Scotland, 1707–1850, East Linton 1998; Bd. 2: The Modernisation of Scotland, 1850 to the Present, East Linton 1998; Bd. 3: Readings, 1707–1850, East Linton 1998; Bd. 4: Readings, 1850 to the Present, East Linton 1998; Bd. 5: Major Documents, East Linton 1998.

160. L. M. Cullen, T. C. Smout (Hrsg.), Comparative Aspects of Scottish and Irish Economic and Social History, 1600–1900, Edinburgh 1977.

161. J. Davies, The History of Wales, London 1993.

162. T. M. Devine u. a. (Hrsg.), People and Society in Scotland, 1760–1990, 3 Bde. Edinburgh 1988–1992.

163. T. M. Devine, The Scottish Nation, 1700–2000, London 1999.

164. J. Elvert, Geschichte Irlands, München 1993.

165. R. F. Forster, Modern Ireland 1600–1972, London 1988.

166. C. Harvie, Scotland and Nationalism. Scottish Society and Politics 1707 to the Present, 3. Aufl., London-New York 1998.

167. M. Hechter, Internal Colonialism. The Celtic Fringe in British National Development, 1536–1966, Berkeley 1975 (Nachdruck Ann Arbor 1998).

168. The History of Wales. Bd. 3: G. Williams, Recovery, Reorientation and Reformation: Wales c. 1415–1642, Oxford 1987 (Nachdruck 1993); Bd. 4: G. H. Jenkins, The Foundations of Modern Wales, 1642–1780, Oxford 1987 (Nachdruck 1993); Bd. 6: K. O. Morgan, Rebirth of a Nation: Wales 1880–1980, Oxford 1981 (Nachdruck 1998).

169. P. Jenkins, A History of Modern Wales, 1536–1990, London-New York 1991.

170. M. Maurer, Kleine Geschichte Irlands, Stuttgart 1998.

171. A New History of Ireland. Bisher erschienen: Bd. 2: A. Crosgrove (Hrsg.), Medieval Ireland, 1169–1534, 2. Aufl., Oxford 1993; Bd. 3: T. W. Moody, F. X. Martin, F. J. Byrne (Hrsg.), Early Modern Ireland, 1534–1691, 3. Aufl., Oxford 1991; Bd. 4: T. W. Moody, W. E. Vaughan (Hrsg.), Eighteenth Century Ireland, 1691–1800, Oxford 1986; Bd. 5: W. E. Vaughan (Hrsg.), Ireland Under the Union, I, 1801–1870, Oxford 1989; Bd. 6: W. E. Vaughan (Hrsg.), Ireland Under the Union, II, 1870–1921, Oxford 1996; Bd. 8: T. W. Moody, F. X. Martin, F. J. Byrne (Hrsg.), A Chronology of Irish History to 1976. A Companion to Irish History, Part I, Oxford 1982; Bd. 9: T. W. Moody, F. X. Martin, F. J. Byrne (Hrsg.), Maps, Genealogies, Lists. A Companion to Irish History, Part 2, Oxford 1984.

h) „Britische Geschichte“

172. R. G. Asch (Hrsg.), Three Nations – A Common History? England, Scotland, Ireland and British History, c. 1600–1920, Bochum 1993.

173. J. Black, A History of the British Isles, Houndmills 1996.

174. N. Davies, The Isles. A History, London 1999.
175. A. Grant, K. J. Stringer, Uniting the Kingdom? The Making of British History, London-New York 1995.
176. H. F. Kearney, The British Isles. A History of Four Nations, Cambridge 1989.
177. K. Robbins, Great Britain. Identities, Institutions and the Idea of Britishness, London u. a. 1998.

3. Die Frühe Neuzeit

a) Allgemeine Darstellungen

178. B. Bradshaw, J. Morrill (Hrsg.), The British Problem, c. 1534–1707. State Formation in the Atlantic Archipelago, Houndmills 1996.
179. B. Bradshaw, P. Roberts (Hrsg.), British Consciousness and Identity. The Making of Britain, 1533–1707, Cambridge 1998.
180. J. C. D. Clark, Revolution and Rebellion. State and Society in England in the Seventeenth and Eighteenth Centuries, Cambridge 1986.
181. S. G. Ellis, S. Barber (Hrsg.), Conquest and Union. Fashioning a British State, 1485–1725, London-New York 1995.
182. G. R. Elton, England under the Tudors, London 1974 (dt. München 1983).
183. K. von Greyerz, England im Jahrhundert der Revolutionen 1603–1714, Stuttgart 1994.
184. J. Guy, Tudor England, Oxford-New York 1988.
185. H. Haan, G. Niedhart, Geschichte Englands vom 16. bis zum 18. Jahrhundert, München 1993.
186. C. Kidd, British Identities before Nationalism. Ethnicity and Nationhood in the Atlantic World, 1600–1800, Cambridge 1999.
187. M. A. Kishlansky, A Monarchy Transformed. Britain 1603–1714, London 1996.
188. P. Langford, A Polite and Commercial People. England 1727–1783 (= New Oxford History of England), Oxford-New York 1989.
189. T. B. Macaulay, The History of England from the Accession of James II, 5 Bde., London 1849–1861.
190. J. D. Mackie, The Early Tudors, 1485–1558, Oxford 1952.
191. M. Nicholls, A History of the Modern British Isles, 1529–1603, Oxford 1999.
192. F. O'Gorman, The Long Eighteenth Century. British Political and Social History, 1688–1832, London 1997.
193. J. H. Plumb, England in the Eighteenth Century, 12. Aufl., Harmondsworth 1976.

194. J. G. A. Pocock (Hrsg.), Three British Revolutions: 1641, 1688, 1776, Princeton 1980.

195. A. F. Pollard, Factors in Modern History, London 1907.

196. D. L. Smith, A History of thc Modern British Isles, 1603–1707. The Double Crown, Oxford 1998.

197. G. M. Trevelyan, England under the Stuarts, 25. Aufl., London 1904, 1949.

198. P. Williams, The Later Tudors. England 1547–1603 (= New Oxford History of England), Oxford 1995.

b) Biografien

199. S. Ayling, Edmund Burke. His Life and Opinions, 2. Aufl., London 1990.

200. B. W. Beckingsale, Thomas Cromwell. Tudor Minister, London 1978.

201. J. Brooke, King George III, London 1972.

202. C. Carlton, Charles I. The Personal Monarch, 2. Aufl., London 1995.

203. S. B. Chrimes, Henry VII., 2. Aufl., New Haven-London 1999.

204. B. Coward, Oliver Cromwell, London-New York 1991.

205. J. Dunn, Locke, Oxford 1984.

206. J. Ehrmann, The Younger Pitt, 3 Bde., London 1969–1996.

207. E. Gregg, Queen Anne, London 1980.

208. P. Gwyn, The King's Cardinal. The Rise and Fall of Thomas Wolsey, London 1990.

209. C. Haigh, Elizabeth I., 2. Aufl., London 1998.

210. R. Hatton, George I. Elector and King, London 1978 (dt. Frankfurt 1982).

211. C. Hill, God's Englishman. Oliver Cromwell and the English Revolution, 4. Aufl., London 1971.

212. S. J. Houston, James I., 2. Aufl., London 1995.

213. R. Hutton, Charles II. King of England, Scotland and Ireland, 2. Aufl., Oxford-New York 1992.

214. J. Loach, Edward VI, hrsg. v. G. Bernard, P. Williams, New Haven-London 1999.

215. F. P. Lock, Edmund Burke, Bd. 1: 1730–1784, Oxford 1998.

216. G. Lottes, Elisabeth I. Eine politische Biografie, Göttingen-Zürich 1981.

217. D. MacCulloch, Thomas Cranmer. A Life, New Haven-London 1999.

218. J. Miller, James II. A Study in Kingship, 2. Aufl., London 1989.

219. L. G. Mitchell, Charles James Fox, Oxford-New York 1992.

220. J. E. Neale, Queen Elizabeth, London 1934 (zahlreiche Neuauflagen, 4. dt. Aufl., München 1985).

221. D. Ogg, William III, London 1956.

222. M. Peters, The Elder Pitt, London 1998.

223. J. H. PLUMB, Sir Robert Walpole, 2 Bde., London 1956–60.
224. A. F. POLLARD, Henry VIII, New York 1966.
225. J. J. SCARISBRICK, Henry VIII, 2. Aufl., New Haven-London 1997.
226. R. TITTLER, The Reign of Mary I, London-New York 1983.
227. J. WORMALD, Mary, Queen of Scots. A Study in Failure, London 1988 (dt. Freiburg-Würzburg 1992).

c) Politik und Verfassung

16. Jahrhundert (1485–1603)

228. C. COLEMAN, D. STARKEY (Hrsg.), Revolution Reassessed. Revisions in the History of Tudor Government and Administration, Oxford 1986.
229. G. R. ELTON, The Tudor Revolution in Government. Administrative Changes in the Reign of Henry VIII, Cambridge 1953.
230. G. R. ELTON, The Parliament of England, 1559–1581, Cambridge 1986.
231. A. FOX, J. GUY, Reassessing the Henrician Age. Humanism, Politics and Reform 1500–1550, Oxford 1986.
232. A. GRANT, Henry VII. The Importance of his Reign in English History, London 1985.
233. M. A. R. GRAVES, The Tudor Parliaments. Crown, Lords and Commons, 1485–1603, London 1985.
234. M. A. R. GRAVES, Early Tudor Parliaments, 1485–1558, London-New York 1990.
235. M. A. R. GRAVES, Elizabethan Parliaments, 1559–1601, 2. Aufl., London 1996.
236. R. A. GRIFFITHS, R. S. THOMAS, The Making of the Tudor Dynasty, Gloucester 1985.
237. S. J. GUNN, Early Tudor Government, 1485–1558, Basingstoke 1995.
238. J. GUY (Hrsg.), The Tudor Monarchy, London 1997.
239. D. E. HOAK, The King's Council in the Reign of Edward VI, Cambridge 1976.
240. J. LOACH, Parliament under the Tudors, Oxford 1991
241. D. M. LOADES, The Mid-Tudor Crisis, 1545–1565, Basingstoke-London 1992.
242. W. T. MACCAFFREY, Queen Elizabeth and the Making of Policy, 1572–1588, Princeton 1981.
243. W. T. MACCAFFREY, Elizabeth I. War and Politics, 1588–1603, Princeton 1992.
244. D. MACCULLOCH (Hrsg.), The Reign of Henry VIII. Politics, Policy and Piety, Houndmills 1995.
245. J. E. NEALE, Elizabeth I and Her Parliaments, 1559–1581, 2 Bde., London 1971.

246. D. Starkey, The Reign of Henry VIII. Personalities and Politics, London 1985 (2. Aufl., 1991).
247. P. Williams, The Tudor Regime, Oxford 1979.

17. Jahrhundert (1603–1714)

248. R. Asch, Der Hof Karls I. von England. Politik, Provinz und Patronage 1625–1640, Köln-Weimar-Wien 1993.
249. R. Ashton, The English Civil War. Conservatism and Revolution, 1603–1649, London 1978.
250. R. Ashton, Counter-Revolution. The Second Civil War and its Origins, 1646–1648, New Haven-London 1994.
251. G. E. Aylmer, Rebellion or Revolution? England 1640–1660, Oxford-New York 1986.
252. T. Barnard, The English Republic, 1649–1660, London-New York 1982.
253. R. Beddard (Hrsg.), The Revolutions of 1688, Oxford 1991.
254. R. M. Bliss, Restoration England. Politics and Government 1660–1688, London-New York 1985.
255. G. Burgess, The Politics of the Ancient Constitution. An Introduction to English Political Thought, 1603–1642, Basingstoke 1992.
256. G. Burgess, Absolute Monarchy and the Stuart Constitution, New Haven-London 1996.
257. C. D. Chandaman, The English Public Revenue, 1660–1688, Oxford 1975.
258. T. Cogswell, The Blessed Revolution. English Politics and the Coming of War, 1621–1624, Cambridge 1989.
259. R. Cust, A. Hughes (Hrsg.), Conflict in Early Stuart England, London 1989.
260. R. Cust, A. Hughes (Hrsg.), The English Civil War, London 1997.
261. P. Donald, An Uncounselled King. Charles I and the Scottish Troubles, 1637–1641, Cambridge 1990.
262. F. D. Dow, Radicalism in the English Revolution, 1640–1660, Oxford-New York 1985.
263. A. Everitt, The Community of Kent and the Great Rebellion, Leicester 1966.
264. A. Fletcher, The Outbreak of the English Civil War, London 1981.
265. D. Freist, Governed by Opinion. Politics, Religion and the Dynamics of Communication in Stuart London, 1637–1645, London 1997.
266. S. R. Gardiner, History of England from the Accession of James I to the Outbreak of the Civil War, 1603–1642, 10 Bde., 2. Aufl., London 1883/84 (Nachdruck New York 1965).
267. T. Harris, Politics under the Later Stuarts. Party Conflict in a Divided Society, 1660–1715, London-New York 1993.
268. T. Harris, P. Seaward, M. Goldie (Hrsg.), The Politics of Religion in Restoration England, Oxford 1990.

269. C. Hibbard, Charles I and the Popish Plot, Chapel Hill 1983.

270. C. Hill, The English Revolution, London 1940.

271. C. Hill, The Intellectual Origins of the English Revolution, Oxford 1965.

272. C. Hill, The World Turned Upside Down. Radical Ideas During the English Revolution, London 1972.

273. C. Hill, Change and Continuity in Seventeenth-Century England, 2. Aufl., New Haven-London 1991.

274. G. Holmes (Hrsg.), Britain after the Glorious Revolution, 1689–1714, London 1969.

275. G. Holmes, British Politics in the Age of Anne, 2. Aufl., London 1987.

276. H. G. Horwitz, Parliament, Policy, and Politics in the Reign of William III, Manchester 1977.

277. A. Hughes, The Causes of the English Civil War, Basingstoke-London 1991.

278. R. Hutton, The Restoration. A Political and Religious History of England and Wales, 1658–1667, Oxford 1985.

279. R. Hutton, The British Republic, 1649–1660, Basingstoke-London 1990.

280. J. Israel (Hrsg.), The Anglo-Dutch Moment. Essays on the Glorious Revolution and its World Impact, Cambridge 1991.

281. J. R. Jones, The Revolution of 1688 in England, London 1972.

282. J. R. Jones (Hrsg.), Liberty Secured? Britain before and after 1688, Stanford 1992.

283. J. P. Kenyon, Revolution Principles. The Politics of Party 1689 to 1720, Cambridge 1977.

284. W. Lamont, Godly Rule. Politics and Religion, 1603–1660, London 1969.

285. C. B. Macpherson, The Political Theory of Possessive Individualism. Hobbes to Locke, Oxford 1964 (dt. Frankfurt a.M. 1967).

286. B. Manning, The English People and the English Revolution, Harmondsworth 1978.

287. A. Marshall, The Age of Faction. Court Politics, 1660–1702, Manchester 1999.

288. J. Miller, Restoration England. The Reign of Charles II., London 1985.

289. J. Miller, An English Absolutism? The Later Stuart Monarchy, 1660–1688, London 1993.

290. J. Morrill, Cheshire 1630–1660. County Government and Society during the English Revolution, Oxford 1974.

291. J. Morrill, The Revolt of the Provinces. Conservatives and Radicals in the English Civil War, 1630–1650, London-New York 1976 (Neuauflage u.d.T.: Revolt in the Provinces. The People of England and the Tragedies of War, 1634–1648, London 1999).

292. J. Morrill (Hrsg.), Oliver Cromwell and the English Revolution, London-New York 1990.

293. J. Morrill, The Nature of the English Revolution, London-New York 1993.

294. H. Nenner, The Right to be King. The Succession to the Crown of England, 1603–1714, Basingstoke 1995.

295. J. G. A. Pocock, The Ancient Constitution and the Feudal Law. A Study of English Historical Thought in the Seventeenth Century, 2. Aufl., Cambridge 1987.

296. L. J. Reeve, Charles I and the Road to Personal Rule, Cambridge 1989.

297. R. C. Richardson, The Debate on the English Revolution, 3. Aufl., Manchester 1998.

298. C. Russell, Parliaments and English Politics, 1621–1629, Oxford 1979.

299. C. Russell, The Causes of the English Civil War, Oxford 1990.

300. C. Russell, The Fall of the British Monarchies, 1637–1642, Oxford 1991.

301. H.-C. Schröder, Die Revolutionen Englands im 17. Jahrhundert, Frankfurt a.M. 1986.

302. L. G. Schwoerer, The Declaration of Rights 1689, Baltimore-London 1981.

303. L. G. Schwoerer (Hrsg.), The Revolution of 1688–1689. Changing Perspectives, Cambridge 1992.

304. P. Seaward, The Restoration, 1660–1688, Basingstoke-London 1991.

305. K. Sharpe (Hrsg.), Faction and Parliament. Essays on Early Stuart History, Oxford 1978.

306. K. Sharpe, The Personal Rule of Charles I, New Haven-London 1992.

307. K. Sharpe, P. Lake (Hrsg.), Culture and Politics in Early Stuart England, Basingstoke-London 1994.

308. D. L. Smith, The Stuart Parliaments, 1603–1689, London 1999.

309. J. P. Sommerville, Politics and Ideology in England, 1603–1640, London-New York 1986 (Zweite Auflage u.d.T.: Royalists and Patriots. Politics and Ideology in England, 1603–1640, London 1999).

310. W. A. Speck, Reluctant Revolutionaries. Englishmen and the Revolution of 1688, Oxford 1988.

311. W. A. Speck, The Birth of Britain. A New Nation, 1700–1710, Oxford 1994.

312. L. Stone, The Causes of the English Revolution, 1529–1640, London 1972, 2. Aufl. 1986 (dt. Frankfurt a.M. u. a. 1983).

313. G. M. Trevelyan, The English Revolution, 1688–1689, London 1938.

314. D. Underdown, Revel, Riot, and Rebellion. Popular Politics and Culture in England, 1603–1660, Oxford 1985.

315. D. Underdown, A Freeborn People. Politics and the Nation in Seventeenth-Century England, Oxford 1996.

316. P. Wende, Probleme der englischen Revolution, Darmstadt 1980.

317. J. R. WESTERN, Monarchy and Revolution. The English State in the 1680s, London 1972.

18. Jahrhundert (1714–1815)

318. D. A. BAUGH (Hrsg.), Aristocratic Government and Society in Eighteenth-Century England. The Foundations of Stability, New York 1975.
319. A. M. BIRKE, K. KLUXEN (Hrsg.), England und Hannover – England and Hanover, München u. a. 1986.
320. J. BREWER, Party Ideology and Popular Politics at the Succession of George III, Cambridge 1976.
321. J. BREWER, The Sinews of Power. War, Money and the English State, 1688–1783, London 1989.
322. J. BREWER, E. HELLMUTH (Hrsg.), Rethinking Leviathan. The Eighteenth-Century State in Britain and Germany, Oxford 1999.
323. L. BROCKLISS, D. EASTWOOD (Hrsg.), A Union of Multiple Identities. The British Isles, 1750–1850, Manchester 1997.
324. J. CANNON (Hrsg.), The Whig Ascendancy. Colloquies on Hanoverian England, London 1981.
325. I. R. CHRISTIE, Stress and Stability in Late Eighteenth Century Britain. Reflexions on the British Avoidance of Revolution, Oxford 1984.
326. J. C. D. CLARK, English Society, 1688–1832. Ideology, Social Structure and Political Practice during the Ancien Regime, Cambridge 1985 (Zweite Auflage u.d.T.: English Society 1688–1832. Religion, Ideology and Politics during the Ancien Regime, Cambridge 2000).
327. L. COLLEY, In Defiance of Oligarchy. The Tory Party, 1714–1760, Cambridge 1982.
328. L. COLLEY, Britons. Forging the Nation, 1707–1837, New Haven 1992.
329. H. T. DICKINSON, Liberty and Property. Political Ideology in Eighteenth Century Britain, London 1977.
330. H. T. DICKINSON (Hrsg.), Britain and the French Revolution, Basingstoke 1989.
331. H. T. DICKINSON (Hrsg.), Britain and the American Revolution, London 1998.
332. P. G. M. DICKSON, The Financial Revolution in England. A Study in the Development of Public Credit, 1688–1756, London-New York 1967.
333. D. EASTWOOD, Government and Community in the Provinces, 1700–1870, Basingstoke 1997.
334. E. HELLMUTH (Hrsg.), Transformation of Political Culture. England and Germany in the Late Eighteenth Century, Oxford 1990.
335. C. JONES (Hrsg.), A Pillar of the Constitution. The House of Lords in British Politics, 1640–1784, London-Ronceverte 1989.
336. P. LANGFORD, Public Life and the Propertied Englishman, 1689–1798, Oxford 1991.

337. G. Lottes, Politische Aufklärung und plebejisches Publikum. Zur Theorie und Praxis des englischen Radikalismus im späten 18. Jahrhundert, München-Wien 1979.

338. P. K. Monod, Jacobitism and the English People, 1688–1788, Cambridge 1989.

339. L. Namier, The Structure of Politics at the Accession of George III, 2. Aufl., London 1961.

340. L. Namier, England in the Age of the American Revolution, 2. Aufl., London 1963.

341. F. O'Gorman, Voters, Patrons and Parties. The Unreformed Electorate of Hanoverian England, 1734–1832, Oxford 1989.

342. J. A. Phillips, Electoral Behaviour in Unreformed England. Plumpers, Splitters and Straights, Princeton 1982.

343. J. H. Plumb, The Growth of Political Stability in England, 1675–1725, London 1967.

344. J. G. A. Pocock, Virtue, Commerce and History. Essays on Political Thought and History, Cambridge 1985.

345. E. Porritt, A. Porritt, The Unreformed House of Commons. Parliamentary Representation before 1832, 2 Bde., Cambridge 1903.

346. N. Rogers, Whigs and Cities. Popular Politics in the Age of Walpole and Pitt, Oxford 1989.

347. D. Szechi, The Jacobites. Britain and Europe 1688–1788, Manchester-New York 1994.

348. P. D. G. Thomas, The House of Commons in the Eighteenth Century, Oxford 1971.

349. M. J. Turner, British Politics in an Age of Reform, Manchester 1999.

350. H. Wellenreuther, Repräsentation und Großgrundbesitz in England 1730–1770, Stuttgart 1979.

d) Wirtschaft und Gesellschaft

351. J. Barry (Hrsg.), The Tudor and Stuart Town. A Reader in English Urban History, 1530–1688, London 1990.

352. J. Barry, C. Brooks (Hrsg.), The Middling Sort of People. Culture, Society and Politics in England, 1550–1800, Basingstoke 1994.

353. M. Berg, The Age of Manufactures, 1700–1820. Industry and Work in Britain, 2. Aufl., London 1994.

354. P. Borsay, The Eighteenth-Century Town. A Reader in English Urban History, 1688–1820, London 1990.

355. R. Brenner, Merchants and Revolution. Commercial Change, Political Conflict, and London's Overseas Traders, 1550–1653, Cambridge 1993.

356. J. Cannon, Aristocratic Century. The Peerage of Eighteenth-Century England, Cambridge 1984.

357. C. W. CHALKIN, The Provincial Towns of Georgian England, London 1974.
358. P. CLARK (Hrsg.), The Transformation of English Provincial Towns, 1600–1800, London 1984.
359. L. A. CLARKSON, Proto-Industrialization. The First Phase of Industrialization?, Basingstoke 1985.
360. C. G. A. CLAY, Economic Expansion and Social Change. England 1500–1700, 2 Bde., London 1984.
361. D. C. COLEMAN, Myth, History and the Industrial Revolution, London-Rio Grande 1992.
362. P. J. CORFIELD, Power and the Professions in Britain, 1700–1850, London 1995.
363. B. COWARD, Social Change and Continuity. England 1550–1750, 2. Aufl., London 1997.
364. N. F. R. CRAFTS, British Economic Growth during the Industrial Revolution, Oxford 1985.
365. M. J. DAUNTON, Progress and Poverty. An Economic and Social History of Britain, 1770–1850, Oxford 1995.
366. P. DEANE, The First Industrial Revolution, Cambridge 1965.
367. P. EARLE, The Making of the English Middle Class. Business, Society and Familiy Life in London, 1660–1730, London 1989.
368. C. EMSLEY, Crime and Society in England, 1750–1900, 2. Aufl., London 1996.
369. M. W. FLINN, The Origins of the Industrial Revolution, London 1966.
370. J. L. HAMMOND, B. HAMMOND, The Rise of Modern Industry, London 1925, 9. Aufl., London 1966.
371. R. M. HARTWELL (Hrsg.), The Causes of the Industrial Revolution in England, London 1967.
372. R. M. HARTWELL (Hrsg.), The Industrial Revolution, Oxford 1970.
373. R. M. HARTWELL, The Industrial Revolution and Economic Growth, London 1971.
374. D. HAY, N. RODGERS, Eighteenth-Century English Society. Shuttles and Swords, Oxford 1997.
375. F. HEAL, C. HOLMES, The Gentry in England and Wales, 1500–1700, Basingstoke 1994.
376. E. KERRIDGE, The Agricultural Revolution, London 1967.
377. J. LANGTON, R. J. MORRIS (Hrsg.), Atlas of Industrializing Britain, 1780–1914, London-New York 1986.
378. P. LASLETT, The World We Have Lost, London 1965 (3. Auflage u.d.T.: The World We Have Lost. Further Explored, London 1983, dt. Wien u. a. 1988).
379. P. MATHIAS, J. A. DAVIS (Hrsg.), The First Industrial Revolution, Oxford 1989.

380. G. E. MINGAY, The Gentry. The Rise and Fall of a Ruling Class, London 1976.

381. K. MORGAN, The Birth of Industrial Britain. Economic Change 1750–1850, London 1999.

382. P. K. O'BRIEN, R. QUINAULT (Hrsg.), The Industrial Revolution and British Society, Cambridge 1993.

383. M. OVERTON, Agricultural Revolution in England. The Transformation of the Agrarian Economy, 1500–1850, Cambridge 1996.

384. J. H. PLUMB, The Commercialisation of Leisure in Eighteenth Century England. The Stenton Lecture 1972, Reading 1973.

385. R. PORTER, English Society in the Eighteenth Century, Harmondsworth 1982, 2. Aufl., 1990.

386. W. PREST, The Professions in Early Modern England, Beckenham 1989.

387. J. M. ROSENHEIM, The Emergence of a Ruling Order. English Landed Society, 1650–1750, London 1998.

388. W. W. ROSTOW, The Stages of Economic Growth. A Non-Communist Manifesto, Cambridge 1960.

389. H.-C. SCHRÖDER, Der englische Adel, in: A. v. REDEN-DOHNA, R. MELVILLE (Hrsg.), Der Adel an der Schwelle des bürgerlichen Zeitalters 1780–1860, Wiesbaden 1988, 21–88.

390. P. S. SEAVER (Hrsg.), Seventeenth Century England. Society in an Age of Revolution, New York 1976.

391. J. A. SHARPE, Crime in Early Modern England, 1550–1750, 2. Aufl., London 1999.

392. P. SLACK, Poverty and Policy in Tudor and Stuart England, London 1988.

393. P. SLACK, From Reformation to Improvement. Public Welfare in Early Modern England, Oxford 1999.

394. L. STONE, Social Change and Revolution in England, 1540–1640, London 1965.

395. L. STONE, The Crisis of the Aristocracy, 1558–1641, Oxford-New York 1965.

396. L. STONE, J. C. FAWTIER STONE, An Open Elite? England 1540–1880, Oxford 1984 (gekürzte Ausgabe: Oxford 1986).

397. A. J. TAYLOR (Hrsg.), The Standard of Living in Britain in the Industrial Revolution, London 1975.

398. M. I. THOMIS, Responses to Industrialisation. The British Experience, 1780–1850, Newton Abbot 1976.

399. E. P. THOMPSON, The Making of the English Working Class, London 1963 (dt. 2 Bde., Frankfurt a.M., 1987).

400. E. P. THOMPSON, Plebeische Kultur und moralische Ökonomie. Aufsätze zur englischen Sozialgeschichte des 18. und 19. Jahrhunderts, hrsg. v. D. GROH, Frankfurt a.M.-Berlin-Wien 1980.

401. A. Toynbee, Lectures on the Industrial Revolution in England, London 1884.

402. H. Trevor-Roper, The Gentry, 1540–1640 (= Economic History Review, Supplements), London-New York (1953).

403. G. N. von Tunzelmann, Steam Power and British Industrialization to 1860, Oxford 1978.

404. C. Wilson, England's Apprenticeship, 1603–1763, 2. Aufl., London-New York 1984.

405. K. Wrightson, English Society, 1580–1680, London 1982.

406. E. A. Wrigley, Continuity, Chance and Change. The Character of the Industrial Revolution in England, Cambridge 1988.

407. E. A. Wrigley, R. S. Schofield, The Population History of England, 1541–1871. A Reconstruction, 2. Aufl., Cambridge 1989.

408. E. A. Wrigley u. a. (Hrsg.), English Population History from Family Reconstitution, 1580–1837, Cambridge 1997.

e) Religion und Kirche

409. J. Bossy, The English Catholic Community, 1570–1850, London 1975.

410. M. Bowker, The Secular Clergy in the Diocese of Lincoln, 1495–1520, Cambridge 1968.

411. S. Bridgen, London and the Reformation, Oxford 1989.

412. R. Brown, Church and State in Modern Britain 1700–1850, London-New York 1991.

413. P. Clark, English Provincial Society from the Reformation to the Revolution. Religion, Politics and Society in Kent, 1500–1640, Hassocks 1977.

414. P. Collinson, The Elizabethan Puritan Movement, London 1967.

415. P. Collinson, The Religion of Protestants. The Church in English Society, 1559–1625, Oxford 1982.

416. P. Collinson, English Puritanism, London 1984 (2. Aufl. 1987).

417. P. Collinson, J. Craig, The Reformation in English Towns, 1500–1640, Houndmills 1998.

418. J. Davies, The Caroline Captivity of the Church. Charles I and the Remoulding of Anglicanism, Oxford 1992.

419. A. G. Dickens, The English Reformation, 2. Aufl., London 1989.

420. E. Duffy, The Stripping of the Altars. Traditional Religion in England, c. 1400–c. 1580, New Haven-London 1992.

421. G. R. Elton, Policy and Police. The Enforcement of the Reformation in the Age of Thomas Cromwell, Cambridge 1972.

422. C. H. George, The Protestant Mind of the English Reformation, 1570–1640, Princeton 1961.

423. O. GRELL, J. ISRAEL, N. TYACKE (Hrsg.), From Persecution to Toleration. The Glorious Revolution and Religion in England, Oxford 1991.
424. C. HAIGH, Reformation and Resistance in Tudor Lancashire, Cambridge 1975.
425. C. HAIGH (Hrsg.), The English Reformation Revised, Cambridge 1987.
426. C. HAIGH, English Reformations. Religion, Politics and Society under the Tudors, Oxford 1993.
427. W. HALLER, The Rise of Puritanism, or, the Way to the New Jerusalem as Set Forth in Pulpit and Press from Thomas Cartwright to John Lilburne and John Milton, 1570–1643, 2. Aufl., New York 1957.
428. P. HEATH, The English Clergy on the Eve of the Reformation, London 1969.
429. C. HILL, Society and Puritanism in Pre-Revolutionary England, London 1964.
430. R. HOULBROOKE, Church Courts and the People During the English Reformation, 1520–1570, Oxford 1979.
431. D. KNOWLES, The Religious Orders in England, Bd. 3: The Tudor Age, Cambridge 1959.
432. H. LEHMANN, G. ROTH (Hrsg.), Weber's „Protestant Ethic". Origins, Evidence, Contexts, New York 1993.
433. A. MACFARLANE, Witchcraft in Tudor and Stuart England. A Regional and Comparative Study, 2. Aufl., London 1999.
434. P. MARSHALL (Hrsg.), The Impact of the English Reformation, 1500–1640, London 1997.
435. W. J. MOMMSEN, P. ALTER, R. W. SCRIBNER (Hrsg.), Stadtbürgertum und Adel in der Reformation. Studien zur Sozialgeschichte der Reformation in England und Deutschland, Stuttgart 1979.
436. R. O'DAY, The Debate on the English Reformation, London-New York 1986.
437. J. J. SCARISBRICK, The Reformation and the English People, Oxford 1984.
438. J. SEARS MCGEE, The Godly Man in Stuart England. Anglicans, Puritans and the Two Tables, 1620–1670, New Haven 1976.
439. J. SPURR, The Restoration Church of England, 1646–1689, New Haven-London 1991.
440. J. SPURR, English Puritanism, 1603–1689, Basingstoke 1998.
441. K. THOMAS, Religion and the Decline of Magic. Studies in Popular Beliefs in Sixteenth and Seventeenth Century England, London 1971.
442. N. TYACKE, Anti-Calvinists. The Rise of English Arminianism, 1590–1640, London 1987.
443. N. TYACKE (Hrsg.), England's Long Reformation, 1500–1800, London 1998.
444. J. WALSH, C. HAYDON, S. TAYLOR (Hrsg.), The Church of England, c. 1689–c. 1833. From Toleration to Tractarianism, Cambridge 1993.

445. P. White, Predestination, Policy and Polemics. Conflict and Consensus in the English Church from the Reformation to the Civil War, Cambridge 1992.

f) Außenpolitik und Empire

446. C. A. Bayly, Imperial Meridian. The British Empire and the World, 1780–1830, London-New York 1989.

447. J. Black, A System of Ambition? British Foreign Policy, 1660–1793, 2. Aufl., London-New York 2000.

448. J. Black, British Foreign Policy in an Age of Revolutions, 1783–1793, Cambridge 1994.

449. J. Black, Britain as a Military Power, 1688–1815, London 1999.

450. H. Duchhardt, Balance of Power und Pentarchie. Internationale Beziehungen. 1700–1785, Paderborn u. a. 1997.

451. D. B. Horn, Great Britain and Europe in the Eighteenth Century, Oxford 1967.

452. J. R. Jones, Britain and Europe in the Seventeenth Century, London 1966.

453. J. R. Jones, Britain and the World, 1649–1815, Brighton 1980.

454. P. Langford, Modern British Foreign Policy. The Eighteenth Century, 1688–1815, London 1976.

455. P. Lawson, The East India Company. A History, London 1993.

456. S. Pincus, Protestantism and Patriotism. Ideologues and the Making of English Foreign Policy, 1650–1668, Cambridge 1996.

457. N. A. M. Rodger, The Wooden World. An Anatomy of the Georgian Navy, London 1986.

458. G. V. Scammell, The First Imperial Age. European Overseas Expansion, c. 1400–1715, London 1989.

459. H. M. Scott, British Foreign Policy in the Age of the American Revolution, Oxford 1990.

460. J. Walwin, Slaves and Slavery. The British Colonial Experience, Manchester-London 1992.

461. H. Wellenreuther, Der Aufstieg des ersten Britischen Weltreiches. England und seine nordamerikanischen Kolonien 1660–1763, Düsseldorf 1987.

g) Kultur, Alltag, „Gender“

462. S. D. Amussen, An Ordered Society. Gender and Class in Early Modern England, Oxford 1988.

463. H. Barker, E. Chalus (Hrsg.), Gender in Eighteenth-Century England. Roles, Representations and Responsibilities, London 1997.

464. J. Black, The British Abroad. The Grand Tour in the Eighteenth Century, Stroud 1992.

465. J. Black (Hrsg.), Culture and Society in Britain, 1660–1800, Manchester 1997.

466. J. Brewer, The Pleasures of the Imagination. English Culture in the Eighteenth Century, London 1997.

467. C. Christie, The British Country House in the Eighteenth Century, Manchester 1999.

468. A. Clark, Working Life of Women in the Seventeenth Century, London 1919, 3. Aufl., London-Boston 1992.

469. J. T. Cliffe, The World of the Country House in Seventeenth-Century England, New Haven-London 1999.

470. P. Crawford, S. Mendelson, Women in Early Modern England, 1550–1720, London 1998.

471. D. Cressy, Education in Tudor and Stuart England, London 1973.

472. D. Cressy, Literacy and the Social Order. Reading and Writing in Tudor and Stuart England, Cambridge 1980.

473. J. Dixon Hunt, P. Willis, The Genius of the Place. The English Landscape Gardens, 1620–1820, 2. Aufl., Cambridge/Mass.-London 1988.

474. J. Eales, Women in Early Modern England, 1500–1700, London 1998.

475. A. Fletcher, Gender, Sex and Subordination in England, 1500–1800, New Haven-London 1995.

476. M. Girouard, Life in the English Country House. A Social and Architectural History, New Haven-London 1978.

477. T. Harris (Hrsg.), Popular Culture in England, c. 1500–1850, London 1995.

478. A. Henderson, Disorderly Women in Eighteenth-Century London. Prostitution and Control in the Metropolis, 1730–1830, London 1999.

479. B. Hill, Women, Work and Sexual Politics in the Eighteenth Century, 2. Aufl., Oxford 1994.

480. R. Houlbrooke, The English Family, 1450–1700, London-New York 1984.

481. R. Houlbrooke, Death, Religion and the Family in England, 1480–1750, Oxford 1998.

482. O. Hufton, The Prospect Before Her. A History of Women in Western Europe, Bd. 1: 1500–1800, London 1995 (dt. Frankfurt a.M. 1998).

483. A. Laurence, Women in England, 1500–1760. A Social History, London 1994.

484. A. Macfarlane, Marriage and Love in England. Modes of Reproduction, 1300–1840, Oxford 1986.

485. N. McKendrick, J. Brewer, J. H. Plumb (Hrsg.), The Birth of a Consumer Society. The Commercialization of Eighteenth-Century England, London 1982.

486. R. O'Day, Education and Society, 1500–1800. The Social Foundations of Education in Early Modern Britain, London-New York 1982.

487. R. O'Day, The Family and Family Relationships, 1500–1900. England, France and the United States of America, Basingstoke 1994.

488. B. Reay (Hrsg.), Popular Culture in Seventeenth-Century England, London 1985.

489. P. Sharpe, Women's Work. The English Experience, 1650–1914, London 1998.

490. R. B. Shoemaker, Gender in English Society, 1650–1850. The Emergence of Seperate Spheres?, London 1998.

491. D. Starkey (Hrsg.), Henry VIII. A European Court in England, London 1991.

492. L. Stone, The Family, Sex and Marriage in England, 1500–1800, London 1977 (gekürzte Ausgabe: Harmondsworth 1979).

493. A. Vickery, The Gentleman's Daughter. Women's Lives in Georgian England, New Haven-London 1998.

494. T. Williamson, Polite Landscapes. Gardens and Society in Eighteenth Century England, Stroud 1995.

h) Irland, Schottland, Wales

495. K. M. Brown, Kingdom or Province. Scotland and the Regal Union, 1603–1715, New York 1992.

496. N. Canny, From Reformation to Restoration. Ireland 1534–1660, Dublin 1987.

497. N. Canny, Kingdom and Colony. Ireland in the Atlantic World, 1500–1800, Baltimore-London 1988.

498. S. J. Connolly, Religion, Law and Power. The Making of Protestant Ireland, 1660–1760, Oxford 1992.

499. T. M. Devine, D. Dickson (Hrsg.), Ireland and Scotland, 1600–1850. Parallels and Contrasts in Economic and Social Development, Edinburgh 1983.

500. D. Dickson, New Foundations. Ireland, 1660–1800, Dublin 1987.

501. S. G. Ellis, Ireland in the Age of the Tudors, 1447–1603, 2. Aufl., London-New York 1998.

502. J. Goodare, State and Society in Early Modern Scotland, Oxford 1999.

503. T. Herbert, G. E. Jones (Hrsg.), The Remaking of Wales in the Eighteenth Century, Cardiff 1988.

504. J. G. Jones, The Welsh Gentry, 1536–1640. Images of Status, Honour and Authority, Cardiff 1998.

505. W. A. Maguire (Hrsg.), Kings in Conflict. The Revolutionary War in Ireland and its Aftermath, 1689–1750, Belfast 1990.

506. J. S. SHAW, The Political History of Eighteenth-Century Scotland, New York 1999.

507. T. C. SMOUT, A History of the Scottish People, 1560–1830, 3. Aufl., London 1998.

508. I. D. WHYTE, Scotland before the Industrial Revolution. An Economic and Social History, c. 1050–c. 1750, London-New York 1995.

4. DAS 19. JAHRHUNDERT

a) Gesamtdarstellungen

509. G. F. A. BEST, Mid-Victorian Britain, 1851–1875, 8. Aufl., London 1989.

510. A. BRIGGS, The Age of Improvement, 1783–1867, 11. Aufl., London-New York 1994.

511. E. HALÉVY, A History of the English People in the 19th Century, 6 Bde., 2. Aufl., London 1952.

512. J. F. C. HARRISON, Early Victorian Britain, 1832–1851, London 1979.

513. J. F. C. HARRISON, Late Victorian Britain, 1875–1901, London 1990.

514. E. J. HOBSBAWM, The Age of Revolution. Europe 1789–1848, London 1962 (dt., München 1983).

515. K. T. HOPPEN, The Mid-Victorian Generation, 1846–1886 (= New Oxford History of England), Oxford 1998.

516. G. KITSON CLARK, The Making of Victorian England, London 1962.

517. N. MCCORD, British History, 1815–1906, Oxford 1991.

518. G. NIEDHART, Geschichte Englands im 19. und 20. Jahrhundert, 2. Aufl., München 1996.

519. K. ROBBINS, Nineteenth Century Britain. Integration and Diversity, Oxford 1988.

520. W. D. RUBINSTEIN, Britain's Century. A Political and Social History, 1815–1905, London 1998.

521. G. M. YOUNG, Portrait of an Age. Victorian England, Oxford 1936, neu hrsg. mit Vorw. und Anm. v. G. KITSON CLARK, London 1977.

b) Biografien

522. R. BLAKE, H. CECIL (Hrsg.), Salisbury. The Man and his Policies, London 1987.

523. M. E. CHAMBERLAIN, Lord Palmerston, Cardiff 1987.

524. N. GASH, Peel, London-New York 1976.

525. W. HINDE, Richard Cobden, A Victorian Outsider, New Haven-London 1987.

526. P. T. MARSH, Joseph Chamberlain. Entrepreneur in Politics, New Haven-London 1994.

527. H. C. G. MATTHEW, Gladstone, 2 Bde., Oxford 1986–1995.

528. M. O'CONNELL (Hrsg.), Daniel O'Connell. Political Pioneer, Dublin 1991.

529. J. PREST, Lord John Russell, London 1972.

530. E. A. SMITH, Lord Grey, 1764–1845, Oxford 1990.

531. P. SMITH, Disraeli. A Brief Life, Cambridge 1996.

532. S. WEINTRAUB, Victoria. Biography of a Queen, London-Sydney 1987.

533. J. WILSON, A Life of Sir Henry Campbell-Bannerman, Constable-London 1973.

c) Politik, Parteien, Verfassung, Gewerkschaften

534. J. BELCHEM, Class, Party and the Political System in Britain, 1867–1914, Oxford 1990.

535. J. BELCHEM, Popular Radicalism in Nineteenth-Century Britain, Basingstoke 1996.

536. R. BELLAMY (Hrsg.), Victorian Liberalism. Nineteenth-Century Political Thought and Practice, London-New York 1990.

537. M. BENTLEY, Politics without Democracy, 1815–1914, London 1984.

538. E. F. BIAGINI, A. J. REID (Hrsg.), Currents of Political Radicalism. Popular Radicalism, Organised Labour and Party Politics in Britain, 1850–1914, Cambridge 1991.

539. E. F. BIAGINI, Liberty, Retrenchment and Reform. Popular Liberalism in the Age of Gladstone, 1860–1880, Cambridge 1992.

540. T. C. W. BLANNING, P. WENDE (Hrsg.), Reform in Great Britain and Germany, 1750–1850, Oxford 1999.

541. D. BROOKS, The Age of Upheaval. Edwardian Politics, 1899–1914, Manchester 1995.

542. S. COLLINI, Public Moralists. Political Thought and Intellectual Life in Britain, 1850–1930, Oxford 1991.

543. G. COX, The Efficient Secret. The Cabinet and the Development of Political Parties in Victorian England, Cambridge 1987.

544. J. EPSTEIN, Radical Expression. Political Language, Ritual and Symbol in England, 1790–1850, Oxford 1994.

545. E. J. FEUCHTWANGER, Disraeli, Democracy, and the Tory Party. Conservative Leadership and Organization after the Second Reform Bill, Oxford 1968.

546. M. C. FINN, After Chartism. Class and Nation in English Radical Politics, 1848–1874, Cambridge 1993.

547. M. FRANCIS, J. MORROW, A History of English Political Thought in the Nineteenth Century, London 1994.

548. N. GASH, Politics in the Age of Peel. A Study in the Technique of Parliamentary Representation, 1830–1850, London 1953.

549. N. GASH, Reaction and Reconstruction in English Politics, 1832–1852, Oxford 1965.

550. E. H. H. GREEN, The Crisis of Conservatism. The Politics, Economics and Ideology of the British Conservative Party, 1880–1914, London-New York 1995.

551. E. H. H. GREEN (Hrsg.), An Age of Transition. British Politics 1880–1914 (= Parliamentary History 16/1), Edinburgh 1997.

552. J. GREGO, A History of Parliamentary Election and Electioneering, London 1892.

553. H. J. HANHAM, Elections and Party Management. Politics in the Age of Disraeli and Gladstone, 2. Aufl., London 1978.

554. J. HART, Proportional Representation. Critics of the British Electoral System 1820–1945, Oxford 1992.

555. E. J. HOBSBAWM, T. RANGER (Hrsg.), The Invention of Tradition, Cambridge 1983.

556. T. A. JENKINS, The Liberal Ascendancy, 1830–1886, Basingstoke-London 1994.

557. T. A. JENKINS, Parliament, Party and Politics in Victorian Britain, Manchester-New York 1996.

558. R. A. JONES, The Nineteenth-Century Foreign Office. An Administrative History, London 1971.

559. R. A. JONES, The British Diplomatic Service, 1815–1914, Gerrards Cross 1983.

560. P. JOYCE, Democratic Subjects. The Self and the Social in 19th Century England, Cambridge 1994.

561. P. MANDLER, Aristocratic Government in the Age of Reform. Whigs and Liberals, 1830–1852, Oxford 1990.

562. J. MEADOWCROFT, Conceptualizing the State. Innovation and Dispute in British Political Thought, 1880–1914, Oxford 1995.

563. D. C. MOORE, The Politics of Deference. A Study of the Mid-Nineteenth Century English Political System, Hassocks 1976.

564. J. PARRY, The Rise and Fall of Liberal Government in Victorian Britain, New Haven-London 1993.

565. H. M. PELLING, The Origins of the Labour Party, 1880–1900, 2. Aufl., Oxford 1965.

566. J. A. PHILLIPS, The Great Reform Bill in the Boroughs. English Electorial Behaviour, 1818–1841, Oxford 1992.

567. P. A. PICKERING, Chartism and the Chartists in Manchester and Salford, London 1995.

568. J. SAVILLE, 1848. The British State and the Chartist Movement, Cambridge u. a. 1987.

569. G. R. SEARLE, The Liberal Party. Triumph and Disintegration, 1886–1929, London 1992.

570. E. A. SMITH, The House of Lords in British Politics and Society, 1815–1911, London 1992.

571. W. STEINMETZ, Das Sagbare und das Machbare. Zum Wandel politischer Handlungsspielräume in England 1780–1867, Stuttgart 1993.

572. M. TAYLOR, The Decline of British Radicalism, 1847–1860, Oxford 1995.

573. D. THOMPSON, The Chartists, London 1984.

574. J. VERNON, Politics and the People. A Study in English Political Culture, c. 1815–1867, Cambridge 1993.

575. J. VERNON (Hrsg.), Re-reading the Constitution. New Narratives in the Political History on England's Long Nineteenth Century, Cambridge 1996.

576. A. WIRSCHING, Parlament und Volkes Stimme. Unterhaus und Öffentlichkeit im England des frühen 19. Jahrhunderts, Göttingen-Zürich 1990.

d) Sozial- und Wirtschaftsgeschichte

577. G. ALDERMAN, Modern British Jewry, New York-Oxford 1992.

578. J. BELCHEM, Industrialization and the Working Class. The English Experience, 1750–1900, Aldershot 1990.

579. H. BERGHOFF, Englische Unternehmer 1870–1914. Eine Kollektivbiografie führender Wirtschaftsbürger in Birmingham, Bristol und Manchester, Göttingen 1991.

580. E. J. BIAGINI (Hrsg.), Citizenship and Community. Liberals, Radicals and Collective Identities in the British Isles, 1865–1931, Cambridge 1996.

581. G. R. BOYER, An Economic History of the English Poor Law, 1750–1850, Cambridge 1990.

582. S. N. BROADBERRY, N. F. R. CRAFTS (Hrsg.), Britain in the International Economy, Cambridge 1992.

583. S. CHAPMAN, Merchant Enterprise in Britain. From the Industrial Revolution to World War I, Cambridge 1992.

584. C. CHINN, Poverty amidst Prosperity. The Urban Poor in England, 1834–1914, Manchester 1995.

585. B. W. CLAPP, An Environmental History of Britain since the Industrial Revolution, London 1994.

586. K. COATES, T. TOPHAM, The Making of the Labour Movement. The Formation of the Transport & General Workers Union 1870–1922, Nottingham 1994.

587. G. CROSSICK (Hrsg.), The Lower Middle Class in Britain 1870–1914, London 1977.

588. F. CROUZET, The Victorian Economy, London 1982.

589. F. DRIVER, Power and Pauperism. The Workhouse System, 1834–1884, Cambridge 1993.

590. H. J. DYOS, M. WOLFF (Hrsg.), The Victorian City, 2 Bde., London 1973.

591. C. ERICKSON, Leaving England. Essays on British Emigration in the Nineteenth Century, Ithaca-London 1994.

592. G. FINLAYSON, Citizen, State, and Social Welfare in Britain, 1830–1930, Oxford 1994.

593. A. L. FRIEDBERG, The Weary Titan. Britain and the Experience of Relative Decline, 1895–1905, Princeton 1988.

594. R. GRAY, The Factory Question and Industrial England, 1830–1860, Cambridge 1996.

595. D. R. GREEN, From Artisans to Paupers. Economic Change and Poverty in London, 1790–1870, Aldershot 1995.

596. H. J. HABAKKUK, American and British Technology in the Nineteenth Century, Cambridge 1962.

597. J. HARRIS, Private Lives, Public Spirit. A Social History of Britain, 1870–1914, Oxford 1993.

598. N. HARTE, R. QUINAULT (Hrsg.), Land and Society in Britain, 1700–1914. Essays in Honour of F. M. L. Thompson, Manchester 1996.

599. M. HEWITT, The Emergence of Stability in the Industrial City. Manchester, 1832–1867, Aldershot 1996.

600. E. J. HOBSBAWM, Labouring Men. Studies in the History of Labour, London 1964.

601. E. J. HOBSBAWM, Worlds of Labour. Further Studies in the History of Labour, London 1984.

602. C. HOLMES, John Bull's Island. Immigration and British Society, 1871–1971, Basingstoke-London 1988.

603. E. HOPKINS, Working-Class Self-Help in Nineteenth-Century England. Responses to Industrialization, London 1995.

604. P. JOYCE, Visions of the People. Industrial England and the Question of Class, 1848–1914, Cambridge 1991.

605. H. L. MALCHOW, Gentlemen Capitalists. The Social and Political World of the Victorian Businessman, Basingstoke-London 1991.

606. D. C. MOORE, Work, Society and Politics. The Culture of the Factory in Later Victorian England, Brighton 1980.

607. R. J. MORRIS, Class, Sect and Party. The Making of the British Middle Class: Leeds, 1820–1850, Manchester 1990.

608. R. J. MORRIS, R. RODGER (Hrsg.), The Victorian City. A Reader in British Urban History 1820–1914, London-New York 1993.

609. A. MUSSON, The Growth of British Industry, London 1978.

610. P. K. O'BRIEN, G. KEYDER, Economic Growth in Britain and France, 1780–1914, London 1978.

611. R. PERREN, Agriculture in Depression, 1870–1940, Cambridge 1995.

612. S. Pollard, Britain's Prime and Britain's Decline. The British Economy 1870–1914, London u. a. 1989.

613. A. J. Reid, Social Classes and Social Relations in Britain, 1850–1914, Basingstoke-London 1994.

614. R. Rodger, Housing in Urban Britain, 1780–1914. Class, Capitalism and Construction, Basingstoke-London 1989.

615. W. D. Rubinstein, Men of Property. The Very Wealthy in Britain since the Industrial Revolution, London 1981.

616. W. D. Rubinstein, Elites and the Wealthy in Modern British History. Essays in Social and Economic History, Brighton 1987.

617. W. D. Rubinstein, Capitalism, Culture, and Decline in Britain, 1750–1990, London-New York 1993.

618. G. R. Searle, Entrepreneurial Politics in Mid-Victorian Britain, Oxford 1993.

619. F. B. Smith, The People's Health, 1830–1910, London 1979.

620. E. M. Spiers, The Army and Society 1815–1914, London-New York 1980.

621. G. Stedman Jones, Languages of Class. Studies in English Working Class History, 1832–1982, Cambridge 1983.

622. F. M. L. Thompson, The Rise of Respectable Society. A Social History of Victorian Britain 1830–1900, London 1988.

623. P. Thompson, The Edwardians. The Remaking of British Society, 2. Aufl., London-New York 1992.

624. N. L. Tranter, Population and Society, 1750–1940, London-New York 1985.

625. D. Wahrman, Imagining the Middle Class. The Political Representation of Class in Britain, c. 1780–1840, Cambridge 1995.

626. S. Webb, B. Webb, The History of Trade Unionism, London 1894.

627. M. J. Wiener, English Culture and the Decline of the Industrial Spirit, 1850–1980, 2. Aufl., Cambridge 1987.

628. P. Wood, Poverty and the Workhouse in Victorian Britain, Bath 1991.

629. R. Woods, The Population History of Britain in the Nineteenth Century, Cambridge 1995.

e) Außenpolitik, Empire, Imperialismus

630. C. J. Bartlett, Defence and Diplomacy. Britain and the Great Powers, 1815–1914, Manchester New York 1993.

631. C. A. Bayly, Empire and Information. Intelligence Gathering and Social Communication in India, 1780–1870, Cambridge 1996.

632. G. J. Billy, Palmerston's Foreign Policy. 1848, New York-San Francisco 1993.

633. A. M. Birke, M.-L. Recker (Hrsg.), Das gestörte Gleichgewicht. Deutschland als Problem britischer Sicherheit im neunzehnten und zwanzigsten Jahrhundert, München u. a. 1990.

634. J. Black, Convergence or Divergence? Britain and the Continent, London 1994.

635. C. A. Breckenridge, P. van der Veer (Hrsg.), Orientalism and the Postcolonial Predicament. Perspectives on South Asia, Philadelphia 1993.

636. P. J. Cain, Economic Foundations of British Overseas Expansion, 1815–1914, London-Basingstoke 1980.

637. P. J. Cain, A. G. Hopkins, British Imperialism, 2 Bde., London 1993.

638. M. E. Chamberlain, „Pax Britannica"? British Foreign Policy 1789–1914, London-New York 1988.

639. J. Clarke, British Diplomacy and Foreign Policy 1782–1865. The National Interest, London 1989.

640. L. E. Davis, R. A. Huttenback, Mammon and the Pursuit of Empire. The Political Economy of British Imperialism, 1860–1912, Cambridge 1986.

641. C. C. Eldridge (Hrsg.), British Imperialism in the Nineteenth Century, London-Basingstoke 1984.

642. C. C. Eldridge, Disraeli and the Rise of a New Imperialism, Cardiff 1996.

643. D. Fieldhouse, Economics and Empire, 1830–1914, Ithaca 1973.

644. J. Gallagher, R. Robinson (Hrsg.), Africa and the Victorians. The 'Official Mind' of Imperialism, Basingstoke 1961.

645. K. Hildebrand, No Intervention. Die Pax Britannica und Preußen 1865/66–1869/70, München 1997.

646. J. A. Hobson, Imperialism. A Study, London 1902, 3. Aufl. London 1938.

647. R. Hyam, Britain's Imperial Century, 1815–1914. A Study of Empire and Expansion, 2. Aufl., London-Basingstoke 1993.

648. R. Hyam, Empire and Sexuality. The British Experience, Manchester 1992.

649. R. Inden, Imagining India, Oxford 1990.

650. A. P. Kaminsky, The India Office, 1880–1910, London 1986.

651. P. M. Kennedy, The Rise of the Anglo-German Antagonism, 1860–1914, London 1980.

652. A. D. Lambert, The Crimean War. British Grand Strategy, 1853–1856, Manchester 1990.

653. W. R. Louis (Hrsg.), Imperialism. The Robinson and Gallagher Controversy, New York 1976.

654. R. H. MacDonald, The Language of Empire. Myths and Metaphors of Popular Imperialism,1880–1918, Manchester 1994.

655. J. MacKenzie, Imperialism and Popular Culture, Manchester 1986.

656. J. MacKenzie, The Empire of Nature. Hunting, Conservation and British Imperialism, Manchester 1988.

657. J. MacKenzie, Orientalism. History, Theory, and the Arts, Manchester 1995.

658. J. A. Mangan (Hrsg.), Making Imperial Mentalities. Socialisation and British Imperialism, Manchester 1990.

659. J. A. Mangan, Benefits Bestowed? Education and British Imperialism, Manchester 1988.

660. J. A. Mangan, The Cultural Bond. Sport, Empire, Society, London 1992.

661. A. McClintock, Imperial Leather. Race, Gender and Sexuality in the Colonial Context, New York 1995.

662. B. Porter, The Lion's Share. A Short History of British Imperialism, 1850–1995, 3. Aufl., London-New York 1996.

663. W. Said, Orientalism, London 1978.

664. W. Said, Culture and Imperialism, London 1993.

665. R. Shannon, The Crisis of Imperialism, 1865–1915, London 1974.

666. M. Sinha, Colonial Masculinity. The 'Manly' Englishman and the 'Effeminate' Bengali in the Late Nineteenth Century, Manchester 1995.

667. E. Stokes, The Peasant and the Raj. Studies in Agrarian Society and Peasant Rebellion in Colonial India, Cambridge 1978.

668. S. Suleri, The Rhetoric of English India, Chicago-London 1992.

669. R. Williams, Defending the Empire. The Conservative Party and British Defence Policy, 1899–1915, New Haven-London 1991.

f) Kultur, Alltag, „Gender"

670. P. Alter, Wissenschaft, Staat, Mäzene. Anfänge moderner Wissenschaftspolitik in Großbritannien 1850–1920, Stuttgart 1982.

671. L. Barrow u. a. (Hrsg.), Nichts als Unterdrückung? Geschlecht und Klasse in der englischen Sozialgeschichte, Münster 1991.

672. D. Birley, Land of Sport and Glory. Sport and British Society, 1887–1910, Manchester 1995.

673. P. J. Bowler, The Invention of Progress. The Victorians and the Past, Oxford 1989.

674. A. Briggs, Victorian Things, London 1988.

675. J. Burnett, Plenty and Want. A Social History of Diet in England from 1815 to the Present Day, London 1966.

676. B. Caine, Victorian Feminists, Oxford 1992.

677. O. Chadwick, The Victorian Church, 2 Bde., London, Bd. 1: 3. Aufl. 1971; Bd. 2: 2. Aufl. 1972.

678. K. Chesney, The Victorian Underworld, London 1970.

679. A. Clark, The Struggle for the Breeches. Gender and the Making of the British Working Class, London 1995.

680. H. Cunningham, Leisure in the Industrial Revolution, c. 1780–c. 1880, London 1980.

681. D. David, Rule Britannia. Women, Empire, and Victorian Writing, Ithaca-London 1995.

682. L. Davidoff, C. Hall, Family Fortunes. Men and Women of the English Middle Class, 1780–1850, London 1987.

683. L. Davidoff, Worlds Between. Historical Perspectives on Gender and Class, Cambridge 1995.

684. R. W. Davis, R. J. Helmstadter (Hrsg.), Religion and Irreligion in Victorian Society. Essays in Honour of R. K. Webb, London-New York 1992.

685. C. Hall (Hrsg.), White, Male and Middle Class. Explorations in Feminism and History, Oxford 1992.

686. G. Himmelfarb, Poverty and Compassion. The Moral Imagination of the late Victorians, New York 1992.

687. E. Hopkins, Childhood Transformed. Working-Class Children in Nineteenth-Century England, Manchester 1994.

688. P. Jalland, Death in the Victorian Family, Oxford 1996.

689. J. Lown, Women and Industrialization. Gender at Work in Nineteenth-Century England, Cambridge 1990.

690. J. Lewis, Women and Social Action in Victorian and Edwardian England, Aldershot 1991.

691. J. A. Mangan (Hrsg.), Pleasure, Profit, Proselytism. British Culture and Sport at Home and Abroad, 1700–1914, London 1988.

692. G. Marsden (Hrsg.), Victorian Values. Personalities and Perspectives in Nineteenth-Century Society, London-New York 1990.

693. M. Mason, The Making of Victorian Sexuality, Oxford 1994.

694. S. Mitchell, The New Girl. Girls' Culture in England, 1880–1915, New York-Chichester 1995.

695. G. Parsons (Hrsg.), Religion in Victorian Britain, 4 Bde., Manchester 1988.

696. D. G. Paz, Popular Anti-Catholicism in Mid-Victorian England, Stanford 1992.

697. I. Pinchbeck, M. Hewitt, Children in English Society, 2 Bde., London 1969 (Nachdruck 1972).

698. I. Pinchbeck, Women Workers and the Industrial Revolution, 1750–1850, London 1930, 3. Aufl. 1981.

699. J. Purvis (Hrsg.), Women's History. Britain, 1850–1945. An Introduction, London 1995.

700. B. Reay, Microhistories. Demography, Society and Culture in Rural England, 1800–1930, Cambridge 1996.

701. J. Rendall, Women in an Industrializing Society. England 1750–1880, Oxford 1990.

702. K. D. Reynolds, Arictocratic Women and Political Society in Victorian Britain, Oxford 1988.

703. J. Roach, Secondary Education in England 1870–1902. Public Activity and Private Enterprise, London-New York 1991.

704. S. O. Rose, Limited Livelihoods. Gender and Class in Nineteenth-Century England, London 1992.

705. J. W. Scott, Gender and the Politics of History, New York 1988.

706. N. J. Smelser, Social Paralysis and Social Change. British Working-Class Education in the Nineteenth Century, Berkeley u. a. 1991.

707. T. C. Smout (Hrsg.), Victorian Values, Oxford 1992.

708. S. Szreter, Fertility, Class, and Gender in Britain, 1860–1940, Cambridge 1996.

709. F. M. Turner, Contesting Cultural Authority. Essays in Victorian Intellectual Life, Cambridge 1993.

710. M. Vicinus (Hrsg.), Suffer and Be Still. Women in the Victorian Age, Bloomington 1972.

711. M. Vicinus, A Widening Sphere. Changing Roles of Victorian Women, Bloomington 1977.

712. J. R. Walkowitz, Prostitution and Victorian Society. Women, Class, and the State, Cambridge 1980.

713. F. H. Wallis, Popular Anti-Catholicism in Mid-Victorian Britain, Lewiston 1993.

714. C. Waters, British Socialists and the Politics of Popular Culture, 1884–1914, Manchester 1990.

715. M. J. Wiener, Reconstructing the Criminal. Culture, Law, and Policy in England, 1830–1914, Cambridge 1990.

716. J. Wolffe, The Protestant Crusade in Great Britain, 1829–1860, Oxford 1991.

717. J. Wolffe, God and Greater Britain. Religion and National Life in Britain and Ireland, 1843–1945, London 1994.

g) Irland, Schottland, Wales

718. D. H. Akenson, Small Differences. Irish Catholics and Irish Protestants, 1815–1922, Dublin 1991.

719. R. D. Anderson, Education and Opportunity in Victorian Scotland, Oxford 1983.

720. D. G. Boyce, A. O'Day (Hrsg.), Parnell in Perspective, London-New York 1991.

721. S. O. Checkland, Philantropy in Victorian Scotland. Social Welfare and the Voluntary Principle, Edinburgh 1980.

722. S. O. Checkland, Industry and Ethos. Scotland 1832–1914, London 1984.

723. D. G. Evans, A History of Wales, 1815–1906, Cardiff 1989.

724. T. Herbert, G. E. Jones (Hrsg.), People and Protest. Wales 1815–1880, Cardiff 1988.

725. K. T. Hoppen, Ireland since 1800. Conflict and Conformity, London-New York 1989.

726. B. Jenkins, Era of Emancipation. British Government of Ireland, 1812–1830, Kingston 1988.

727. I. G. Jones, Mid-Victorian Wales. The Observers and the Observed, Cardiff 1992.

728. R. Kee, The Laurel and the Ivy. The Story of Charles Stewart Parnell and Irish Nationalism, London 1993.

729. J. Mokyr, Why Ireland Starved. A Quantitative and Analytical History of the Irish Economy, 1800–1850, London 1983.

730. K. O. Morgan, Modern Wales. Politics, Places and People, Cardiff 1995.

731. J. Newsinger, Fenianism in Mid-Victorian Britain, London 1994.

732. C. O Gráda, Ireland before and after the Famine. Explorations in Economic History, 1800–1925, 2. Aufl., Manchester 1993.

733. C. O Gráda, Ireland. A New Economic History, 1780–1939, Oxford 1994.

734. T. C. Smout, A Century of the Scottish People, 1830–1950, London 1986.

735. M. Turner, After the Famine. Irish Agriculture, 1850–1914, Cambridge 1996.

736. W. E. Vaughan, Landlords and Tenants in Mid-Victorian Ireland, Oxford 1994.

737. C. A. Whatley, The Industrial Revolution in Scotland, Cambridge 1997.

5. Das 20. Jahrhundert

a) Allgemeine Darstellungen

738. D. Childs, Britain since 1945. A Political History, 4. Aufl., London 1998.

739. P. Clarke, Hope and Glory. Britain 1900–1990, London 1996.

740. J. Davis, A History of Britain 1885–1939, New York 1999.

741. D. Dutton, British Politics since 1945. The Rise and Fall of Consensus, 2. Aufl., Oxford 1997.

742. I. Fetscher, Großbritannien. Gesellschaft, Politik, Wirtschaft. Eine Einführung, 3. Aufl., Königstein/Taunus 1978.

743. T. R. Gourvish, A. O'Day (Hrsg.), Britain since 1945, Basingstoke 1994.

744. H. Jones, M. Kandiah (Hrsg.), The Myth of Consensus. New Views on British History 1945–64, Basingstoke 1996.

745. H. Kastendiek, K. Rohe, A. Volle (Hrsg.), Großbritannien. Geschichte, Politik, Wirtschaft, Gesellschaft, 2. Aufl., Frankfurt a.M.-New York 1999.

746. T. O. LLOYD, Empire, Welfare-State, Europe. English History 1906–1992, 4. Aufl., Oxford 1993.
747. K. O. MORGAN, The People's Peace. British History since 1945, 2. Aufl., Oxford 1999.
748. C. L. MOWAT, Britain between the Wars 1918–1940, London 1955 (mehrere Neuauflagen).
749. M. PUGH, State and Society. A Social and Political History of Britain, 1870–1997, 2. Aufl., London 1999.
750. R. STURM, Großbritannien. Wirtschaft, Gesellschaft, Politik, 2. Aufl., Opladen 1997.
751. A. J. P. TAYLOR, English History 1914–1945, Oxford 1965.

b) Biografien

752. R. ALDOUS, S. LEE (Hrsg.), Harold Macmillan. Aspects of a Political Life, Basingstoke 1999.
753. R. BLAKE, The Unknown Prime Minister. The Life and Times of Andrew Bonar Law, 1858–1923, London 1955.
754. J. H. BROOKSHIRE, Clement Attlee, Manchester 1995.
755. A. BULLOCK, The Life and Times of Ernest Bevin, 3 Bde., London 1960–1983.
756. T. D. BURRIDGE, Clement Attlee. A Political Biography, London 1985.
757. J. CAMPBELL, Edward Heath. A Biography, London 1993.
758. D. CARLTON, Anthony Eden. A Biography, London 1986.
759. J. CHARMLEY, Churchill. The End of Glory. A Political Biography, London 1993.
760. R. S. CHURCHILL, M. GILBERT, Winston S. Churchill, 8 Bde. in 21, London 1966–1986.
761. D. DILKS, Neville Chamberlain, Bd. 1: Pioneering and Reform 1870–1929, Cambridge 1984.
762. D. DUTTON, Austen Chamberlain. Gentleman in Politics, Bolton 1985.
763. M. EGREMONT, Balfour. A life of Arthur James Balfour, London 1980.
764. J. HARRIS, William Beveridge. A Biography, 2. Aufl., Oxford 1997.
765. S. KOSS, Asquith, London 1976.
766. K. O. MORGAN, Callaghan. A Life, Oxford 1997.
767. I. PACKER, Lloyd George, Basingstoke 1998.
768. R. A. C. PARKER (Hrsg.), Winston Churchill. Studies in Statesmanship, London 1995.
769. B. PIMLOTT, Harold Wilson, London 1992.
770. M. PUGH, Lloyd George, London 1988.
771. K. ROBBINS, Sir Edward Grey. A Biography of Lord Grey of Fallodon, London 1971.

772. K. Robbins (Hrsg.), The Blackwell Biographical Dictionary of British Political Life in the Twentieth Century, Oxford 1990.

773. K. Robbins, Churchill, London-New York 1992.

774. A. Sampson, Macmillan. A Study in Ambiguity, New York 1967.

775. R. Skidelsky, John Maynard Keynes, bisher 2 Bde., London 1983–1992.

776. R. Skidelsky, Oswald Mosley, 3. Aufl., London 1990.

777. P. Williamson, Stanley Baldwin. Conservative Leadership and National Values, Cambridge 1999.

778. H. Young, One of Us. A Biography of Margaret Thatcher, London 1991.

779. P. Ziegler, King Edward VIII. The Official Biography, London 1990.

c) Politik und Verfassung

780. P. Addison, The Road to 1945. British Politics and the Second World War, 2. Aufl., London 1994.

781. G. Alderman, Pressure Groups and Government in Great Britain, New York 1984.

782. P. Anderson, N. Mann, Safety First. The Making of New Labour, London 1997.

783. A. R. Ball, British Political Parties. The Emergence of a Modern Party System, 2. Aufl., Basingstoke 1987.

784. S. Ball, Baldwin and the Conservative Party. The Crisis of 1929–1931, New Haven-London 1988.

785. S. Ball, A. Seldon (Hrsg.), The Heath Government 1970–1974. A Reappraisal, London-New York 1996.

786. C. Barnett, The Audit of War. Illusion and Reality of Britain as a Great Nation, London 1986.

787. S. Beer, Modern British Politics, Parties and Pressure Groups in the Collectivist Age, 3. Aufl., London 1982.

788. M. Beloff, G. Peele, The Government of the UK. Political Authority in a Changing Society, 2. Aufl., London 1985.

789. A. H. Birch, The British System of Government, 10. Aufl., London 1998.

790. R. Blake, The Conservative Party from Peel to Major, 3. Aufl., London 1997.

791. I. Bulmer-Thomas, The Growth of the British Party System, 2 Bde., 2. Aufl., London 1967.

792. D. Butler, British General Elections since 1945, 2. Aufl., Oxford 1995.

793. H. A. Clegg, A. Fox, A. F. Thompson, A History of British Trade Unions since 1889, 3 Bde., Oxford 1964–1994.

794. F. Coetzee, For Party or Country. Nationalism and the Dilemmas of Popular Conservatism in Edwardian England, New York-Oxford 1990.

795. C. Cook, A Short History of the Liberal Party 1900–1997, 5. Aufl., London 1998.

796. C. Cook, I. Taylor (Hrsg.), The Labour Party. An Introduction to its History, Structure and Politics, London-New York 1980.

797. R. Coopey, S. Fielding, N. Tiratsoo (Hrsg.), The Wilson Governments, 1964–1970, London 1993.

798. P. Cosgrave, The Strange Death of Socialist Britain. Post War British Politics, London 1992.

799. B. Crick (Hrsg.), National Identities. The Constitution of the United Kingdom, Oxford 1991.

800. D. Dutton, „His Majesty's Loyal Opposition". The Unionist Party in Opposition, 1905–1915, Liverpool 1992.

801. P. Hennessy, Whitehall, London 1989.

802. P. Hennessy, A. Seldon (Hrsg.), Ruling Performance. British Governments from Attlee to Thatcher, Oxford 1987.

803. M. Holmes, The Labour Government 1974–1979. Political Aims and Economic Reality, London 1985.

804. K. Jeffrey, P. Hennessy, States of Emergency. British Governments and Strikebreaking since 1919, London 1983.

805. H. Kastendiek, R. Stinshoff (Hrsg.), Changing Conceptions of Constitutional Government. Developments in British Politics and the Constitutional Debate since the 1960s, Bochum 1994.

806. D. Kavanagh, Thatcherism and British Politics. The End of Consensus?, 2. Aufl., Oxford 1990.

807. D. Kavanagh, P. Morris, Consensus Politics. From Attlee to Major, 2. Aufl., Oxford 1994.

808. K. Laybourn, The Rise of Socialism in Britain 1881–1951, Sutton 1997.

809. R. Leach, British Political Ideologies, 2. Aufl., London 1996.

810. C. Lord, British Entry to the EC under the Heath Government of 1970–1974, Aldershot 1993.

811. J. P. Mackintosh, The British Cabinet, 3. Aufl., London 1977.

812. R. McKenzie, British Political Parties. The Distribution of Power within the Conservative and Labour Parties, 2. Aufl., London 1964.

813. K. Middlemas, Power, Competition and the State, 3 Bde., London 1986–1991.

814. K. O. Morgan, Labour in Power, 1945–1951, Oxford 1984.

815. W. Paterson, C. Jeffery, Großbritannien nach dem Machtwechsel. New Labour, Devolution und Europapolitik, Sankt Augustin 1997.

816. R. Pearce, R. Desmond, Attlee's Labour Governments, 1945–1951, London-New York 1994.

817. H. Pelling, The Labour Government 1945–51, London 1984.

818. H. Pelling, A. J. Reid, A Short History of the Labour Party, 11. Aufl., Basingstoke 1996.

819. S. Pollard, Labour History and the Labour Movement in Britain, Brookfield 1999.

820. M. Pugh, The Making of Modern British Politics 1867–1939, 2. Aufl., Oxford 1993.

821. P. Pulzer, Political Representation and Elections in Britain, London 1967.

822. K. Rohe, G. Schmidt, H. Pogge von Strandmann (Hrsg.), Deutschland, Großbritannien, Europa. Politische Traditionen, Partnerschaften und Rivalität, Bochum 1992.

823. A. Sampson, The Essential Anatomy of Britain. Democracy in Crisis, London 1992.

824. G. R. Searle, The Quest for National Efficiency. A Study in British Policy and British Political Thought, 1899–1914, Oxford 1971.

825. A. Seldon (Hrsg.), UK Political Parties since 1945, London 1990.

826. A. Sked, Britain's Decline. Problems and Perspectives, Oxford 1987.

827. A. Sked, C. Cook (Hrsg.), Post-War Britain. A Political History, 4. Aufl., London 1993.

828. R. Sturm (Hrsg.), Thatcherismus. Eine Bilanz nach 10 Jahren, 2. Aufl., Bochum 1991.

829. R. Taylor, The Trade Union Question in British Politics. Government and Unions since 1945, Oxford 1993.

830. J. Tudor, Remaking the Labour Party. From Gaitskell to Blair, London 1996.

d) Wirtschaft und Gesellschaft

831. B. W. E. Alford, British Economic Performance 1945–1975, 2. Aufl., London 1995.

832. J. Benson, The Working Class in Britain 1850–1939, London 1989.

833. J. Benson, Rise of Consumer Society in Britain, 1880–1980, London 1994.

834. A. Booth, British Economic Policy, 1931–1949: Was There a Keynesian Revolution?, London 1989.

835. P. Burnham, The Political Economy of Postwar Reconstruction, London 1990.

836. A. Cairncross, The British Economy since 1945. Economic Policy and Performance 1945–1995, 2. Aufl., Cambridge 1995.

837. D. Cannadine, The Decline and Fall of the British Aristocracy, 2. Aufl., New Haven-London 1996.

838. D. Cannadine, Class in Britain, New Haven-London 1998.

839. B. Collins, K. Robbins (Hrsg.), British Culture and Economic Decline, London 1990.

840. N. F. R. Crafts, N. Woodward (Hrsg.), The British Economy since 1945, Oxford 1991.

841. J. E. Cronin, Labour and Society in Britain 1918–1979, London 1984.

842. P. E. Dewey, War and Progress. Britain 1914–1945, London 1997.

843. D. Edgerton, Science, Technology and the British Industrial 'Decline' 1870–1970, Cambridge 1996.

844. B. Elbaum, W. Lazonick (Hrsg.), The Decline of the British Economy, Oxford 1986.

845. R. Fitzgerald, British Labour Management and Industrial Welfare 1846–1939, London 1988.

846. D. Fraser, The Evolution of the British Welfare State. A History of Social Policy since the Industrial Revolution, 2. Aufl., Basingstoke 1984.

847. A. Gamble, Britain in Decline. Economic Policy, Political Strategy and the British State, 4. Aufl., Basingstoke 1994.

848. A. Gamble, The Free Economy and the Strong State. The Politics of Thatcherism, 2. Aufl., Basingstoke 1994.

849. W. R. Garside, British Unemployment 1919–1939. A Study in Public Policy, Cambridge [u. a.] 1990.

850. H. Glennerster, British Social Policy since 1945, Oxford 1995.

851. A. Graham, A. Seldon (Hrsg.), Government and Economies in the Postwar World. Economic Policies and Comparative Performance 1945–1985, London 1990.

852. A. H. Halsey, Change in British Society, 4. Aufl., Oxford-New York 1995.

853. E. Hopkins, The Rise and Decline of the English Working Class 1918–1990. A Social History, London 1991.

854. C. Johnson, The Economy under Mrs. Thatcher, 1979–1990, London 1991.

855. P. Johnson (Hrsg.), Twentieth-Century Britain. Economic, Social and Cultural Change, London 1994.

856. T. Jones, Britain's Ethnic Minorities. An Analysis of the Labour Force Survey, London 1993.

857. V. D. Lipman, A History of the Jews in Britain since 1858, Leicester 1990.

858. R. Lowe, The Welfare State since 1945, 2. Aufl., Basingstoke 1999.

859. A. Marwick, British Society Since 1945, 3. Aufl., London 1996.

860. D. McCloskey, If You Are So Smart. The Narrative of Economic Expertise, Chicago 1990.

861. R. McKibbin, Classes and Cultures. England 1918–1951, Oxford 1998.

862. W. J. Mommsen, W. Mock (Hrsg.), Die Entstehung des Wohlfahrtstaates in Großbritannien und Deutschland 1850–1950, Stuttgart 1982.

863. W. J. Mommsen, H.-G. Husung (Hrsg.), Auf dem Wege zur Massengewerkschaft. Die Entwicklung der Gewerkschaften in Deutschland und Großbritannien 1880–1914, Stuttgart 1984.

864. J. Paulmann, Staat und Arbeitsmarkt in Großbritannien. Krise, Weltkrieg, Wiederaufbau, Göttingen-Zürich 1993.

865. G. C. Peden, British Economic and Social Policy. Lloyd George to Margaret Thatcher, 2. Aufl., New York-London 1991.

866. H. Pelling, A History of British Trade Unionism, 5. Aufl., London 1992.

867. H. Perkin, The Rise of Professional Society. England since 1880, London 1989.

868. S. Pollard, The Development of the British Economy, 1914–1990, 4. Aufl., London 1992.

869. J. Solomos, L. Back, Race and Racism in Britain, 2. Aufl., Basingstoke 1993.

870. J. Stevenson, British Society, 1914–1945, 2. Aufl., Harmondsworth 1990.

871. J. Stevenson, C. Cook, Britain in the Depression. Society and Politics, 1929–1939, 2. Aufl., London 1994.

872. J. Tomlinson, Public Policy and the Economy since 1900, 2. Aufl., Oxford 1993.

873. D. Vincent, Poor Citizens. The State and the Poor in Twentieth-Century Britain, London 1991.

874. I. M. Wallerstein, The Capitalist World Economy, Cambridge 1979.

875. J. Walvin, Passage to Britain. Immigration in British History and Politics, Harmondsworth 1984.

876. B. J. Wendt, Die britischen Gewerkschaften heute, Rheinfelden-Berlin 1991.

877. J. Winter, The Great War and the British People, London 1985.

e) Außenpolitik und Commonwealth

878. R. J. Q. Adams, British Politics and Foreign Policy in the Age of Appeasement 1935–39, Basingstoke 1993.

879. A. Adamthwaite, The Making of the Second World War, 2. Aufl., London 1979.

880. C. Barnett, The Collapse of British Power, New York 1972.

881. P. M. H. Bell, France and Britain 1940–1994. The Long Separation, London 1997.

882. M. Beloff, Imperial Sunset, 2 Bde., 2. Aufl., Basingstoke 1987–1989.

883. D. G. Boyce, Decolonization and the British Empire, 1775–1997, Basingstoke 1999.

884. B. Brivati, H. Jones (Hrsg.), From Reconstruction to Integration. Britain and Europe since 1945, Leicester-New York 1993.

885. P. Byrd (Hrsg.), British Foreign Policy under Thatcher, Oxford 1988.

886. M. Carver, Tightrope Walking. British Defence Policy since 1945, London 1992.

887. J. W. CELL, Hailey. A Study in British Imperialism 1872–1969, Cambridge 1992.

888. J. CHARMLEY, Chamberlain and the Lost Peace, London 1989.

889. J. CHARMLEY, Splendid Isolation? Britain, the Balance of Power and the Origins of the First World War, London 1999.

890. W. S. CHURCHILL, The Second World War, 6 Bde., London 1948–1954 (zahlreiche Neuauflagen).

891. S. CONSTANTINE (Hrsg.), The First World War in British History, London-New York 1995.

892. M. CURTIS, The Ambiguities of Power. British Foreign Policy since 1945, London 1995.

893. J. DARWIN, Britain and Decolonisation. The Retreat from Empire in the Post-War World, Basingstoke 1988.

894. J. DARWIN, The End of the British Empire. The Historical Debate, Oxford 1991.

895. D. DILKS (Hrsg.), Retreat from Power. Studies in Britain's Foreign Policy of the Twentieth Century, 2 Bde., London 1981.

896. M. DOCKRILL, British Defence since 1945, Oxford 1988.

897. M. DOCKRILL, B. J. C. MCKERCHER, Diplomacy and World Power. Studies in British Foreign Policy 1890–1950, Cambridge 1996.

898. R. E. DUMETT (Hrsg.), Gentlemanly Capitalism and British Imperialism. The New Debate on Empire, New York 1999.

899. B. EBERSOLD, Machtverfall und Machtbewusstsein. Britische Friedens- und Konfliktlösungsstrategien 1918–1956, München 1992.

900. N. FERGUSON, The Pity of War, London 1998.

901. J. GALLAGHER, The Decline, Revival and Fall of the British Empire, Cambridge 1982.

902. S. GEORGE, An Awkward Partner. Britain in the European Community, 3. Aufl., Oxford 1998.

903. P. GIFFORD, R. LOUIS (Hrsg.), The Transfer of Power in Africa. Decolonization 1940–1960, New Haven-London 1982.

904. P. GIFFORD, R. LOUIS (Hrsg.), Decolonization and African Independence. The Transfer of Power 1960–1980, New Haven-London 1988.

905. T. HODGKIN, Nationalism in Colonial Africa, London 1956.

906. R. F. HOLLAND, European Decolonization, 1918–1981. An Introductory Survey, Basingstoke 1985.

907. R. HOLLAND, The Pursuit of Greatness. Britain and the World Role, 1900–1970, London 1991.

908. M. HOWARD, The Continental Commitment. The Dilemma of British Defence Policy in the Era of Two World Wars, Harmondsworth 1974.

909. S. HOWE, Anti-Colonialism in British Politics. The Left and the End of Empire, 1919–1964, Oxford 1993.

910. R. Jackson, Suez. The Forgotten Invasion, Shrewsbury 1996.

911. P. M. Kennedy, The Rise and Fall of British Naval Mastery, 3. Aufl., London 1991.

912. P. M. Kennedy, The Realities behind Diplomacy. Background Influences on British External Policy, 1865–1980, London 1981.

913. L. Kettenacker, Krieg zur Friedenssicherung. Die Deutschlandplanung der britischen Regierung während des Zweiten Weltkrieges, Göttingen-Zürich 1989.

914. K. Kyle, Suez, London 1991.

915. B. Lapping, End of Empire, London 1985.

916. W. R. Louis, Imperialism at Bay. The United States and the Decolonization of the British Empire, 1914–1945, Oxford 1977.

917. D. A. Low, A. Smith (Hrsg.), History of East Africa, Bd. 3, Oxford 1976.

918. J. M. MacKenzie, Propaganda and Empire. The Manipulation of British Public Opinion 1880–1960, Manchester 1984.

919. F. Madden, J. Darwin (Hrsg.), The Dominions and India since 1900, Westport/London 1993.

920. N. Mansergh, The Commonwealth Experience, 2. Aufl., London 1982 (dt. München 1969).

921. L. Martin, J. Garnett, British Foreign Policy. Challenges and Choices for the Twenty-First Century, London 1997.

922. W. D. McIntyre, The Commonwealth of Nations. Origins and Impact, 1869–1971, London 1977.

923. W. D. McIntyre, The Significance of the Commonwealth, 1965–1990, Basingstoke 1991.

924. W. D. McIntyre, British Decolonization, 1946–1997. When, Why and How Did the British Empire Fall?, Basingstoke 1999.

925. B. J. C. McKercher, Transition of Power. Britain's Loss of Global Preeminence to the United States, 1930–1945, Cambridge 1999.

926. W. N. Medlicott, British Foreign Policy since Versailles. 1919–1963, 2. Aufl., London 1968.

927. R. Meyers, Britische Sicherheitspolitik 1934–1938. Studien zum außen- und sicherheitspolitischen Entscheidungsprozess, Düsseldorf 1976.

928. W. J. Mommsen, L. Kettenacker (Hrsg.), The Fascist Challenge and the Policy of Appeasement, London 1983.

929. W. J. Mommsen, J. Osterhammel (Hrsg.), Imperialism and After. Continuities and Discontinuities, London 1986.

930. F. S. Northege, The Troubled Giant. Britain among the Great Powers, 1916–1939, London 1966.

931. R. A. C. Parker, Chamberlain and Appeasement. British Policy and the Coming of the Second World War, London 1993.

932. H. M. Pelling, Britain and the Second World War, London 1970.

933. M. Peter, John Maynard Keynes und die britische Deutschlandpolitik. Machtanspruch und ökonomische Realität im Zeitalter der Weltkriege 1919–1946, München 1997.

934. D. Reynolds, Britannia Overruled. British Policy and World Power in the Twentieth Century, London 1991.

935. K. Robbins, Appeasement, Oxford 1988.

936. G. Schmidt, England in der Krise. Grundzüge und Grundlagen der britischen Appeasement-Politik (1930–1937), Opladen 1981.

937. J. Strachey, The End of Empire, London 1959.

938. A. Thornton, The Imperial Idea and Its Enemies, London 1959.

939. I. M. Wallerstein, Africa. The Politics of Independence. An Interpretation of Modern African History, New York 1961.

940. G. Wasserman, The Politics of Decolonization, Cambridge 1976.

941. D. C. Watt, How War Came. The Immediate Origins of the Second World War, 1938–1939, London 1989.

942. B. J. Wendt, Economic Appeasement, Handel und Finanz in der britischen Deutschlandpolitik 1933–1939, Düsseldorf 1971.

943. H. Young, This Blessed Plot. Britain and Europe from Churchill to Blair, London 1998.

f) Kultur, Alltag, „Gender"

944. N. Annan, Our Age. The Generation that Made Post-War Britain, London 1991.

945. V. Berridge, Health and Society in Britain since 1939, Cambridge 1999.

946. A. Briggs, The BBC. The First Fifty Years, Oxford 1985.

947. J. Curran, J. Seaton (Hrsg.), Power without Responsibility. The Press and Broadcasting in Britain, 5. Aufl., London 1997.

948. R. Hewison, In Anger. Culture and the Cold War 1945–1960, 2. Aufl., London 1988.

949. R. Hewison, Too Much. Art and Society in the Sixties (1960–1975), London 1988.

950. J. Lewis, Women in England 1870–1950. Sexual Divisions and Social Change, 2. Aufl., New York 1995.

951. J. Lewis, Women in Britain since 1945. Women, Family, Work and the State in Post-War Years, Oxford 1992.

952. R. Low (Hrsg.), The History of the British Film, 7 Bde., London 1948–1985 (Nachdruck London 1997).

953. A. Marwick, Culture in Britain since 1945, Oxford 1991.

954. A. Marwick, The Sixties. Cultural Revolution in Britain, France, Italy and the United States 1958–1974, Oxford 1998.

955. H. E. Meller, Towns, Plans and Society in Modern Britain, Cambridge 1997.

956. M. Pugh, Women and the Women's Movement in Britain 1914–1959, Basingstoke 1992.

957. W. W. Robson, Modern English Literature, Oxford 1970.

958. M. Sanderson, Education and Economic Decline in Britain. 1870 to the 1990s, Cambridge 1999.

959. C. Seymour-Ure, The British Press and Broadcasting since 1945, 2. Aufl., Oxford 1996.

960. H. L. Smith (Hrsg.), British Feminism in the Twentieth Century, Aldershot 1990.

961. R. Williams, The Country and the City, London 1973.

g) Irland, Schottland, Wales

962. P. Bew, P. Gibbon, H. Patterson, Northern Ireland, 1921–1996. Political Forces and Social Classes, 2. Aufl., London 1996.

963. D. G. Boyce, A. O'Day (Hrsg.), The Making of Modern Irish History . Revisionism and the Revisionist Controversy, London 1996.

964. A. Brown, D. McCrone, L. Paterson, Politics and Society in Scotland, 2. Aufl., Basingstoke 1998.

965. T. Brown, Ireland. A Social and Cultural History, 1922–1985, 4. Aufl., London 1987.

966. P. Catteral, S. McDougall (Hrsg.), The Northern Ireland Question in British Politics, Basingstoke 1996.

967. K. Diekmann, Die nationalistische Bewegung in Wales, Paderborn u. a. 1998.

968. J. Elvert (Hrsg.), Nordirland in Geschichte und Gegenwart, Stuttgart 1994.

969. K. Jeffery (Hrsg.), An Irish Empire? Aspects of Ireland and the British Empire, Manchester 1996.

970. M. Laffan, The Resurrection of Ireland. The Sinn Féin Party 1916–1923, Cambridge 1999.

971. F. S. L. Lyons, Ireland since the Famine, 2. Aufl., London 1973.

972. N. Mansergh, The Unresolved Question. The Anglo-Irish Settlement and Its Undoing, New Haven-London 1991.

973. A. Midwinter, M. Keating, J. Mitchell, Politics and Public Policy in Scotland, London 1991.

974. J. Smith, Britain and Ireland. From Home Rule to Independence, Englewood Cliffs/N. J., 2000.

975. R. Sturm, Nationalismus in Schottland und Wales 1966–1980. Eine Analyse seiner Ursachen und Konsequenzen, Bochum 1981.

976. C. Townshend, Ireland. The 20th Century, London 1999.

977. S. Wichert, Northern Ireland since 1945, London-New York 1991.

Anhang

Abkürzungsverzeichnis

AHR	The American Historical Review
Econ HR	Economic History Review
EHR	English Historical Review
GG	Geschichte und Gesellschaft
HJ	The Historical Journal
HZ	Historische Zeitschrift
JEconH	The Journal of Economic History
JICH	Journal of Imperial and Commonwealth History
JModH	The Journal of Modern History
JSocH	Journal of Social History
P & P	Past and Present
SocH	Social History
TRHS	Transactions of the Royal Historical Society
ZHF	Zeitschrift für historische Forschung

Zeittafel

1485	Schlacht bei Bosworth, Ende der Rosenkriege
1485–1509	Heinrich VII.
1494	Poynings Law, englische Suprematie über irisches Parlament
1509–1547	Heinrich VIII.
1515–1529	Kardinal Wolsey Lord Kanzler
1529–1536	Reformationsparlament
1533–1540	Thomas Cromwell leitender Minister
1533	Eheschließung Heinrichs VIII. mit Anne Boleyn
1533–1534	Trennung der englischen Kirche von Rom
1534	Suprematsakte, Monarch Oberhaupt der Kirche von England
1536	Beginn der Auflösung der Klöster
	Hinrichtung Anne Boleyns
1536/43	Wales wird England eingegliedert
1541	Heinrich VIII. nimmt den Titel eines Königs von Irland an
1547–1553	Eduard VI.
1549	Erstes Book of Common Prayer
	Kett's Rebellion
1552	Act of Uniformity, Zweites Book of Common Prayer
1553	42 Artikel, Staatskirche protestantisch
1553–1558	Maria I.
1554–1556	Gegenreformation, Verbrennung von ca. 300 Protestanten
1558–1603	Elisabeth I.
1559	Wiederherstellung der Reformation
1563	39 Artikel, Fundament der anglikanischen Staatskirche
1585–1604	Krieg mit Spanien
1587	Hinrichtung Maria Stuarts
1588	Sieg über die Armada
1600	Gründung der Ostindien-Kompanie
1603–1625	Jakob I., Schottland und England in Personalunion vereint
1605	Gunpowder Plot, katholischer Attentatsversuch auf die Staatsspitze
1607	Gründung der Kolonie Virginia
1625–1649	Karl I.
1628	Ermordung des Herzogs von Buckingham
	Petition of Right
1629	Entschiedene Opposition und Auflösung des dritten Parlaments Karls I.
1637	Aufstand der Schotten
1639	Erster schottischer Krieg
1640	Kurzes Parlament
	Zweiter schottischer Krieg
1640–1653	Langes Parlament
1641	Triennial Act fixiert dreijährige Legislaturperiode
	Hinrichtung Straffords
	Aufhebung der königlichen Sondergerichte

	Katholischer Aufstand in Irland
	Grand Remonstrance, politischer und religiöser Forderungskatalog
1642–1646	Erster Bürgerkrieg
1646	Abschaffung der Bischofsverfassung
1647	Agreements of the People, Verfassungsentwürfe der Levellers
1648	Zweiter Bürgerkrieg
	Pride's Purge, Säuberung des Parlaments
1649–1660	Englische Republik
1649	Hinrichtung Karls I.
1649–1651	Oliver Cromwell unterwirft Irland und Schottland
1651	Navigationsakte
1653	Auflösung des Parlaments
1653–1658	Oliver Cromwell Lord Protektor
1660	Restauration der Monarchie
1660–1685	Karl II.
1661–1665	Clarendon Code, Wiederherstellung der anglikanischen Staatskirche
1673	Testakte
1679	Habeas-Corpus-Akte
1679–1681	Exclusion Crisis, Entstehung von Whigs und Tories
	1685–1688
	Jakob II.
1688/89	Glorreiche Revolution
1689–1702	Wilhelm von Oranien
1689	Bill of Rights, Toleranzakte
1694	Gründung der Bank von England
1701	Act of Settlement regelt Thronfolge zugunsten des Hauses Hannover
1702–1713/14	Spanischer Erbfolgekrieg
1702–1714	Anna
1707	Realunion mit Schottland
1713	Friede von Utrecht zwischen Frankreich und England, Asiento-Vertrag mit Spanien
1714–1727	Georg I.
1715	Jakobitischer Aufstand
1716	Septennial Act fixiert siebenjährige Legislaturperiode
1722–1742	Robert Walpole Premier
1727–1760	Georg II.
1745/46	Letzter Jakobitischer Aufstand
1756–1763	Siebenjähriger Krieg
1756	William Pitt der Ältere übernimmt Leitung der Außenpolitik
1757	Clives Sieg bei Plassey sichert britische Herrschaft in Indien
1760–1820	Georg III.
1761	Sturz Pitts
1763	Friede zu Paris besiegelt Englands Aufstieg zur Weltmacht
1768/69	Affaire Wilkes

An dieser Politik der Ausgrenzung religiöser Minoritäten scheiterten wiederholte Versuche der Krone, gegen den Willen des Parlaments sowohl Dissentern als auch Katholiken ein gewisses Maß an Glaubensfreiheit zuzusichern. Die sog. *Indulgenzerklärungen* Karls II. trafen sowohl 1662 als auch 1672 auf den Widerstand des von der anglikanischen *gentry* dominierten Unterhauses, und schließlich trug die Religionspolitik Jakobs II. ebenso wie die seines Vaters 50 Jahre zuvor maßgeblich zu dessen Sturz bei. Die religiösen Ursachen der Glorreichen Revolution sind unübersehbar. Als der König am 14. April 1688 erneut allgemeine Religionsfreiheit verkündete, lieferte dies auch für königstreue anglikanische Konservative den Anstoß, den Holländer Wilhelm von Oranien aufzufordern, zum Schutz der überlieferten staatlichen und kirchlichen Ord-

1773	Boston Tea Party
1775–1783	Amerikanischer Unabhängigkeitskrieg
1776	Antrag Wilkes' auf Wahlrechtsreform
4.7. 1776	Unabhängigkeitserklärung der Vereinigten Staaten
1780	Gordon Riots in London
1783–1801/ 1804–1806	William Pitt der Jüngere Premierminister
1784	India Act verstärkt staatliche Kontrolle über Ostindien-Kompanie
1792	Gründung der London Corresponding Society
1793	Beginn des Krieges gegen Frankreich
1794/95	Repressionen gegen politische Vereinigungen
1799/1800	Combination Acts gegen gewerkschaftliche Zusammenschlüsse
1800	Union mit Irland
1802	Beginn der Fabrikgesetzgebung
1807	Abschaffung des Sklavenhandels
1815	Schlacht bei Waterloo, Ende des Krieges gegen Frankreich
1819	„Peterloo"-Massaker
1820–1830	Georg IV.
1823	O'Connell gründet Irish Catholic Association
1824	Aufhebung des Gewerkschaftsverbots
1825	Erste Eisenbahn
1828	Aufhebung der Testakte
1829	Katholikenemanzipation
	Schaffung der Londoner Polizei (Bobbies)
1830–1837	Wilhelm IV.
1832	Erste Wahlrechtsreform
1833	Abschaffung der Sklaverei
1834	Peels Tamworth-Manifest als Programm konservativer Reformpolitik
	Gesetzliche Neuregelung der Armenfürsorge
1837–1901	Königin Victoria
1839/1842/ 1848	Massenpetitionen der Chartisten für demokratische Reformen
1840	Gründung der Anti Corn Law League
1845/46	Hungersnot in Irland
1846	Spaltung der Konservativen
	Beseitigung der Getreidezölle, Freihandelspolitik
1847	Aufhebung der Navigationsakte
1851	Londoner Weltausstellung
1853	Northcote-Trevelyan-Kommission empfiehlt Reform staatlicher Verwaltung
1857	Indischer Aufstand
1858	Auflösung der Ostindien-Kompanie
1867	Kanada erstes Dominion mit Selbstverwaltung
	Zweite Wahlrechtsreform

1868	Gründung des gewerkschaftlichen Dachverbandes Trades Union Congress (TUC)
1868–1874	Erstes liberales Kabinett Gladstone
1869	Anglikanische Kirche verliert Monopolstellung in Irland
1872	Gesetz über geheime Wahlen (Ballot Act)
1873	Beginn der „Großen Depression“
1874–1880	Konservatives Kabinett Disraeli
1880–1885	Zweites liberales Kabinett Gladstone
1883	Gesetz gegen Wahlmanipulationen
1884	Dritte Wahlrechtsreform
1885	Neueinteilung der Wahlkreise
1886	Drittes liberales Kabinett Gladstone, Gladstones Konzept der Home Rule für Irland
1889	Großer Hafenarbeiterstreik
1893	Gründung der Independent Labour Party, Scheitern der zweiten Home-Rule-Bill
1899–1902	Burenkrieg
1900	Gründung des Labour Representation Committee (ab 1906 Labour Party)
1901–1910	Eduard VII.
1903	Gründung der Women's Social and Political Union, Kampagne für Frauenwahlrecht
1904	Entente cordiale mit Frankreich
1909–1911	Verfassungskonflikt um Rechtsstellung des Oberhauses
1910–1936	Georg V.
1911	Parliament Act schränkt Veto des Oberhauses ein Gesetz über staatliche Sozialversicherung
1911–1912	Streik der Hafenarbeiter und Eisenbahner
1913	Trade Union Act, enge Bindung der Labour Party an die Gewerkschaften bleibt erhalten
1914	Irish Home Rule Act, Bürgerkriegsgefahr in Irland
1916	Spaltung der Liberalen Partei, Bildung der Koalitionsregierung unter Lloyd George
1918	Wahlrechtsreform (Frauenwahlrecht)
1919	Gründung der IRA in Irland
1921	Dominionstatus für Irland unter der Bezeichnung Irischer Freistaat, Abtrennung Nordirlands
1926	Balfour Report Generalstreik scheitert
1928	Wahlrechtsreform (Allgemeines Frauenwahlrecht)
1931–1937	Regierung der Nationalen Koalition (MacDonald/Baldwin)
1931	Statut von Westminster als gesetzlicher Rahmen des Commonwealth
1936	Edward VIII.
1936–1952	Georg VI.
1937–1940	Konservatives Kabinett Neville Chamberlain
1940–1945	Kriegskabinett Winston S. Churchill

1942	Beveridge-Report als Konzept für den Sozialstaat
1945–1951	Labour-Regierung C. Attlee
1945–1949	Verstaatlichung von Bank of England und Schlüsselindustrien (Bergbau, Eisenbahn, Schwerindustrie usw.)
1945/1948	Staatliche Sozialversicherung, Gesundheitsdienst
1947	Unabhängigkeit Indiens und Pakistans
1952	Krönung Elisabeth II.
1956	Suez-Krise
1957	Unabhängigkeit Ghanas
1961	Südafrika scheidet aus dem Commonwealth aus
1963	Britisches Beitrittgesuch zur EWG abgelehnt
1965	Unabhängigkeitserklärung Süd-Rhodesiens
1968	Beginn der Unruhen in Nordirland
1973	Beitritt Großbritanniens zur EG
1975	Volksentscheid zugunsten eines Verbleibs in der EG
1979–1990	Konservative Regierungen Margaret Thatcher
1982	Falkland-Krieg
1984–1985	Bergarbeiterstreik
1990	Einführung der Poll-Tax führt zu schweren Krawallen Eintritt Großbritanniens in das Europäische Währungssystem (EWS)
1991	Pfund verlässt EWS nach Kursverlusten, schwerste Nachkriegsrezession
1997-	Labour Regierung Tony Blair
1999	Abschaffung der erblichen Peerswürde im Oberhaus Devolution, Selbstverwaltung für Nordirland, Schottland und Wales

REGISTER

Personen- und Sachregister

Autorenregister

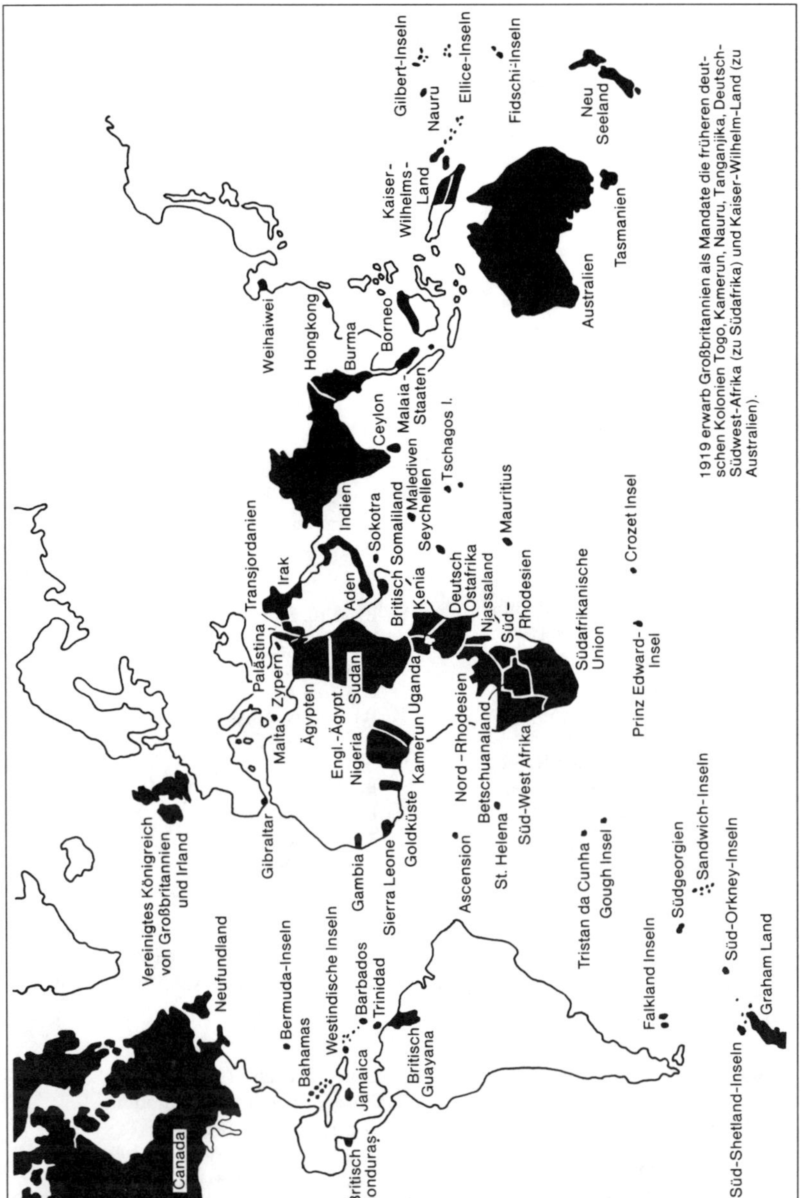

Das Britische Empire 1920
aus: Peter Wende, Geschichte Englands, Stuttgart: Kohlhammer [2]1995, S. 284.

OLDENBOURG GRUNDRISS DER GESCHICHTE

Herausgegeben von Jochen Bleicken, Lothar Gall und Hermann Jakobs

Band 1: *Wolfgang Schuller*
Griechische Geschichte
4. Aufl. 1995. 247 S.
ISBN 3-486-49084-2

Band 1A: *Hans-Joachim Gehrke*
Geschichte des Hellenismus
2. Aufl. 1995. 285 S.
ISBN 3-486-53052-6

Band 2: *Jochen Bleicken*
Geschichte der Römischen Republik
5., überarb. und erw. Aufl. 1999.
XV, 342 S.
ISBN 3-486-49665-4

Band 3: *Werner Dahlheim*
Geschichte der Römischen Kaiserzeit
2., überarb. und erw. Aufl. 1989. 310 S.
ISBN 3-486-49672-7

Band 4: *Jochen Martin*
Spätantike und Völkerwanderung
4. Aufl. 2000. 336 S.
ISBN 3-486-49684-0

Band 5: *Reinhard Schneider*
Das Frankenreich
4., überarb. u. erw. Aufl. 2001. 222 S.
ISBN 3-486-49694-8

Band 6: *Johannes Fried*
Die Formierung Europas 840–1046
2. Aufl. 1993. 302 S.
ISBN 3-486-49702-2

Band 7: *Hermann Jakobs*
Kirchenreform und Hochmittelalter
1046–1215
4. Aufl. 1999. 380 S.
ISBN 3-486-49714-6

Band 8: *Ulf Dirlmeier/Gerhard Fouquet/ Bernd Fuhrmann*
Europa im Spätmittelalter 1215–1378
In Vorbereitung

Band 9: *Erich Meuthen*
Das 15. Jahrhundert
3., erg. und erw. Aufl. 1996. 327 S.
ISBN 3-486-49733-2

Band 10: *Heinrich Lutz*
Reformation und Gegenreformation
4. Aufl., durchges. und erg.
v. Alfred Kohler 1997. 283 S.
ISBN 3-486-49584-4

Band 11: *Heinz Duchhardt*
Das Zeitalter des Absolutismus
3., überarb. Aufl. 1998. 302 S.
ISBN 3-486-49743-X

Band 12: *Elisabeth Fehrenbach*
Vom Ancien Régime zum Wiener Kongreß
4., überarb. u. erw. Aufl. 2001. 323 S.
ISBN 3-486-49754-5

Band 13: *Dieter Langewiesche*
Europa zwischen Restauration
und Revolution 1815–1849
3., überarb. und erw. Aufl. 1993. 259 S.
ISBN 3-486-49763-4

Band 14: *Lothar Gall*
Europa auf dem Weg in die Moderne
1850–1890
3., überarb. und erw. Aufl. 1997. 332 S.
ISBN 3-486-49773-1

Band 15: *Gregor Schöllgen*
Das Zeitalter des Imperialismus
4. Aufl. 2000. 277 S.
ISBN 3-486-49784-7

Band 16: *Eberhard Kolb*
Die Weimarer Republik
5. Aufl. 2000. 310 S.
ISBN 3-486-49795-2

Band 17: *Klaus Hildebrand*
Das Dritte Reich
5. Aufl. 1995. 323 S.
ISBN 3-486-49095-8

Band 18: *Jost Dülffer*
Europa nach dem Zweiten Weltkrieg
1945 bis zur Gegenwart
In Vorbereitung

Band 19: *Rudolf Morsey*
Die Bundesrepublik Deutschland
Entstehung und Entwicklung bis 1969
4., überarb. und erw. Aufl. 2000. 343 S.
ISBN 3-486-52354-6

Band 20: *Hermann Weber*
Die DDR 1945–1990
3., überarb. und erw. Aufl. 2000. 355 S.
ISBN 3-486-52363-5

Band 21: *Horst Möller*
Europa zwischen den Weltkriegen
1998. 278 S.
ISBN 3-486-52321-X

Band 22: *Peter Schreiner*
Byzanz
2., überarb. und erw. Aufl. 1994. 260 S.
ISBN 3-486-53072-0

Band 23: *Hanns J. Prem*
Geschichte Altamerikas
1989. 289 S.
ISBN 3-486-53031-3

Band 24: *Tilman Nagel*
Die islamische Welt bis 1500
1998. 312 S.
ISBN 3-486-53011-9

Band 25: *Hans J. Nissen*
Geschichte Alt-Vorderasiens
1999. 276 S., 4 Karten
ISBN 3-486-56373-4

Band 26: *Helwig Schmidt-Glintzer*
Geschichte Chinas bis zur mongolischen
Eroberung 250 v. Chr.–1279 n. Chr.
1999. 235 S., 7 Karten
ISBN 3-486-56402-1

Band 27: *Leonhard Harding*
Geschichte Afrikas im 19.
und 20. Jahrhundert
1999. XV, 272 S., 4 Karten
ISBN 3-486-56273-8

Band 28: *Willi Paul Adams*
Die USA vor 1900
2000. 294 S.
ISBN 3-486-53081-X

Band 29: *Willi Paul Adams*
Die USA im 20. Jahrhundert
2000. 296 S.
ISBN 3-486-53439-0

Band 30: *Klaus Kreiser*
Der Osmanische Staat 1300–1922
2001. 252 S.
ISBN 3-486-53711-3

Band 31: *Manfred Hildermeier*
Die Sowjetunion 1917–1991
2001. ca. 250 S.
ISBN 3-486-56179-0

Band 32: *Peter Wende*
Großbritannien 1500–2000
2001. 234 S.
ISBN 3-486-56180-4